Mord im Namen der Ehre

Bekhal Mahmod ist als eines von sechs Geschwistern in einer traditionell lebenden Familie in Irakisch-Kurdistan und später in London aufgewachsen. Als ihre Schwester Banaz 2006 Opfer eines sogenannten Ehrenmordes wird, sagt Bekhal gegen ihren Vater, Onkel und ihre Cousins aus. Sie lebt heute in einem Zeugenschutzprogramm.

Dr. Hannana Siddiqui ist führende Expertin und Aktivistin der renommierten NGO »Southhall Black Sisters«. Nachdem sie Bekhal dabei unterstützt hatte, Gerechtigkeit für ihre Schwester Banaz zu erreichen, formulierte sie das sogenannte »Banaz' Law« und setzt sich zusammen mit Bekhal dafür ein, dass kulturelle Gründe bei einem »Ehrenmord« in Zukunft vor Gericht nicht mehr strafmildernd, sondern strafverschärfend gewertet werden.

Bekhal Mahmod

Mord im Namen der Ehre

Schutzlos bis in den Tod

Aus dem Englischen von
Jorinde Buck

Weltbild

Titel der englischen Originalausgabe:
NO SAFE PLACE: MURDERD BY OUR FATHER

This translation of NO SAFE PLACE: MURDERD BY OUR FATHER
is published by arrangement with Ad Lib Publishers Ltd

Covergestaltung: atelier seidel, teising
Coverfoto: Shutterstock / Alexandros Michailidis
Satz: Datagroup int. SRL, Timisoara
Druck und Bindung: CPI Moravia Books s.r.o., Pohorelice
Printed in the EU
978-3-8289-4043-7

Einkaufen im Internet:
www.weltbild.de

Dies ist eine wahre Geschichte. Einige Namen, Abschnitte und Details wurden aus Gründen der Sicherheit und Dramaturgie geändert.

Dieses Buch ist dem Gedenken an Banaz Mahmod und Rahmat Suleimani gewidmet – mögen sie wieder vereint sein, frei und in Frieden.

Mord im Namen der Ehre haben wir für alle anderen Opfer sogenannter »Ehrenmorde« sowie für ihre trauernden Familien und Freunde geschrieben.

Vorwort

von Dr. Hannana Siddiqui

Hintergrund

Bekhal Mahmod ist die Schwester von Banaz Mahmod, die 2006 als Zwanzigjährige brutal vergewaltigt und Opfer eines sogenannten »Ehrenmordes« wurde. Ihre irakisch-kurdische Familie und die Community im Süden Londons hatten befunden, sie habe sie entehrt, da sie ihren mutmaßlich gewalttätigen Ehemann, mit dem sie als Siebzehnjährige verheiratet worden war, verlassen hatte. Die Familie war außerdem nicht damit einverstanden gewesen, dass Banaz ihren »Prinzen«, Rahmat Suleimani, heiraten wollte. Sie hatten Rahmat für ungeeignet gehalten, da er aus einer anderen Familie im Iran stammte und kein strenger Muslim war.

Sieben männliche Angehörige wurden des Mordes an Banaz oder der damit zusammenhängenden Verbrechen schuldig gesprochen. Im Jahr 2007 wurden ihr Vater und ihr Onkel, ein einflussreicher Mann in der Community, der zu dem Verbrechen angestiftet hatte, vor dem Zentralen Strafgerichtshof Old Bailey in London per einstimmigem Juryurteil für den Mord verurteilt: lebenslange Freiheitsstrafe mit einer Mindesthaft von zwanzig bzw. dreiundzwanzig Jahren. Ein Cousin bekannte sich während des Prozesses des Mordes schuldig, ein anderer wurde wegen Justizbehinderung verurteilt. Drei weitere Männer, allesamt Cousins, wurden 2010 und 2013 in zwei weiteren Prozessen ebenfalls wegen Mordes oder anderer Verbrechen schuldig gesprochen. In einem bis dato nicht da gewesenen Verfahren wurden zwei der Mörder aus dem Irak, wohin sie nach der Tat geflohen waren, nach Großbritannien ausgeliefert.

Laut der ermittelnden Hauptkommissarin, Detective Chief Inspector (DCI) Caroline Goode, waren bis zu fünfzig Männer der Community durch ein »Geflecht aus Lügen« in den Mord oder seine Vertuschung verwickelt. Obwohl Goode und ihr Team sich nach Kräften dafür einsetzten, Banaz Gerechtigkeit widerfahren zu lassen, wurde dieser aufsehenerregende Fall vor allem für eines bekannt: das Versagen der Polizei, die junge Frau vor dem Tod zu beschützen. Fünf Mal hatte Banaz mehrfache Vergewaltigung, Gewalt, Mordversuche und Bedrohungen ihres Lebens zur Anzeige gebracht. Im Jahr 2008 waren gegen sechs Beamte Anschuldigungen wegen Fehlverhaltens erhoben und als begründet eingestuft worden. Dennoch kamen die beiden Beamten, gegen die wegen der gravierendsten Fehler ein Disziplinarverfahren eingeleitet worden war, mit reinen »Empfehlungen« davon.

Der Fall führte landesweit zu einem Aufschrei. In der Folge wurden Maßnahmen zur Verbesserung des polizeilichen Vorgehens bei »Gewalt im Namen der Ehre« eingeleitet.

Zwei mutige Zeugen legten unter größter Gefahr für ihr eigenes Leben das Beweismaterial vor, das schließlich zu den Verurteilungen führen sollte. Bekhal machte die entscheidende Zeugenaussage gegen ihren Vater und ihren Onkel. Mit ihr hat sich in Großbritannien erstmals eine Tochter im Zusammenhang mit einem Ehrenmord gegen ihre eigene Familie gewandt. Inzwischen ist Bekhal im Rahmen eines Zeugenschutzprogramms untergetaucht, sie musste eine neue Identität annehmen. Auch Banaz' Freund Rahmat lieferte wichtige Zeugenaussagen und stand bis zu seinem tragischen Selbstmord im Jahr 2016 unter Zeugenschutz. Der Verlust von Banaz hatte ihm das Herz gebrochen. Es gebe »kein Leben mehr« für ihn, hatte er gesagt.

Dieses Buch erzählt die beeindruckende Lebensgeschichte von Bekhal Mahmod, die als Teenager nach Jahren der Gewalt von zu Hause floh, als ihr eine Zwangsheirat drohte. Auch sie sollte von ihrer Familie getötet werden, weil sie Schande über sie gebracht habe. Bekhal war in zahlreichen Medieninterviews zu sehen, u. a. in der Dokumentation *Banaz: A Love Story*, die mit dem Emmy Award ausgezeichnet wurde. 2020 strahlte der britische Sender ITV das erfolgreiche Fernsehdrama *Honour** (mit Rhianne Barreto als Bekhal) aus. Die Serie, in der unter anderem Keeley Hawes eine Hauptrolle spielte, wurde von fast sieben Millionen Zuschauern gesehen.

Heute setzt sich Bekhal gemeinsam mit Hannana Siddiqui, einer führenden Expertin und Aktivistin der renommierten NGO *Southall Black Sisters*, für die Einführung eines »Banaz's Law« genannten Gesetzes ein. Hannana, die Bekhal während des Strafverfahrens und darüber hinaus

---

* Im deutschen Fernsehen unter dem Titel »Die Ehre der Familie« ausgestrahlt

unterstützt hatte, setzte »Banaz's Law« auf, um ein Gesetz zu schaffen, das verhindert, dass frauenfeindliche kulturelle Gepflogenheiten als Argument dafür eingesetzt werden, männliche Gewalt gegen Frauen und Mädchen zu verharmlosen. Nach dem neuen Gesetz sollen solche Verteidigungsgründe künftig als schulderschwerender Faktor betrachtet werden, der zu längeren Strafen führt. Gewalt im Namen der »Ehre« wird so als ein Verbrechen der »Unehre« neu definiert.

Einleitende Worte

Als ich Bekhal Mahmod zum ersten Mal traf, verstanden wir uns auf Anhieb. Es war im Juni 2006 und die Leiche ihrer Schwester Banaz war gerade gefunden worden. Bekhal war schwanger und wirkte verletzlich, aber sie war auch offen und zugänglich. Ich spürte, dass sie mir instinktiv vertraute. Ihr Leben war in Gefahr, weil sie der Polizei bei den Ermittlungen rund um den Tod von Banaz half – und weil sie selbst vor einiger Zeit nach Jahren der Misshandlung von zu Hause geflohen war. Meine größte Sorge galt Bekhals Sicherheit, und ich überlegte, wie ich sie unterstützen konnte. Normalerweise trete ich in solchen Fällen auch als Interessensvertreterin auf, das heißt, ich berate die Klientin und vertrete sie gegenüber externen Stellen. Ich wollte sichergehen, dass die Polizei alles in ihrer Macht Stehende tat, um Bekhal zu schützen und Banaz' Mörder vor Gericht zu bringen, konnte aber sehen, dass mein Eingreifen nicht so sehr erforderlich war wie in anderen Fällen. Die Metropolitan Police schien in beiderlei Hinsicht gute Arbeit zu leisten. Tatsächlich hatte sich die leitende Ermittlerin, DCI Caroline Goode, auf Empfehlung der New-Scotland-Yard-Expertinnen für Missbrauch aus Gründen der Ehre, Yvonne Rhoden und Yasmin Rehman, bereit erklärt, mich in den Fall einzubeziehen. Sie wussten um meine Expertise, die ich in den vielen Jahren meiner Tätigkeit bei den *Southall Black Sisters* erworben hatte. Ich glaube, sie wollten auch, dass eine Person, die nicht der eng verbundenen irakisch-kurdischen Gemeinschaft angehörte, Bekhal zur Seite stand. Vertraulichkeit und die Sicherheit aller Beteiligten standen an oberster Stelle. Während ich also die Ermittlungen im Auge behielt, erwies sich gerade die Unterstützung, die ich Bekhal zusammen mit Sarah Raymond, der warmherzigen und fürsorglichen Opferbetreuungsbeauftragten der Polizei, geben konnte, als essenziell für sie. Sie half Bekhal über den erschütternden Tod ihrer Schwester Banaz hinweg und über die Phase, in der sie als Hauptbelastungszeugin gegen ihren eigenen Vater und ihren Onkel aussagen musste – was schließlich dazu führte, dass ihrer geliebten Schwester Gerechtigkeit widerfuhr.

Ich arbeite in Southall im Westen Londons, wo viele Menschen aus Südasien wohnen. In meiner Tätigkeit habe ich daher überwiegend mit Frauen aus diesen Kulturkreisen zu tun. Diese Kulturen haben viele Gemeinsamkeiten mit denen aus dem Nahen Osten, da sie ähnliche kulturelle und religiöse Werte haben. Bekhals Leben wurde durch eine konservative Auslegung der Rolle der Frau im Islam beeinträchtigt, Ehrenkodizes erstrecken sich jedoch über verschiedene religiöse Gruppen und können auch für andere ethnische Minderheiten gelten. In meiner Arbeit habe ich mit extremen Fällen von schwerer Gewalt zu tun, darunter Vergewaltigung, Zwangsheirat, häusliche Gewalt einschließlich Tötungsdelikten, Selbstmord und Ehrenmord. Ich habe Frauen oder ihre trauernden Familien und Freunde durch das Straf- und Zivilrechtssystem und diesbezügliche Untersuchungen begleitet. Vor Banaz' Tod hatte ich die Polizei zu den Ehrenmorden an Heshu Yonis, Surjit Kaur Athwal und Samaira Nazir beraten und so dazu beigetragen, deren Mörder vor Gericht zu bringen.

Sogenannte »Ehrenmorde« dienen der Erhaltung oder Wiederherstellung der kollektiven Ehre der Familie und der Community. Der Begriff der Ehre beruht auf dem Verhalten der Frauen, insbesondere dem sexuellen.

Von Frauen wird erwartet, dass sie die traditionellen Geschlechterrollen als gehorsame und pflichtbewusste Ehefrauen, Mütter, Schwestern, Töchter und Schwiegertöchter erfüllen. Unverheiratete Frauen sollen Jungfrauen sein, während verheiratete Frauen absolut treu sein müssen. Scheidung oder Trennung sind ein Stigma, und Frauen wird selbst dann die Schuld dafür zugewiesen, wenn sie aus einer Beziehung fliehen, in der sie missbraucht wurden, was sie stillschweigend zu ertragen haben. Frauen werden beschuldigt, Schande und Unehre über die Familien zu bringen, selbst wenn die Anschuldigungen nur vermutet werden oder unwahr sind. Sie werden »bestraft«, indem sie als soziale Außenseiter behandelt, belästigt, angegriffen, vergewaltigt, ermordet oder in den Selbstmord getrieben werden. Diese konservative Auslegung von Ehre wird von den Männern in der Gemeinschaft, von religiösen Führern oder Ältesten festgelegt. Und obwohl auch Frauen Täterinnen oder an Gewalt im Namen der Ehre beteiligt sein können, geschieht dies innerhalb eines patriarchalischen Systems, in dem Männer die absolute Macht haben, Ehre als Mittel einzusetzen, um die Autonomie und Sexualität der Frau zu kontrollieren.

Bekhal wurde von klein auf als »Unruhestifterin« abgestempelt, wieder und wieder wurde ihr gesagt, dass sie »nicht in den Himmel kommen« würde. Ihre Familie fürchtete, die Kontrolle über sie zu verlieren, und versuchte daher, ihre Macht zu behaupten, indem sie Bekhal die Angst vor Gott einflößte. Als Rebellin stellte Bekhal eine Bedrohung für die Macht der Männer dar. Auch die *Southall Black Sisters* stehen für den Widerstand schwarzer Feministinnen und weibliches Empowerment. Sie versuchen, das Konzept der »Ehre« zu entkräften, indem sie infrage stellen, wer ehrenhaft und wer unehrenhaft ist. Progressive Frauengruppen und Aktivistinnen sind der liberale Teil der sozialen Gruppierungen, welche die Menschenrechte der Frau hochhalten: Nicht die Frauen, die Missbrauch überleben oder Opfer von Ehrenmorden werden, verursachen die Unehre, sondern die Täter. Nicht die Täter sollten als Helden gefeiert werden, sondern die Misshandelten sind die wahren Helden, weil sie sich weigern, zum Schweigen gebracht und unterdrückt zu werden – sie sind unsere Inspiration und ein Symbol der »wahren Ehre«.

Was ich an Bekhal bewunderte, war ihr Widerstand im Angesicht der Gefahr, der sie ausgesetzt war. Sie hatte bemerkenswerten Mut. Ihre Wut auf ihre Familie wegen Banaz' Ermordung war immens, aber sie schaffte es, sie zu beherrschen. Als ich Bekhal traf, weinte sie immer wieder und hatte Angst, sich und ihr ungeborenes Kind in Gefahr zu bringen, indem sie für die Staatsanwaltschaft aussagte. Aber sie konnte weder vergessen noch verzeihen, nicht einmal ihrem eigenen Vater, den sie als Kind durchaus geliebt hatte. Sie sehnte sich nach liebevollen Eltern, nach Großeltern für ihr Kind, wusste aber, dass dies angesichts dessen, was diese ihr in ihrer Kindheit und Jugend angetan hatten, niemals möglich sein würde. Ich war schockiert, als ich später erfuhr, welche Gewalt und Misshandlungen Bekhal zu Hause erlitten hatte, und dass es mehrere Anschläge auf ihr Leben gegeben hatte. Sie war das ursprünglich geplante Opfer eines Ehrenmordes gewesen, war diesem Schicksal jedoch entgangen, da sie durch ihren Widerstand und die Misshandlungen verstehen gelernt hatte, dass sie, um zu überleben, die Menschen verlassen musste, die sie liebte.

In Anbetracht ihrer Geschichte ist es daher nicht verwunderlich, dass Bekhal in ständiger Angst um ihre Sicherheit lebt, aber gleichzeitig will sie auch Veränderungen bewirken. Dies führt natürlich manchmal zu Widersprüchen. Ich setze mich seit vielen Jahren gegen religiösen Fundamentalismus ein. Man kann sich also vorstellen, wie entsetzt ich war, als Bekhal vorschlug, vor Gericht und bei Interviews eine Burka zu tragen, die sie von Kopf bis Fuß bedecken würde. Für mich stellt der »Schleier«, wie man ihn gemeinhin nennt, ein historisches Symbol für die Unterdrückung der Frau dar – warum also sollte ich diese Idee unterstützen? Bekhal bestand darauf, denn obwohl auch sie den Zwang zum Schleier ablehnte, fühlte sie sich so sicherer, da er ihr Gesicht und ihren Körper verdeckte. Sie würde in der Öffentlichkeit nicht erkannt werden. »Es gibt doch sicher andere Möglichkeiten, dich zu bedecken?«, fragte ich. Aber laut Bekhal gab es die nicht, und obwohl ich ihre Entscheidung insofern unterstützte, als sie sich dadurch sicherer und wohler fühlte, war diese Wahl dennoch ironisch und irgendwie auch komisch.

Vor Gericht verpuffte das komische Element jedoch schlagartig, als ich die Aggression, die von Bekhals Familie und ihrer Community ausging, hautnah miterlebte. Sobald ich bei der Urteilsverkündung zusammen mit Diana Nammi von dem Verein *Iranian and Kurdish Women's Rights Organisation* (IKWRO), welche die Kampagne *Justice for Banaz Mahmod* leitete, auf der Besuchertribüne erschien, wurden wir von ihnen beschimpft und bedroht. Wir mussten von Mitarbeitern des Gerichts durch die Hintertür hinausgeschleust werden. Was mich jedoch bei dieser Anhörung wirklich berührt hat, war Bekhals persönliche Erklärung. In dieser Stellungnahme beklagte Bekhal, dass Banaz nicht in ihre Träume gekommen sei. Nach all den Jahren frage ich sie immer noch, ob Banaz nun in ihren Träumen erscheine, und die Antwort ist immer ein tränenersticktes »Nein«. Aus diesem Grund habe ich Bekhal bis zu dem Moment, als wir zusammen dieses Buch geschrieben haben, nichts von dem Medium erzählt, das mir gesagt hatte, da sei »eine junge Frau und obwohl sie unglücklich darüber ist, wie sie gestorben ist, geht es ihr gut«. Ich konnte mir nicht sicher sein, ob es sich um Banaz oder überhaupt eine reale Person handelte, daher erzählte ich Bekhal erst mal nichts davon, um ihren Schmerz nicht noch zu verstärken. Als ich es ihr dann schließlich sagte, sah ich die Trauer in ihren Augen. Ich weiß, dass Bekhal in einer Situation, in der sie große Angst hatte, einmal Banaz' Stimme hörte. Vielleicht findet die Heilung erst statt, wenn Banaz sie besucht – im Traum oder als geistiges Wesen. Aber wir glauben beide daran, dass das Paar seit Rahmats tragischem Selbstmord zehn Jahre nach der gewaltsamen Trennung nun wieder vereint ist. Bekhal berichtete mir von einem Traum, den sie zum Zeitpunkt von Rahmats Selbstmord hatte: Ein rosa Kolibri flog durch ein Fenster in einen Raum, in dem er bereits von einem blauen Kolibri erwartet wurde. Anschließend schwebten beide Vögel gemeinsam durch das offene Fenster davon. In Bekhals Kultur symbolisieren Kolibris die Liebe. Zur gleichen Zeit hörte ich beim Vor-mich-hin-Dösen zwei Stimmen, die leise »Lebwohl« zu mir sagten. Ich weiß, das klingt kitschig – aber wenn diese Träume uns auch nur helfen, mit dem schrecklichen, traurigen Tod der beiden zurechtzukommen, sind sie vielleicht ein Zeichen dafür, dass sie endlich frei sind und ihren Frieden gefunden haben.

Die Polizei hatte es versäumt, Bekhal über Rahmats Tod zu informieren. Ich erzählte ihr davon, da mich das Nachrichtenprogramm *BBC London News* überraschend um ein Interview bat. Sie wollten meine Reaktion hören, aber auch ich hatte bis dahin noch nichts davon mitbekommen. Wir waren beide schockiert und am Boden zerstört und fragten uns, ob Rahmat im Zeugenschutzprogramm genügend Unterstützung erhalten hatte. Er war über den Verlust von Banaz untröstlich gewesen und hatte als suizidal gegolten.

Auch Bekhal klagte über das Leben ohne Familie und alte Freunde. Zudem lebte sie in ständiger Angst. Deshalb trug sie auch erneut die Burka, als sie 2020 nach der Ausstrahlung des ITV-Dramas *Honour*, das auf Banaz'

Fall basierte, mit Victoria Derbyshire in den *BBC News* auftrat.

Zwar war die Ausstrahlung begrüßenswert, das TV-Drama hatte aber das Manko, dass es nicht die Geschichte von Bekhal erzählte, obwohl sie laut der Besprechung in der Zeitung *The Guardian* die eigentliche Heldin sei. Bekhal nahm damals Kontakt zu mir auf, denn sie wollte die Gelegenheit nutzen, um eine Kampagne für Frauenrechte zu führen. Auch griffen wir den Plan wieder auf, ein Buch zu schreiben – eine Idee, die schon lange im Raum gestanden hatte, aber aufgrund anderer Verpflichtungen nicht umgesetzt worden war. Bekhal hat ein unglaubliches Gedächtnis, sie erinnerte sich an extrem viele Details aus ihrer Vergangenheit und wollte darüber erzählen. Das war erstaunlich, wenn man bedenkt, wie häufig sie damals misshandelt worden war.

Manchmal ist der Zugang von Missbrauchsopfern zu ihren Erinnerungen blockiert, in anderen Fällen können sie jedoch auch sehr lebendig sein, mit beängstigenden Rückblenden, in denen das Opfer den Missbrauch erneut durchlebt. Als Kind schien Bekhal den Missbrauch wie ein Stehaufmännchen verkraftet zu haben, ohne dass Schäden erkennbar gewesen wären – das änderte sich jedoch später als Teenager. Sie leidet bis heute unter einem Langzeittrauma und körperlichen Beschwerden. Ich hoffte daher, dass das Schreiben dieses Buches eine kathartische Erfahrung für sie sein würde. Darüber hinaus ist es gut zu wissen, dass Bekhal trotz depressiver Episoden therapeutische Betreuung in Anspruch nimmt. Ihre Tochter und ihr dringender Wunsch, Veränderung herbeizuführen, geben ihr Kraft.

Dies war eine emotionale Reise für uns beide, und wir haben viel Wertschätzung und Respekt füreinander entwickelt, uns in einer Art Familie zusammengefunden – wobei ich mich als Schwester fühle bzw., wenn man nach dem Alter geht, als Tante. Bekhal inspiriert und verblüfft mich immer wieder mit ihren Ansichten über das Leben und ihren Handlungen, die ein unfassbares Maß an Weisheit, Mitgefühl, Großzügigkeit, Liebe sowie einen ausgeprägten Sinn für Gerechtigkeit enthalten. So entlockt es mir beispielsweise stets ein Lächeln, wenn sie wieder einmal auf das Honorar für ein Interview verzichtet und darauf besteht, dass die Journalisten stattdessen eine Spende an die *Southall Black Sisters* leisten. Bekhal hat Banaz zu ihrem Recht verholfen und setzt nun ihr Vermächtnis fort, indem sie »Banaz's Law« fordert, um andere Frauen und Mädchen zu schützen und Gerechtigkeit für alle zu schaffen.

Dr. Hannana Siddiqui, 14. Juli 2021

Während ich diese Absätze schreibe, fällt mir auf, dass heute zufällig auch der Geburtstag von Shafilea Ahmed ist, die im Alter von nur siebzehn Jahren von ihren Eltern umgebracht wurde. Der heutige Tag wurde 2015 in Großbritannien zum nationalen Gedenktag für die Opfer von Missbrauch im Namen der Ehre erklärt.

Prolog

Nazca
Süd-London, Mai 2005

»Bekhal, Miss, Madam, du verdammtes Hurenkind, du Schlampe. Komm nach Hause oder du bist tot. Ich habe Leute auf dich angesetzt, ich habe sie bezahlt. Sie werden dich zu mir bringen, lebendig oder in einem Leichensack!«

Seine Drohungen hallten in meinem Kopf nach, als ich in Lewisham aus dem Bus stieg: *Gahba (Schlampe). Qehpik (Hure) … Sie werden dich zu mir bringen. Und wenn es nur dein Kopf ist.*

Diese laute, Furcht einflößende Stimme, die mich während meiner Kindheit und Jugend und darüber hinaus gequält hatte. Eine Stimme, die ich noch immer riechen und fühlen konnte. Der Atem eine Mischung aus abgestandenem Lammeintopf und Zigaretten. Schleim, der in seiner Kehle gurgelte, bevor er mir ins Gesicht spuckte. Böse, ekelerregend. Die Stimme gehörte meinem Vater, Mahmod Babakir Mahmod.

Fast fünf Jahre waren vergangen, seit er diese Nachricht auf meinem Telefon hinterlassen hatte, aber noch immer ließen seine schrecklichen Worte mein Blut und meine Knochen zu Eis erstarren. Dies war eine von mehreren Morddrohungen, die ich erhalten hatte, nachdem ich als Teenager von zu Hause weggelaufen war. Es waren alles andere als leere Drohungen gewesen – dreizehn Stiche in meiner Kopfhaut erinnern mich an den brutalen Versuch meines Bruders Bahman, mich auf Anweisung meines Vaters umzubringen.

Eilig ging ich die Lewisham High Street entlang, mit gesenktem Kopf und bis zu den Augenbrauen heruntergezogener Kapuze, obwohl es sehr warm war, weit über zwanzig Grad. Wie sehr sehnte ich mich danach, ein leichtes Sommerkleid zu tragen, die milde Luft um meine nackten Beine streichen zu spüren und dem Geräusch meiner Flip-Flops auf dem Asphalt zu lauschen. Tja, was wäre, wenn ...? Tatsächlich würde dieses Kleid meinen Tod bedeuten, wenn mich ein Mann aus meiner Familie darin sehen würde. Wissen Sie, ich stamme aus dem irakischen Kurdistan, bin die Tochter streng sunnitisch-muslimischer Eltern, die Zwangsheirat, Kinderehen und weibliche Genitalverstümmelung befürworten. Wenn ich meine Augenbrauen zupfte oder mir die Nägel lackierte, bekam ich in unserem Elternhaus mehrere Ohrfeigen. Das ist kein Witz.

Als ich fünfzehn war, versuchten meine Eltern, mich zurück in den Irak zu schicken, damit ich meinen Cousin ersten Grades, Akam, heiratete, einen großen, kahlköpfigen Mann, der fast doppelt so alt war wie ich. Ich wollte Akam auf keinen Fall zum Mann haben und das habe ich meinen Eltern auch so gesagt. »Nein, absolut *nein*, wenn ich jemals heirate, dann jemanden, den ich liebe – und nicht meinen Blutsverwandten.« Daraufhin musste ich Schläge und Drohungen von meinem Vater ertragen, bis ich schließlich von zu Hause floh. Doch damit hatte ich meine Familie »entehrt«, »Schande« über sie gebracht. Dies war ein Verbrechen, das in unserer frauenfeindlichen, heuchlerischen und völlig verkorksten Kultur mit einem »Ehrenmord« zu ahnden ist.

Heute besuchte ich eine meiner jüngeren Schwestern, Banaz, die ich seit mehr als vier Jahren nicht gesehen hatte. Zugegeben: Dass ich zu ihrer Wohnung ging, war eine lebensgefährliche Aktion. Ich wurde regelmäßig von kurdischen Männern verfolgt, oft waren es meine Onkel und Cousins, die meinem Vater anschließend von meinen angeblichen Schandtaten berichteten, die, Gott bewahre, seinen »Ruf« ruinieren würden. Sollte die kurdische Gemeinschaft herausfinden, dass ich auch nur mit Banaz gesprochen hatte, würde wahrscheinlich ein Preis auf unser beider Köpfe ausgesetzt werden.

Ernsthaft, Bekhal, bist du verrückt, oder was?

Ja, ich weiß, dass Sie das denken. Aber es ist so: Ich habe mir nie ausgesucht, keinen Kontakt mehr zu meinen Geschwistern zu haben. Ich vermisste Banaz so sehr und auch meine beiden anderen jüngeren Schwestern Payzee und Ashti.

Vor einigen Tagen hatte schließlich eine Freundin unserer Familie angerufen und mir schockierende Nachrichten über Banaz und Payzee mitgeteilt, sodass ich sofort zu Banaz eilte. Todesdrohungen hin oder her. Amber sagte, Banaz und Payzee seien im Alter von siebzehn bzw. sechzehn Jahren in arrangierte Ehen gezwungen worden. Mir kam die Galle hoch, als ich das hörte. Banaz, ein paar Jahre jünger als ich, würde im Dezember zwanzig Jahre alt werden. Payzee war gerade achtzehn geworden. »Sie sind beide mit deutlich älteren Männern verheiratet und leben zu viert zusammen«, sagte Amber. »Banaz' Ehemann, Binar, ist der

Schlimmste … o Gott …« Als ich aufgelegt hatte, hatte ich nur einen Gedanken im Kopf: *Das ist alles meine Schuld. Ich muss meinen Schwestern helfen.*

Ich schrieb Amber eine SMS, als ich die Adresse erreichte, ein seelenloses Gebäude, das an ein Bürohaus aus den Achtzigern erinnerte. Wie ausgemacht, war sie Banaz besuchen gegangen und würde mich in die Wohnung lassen, wenn sie ging. Payzee und die beiden Ehemänner würden nicht zu Hause sein, hatte sie erklärt, und Banaz wusste nicht, dass ich kommen würde.

Der Türöffner surrte. Ich ging hinein.

»Sie ist da drin«, flüsterte Amber und neigte ihren verhüllten Kopf in Richtung einer leicht angelehnten Tür am Ende des schmalen Gangs. Ich wartete, bis Amber gegangen war, und holte tief Luft. Mhm, Dolma. *Es riecht wie in Mums Küche*, dachte ich, als ich mich auf den vertikalen Lichtstreifen und die Geräusche zubewegte: »Platsch, tropf, platsch, tropf.« Vorsichtig drückte ich die Tür auf und da war sie: meine geliebte Banaz, die über einer grässlich grünen Badewanne kniete, die mit Kleidungsstücken und Seifenwasser gefüllt war, und ihre Arme, dünn wie Stricknadeln, in die Seifenlauge tauchte. Ihr Haar war zu einem unordentlichen Knoten am Hinterkopf zusammengesteckt, einige lockige Strähnen fielen über ihre blütenblattförmigen Ohren. Nasse, ekelhaft glänzende Hemden hingen von einer behelfsmäßigen Wäscheleine über der Badewanne. Tränen verschleierten meine Augen. »Nazca«, sagte ich Banaz' Spitznamen, der auf Kurdisch »schön« und »zart« bedeutet.

Banaz schnappte erschrocken nach Luft und drehte sich

um. »Bakha (mein Spitzname aus der Kindheit), oh, mein Gott, bist du es wirklich?«, rief sie. Ich breitete die Arme aus und nickte, während mir Tränen und Rotz über das Gesicht liefen. »Banaz, meine Liebe«, sagte ich und wir umarmten uns so fest, wie man es sich nur vorstellen kann. Schluchzend küsste ich ihr feuchtes Gesicht. Ich küsste ihren Hals und atmete ihren blumigen Duft ein: Kenzo, ihr Lieblingsparfüm. Zu Hause hatte sie die Flasche immer verstecken müssen. Banaz küsste mich ebenfalls, beide sagten wir »Meine Liebe, mein Schatz, meine wunderschöne Schwester!« – immer wieder.

»Wo ist Amber?«, fragte Banaz, als wir uns endlich voneinander lösten. Aber ich hörte sie kaum, denn nun konnte ich erstmals ihr Gesicht richtig sehen. Banaz' schöne Gesichtszüge sahen aus wie immer – die hohen, scharf geschnittenen Wangenknochen und die vollen, geschwungenen Lippen; ihre perfekt geformten Augenbrauen; das süße kleine Grübchen in ihrem Kinn – und dennoch sah sie verändert aus. Ausgemergelt, ja, krank. Sie hatte einige Male im Gesicht, kleine Schürfwunden und Kratzer. Eine schwarze Hose hing lose auf ihren Hüftknochen. Ihre haselnussbraunen Augen wirkten dunkel und eingefallen. Als sie zu lächeln versuchte, bemerkte ich, dass ein paar ihrer Zähne abgesplittert waren. Ich berührte ihren Arm und wir setzten uns auf den Rand der Badewanne.

»Amber ist weg«, sagte ich, »aber sie hat mir von dir und Payzee erzählt, wie Dad euch in die Ehe gezwungen hat, und ich musste dich einfach sehen. Es tut mir so leid. Es tut mir so wahnsinnig leid, Nazca.« Wieder liefen mir die Tränen herunter. Schniefend sah ich auf und da sah ich eine Waschmaschine in der hinteren Ecke des Badezimmers stehen. Ich wischte mir das Gesicht am Ärmel ab und fragte Banaz: »Warum wäscht du die Wäsche deines Mannes über die Wanne gebückt, wenn du sie doch einfach in die Waschmaschine stopfen kannst?«

Ich spürte, wie sich Banaz' Oberschenkel anspannten und zu zittern begannen. Auch ihre Schultern vibrierten. »Er will nicht … also … er will nicht, dass ich die Waschmaschine oder solche Dinge benutze«, murmelte sie in ihren Schoß. Sie zupfte an der dünnen weißen Narbe an ihrem rechten Zeigefinger – eine Verletzung, die sie sich vor Jahren im Iran zugezogen hatte, als sie ihre Hand versehentlich in einer Brandschutztür eingeklemmt hatte. »Er will, dass ich seine Wäsche von Hand wasche. Er … er sagt, ›du wirst hier nicht herumsitzen und nichts tun … oder dich mit Freunden treffen‹. Ich muss für ihn kochen und putzen und mit ihm schlafen, Sex haben, wann immer er will. Er behandelt mich, als wäre ich sein Handschuh oder sein Schuh … den er benutzen kann, wann immer es ihm passt. Und wenn ich nicht tue, was er will, verprügelt er mich und so.«

Ich nahm Banaz' vernarbte Hand und hielt sie in meinem Schoß. »Er ist ein verdammtes Tier«, rief ich, »ich schwöre, wenn ich ihn sehe, bringe ich ihn um.« Ich sprang auf und zog Banaz mit mir. »Komm«, sagte ich, »wir gehen spazieren.«

»Aber ich muss die Wäsche …«

»Wir gehen«, sagte ich bestimmt, »nur zum Laden am Ende der Straße.« Zugegeben, ich wusste, dass wir draußen nicht wirklich sicher waren, aber mir wurde plötzlich klar, dass es hier mit Banaz in dieser Wohnung noch viel gefährlicher war. Es wäre schwierig zu fliehen, falls Leute kämen, um uns zu töten.

»Okay«, sagte Banaz, »ich kann Kaugummi besorgen.«

Der Laden war weniger als zwei Minuten zu Fuß von der Wohnung entfernt, aber wir waren kaum aus der Tür, als Banaz' Handy klingelte. Ich erinnere mich an den Klingelton – ein weinendes Baby. Natürlich war es Binar, der sie anrief. »Ich gehe nur schnell zum Laden, um etwas zu trinken zu holen«, sagte Banaz. Es schien fast, als ob er sie ständig im Auge hätte. Sie legte auf, und wir eilten mit gesenkten Köpfen in den Laden. »Binar ist auf dem Rückweg«, sagte Banaz, ihre Stimme voller Panik. »Ich muss vor ihm zu Hause sein.« Sie kaufte ihren Kaugummi, und wir traten aus dem Laden in den strahlenden Nachmittag. Alles, was ich denken konnte, war: *Ich kann nicht zulassen, dass Banaz zu diesem abscheulichen Schwein von Ehemann zurückkehrt.* Etwa auf halbem Weg zwischen dem Laden und ihrer Wohnung blieben wir hinter einem Bushaltestellenhäuschen stehen, um uns zu verabschieden. Ich fasste sie an den Schultern und wandte mich immer wieder flehend an sie. »Ich kann nicht glauben, dass du immer noch hier bist und dieses Leben lebst. Bei diesem brutalen Kerl bleibst, der dich schlägt und vergewaltigt. Bitte komm mit mir, jetzt. Lauf weg! Bitte, ich will dich da rausholen, bevor es zu spät ist.«

Banaz sah erst auf den Bürgersteig, dann sah sie mich an, und Tränen traten in ihre Augen. »Bakha, du bist so mutig, dass du weggegangen bist, aber ich kann das nicht.«

Ich umfasste ihre Hände und versuchte es noch einmal: »Bitte, Nazca, bitte komm mit mir. Ich kann dir helfen. Es gibt Schutzhäuser für Frauen in deiner Situation. Bitte, Nazca, ich verspreche, ich kümmere mich um dich.«

»Es tut mir leid«, sagte sie und wischte sich die Tränen ab, dann flüsterte sie: »Kann ich dich wiedersehen, Bakha?«

Ich schlang meine Arme um sie. »Ich hoffe es«, sagte ich mit zugeschnürter Kehle, »lass es uns versuchen.«

Ich spürte Banaz' Lippen auf meinem Gesicht und hörte sie mit brechender Stimme wispern: »Ich liebe dich, Bakha. Leb wohl, meine Liebste.«

»Ich liebe dich auch, Nazca«, sagte ich, und dann stand ich hinter dem Wartehäuschen und weinte in meinen Kapuzenpulli, während ich zusah, wie meine Banaz weglief. Bis zu meinem Todestag werde ich es immer bereuen, dass ich Banaz an jenem Nachmittag nicht gezwungen habe, mit mir in den Bus zu steigen.

Denn es sollte das letzte Mal gewesen sein, dass ich meine wunderbare Nazca lebend gesehen habe.

Kapitel eins

Mashallah?
Sulaimaniyya, Irakisch-Kurdistan, 1985

Es ruckelt und wackelt, die Welt wiegt sich über mir in frischem Blau und Weiß. Ich trage eine weite Hose und ein geblümtes Oberteil und gluckse vor mich hin. Alles ist perfekt.

Ich liege in einem Plastikkorb, ebenfalls blau, mit runden Löchern. Durch diese schiebe ich nun meine kleinen, schrumpeligen Finger und versuche, mich hochzuziehen.

Mehr, ich will mehr sehen.

Blau wird zu Grün, als ich mit einem leisen Plumps zurück in meinen Korb falle. Wieder gluckse ich fröhlich und zappele mit den Beinen, während eine leichte Brise meine nackten Füße kitzelt. Dann taucht ein vertrautes Gesicht über meinem Kopf auf und eine Mähne aus krausem schwarzen Haar ergießt sich in den Korb. Meine Dayik (Mum). Lächelnd und mit gurrenden Lauten hebt sie mich aus dem Korb und setzt mich ins Gras. Baba (Dad) ist auch da. Er umarmt meine Mutter und sie verschmelzen zu einer einzigen schattenhaften Gestalt gegen die helle Sonne. Weitere Menschen erscheinen, groß und mit hohen, singenden Stimmen. Sie sagen Dinge wie »Ist sie nicht süß?« und »Sie ist so hübsch« und geben mir arabische Süßigkeiten. In kürzester Zeit sind mein Gesicht und meine Hände ganz klebrig. Meine Mutter und mein Vater lachen und ich höre, wie sie meinen Spitznamen singen: »Bakha, Bakha, hallo, meine Kleine.«

Die anderen Figuren klatschen und rufen: »Mashallah, mashallah« (so hat es der Gott gewollt).

Alles ist perfekt.

Ich schwöre bei Gott, die Szene, die ich oben beschrieben habe, ist meine früheste Erinnerung. Als ich sie etwa sechs Jahre später meiner Mutter, Behya, erzählte, lachte sie so sehr, dass ihr der Eyeliner über die Wangen lief. Na ja, meine Mutter hatte öfter mal unkontrollierbare Lachanfälle ohne erkennbaren Grund. »Also wirklich, Bakha«, sagte sie, »in Allahs Namen, das kann doch nicht sein?« Dann warf sie mir einen Blick zu, der sagte: »Du bist ein seltsames Kind«, wischte sich über die Augen und murmelte kopfschüttelnd: »Nein, Allah, wie um alles in der Welt kannst du dich an all das erinnern, Bakha? Du warst gerade mal ein gutes Jahr alt.« Sie musste wieder lachen, fasste sich dann und bestätigte jede Einzelheit meiner Erinnerung als wahr.

Der besagte Korb war eine dieser Jelly Bags aus den Achtzigern gewesen: babyblau, mit runden Löchern an den Seiten. Mum hatte ihn aufgehoben, er war noch irgendwo im Haus, zusammen mit der Hose und dem Oberteil, die einmal meiner älteren Schwester Kejal gehört hatten. An diesem Tag hatte mich meine Mutter in diese Tasche gepackt und mit zu meinem Vater an die Hochschule genommen, wo er damals Mathematik unterrichtete. »Dein Vater hatte gerade Mittagspause, also haben wir uns zu ihm gesetzt und ein Picknick gemacht«, sagte sie. »Die Frauen, die dir Süßigkeiten gegeben haben, waren Studentinnen. Sie haben dich angebetet. Wir ließen sie dich hochnehmen und mit dir schmusen.«

Ich habe nie herausgefunden, an welcher Hochschule mein Vater gelehrt hatte, aber dieser Tag ist mir bis heute im Gedächtnis geblieben. Eine Erinnerung voller Liebe und Güte. Es ist ein Ort, den ich in meinem Kopf immer wieder aufs Neue besuchen kann, und ich höre noch immer die Worte »Mashallah, mashallah«. Was würde ich nicht alles dafür geben, um zu diesem Tag zurückzukehren. Wäre das Leben doch nur so geblieben.

Es gibt ein paar Familienfotos von dieser glücklichen Zeit. Auf diesen Bildern, die im Irak aufgenommen wurden, trägt meine Mutter ihr Kopftuch zurückgebunden, sodass der Stoff nur die Oberseite ihres Kopfes bedeckt, und ihr schwarzes Haar wirbelt um ihr Gesicht und ihre Schultern. Ein wenig gewagt, aber vermutlich hat sie ihr Haar wieder bedeckt, nachdem das Foto gemacht worden war. Ein anderes Bild zeigt Kejal, in ein weißes Kleid gehüllt und auf Mutters linkem Knie sitzend, meinen Bruder Bahman, damals ein Kleinkind, der in die Ferne grinst, während er sich an Mutters rechten Arm klammert, sowie Dad in traditioneller kurdischer Kleidung und mit einem Lächeln, das unter seinem Schnurrbart hervorlugt, wie er meine Mutter und Kejal im Arm hält. Es gibt einen ähnlichen Schnappschuss, der mich als Baby auf dem Schoß meiner Mutter zeigt, eingerahmt von Kejal und Bahman, die Grimassen ziehen. Wenn ich dieses Bild sehe, möchte ich lachen und weinen gleichzeitig. Auf den Fotos sehen wir wie eine normale, glückliche Familie aus. Bis man die Wahrheit erfährt und feststellt: Der Eindruck täuscht.

Meine Mutter und mein Vater heirateten Mitte der Siebzigerjahre. Es war eine arrangierte Ehe, das heißt, sie waren von ihren Familien füreinander ausgewählt worden. Gleich mehrere Zeremonien wurden abgehalten und bei einer schmückten Dutzende Gäste meine Mutter mit Gold – Armreifen, Ringen und Münzen – und hefteten Geldscheine an ihr Hochzeitskleid. Vielleicht hat sie sogar ein oder zwei Schafe geschenkt bekommen (das kann ich allerdings nicht beschwören). Im sunnitischen Islam sind arrangierte Ehen häufig eine Familienangelegenheit, und die Hochzeit meiner Eltern war da keine Ausnahme.

Behya und Mahmod sind Cousine und Cousin ersten Grades. Die Mutter meiner Mutter, Hadlah, und der Vater meines Vaters, Babakir Mahmod, waren Schwester und Bruder. Somit wurde Mutters Onkel zu ihrem Schwiegervater, und Vaters Tante Hadlah übernahm die Rolle der Schwiegermutter. Als wir Kinder zur Welt kamen, waren diese beiden Großeltern auch unsere Großtante und unser Großonkel. Das heißt, unsere Eltern sind auch unser Cousins und unsere Cousine zweiten Grades. Das ist verwirrend, ich weiß, um nicht zu sagen völlig irre. Ich habe unzählige Geschichten gehört, in denen Kinder aus Ehen von Cousins und Cousinen mit zwölf Zehen geboren wurden oder einem Bein, das länger war als das andere, zusätzlich zu endlosen anderen gesundheitlichen Problemen. In der arabisch-muslimischen Welt gelten solche Ehen im Allgemeinen als ideal, rein und ehrenhaft. Hochzeiten zwischen Cousin und Cousine festigen die Familienbande und halten den Wohlstand innerhalb der Familie, heißt es. In anderen Kulturen nennt man es Inzest, wenn Cousin und Cousine es miteinander treiben. Meine Güte, wenn ich nur daran denke.

Seltsamerweise funktionierte die Ehe meiner Eltern. Nicht, dass meine Mutter in dieser Angelegenheit ein Mitspracherecht gehabt hätte. Ihre Aufgabe war es zu kochen und zu putzen, meinem Vater zu gehorchen und für uns Kinder zu sorgen, so, wie er es für richtig hielt. Ich erinnere mich, dass mein Vater mir einmal erzählte, dass er und meine Mutter an ihrem Hochzeitstag nicht verliebt gewesen seien, sie »sich aber im Lauf der Zeit lieben gelernt« hätten. Das konnte ich nicht verstehen. Ich kann es immer noch nicht und werde es auch nie können. Aber wenn man sich frühe Fotos von ihnen zusammen ansieht, wirken meine Eltern wirklich verliebt. Sie bekamen sechs Kinder und soweit ich weiß, sind sie auch heute noch »glücklich« verheiratet.

Unglaublich.

Ich bin das dritte Kind von Behya und Mahmod. Mein Bruder Bahman ist der Älteste, Kejal kam etwa ein Jahr vor mir zur Welt. Meine Eltern nannten mich Bekhal, nach der wunderschönen Gegend in den Bergen im Norden Kurdistans, wo sie ihre Flitterwochen verbracht hatten. Ich war noch nie im Bekhal Summer Resort, aber eine Google-Suche zeigt atemberaubende Fotos eines spektakulären Wasserfalls (Bekhal Waterfall), der mitten aus dem Berg zu entspringen scheint. Im Gegensatz zu den meisten anderen kurdischen Namen kann ich für Bekhal keine spezielle Bedeutung finden – außer »Wasserfall«.

Als ich alt genug war, erzählte mir meine Mutter, dass ich eine Zwillingsschwester hatte. Sie hieß Berry und wurde mit nur einer Niere geboren. Ich selbst war mit neun Pfund ein schweres Baby, aber die arme Berry war stark untergewichtig. Tragischerweise versagte ihre eine Niere, und sie starb im Alter von nur 40 Tagen. Ich denke oft an die arme kleine Berry und frage mich, wie unsere Beziehung wohl aussehen würde, wenn sie überlebt hätte. Offenbar erlitt meine Mutter im Laufe der Jahre auch mehrere Fehlgeburten.

Meine Eltern stammen beide aus großen Familien des Mirawaldy-Stammes. Es ist wirklich kaum zu glauben, wie groß meine mütterliche Verwandtschaft ist. Sie ist eines von mindestens fünfzehn Kindern, von denen einige ihre Stiefbrüder und -schwestern sind. Denn, um die Sache noch ein wenig komplizierter zu machen: Der Vater meiner Mutter, Ahmed, war mit drei Frauen gleichzeitig verheiratet. Ahmed starb etwa zu der Zeit, als ich geboren wurde, aber Hadlah, meine verstorbene Großmutter mütterlicherseits, war wundervoll – im Gegensatz zu der bösartigen Hexe, die meinen Vater und seine fünf jüngeren Geschwister in die Welt gesetzt hatte.

Das klingt hart, ich weiß, aber wie Sie noch feststellen werden, sind meine Gründe, Grandma Zareen zu hassen, berechtigt. Zareen bedeutet auf Kurdisch »goldenes Kind«, aber ich kann mir keinen unpassenderen Namen für meine Großmutter vorstellen. Zareen hatte vier Söhne und zwei Töchter und verachtete meine Mutter dafür, dass sie so viele Mädchen und nur einen Sohn gebar. Daraus machte sie wahrlich keinen Hehl – als meine Zwillingsschwester Berry starb, sagte Zareen zu meiner Mutter: »Gut, ich bin froh, dass sie tot ist. Eine Muschi weniger in diesem Haus.« Zareen ist vor ein paar Jahren gestorben. Ich kann nicht fassen, dass diese schreckliche Frau hundertdrei Jahre alt wurde.

Wie es in unserer Kultur üblich ist, zog meine Mutter nach ihrer Heirat zu den Eltern meines Vaters. Sie wohnten in einem Haus, das mein Vater und seine Brüder in Qalat Dizah gebaut hatten, einer irakisch-kurdischen Stadt inmitten von Bergen nördlich von Sulaimaniyya und nahe der Grenze zum Iran. Dies sollte für die ersten sechseinhalb Jahre meines Lebens mein Zuhause sein.

Das Haus bestand im Wesentlichen aus einem Holzrahmen mit Lehmwänden und hatte, wie alle Gebäude im Irak, ein Flachdach. Die Lehmböden waren mit Perserteppichen ausgelegt, die draußen über einer Mauer ausgeklopft wurden. Ein lärmender Generator war unsere einzige Stromquelle. Über ein langes Kabel, das über die staubige Straße verlief, war er an unseren winzigen Schwarz-Weiß-Fernseher oder den Deckenventilator im Männer-Wohnzimmer angeschlossen. Das waren unsere beiden einzigen elektrischen Geräte; wir hatten keine Deckenlampen im Haus und begnügten uns mit Öllampen. Auch fließendes Wasser gab es nicht. Was wir an Wasser brauchten, holten wir aus dem Fluss *Unterer Zab*, der aus dem Iran nach Kurdistan fließt. Oft liefen wir durch die karge Landschaft zum Fluss, wo wir unsere Kleidung wuschen und die Wassereimer füllten. Dann schleppten wir die schweren Eimer nach Hause und erhitzten das Wasser in einem Metalltank über einem Camping-Gasbrenner.

Ich erinnere mich noch genau an den Grundriss unseres Hauses. Es hatte nur eine Ebene, durch die Eingangstür gelangte man in das Wohnzimmer, an dessen Wand eine kurdische Flagge hing. Hinter dem Wohnzimmer befand sich die Küche, in der meine Mutter kochte – und kochte und kochte und kochte. Mein Gott, welche herrlichen Gerüche dieses Haus durchzogen. Sie kennen das vielleicht, wenn man Urlaub an einem heißen Ort macht, in der Türkei zum Beispiel, und nachts von diesen ganzen wunderbaren Gerüchen aus den Restaurants umgeben ist? So roch es bei uns zu Hause rund um die Uhr. Zum Esszimmer ging man durch das Wohnzimmer und dann nach links. Meine Mutter breitete die Speisen auf einer großen Plastiktischdecke auf dem Boden aus und wir setzten uns darum herum und aßen – immer mit den Händen. Eine Tür verband das Esszimmer mit einem separaten Raum nur für die Männer im hinteren Teil des Hauses, in dem sich auch vier Schlafzimmer befanden. Ich teilte mir ein Zimmer mit meinen Geschwistern, und wir schliefen auf dem Boden auf Matratzen, die aus schichtweise zusammengenähten Bettdecken bestanden.

Unsere Toilette – ein Loch im Boden, das in ein betoniertes Abwasserrohr mündete – befand sich in einem Verschlag im Freien, eingebettet zwischen den Ställen für die Hühner, Kühe, Esel und Pferde. Genau genommen ist »Loch im Boden« eine beschönigende Beschreibung für etwas, das wir »Scheißhaus« nannten – denn genau das war es. Um sich zu erleichtern, musste man über dem Loch kauern und dann einen Eimer Wasser hinterherkippen, der die Exkremente wegspülte, während einem Tausendfüßler und Ohrwürmer über die Füße krabbelten und Schmeißfliegen um den Kopf schwirrten. Und das waren nicht die einzigen ungebetenen Gäste, denen wir dort begegneten: Oft sahen wir auch Ratten, Mäuse, Skorpione, Schlangen und Kakerlaken. Diese kamen auch gern mal ins Haus. Einmal fanden wir eine junge Klapperschlange in der Speisekammer, und meine Mutter schrie das ganze Haus zusammen. Was mir aber am meisten Angst machte, mehr als die ekligen Kakerlaken, die nachts über meine Matratze krabbelten, war ein Monster namens Reş, das angeblich in der Kanalisation unter dem Loch des Klos herumspukte. Reş, kurdisch für »schwarz« oder »Schwärze«, war eine haarige Bestie mit scharfen Krallen. Es hieß, dass sein langer, haariger Arm durch das Loch schießen und einen in die Tiefe ziehen würde. Einige Kinder seien nie wieder gesehen worden, nachdem sie ihm auf dem Klo zum Opfer gefallen waren. Ich hatte solche Angst vor Reş, dass ich immer, wenn ich aufs Klo musste, meine ältere Schwester oder Cousine davor warten ließ.

Grandpa Babakir Mahmod Aghr (Aghr ist im Kurdischen ein Ehrentitel) war das Oberhaupt des Haushalts. Er besaß viel Gold und war in der kurdischen Gemeinschaft hoch angesehen. Ich hatte nie irgendwelche Probleme mit Bapîr (Großvater) Babakir – er liebte mich. Er war so unfassbar groß, fast zwei Meter. Er hatte freundliche Augen, die etwas verschlafen dreinblickten, und tiefe, symmetrische Falten, die von seinen Nasenlöchern seitlich die Kiefer entlangliefen. Ich erinnere mich, wie ich zu ihm hinrannte und mich auf die Zehenspitzen stellte, um nach seinen Händen zu greifen, wobei mein Kopf gerade mal auf Höhe seiner Knie war. Grandpa schmunzelte und bückte sich zu mir herunter: »Hallo, Bakha.« Ich ergriff seine Finger und sah zu ihm auf, und seine Falten gruben sich noch tiefer in die Haut, als er mich anlächelte. Es war, als würde man zu einem weisen, alten Baum aufsehen. Grandpa Babakir war definitiv mein liebstes Großelternteil.

Vaters jüngster Bruder, mein Onkel Zoran, lebte ebenfalls bei uns. Ich glaube, das lag daran, dass er noch keine Frau gefunden hatte. Weitere Verwandte – zu viele, um sie alle aufzuzählen – lebten in und um Sulaimaniyya und mein Onkel Afran, ein weiterer Bruder meines Vaters, wohnte mit seiner Frau Alal und ihren vier Kindern – zwei Mädchen, Miriam und Shanar, und den Söhnen Daryan und Eylo – nur knapp sechshundert Meter von uns entfernt. Miriam war in einem ähnlichen Alter wie ich und wir trieben viel Unfug zusammen.

Das Leben in Qalat Dizah war primitiv, aber ich kannte damals ja nichts anderes. Und wann immer ich auf meine ersten fünf Jahre in Irakisch-Kurdistan zurückblicke, wird mir das Herz warm und ein Lächeln schleicht sich auf mein Gesicht. Vielleicht ist das der Grund, warum meine Erinnerungen an die frühen Jahre so klar sind – weil ich sie mit diesen glücklichen, unschuldigen Tagen verbinde.

Damals war ich ein richtiges Papakind; er ließ mich auf seinen Knien reiten und mit seinem Schnurrbart und seinen Koteletten spielen. Ich war fasziniert von seiner Gesichtsbehaarung, besonders von seinem makellosen Schnurrbart, der sich so seidig anfühlte. Mein Lieblingsspiel war jedoch, wenn mein Vater mich in die Luft warf und wieder auffing. Was habe ich das geliebt – diese Schwerelosigkeit und wie es mir dann, am höchsten Punkt, kurz flau im Magen wurde, bevor ich mich einfach in seine Arme fallen ließ. »Bakha kann fliegen, Bakha kann fliegen«, rief er, und ich gluckste vor Lachen und bettelte ihn an, mich noch mal in die Luft zu werfen und noch mal und noch mal.

In einer anderen frühen Erinnerung sitze ich auf dem Schoß meiner Mutter und drücke meine Hände und meinen Kopf in ihren riesigen, federnden Bauch, der Tag für Tag immer größer wurde. Ich erinnere mich zwar nicht mehr an ihre genauen Worte, aber ich weiß noch, dass meine Mutter zu mir sagte: »Vorsicht, da ist ein Baby drin, Bakha.« Ich verstand nicht, was meine Mutter meinte, weil ich erst zweieinhalb war, aber bald darauf verschwand sie für einen Tag und kam mit etwas auf dem Arm zurück, was aussah wie ein Bündel Wäsche. Sie legte das Bündel auf den Boden im Wohnzimmer, wo die ganze Familie versammelt war. Der Anblick versetzte mir einen Schock. Eingewickelt in ein Tuch wie eine Mumie lag da ein winziger Mensch. Ich sah Büschel schwarzer Haare und rosige Lippen. Obwohl das Menschlein so klein war, schrie es sehr viel. Ich weiß noch, wie ich auf das Bündel auf dem Boden zeigte und fragte: »Was ist das?«, und alle lachten mich aus. »Bakha, mein Schatz«, sagte meine Mutter und lächelte erst mich an, dann die winzige Person. »Das ist deine kleine Schwester, Banaz.«

Ja, ich habe eine Weile gebraucht, um zu begreifen, dass tatsächlich eine kleine Schwester aus dem Bauch meiner Mutter gekommen war, und ich gebe zu, dass ich anfangs eifersüchtig auf Banaz war. Meine Mutter war immerzu am Kochen und Putzen, und meine kleine Schwester nahm plötzlich meinen Platz auf meines Vaters Knien ein. Dann, keine zwei Jahre später, vollführte meine Mutter das gleiche Kunststück noch einmal: Ihr Bauch wuchs, und eine weitere Schwester, Payzee, tauchte auf. Inzwischen war mein Neid verflogen und ich freute mich, zwei kleine Schwestern zu haben. Ja, ich habe es geliebt, Teil einer großen Familie zu sein. Ich genoss es, Gesellschaft zu haben, auch wenn wir Geschwister uns manchmal stritten, besonders Kejal und ich.

In diesem Alter, mit etwa vier Jahren, war ich ein fröhliches, lebhaftes Kind. Ich hatte zwei Spielzeuge, ein Schaukelpferd aus Holz und einen dieser batteriebetriebenen kläffenden Hunde. Beide wurden von meinem Bruder erst an Kejal, dann an mich weitergereicht. Das Pferd hatte viele Macken und Kratzer, und das flauschige braune Fell des Hundes war völlig verfilzt (ich glaube, ich habe nur ein- oder zweimal erlebt, wie er kläffte und herumsprang, da Batterien in unserem Lehmhaus nicht gerade zur Grundausstattung gehörten), aber ich liebte diese Spielzeuge von ganzem Herzen. Jeden Tag habe ich draußen auf meinem Schaukelpferd gespielt, und den Hund habe ich überall mit hingenommen. Einmal fragte ich, ob ich den Hund zum Kuscheln mit ins Bett nehmen dürfte, aber meine Mutter verbot es – er war einfach zu schmutzig.

Keines von uns Kindern im Irak ging in den Kindergarten oder die Schule. Ich wusste nicht, dass es Schulen gab, bis ich zehn Jahre alt war. Statt Schule gab uns mein Vater, der inzwischen nicht mehr an der Hochschule arbeitete, zu Hause Unterricht. Da er ein Mathegenie war – ich glaube, er hat sogar einen Doktortitel –, brachte er uns von klein auf das Zählen und Rechnen bei. Mathe hat mir Spaß gemacht, lesen lernen dagegen nicht so sehr. Bei uns zu Hause gab es keine Bücher wie »Ein Tiger kommt zum

Tee« oder »Der Grüffelo« oder andere lustige Bilderbücher. Nein, das einzige Buch, das wir kannten und aus dem ich lesen gelernt habe, war der Koran. Ich zog es vor, draußen zu arbeiten und bei den Tieren und in der Natur zu sein, anstatt drinnen unterrichtet zu werden.

Oft waren mein Vater, meine Onkel und Grandpa Babakir nachts unterwegs, »in den Bergen patrouillieren«. Ich war zu jung, um etwas über den Iran-Irak-Krieg oder Saddam Husseins Anfal-Operation zu wissen, und niemand erklärte uns, warum die Männer in den Bergen »patrouillieren« mussten, obwohl ich glaube, dass Vater und Grandpa bei der Peschmerga waren, dem kurdischen Arm der irakischen Streitkräfte. Manchmal dauerten diese Einsätze tagelang, was mich insgeheim freute, da wir dann keinen Unterricht hatten.

Ich liebte es, zu Hause mitzuhelfen, und ab meinem fünften Lebensjahr arbeitete ich zusammen mit Bahman und Kejal auf dem Hof. Jeden Morgen standen wir um fünf Uhr auf, gingen die Hühnereier einsammeln und melkten die Kühe. Wir machten sogar unsere eigene Butter, indem wir Milch in einen Beutel aus Rindsleder gossen und diesen eine gefühlte Ewigkeit lang kräftig schüttelten. Die schmutzigste Arbeit war das Ausmisten der Pferde- und Kuhställe. Tja, wir mischten die stinkende Sauerei mit Stroh und benutzten den Mist anschließend als Brennstoff zum Kochen oder um im Winter das Haus zu heizen. Es war harte Arbeit, aber irgendwie auch befriedigend – und hinterher durften wir spielen. Wir drei trafen uns mit Miriam, Shanar, Daryan und Eylo, gingen zum Fluss, kletterten auf Feigen- und Dattelbäume und schüttelten die

Äste, bis die Früchte herunterfielen. Oder wir spielten in den Rohbauten der nie fertiggestellten Gebäude, die die mit Schutt übersäten Straßen säumten. So sehr ich mein Schaukelpferd und meinen Hund, der fast nie kläffte, auch liebte, ich hatte überhaupt keinen Wunsch nach weiteren Spielsachen; ich wollte lieber draußen sein. Selbst wenn ich allein war, vergnügte ich mich damit, Schlammkuchen zu formen oder mit den Hühnern zu spielen. Ich fütterte sie mit Würmern und jagte sie mit gackernden Geräuschen über den Hof. Solch süße, lustige Wesen!

Als Kind hatte ich keine Ahnung, dass draußen zu spielen jemals als »huriges Verhalten« gelten könnte. Genauso wenig ahnte ich, dass es bald nicht mehr gern gesehen werden würde, wenn ich mit meinen männlichen Cousins herumzog. Zwar wusste ich von klein auf, dass bestimmte Handlungen für kleine Mädchen absolut tabu waren. So durfte ich zum Beispiel mein Kleid nicht hochheben oder vor Jungen oder Männern einen Purzelbaum machen. Badeanzüge, kurze Hosen, ärmellose Kleider – was war das? Wir trugen lange Kleider über Aladinhosen (Hosen mit Gummizug an den Knöcheln) und Rollkragenpullis, auch im Sommer. Aber ich war ja noch ein Kind. Und wie alle Kinder war ich neugierig.

Diese Neugierde sollte meine perfekte kleine Welt zerstören.

Eines Tages, als ich neben einem der Kuhställe auf meinem Schaukelpferd saß, tauchte Vaters Cousin Rekan auf dem Hof auf. Es war nichts Ungewöhnliches, Rekan zu sehen, da er in der Nähe wohnte und jeden Tag Verwandte in unserem Haus ein- und ausgingen. Er nickte mir zu und ich lächelte und schaukelte weiter, sodass der sonnenverbrannte Schlamm unter mir knackte und knirschte. Rekan, der aussah, als sei er aus Besenstielen und Holzpflöcken gemacht, wurde immer größer, je näher er kam, bis er auf einmal weniger als einen Meter von mir entfernt war. Als er sich bückte, um am unteren Schloss der Stalltür herumzufummeln, konnte ich nicht umhin, seine seltsamen Fingerspitzen zu bemerken, die verkrustet und ohne Nägel waren. Sie sahen aus wie versteinert. Abrupt bremste ich das Schaukelpferd ab und sprang hinunter. Dann beugte ich mich vor und berührte Rekans Hände. Er zuckte zurück und schlug sich mit der Hand auf die Brust, als hätte ich ihm einen Stromschlag verpasst. »Was machst du da?«, fragte er langsam, in ruhigem Ton. Ich nahm an, ich hätte ihn erschreckt. Er klang jedenfalls nicht verärgert.

»Oh, mein Gott«, sagte ich, »deine Fingernägel. Sie sehen so anders aus.«

Rekan antwortete nicht, sondern stand auf und warf mir einen verwirrten Blick zu. Dann drehte er sich um und ging ungelenk über den Hof ins Haus. Ich stieg wieder auf mein Schaukelpferd.

Keine zwanzig Minuten später schallte die Stimme meiner Mutter über den Hof: »Bekhal, *Bekhal*, komm rein, aber *sofort.*« Sie stand in der Küchentür, die Fäuste in die Hüften gestemmt, die Augen funkelnd vor Wut. Ich tat, wie mir geheißen, huschte zu ihr hinüber und dachte: *Warum ist Mum nur so wütend?* Kaum hatte ich die Tür erreicht, griff sie nach mir. Mit der einen Hand hielt sie meinen sechsjährigen Arm wie in einem Schraubstock fest, mit der anderen kniff und verdrehte sie mir das Ohr, dann schob sie mich hinein, durch die Küche, wobei sie »Gahba, Gahba« rief, hinein ins Wohnzimmer, wo mein Vater wartete, die Augenbrauen so fest zusammengezogen, dass sie ein pelziges »X« auf seinem Nasenrücken bildeten. Seine Hände lagen geballt auf seinen Oberschenkeln. Zwischen seinen Fäusten hielt er ein Seil. Er blickte mich finster an, durch mich hindurch. War das wirklich mein Vater? Er sah aus, als wollte er mich umbringen. Meine Mutter stieß mich zu ihm hin und ab diesem Moment konnte ich vor lauter Schreien und Weinen und dem brennenden Schmerz, der mein ganzes Wesen durchzog, kaum noch atmen.

Mein Vater griff nach meinen Händen und band sie zusammen, dabei riss er an den Seilenden, bis meine Handgelenke brannten, als stünden sie in Flammen. Gleichzeitig gab mir meine Mutter einen Schlag auf den Hinterkopf. Dann fing mein Vater an, mich zu verprügeln. »Wer zum Teufel hat dir gesagt, dass du seine Hand anfassen sollst?«, schrie er. Dabei verpasste er mir eine Ohrfeige nach der anderen im Rhythmus seiner Worte.

Mein ganzer Körper zitterte. Ich versuchte zu sprechen, um die Sache mit den Fingernägeln zu erklären, aber statt Worte konnte ich nur laute Schluchzer von mir geben, als mein Vater mich rückwärts auf den Boden zwang, sich über mich kniete und anfing, mich überall zu schlagen – auf meine Beine, Arme und meinen Oberkörper. Er packte mich an den Haaren und riss meinen Kopf hin und her wie eine Puppe. »Du verdammtes Hurenkind. Fass *niemals* wieder seine Hand an.« Sein Gesicht glänzte vor Anstrengung. Spucke troff aus seinem Mund. Hinter ihm verschwamm die goldene Sonne auf der kurdischen Flagge mit ihren einundzwanzig Strahlen zu einem gelblichen Fleck. »Wie konntest du das tun, du verdammte Hure? Verstehst du eigentlich, was du falsch gemacht hast?«

Klatsch.

»Mach weiter, sie versteht es nicht.« Die Stimme meiner Mutter, wie sie über meinem Vater stand, ihr Gesicht in ihrem Hidschab verzerrt vor Wut und Abscheu.

Die Tortur dauerte etwa vierzig Minuten, wobei mein Vater sich während meiner Bestrafung immer wieder mit den flachen Händen auf seine eigenen Schläfen schlug.

»Du bist ein Kind des Teufels«, fauchte er. »Wessen verdammtes Kind bist du?«

Ich vergrub mein Gesicht im Teppich. »Bitte … hör auf … es tut mir leid …. ich habe nicht … gewusst …« Die Worte blieben mir im Hals stecken und ich tränkte den Teppich mit meinen Tränen, meinem Speichel und meinem Rotz. »Bitte, hör auf!«

Zugegebenermaßen hörte Vater auf mich zu schlagen, als ich um Gnade flehte. Er band meine Hände los und sagte mit tonloser Stimme: »Geh jetzt in dein Zimmer. Aus meinen Augen, du widerst mich an, Hurenkind.«

Nach dieser ersten Tracht Prügel weinte ich die ganze Nacht. Mein Körper schmerzte und brannte, und die Haarbüschel, an denen mein Vater gerissen hatte, hingen verknotet herunter. Ich lag zusammengekauert auf meiner dünnen Matratze, ohne das Sirren der Kakerlaken wahrzunehmen, während in meinem Kopf dunkle Gedanken herumwirbelten. Rekan, der in seinen Zwanzigern war, musste meinem Vater erzählt haben, dass ich seine Hand berührt hatte. Warum hatte er das nur getan? Was war denn so schlimm daran, die Hand eines Mannes zu berühren? Mehr als alles andere war ich schockiert, wie brutal mein Vater und meine Mutter zu mir gewesen waren. Stunden zuvor hatten sie noch mit mir gekuschelt. Vor zwei Tagen, als ich Zahnschmerzen hatte, hatte mein Vater mein Zahnfleisch mit Nelkenöl beträufelt, mich fest an seine Brust gedrückt und für mich gebetet. Jetzt fühlte ich mich, als wäre mein Herz zerbrochen. *Sie sind böse. Ich hasse sie.* Ich wollte meine Eltern nicht hassen – ich liebte sie doch.

Rückblickend weiß ich, warum mein Vater mich geschlagen hat. Er dachte, ich hätte mich an seinen damals zwanzigjährigen Cousin rangemacht. Geht's noch? Ich war *sechs*. Von da an befand ich mich in einem Zustand permanenter Angst. Ich wusste nie, ob ich etwas tat, das mir wieder Prügel einbringen würde. Dieser Gedanke hing über allem, was ich sagte, tat oder überlegte zu tun: Kann ich in diesem Kleid nach draußen gehen? Darf ich einem Gast die Tür öffnen? Darf ich mich neben meinen Cousin setzen? Letztlich schien ich es nur durch Versuch und Irrtum herausfinden zu können. Und ich sollte mich noch sehr oft irren.

Gleich der nächste Fehler hätte mich fast das Leben gekostet. Es geschah an einem Wochenende im Frühjahr 1989, als wir Vaters Schwester Baze und ihre Familie besuchten, die in großen Wigwams im Armee-Stil auf dem Land bei Sulaimaniyya in der Nähe des Flusses Tanjaro wohnten. Onkel Afran, Tante Alal und ihre Kinder gesellten sich zu uns, ebenso wie Vaters andere Schwester Berzan und ihre beiden Söhne Dana und Aliker.

Kurz nach unserer Ankunft beschlossen Bahman, Dana und Aliker, zum Fluss hinunterzugehen, um zu spielen. Ich wollte mit ihnen gehen und zupfte unablässig an Mutters Kleid. »Bitte, bitte, kann ich sie begleiten«, bettelte ich, »bitte lass mich zum Fluss gehen.«

Die Jungen hatten sich bereits auf den Weg gemacht.

»Okay«, seufzte meine Mutter und fügte warnend hinzu: »Aber wage es ja nicht, ins Wasser zu gehen.«

Ich bedankte mich und rannte den Weg hinunter zu meinem Bruder und meinen Cousins. Aber sie wollten mich nicht dabeihaben. Selbst Bahman lachte und stieß mich weg, während Dana mit einem gemeinen Grinsen sagte: »Dies ist kein Ort für Mädchen – du bist hier nicht willkommen, Bekhal.«

Ich blieb trotzdem, obwohl ich rennen musste, um mit ihnen Schritt zu halten.

Als wir den Fluss erreichten, sammelten die Jungen Stöcke und Steine und warfen sie ins Wasser. Ich stand am Flussufer und sah zu, wie sie sich amüsierten. Das Wasser tobte und wirbelte, sodass die Wurfgeschosse der Jungen schon flussabwärts trieben, bevor sie überhaupt sehen konnten, wo sie gelandet waren. »Lass uns auf die Felsen klettern«, sagte Dana und schon war er auf einen zerklüfteten Stein gestiegen. Bahman und Aliker folgten und bald sprangen sie von Stein zu Stein. Um nicht zurückzubleiben, tat ich es ihnen nach. Aber als ich auf meinen dritten Stein hüpfte, rutschte ich ab und fiel mit den Füßen voran ins Wasser, wobei ich mit dem Kopf auf dem Stein aufschlug.

Ich war klein und konnte nicht schwimmen. Ich versuchte zu stehen, aber meine Füße reichten nicht bis zum

Boden. Schon war mein Kopf unter Wasser. Die Strömung ergriff mich und zog mich rasch flussabwärts. Jedes Mal, wenn ich es schaffte, meinen Kopf kurz über die Wasseroberfläche zu strecken, ging ich wieder unter. Durch die sprudelnde Gischt konnte ich sehen, wie mein Bruder und meine Cousins, die nun wieder am Flussufer standen, lachten und mit Stöcken nach mir warfen. »Hilfe«, schrie ich, aber das Wasser verschlang mich erneut, füllte meinen Mund und meine Nase und schleuderte mich gegen die Felsen. Ich keuchte und versuchte, mich an den Felsen festzukrallen, während ich panisch dachte: *Ich werde sterben!* Dann, plötzlich, warf mich das schäumende Wasser an Land, direkt vor die Füße von Bahman, Dana und Aliker. Ich kroch das Ufer hinauf, keuchend und Wasser spuckend. »Helft mir«, sagte ich erneut, dann erbrach ich reines Wasser. Mein Bruder lachte am lautesten von allen dreien.

Irgendwie schaffte ich es, mich aufzurappeln und den Jungs zurück ins Lager zu folgen. Sie nahmen den langen Weg durch die Felder und über die Hügel, und jedes Mal, wenn ich krächzte: »Bitte sagt Mum nicht, dass ich im Wasser war«, wenn ich mich übergab oder nach Luft rang, verhöhnten sie mich. Meine Nase und mein Rachen brannten. Ich taumelte zitternd weiter. Flusswasser lief mir aus der Nase, wenn ich mich übergeben musste. Zum Glück hatte ich nicht meine hässlichen Schuhe verloren – Jungenschuhe –, wahrscheinlich weil sie mir viel zu klein waren. Sie drückten furchtbar beim Gehen. Alles, was ich mir in dem Moment wünschte, war, dass mich meine Mutter in die Arme schließen würde.

Und da war sie, meine Mutter. Sie wartete auf mich, als wir das Lager erreichten, die Fäuste in die Hüften gestemmt. Heute weiß ich, was diese Geste heißt: »Dir wird gleich Hören und Sehen vergehen.« Und das tat es. Nachdem sie mit ihrem Fingernagel über meinen Arm gekratzt hatte – angeblich bewiesen die weißen Spuren, dass ich im Wasser gewesen war –, zerrte sie mich in das Frauenzelt und verprügelte mich. Unablässig schlug sie mit einem Stock auf mich ein und schrie: »Habe ich dir nicht verboten, ins Wasser zu gehen«, immer und immer wieder. Ich wollte sterben. Nun, gestorben bin ich damals nicht, aber ich hatte eine weitere Lektion gelernt: Geh nicht in das verdammte Wasser.

Das Leben wurde wieder so normal, wie es nur sein konnte … zumindest für eine Weile. Einige Tage, nachdem wir von Tante Baze zurückgekehrt waren, geschah Folgendes:

Es war früher Abend, so gegen halb sieben, sieben, und ich war dabei, die Hühner für die Nacht zusammenzutreiben, als ich über dem Gegacker die Stimme meiner Mutter hörte. »Bakha, komm rein, jetzt sofort.« Froh, dass sie mich bei meinem Spitznamen gerufen hatte, schnappte ich mir zwei weitere flatternde Hühner und rannte damit in den Stall. (Hühner für die Nacht aufzustallen ist ganz schön schwierig, sie sind sehr geschickt darin, immer wieder zu entkommen.) Als ich aus dem Stall kam, stand meine Mutter vor mir. »Komm schon, Bakha, wir gehen. Wir müssen uns beeilen.«

»Wie meinst du das?«, fragte ich. »Wohin gehen wir? Ich muss die Hühner in den Stall bringen.«

Meine Mutter breitete die Arme aus und legte ihren Kopf schief. »Vergiss die Hühner. Wir gehen weg von hier, Bakha. Jetzt sofort. Wir alle. Und wir kommen nie wieder zurück.«

Ich stand einfach nur da, mit offenem Mund, während die Hühner flatternd um mich herumsprangen. Ich hörte das Klappern der Stalltüren und die Esel fingen an zu zetern. »Aber … was ist mit den Hühnern …?« Ich liebte diese Tiere. Ich wollte sie nicht einfach zurücklassen.

»Komm schon, Bakha, wir müssen jetzt wirklich los.«

Ich nickte, obwohl ich nicht verstand, was hier vor sich ging und wohin wir überhaupt wollten. »Kann ich mein Schaukelpferd und meinen Hund mitnehmen?«

Meine Mutter schüttelte den Kopf und deutete in Richtung Küche. »Komm, es ist Zeit zu gehen, Bekhal«, sagte sie.

Kapitel zwei

Die Unruhestifterin

»Halte den Kopf unten und lege das Tuch über den Mund«, sagte meine Mutter und steckte mich in einen leeren Reissack, der auf dem Rücken des Esels festgeschnallt war. Ihr warmer Atem streifte mein Gesicht. Er roch nach Nelken, ihrem ureigenen Duft.

»Aber wohin gehen wir?« Ich verstand immer noch nicht, was los war. »Kommen wir wirklich nie mehr zurück?«

Hinter der Karawane schnaubender Esel zeichnete sich unser Lehmhaus wie ein Stück Kohle gegen den dunkelblauen Himmel ab, unbeleuchtet und verlassen. »Kann ich *bitte* mein Schaukelpferd mitnehmen?«

Fragen über Fragen.

»Psst, sei still, Bakha.« Meine Mutter wickelte mich im Sack in einen Jamana (Schal) ein. »Wir müssen alle ganz leise sein. Wenn wir ein Geräusch machen, könnte es gefährlich werden. Nein, Allah. Man darf uns weder sehen noch hören. Nein, Allah, o nein.«

Meine Mutter stopfte weitere Dinge in den Sack, in Papier gewickelte Feigen und Datteln, eine kleine Flasche Wasser, noch mehr Kleidung, während Tante Alal sich auf der anderen Seite des Esels zu schaffen machte, wo Miriam ebenfalls in einem Reissack steckte. Wenn wir unsere Hälse reckten, konnten wir über den Rücken des Esels hinweg unsere Gesichter sehen.

Wir waren zu sechzehnt in unserem Konvoi, hinzu kamen mindestens zwanzig Esel. Banaz und Shanar, die etwa gleich alt und gleich schwer waren, wurden ebenfalls in Reissäcke gepackt und auf den Esel vor uns geschnallt. Payzee steckte in einem Tragetuch auf dem Rücken meiner Mutter. Die älteren Kinder, Bahman, Kejal, Daryan und Eylo, durften auf den Rücken der Esel sitzen, während die Erwachsenen neben den Tieren herliefen. Sie waren mit Lebensmittelpaketen, Heubündeln, Decken, Kleidung und ein paar Töpfen und Pfannen beladen worden – dem Allernotwendigsten, das unsere Eltern in der Eile des Aufbruchs fieberhaft hatten zusammentragen und einpacken können. Ich trug drei Aladinhosen, zwei oder drei Rollkragenpullover, zwei lange Kleider, eine Strickjacke und ein paar Schals. Ich hatte es gemütlich warm.

Die Männer, die Gewehre umgehängt, liefen unsere Kolonne ab und banden die Esel mit Stricken aneinander. Dann überprüften sie, ob Ballast und Kinder sicher verstaut waren, und schärften uns nochmals ein: »Köpfe runter und keine Geräusche!«

Schon setzten wir uns in Bewegung, eine auf- und abwogende Masse, die sich, angeführt von Grandpa Babakir und meinem Vater, in Richtung der schneebedeckten Berge schob, bis unser Zuhause immer kleiner wurde und schließlich verschwand.

Meine Traurigkeit darüber, dass wir Qalat Dizah verlassen mussten, wurde vorübergehend von der Aufregung über die Geschehnisse verdrängt. Eine nächtliche Eselkarawane ins Ungewisse mit der Familie war etwas Neues. Es fühlte sich geheimnisvoll, aufregend, ja, gewagt an. Miriam und ich lugten immer wieder aus unseren Säcken hervor und reichten uns gegenseitig über den Sattel etwas zu essen. Jedes Mal, wenn wir den Esel, der Banaz und Shanar trug, sich plätschernd erleichtern hörten, mussten wir kichern.

So zogen wir bis tief in die Nacht hinein weiter, schlugen uns querfeldein durch die Berge, überquerten Flüsse, durchwanderten dunkle Wälder mit nichts als ein paar Laternen und dem Mond als Lichtquelle. Je höher wir kamen, desto kälter wurde es. Ich erinnere mich, wie ich meinen Vater fragte, als er kam, um nach uns Jüngsten zu sehen: »Sind wir bald da?« Mir war kalt und ich war müde und das Ganze machte keinen Spaß mehr. Ich wollte nach Hause zu meinen Hühnern und meinem Schaukelpferd. Zu diesem Zeitpunkt wusste keines von uns Kindern, wohin wir gehen würden, warum wir den Irak verlassen hatten und welche Risiken damit verbunden waren.

Plötzlich hörten wir den brummenden Motor eines herannahenden Lastwagens. Die Strahlen der Schweinwerfer streiften über unsere Köpfe, und im Nu wurde die Sache richtig unheimlich.

»Runter, schnell, runter!«, schrie Großvater Babakir.

»Alle nach unten, *alle*«, rief auch mein Vater, und plötzlich versuchte jeder von uns, in einem panischen Gewirr durch das lange, frostige Gras auf den Boden zu gelangen.

Mum und Tante Alal keuchen laut auf, als würden sie vor dem Eintauchen ins Wasser nach Luft schnappen. »Nein, Allah, nein, Allah«, hauchen sie wie aus einem Mund und ziehen Banaz und Shanar aus ihren Beuteln auf dem Rücken des Esels. Payzee weint, die Esel schreien wie verrückt. Unser Esel zittert, während er lauthals »Iah« brüllt. Mit seinen großen Händen schaufelt mich Onkel Zoran aus meinem Sack und, zack, fallen wir ins Gras. Onkel Afran hat Miriam, glaube ich. Die Jungen versuchen, die Esel zum Sitzen zu bewegen, aber sie wollen nicht. Rumpel, rumpel, das Motorengeräusch kommt immer näher. Ich kneife meine Augen gegen die blendenden, hin und her schwenkenden Lichter zusammen und zittere heftig in Onkel Zorans Armen. Vorn, klick-klick, klick-klick, werden die Gewehre entsichert. Rettet uns, Baba und Bapîr? Bitte, Gott, lass sie uns retten. Ich werde auch nie wieder ungezogen sein, versprochen. *Und …*

Stille, als das Geräusch des Lastwagens sich allmählich wieder entfernte. Die Lichter waren weg und alle – Erwachsene, Kinder, Esel, das Gras, die Berge, der Mond und die Sterne – seufzten erleichtert auf.

Dann machten wir uns wieder auf den Weg.

Wir zogen weiter, bis es anfing, hell zu werden. Dann schlugen wir ein Lager im Wald auf und schliefen in Zelten, welche die Erwachsenen aus Ästen gebastelt hatten. Wieder wurden wir ermahnt, leise zu sein – dabei schnarchte Grandma Zareen wie ein Tier. Noch dazu goss es in Strömen, sodass der Regen durch die Lücken im Blätterdach sickerte und meine Decke durchnässte. Bei Einbruch der Dunkelheit lag ich wieder in meinem Reissack, immer wieder in einen leichten Schlaf fallend, während wir unsere beschwerliche Reise langsam fortsetzten. *Wohin gehen wir?*

Unsere Begegnung mit dem Lastwagen – ich selbst hatte ihn nicht gesehen, aber die Jungen beschrieben ihn später als einen »riesigen Militärlastwagen mit Waffen und allem Drum und Dran« – war nicht der einzige Zwischenfall. In der zweiten Nacht scheute der Esel, der Banaz und Shanar trug. Gerade als wir eine schmale Brücke überquerten, fing er an zu schnauben und zu steigen. Als einer meiner Onkel (ich weiß nicht mehr, welcher) versuchte, ihn zu beruhigen, riss sich der Esel los, und Shanar flog aus ihrem Beutel und stürzte den felsigen Abhang hinunter. Oh, mein Gott, Tante Alal schrie wie am Spieß. Meine Mutter stimmte mit ein. Grandma Zareen röchelte. Aber Shanars Geheul war ein Zeichen dafür, dass sie noch am Leben war. Immerhin.

Ich spähte über den Rand meines Beutels voller Angst, welcher Anblick sich mir bieten würde, aber genauso unerträglich war es, es nicht zu wissen. Ich sah, wie mein Vater blitzschnell seinen Kummerbund abstreifte, ihn wie ein Seil über den Felsabhang warf und Shanar zurief, sie solle das andere Ende packen, während Onkel Zoran eine Laterne über den Kopf hielt und Onkel Afran ein Gebet sang. Mein Vater zog Shanar nach oben, bis sie in Sicherheit war. Ihr Gesicht war blutverschmiert, weil sie sich die Stirn an den Felsen aufgeschlagen hatte. Unter normalen Umständen wäre sie ins Krankenhaus gekommen; wahrscheinlich hätte sie genäht werden müssen, die Ärmste. Dies waren jedoch keine normalen Umstände und so musste ein behelfsmäßiger Verband genügen.

Weiter ging es ... Ich muss in einen tiefen Schlaf gefallen sein, denn an den Rest der Reise kann ich mich nicht mehr erinnern.

Ich wachte mit Miriam in eine Decke eingewickelt auf. Der Boden war kalt und hart und vibrierte unter eiligen

Schritten. Vertraute Stimmen plapperten und plapperten und plapperten. Blinzelnd setzte ich mich auf, um mich zu orientieren. Ich befand mich in einem riesigen Raum aus Beton, in dem ein Bulldozer, ein Bagger und andere monströse Baufahrzeuge untergebracht waren. Die Jungen rannten herum und kletterten auf die Maschinen. Meine Mutter, Kejal und Tante Alal knieten ein paar Meter von mir entfernt auf einer gefalteten Decke und unterhielten sich eifrig, während sie Lebensmittelpakete auspackten und Kleidung zusammenlegten. Shanar saß zusammengesackt auf Tante Alals Schoß, Dads kakifarbenen Kummerbund noch immer um ihren verletzten Kopf gewickelt. Großmutter thronte auf einem Stuhl, gab Geräusche des Missfallens von sich und warf meiner Mutter böse Blicke zu. Banaz und Payzee dösten neben Miriam und mir. So friedlich sahen die beiden aus. Von den Männern war nichts zu sehen.

»Bakha, mein Liebling, mein Schatz, du bist ja wach«, rief meine Mutter lächelnd.

Ich rieb mir die Augen. War das wirklich echt? »Wo sind wir, Mum?«

»Wir sind in Piranschahr«, sagte sie.

Ich versuchte, das Wort in meinem Mund zu formen. »Wo ist das?«

Großmutter verzog ihr fleischiges Gesicht und warf mir einen Blick zu, der sagte: *Wie kannst du es wagen?* »Dieses Mädchen ist eine Unruhestifterin«, fauchte sie.

»Wir sind im Iran. Das ist nun unsere Heimat«, sagte meine Mutter, hinter der eine geparkte Dampfwalze stand, ruhig.

Ich fragte: »Ist das unser Haus?«, und meine Mutter lachte. »Aber nein, Allah. Wir wohnen hier nur, bis wir in das neue Haus von Grandma und Grandpa einziehen können, das dir bestimmt gefallen wird.«

»Oh, okay«, sagte ich.

In diesem Moment setzte sich Miriam auf, schaute sich um und fragte: »Wo sind wir?«

Die Baufahrzeuge und das Lagerhaus gehörten Grandpa Babakir und wir sechzehn würden dort mindestens zwei Wochen lang wohnen. Nicht, dass es mich gestört hätte; ich fand es lustig. An unserem ersten Nachmittag spielten Miriam und ich draußen im Hof, wo einige offene, mit grauem Pulver gefüllte Plastiksäcke lagen. Wir wurden kreativ und mischten das Pulver mit Wasser, um Schlammkuchen zu backen, aber die Mischung wurde hart, bevor wir viel damit anfangen konnten, und verkrustete unsere Hände. Zum Glück kam mein Vater hinzu und nahm Miriam und mich mit über den Hof zu einem großen Metallbehälter, aus dem eine Düse ragte. Er fummelte an etwas herum, und plötzlich sprudelte aus der Düse Wasser. Ich war fasziniert. Allerdings mussten Miriam und ich ewig unsere Hände mit Olivenölseife schrubben, um die harten Klumpen des getrockneten Zeugs wieder loszuwerden. Woher sollten wir wissen, dass wir mit Zement gespielt hatten?

Ich fürchtete, unser Experiment würde uns eine Tracht Prügel einbringen, aber zu meiner Überraschung schrie mein Vater mich nicht einmal an. Stattdessen nahm er uns, sobald unsere Hände sauber waren, mit nach drinnen und spielte mit uns an den Baumaschinen. Wow, das hat so viel Spaß gemacht; mein Vater ließ mich in der Kabine des Baggers auf seinem Schoß sitzen, während ich so tat, als würde ich die Maschine bedienen.

»Was baust du denn, Bakha?«, neckte er mich.

»Ich baue ein großes Haus, in dem wir alle wohnen können«, sagte ich.

Da lachte mein Vater, und mein Bauch kribbelte vor Freude. *Dad ist wieder so lieb wie früher,* dachte ich.

Die Erwachsenen versprachen, dass wir bald in ein neues Haus umziehen würden, aber je mehr Tage vergingen, desto mehr fragte ich mich, ob dies jemals geschehen würde. Schließlich, an einem heißen Nachmittag, fuhren wir in einem Konvoi von Toyota-Pick-ups (mein Vater hatte unsere Esel verkauft) endlich vor dem Gebäude vor, das unser neues Zuhause werden sollte: dem Haus von Grandpa Babakir.

Mir fielen fast die Augen aus dem Kopf. Im Ernst, ich dachte, das wäre ein Witz. Verglichen mit unserem Lehmhaus im Irak war dies hier ein Palast. Es war ein richtiges Haus aus hellbraunen Betonblöcken und lag in einer ruhigen Wohnstraße. Eisentore, die größer waren als Grandpa Babakir, führten in den hinteren Garten und am Straßenrand entdeckte ich einige Apfel- und Dattelbäume, die sich hervorragend zum Klettern und Pflücken der Früchte eignen würden.

Wir gingen hinein und liefen umher, während die Erwachsenen überlegten, wer in welchen Zimmern schlafen würde. Ich dachte nur: *Hier werde ich mich nie zurechtfinden.*

Das Haus war L-förmig angelegt und bestand aus zwei

langen Fluren mit abgehenden Zimmern. Draußen gab es eine Terrasse, deren Dach von Säulen getragen wurde, die aussahen, als stammten sie von einer Hochzeitstorte. Über zwei steile Stufen gelangte man von der Terrasse in einen Garten mit Wiese und einem Teich, in dem Pflanzen und Blumen wuchsen. Die Toiletten befanden sich in einem Schuppen am Ende des Gartens (Innentoiletten gelten im Irak und Iran als unhygienisch), aber im Haus gab es eine Nasszelle mit einem Wassertank (an den ein Stück Schlauch als provisorischer Wasserhahn angeschlossen war) und einem Abfluss im Boden. Der reinste Luxus. Im Irak hatten wir uns im Fluss oder in einer Kabine aus Wellblech im Hof waschen müssen, mit Wasser, das auf einem Gaskocher erhitzt worden war.

»Ist das wirklich unser Haus?«, fragte ich meine Mutter.

Sie drückte meine Schulter. »Ja, Bakha, das ist unser Zuhause«, sagte sie, dann stapfte Grandma Zareen herein.

»Behya, die Küche ist da *hinten*«, sagte sie und zeigte bestimmend mit ihrem fetten Daumen über ihre Schulter.

Meine Großeltern hatten ihr eigenes »Quartier«, bestehend aus einem Hauswirtschaftsraum, der zur Terrasse hin offen war, einem großen Wohn- und einem Schlafzimmer, die durch einen über die Tür genagelten Vorhang voneinander abgetrennt waren. Das Wohnzimmer hatte marode Fenster, die auf den Garten blickten und von bunten, geblümten Vorhängen eingerahmt waren. *Wie könnte ich diese Vorhänge je vergessen?*

Grandma Zareen spazierte durch das Haus, als wäre sie eine Königin. Na ja, genau genommen watschelte sie eher, als zu spazieren. Sie und Großvater sahen seltsam aus zusammen: Zareen war vielleicht anderthalb Meter groß und während Grandpa eher schmächtig war, kam sie oft nur seitlich durch die Tür. Eine Kartoffel neben einer Stangenbohne. Ich möchte nicht gemein klingen, aber Zareen war eine schwere Frau – mit einer schweren Präsenz. Sie war nicht zu übersehen, schon allein wegen der extravaganten Kopfbedeckung, die sie immer trug, wenn wir Besuch hatten. Es handelte sich um ein breites, mit Schmucksteinen besetztes Band zum Wickeln mit zwei goldenen Kuppeln auf beiden Seiten ihres Kopfes. An den Kuppeln hingen aufgefädelte Schmucksteine und am hinteren Ende des Bandes war ein langer weißer Schleier wie von einem Brautkleid befestigt. Zareen behandelte meine Mutter und meine Tanten stets verächtlich und trotzdem schwänzelten ständig alle um sie herum. Regelmäßig hielt sie in ihrem Wohnzimmer Treffen ab, eine Art Mütterversammlung. Dieselbe Gruppe versammelte sich an den meisten Nachmittagen zwischen den Gebetszeiten: Zareen, Mum, Tante Alal, Sazan, die aufdringliche Frau, die nebenan wohnte, und die Dorfärztin Lilan, die mit ihrem struppigen grauen Haar und den spitzen Zügen wie eine Hexe aussah. Sie saßen auf dem Boden, tratschten und rauchten Wasserpfeife. Zareens kehliges Gackern – *he, he, he, ha, ha, ha* – schallte durch die Wände.

Manchmal schnappte ich Gesprächsfetzen von diesen Treffen auf, wenn ich an Zareens Räumen vorbeiging. Zareen zu meiner Mutter: »Bekhal ist eine Unruhestifterin« oder »Du musst das Mädchen unter Kontrolle bekommen«. Und ich fragte mich: *Warum? Ich habe doch nichts*

Falsches getan. Dann gab Sazan ihre Meinung zum Besten, wobei immer das Wort »sinetkirin« fiel, dessen Bedeutung ich damals aber noch nicht kannte.

Die Männer trafen sich in ihrem Wohnzimmer oder auf der Terrasse, wo sie ebenfalls Wasserpfeife – oder Haschisch – rauchten und Bier aus braunen Glasflaschen tranken. Manchmal war es auch eine klare Flüssigkeit, die wie das Desinfektionsmittel roch, das wir auf Schnitt- und Schürfwunden tupften. Oft verbrachten sie die Nächte außer Haus und patrouillierten in den Bergen, wie sie es schon getan hatten, als wir noch in Kurdistan lebten. Das Geheimnisvolle, das ihre Ausflüge umgab, faszinierte mich. Ich küsste Vaters Hand, wie es in unserer Kultur üblich ist, und sah ihm hinterher, wenn er mit seinem großen Wickelhut und der Kalaschnikow auf dem Rücken wegging. Und ich fragte mich: *Was genau hat es mit diesen Patrouillen in den Bergen auf sich?*

Einmal, als mein Vater sich für einen Ausflug in die Berge fertig machte, bat er mich, seine Jacke zu holen. Erfreut, dass ich ihm helfen durfte, huschte ich in sein Schlafzimmer und nahm seine Tarnjacke von einem Nagel an der Wand. Die Jacke fiel schwer in meine Arme und als ich sie auffing, hörte ich ein schwappendes Geräusch und bemerkte eine durchsichtige Glasflasche in der rechten Außentasche. Ich gebe zu, ich habe ein wenig herumgeschnüffelt. In der Tasche befanden sich neben der Flasche ein paar Wattebäusche und eine Schachtel mit drei oder vier altmodischen geraden Rasierklingen. Neugierig geworden, schraubte ich die Flasche auf und schnupperte an ihrem Inhalt – einer farblosen Flüssigkeit, die nach Desinfektionsmittel und dem Getränk roch, das die Männer oft zu sich nahmen. *Das braucht er wahrscheinlich für seine Patrouille*, dachte ich und schraubte schnell den Deckel zu, dann schob ich die Flasche dorthin zurück, wo ich sie gefunden hatte, und faltete gerade die Jacke über meinen Armen, als ich Schritte näher kommen hörte. Als ich mich umdrehte, stand mein Vater im Türrahmen.

Er starrte auf die Jacke und den Flaschenhals, der aus der Tasche ragte. »Nein, nein, nein, nein, nein«, sagte er, »häng sie wieder auf. Gib mir die andere Jacke.« Er deutete auf eine beigefarbene Jacke, die hinter mir hing. Ich wollte keinesfalls mit ihm diskutieren, also hängte ich die Tarnjacke auf und gab ihm stattdessen die beige. Dann küsste ich seine Hand, er küsste meinen Kopf und dann ging er los auf seine Patrouille – ohne seine Ausrüstung.

Die Welt der Männer interessierte mich viel mehr als das Geschnatter und Getratsche der Frauen. Nach den schrecklichen Schlägen, die ich ertragen musste, weil ich Rekans Hand berührt hatte, sollte man meinen, dass ich meinem Vater aus dem Weg gehen würde ... Aber nein, im Gegenteil: Ich folgte ihm überallhin. Ich wurde sein Schatten. Wenn er seinen häuslichen Aufgaben nachging, bot ich ihm meine Hilfe an. Ich spazierte Hand in Hand mit ihm durch den Garten und flehte ihn an, mit dem Rauchen aufzuhören, weil ich gehört hatte, dass Zigaretten tödlich sein können. »Bitte, Dad, ich will nicht, dass du stirbst«, sagte ich zu ihm. Ich wollte, dass mein Vater mich genauso behandelte wie Bahman, der sich zu den Männern setzen und ihnen helfen durfte, ihre Gewehre zu reinigen und zu laden. Man kann sich also vorstellen, wie ich mich freute, als mein Vater mich eines Nachmittags in den Hauswirtschaftsraum führte und mir zeigte, wie man das Magazin seiner Kalaschnikow lud.

Damals sehnte ich mich nach Vaters Anerkennung. Gleichzeitig war ich darauf bedacht, bloß nicht zu weit zu gehen. So verkniff ich es mir, meinem Vater bestimmte Fragen zu stellen, die dringendste davon war: »Warum haben wir unser Haus in Kurdistan verlassen?« Meine Mutter fragte ich allerdings eines Tages. Ich wählte einen passenden Moment – als sie allein in der Küche war und Dolma zubereitete. Sie sang ein kurdisches Lied, während sie ordentliche Weinblätterpakete formte, und ein wehmütiges Lächeln umspielte ihre Lippen. Ich konnte immer erkennen, wenn meine Mutter mit ihren Gedanken in der Vergangenheit war.

»Warum haben wir unser altes Haus verlassen?«, fragte ich.

»Bakha, Schatz, mein Liebes, wir *mussten* gehen«, sagte sie.

»Aber *warum*?« Ich ließ nicht locker.

Meine Mutter seufzte und arbeitete an einem neuen Weinblätterpaket. Ihr verträumtes Lächeln verschwand. »Wenn wir geblieben wären, Bakha, hätte man deinen Vater, Grandpa Babakir, Bahman und alle anderen Männer und Jungen dieser Familie in den Krieg geschickt. Man hätte womöglich unser Haus zerstört, und wir wären in ein Lager gebracht worden.«

Ich schlug mir die Hand vor den Mund, schockiert, aber auch erleichtert, dass mein Vater uns rechtzeitig weggebracht hatte. Ich wollte nicht in einem Lager leben und schon gar nicht wollte ich, dass mein Vater, Großvater, Bruder oder andere männliche Verwandte ihr Leben in einem Krieg riskierten. Diesen Gedanken schob ich schnell ganz weit nach hinten und beschloss, unseren Umzug in den Iran nie wieder infrage zu stellen.

Bei uns zu Hause wurden Geburtstage nie gefeiert. Es gab also keine Partys oder Geschenke im eigentlichen Sinne. Wenn sie überhaupt daran dachten, dann gaben unsere Eltern uns ein paar Münzen für ein Eis, was tatsächlich der Fall war, als ich sieben Jahre alt wurde. Meine Mutter schenkte mir das Geld. »Heute wirst du sieben Jahre alt«, sagte sie, »hier hast du Geld für ein Eis.«

Oh, mein Gott, ich fühlte mich so besonders. Sieben zu sein war gut – bis mir meine Eltern ihre Religion aufzwangen. Und zwar *richtig*.

Der Wandel kam ziemlich plötzlich. Ich war es gewohnt, aus dem Koran zu lesen, aber nun wurde von mir erwartet, dass ich täglich mindestens dreißig Seiten des Buches las und mir einprägte. Meine Verwandten trichterten mir die Lehren des Propheten Mohammed, des letzten Gesandten Allahs und Begründers des Islams, ein und meine Mutter bestand darauf, dass Kejal und ich fünfmal am Tag mit ihr und den anderen Frauen beteten – während die Männer getrennt in ihrem eigenen Wohnzimmer ihren Gebeten nachgingen. Meine Mutter lehrte uns auch das Waschritual, welches vor jedem Gebet durchgeführt werden muss: Man schöpft Wasser in die Hände und benetzt dann das Gesicht, die Ohren, den Hals, die Füße und die Arme (nur vom Handgelenk bis zum Ellbogen). Es mussten die Augenbrauen und Wimpern und mindestens sieben Haare über der Stirn benässt werden. Diese Prozedur stelle sicher, dass wir rituell rein seien, sagte meine Mutter. O Mann, ständig hörte ich nur: »Mohammed dies, Mohammed jenes« und »Wenn du nicht artig bist, kommst du nicht in den Himmel«. *O nein*, dachte ich, *ich bin verloren.* Obwohl ich schon lange nicht mehr geschimpft oder geschlagen worden war, hing mir inzwischen der Spitzname »Die Unruhestifterin« an, dank Grandma Zareen. Außerdem kam Bekhal nicht im Koran vor, mein Name stand also (definitiv) nicht auf den Toren zum Paradies. Als mir dieser schreckliche Gedanke bewusst wurde, beschloss ich, dass mein Name von nun an Fatimah sein sollte. Das teilte ich meiner Familie mit, aber sie lachte mich nur aus.

Es gab jedoch auch Lichtblicke. Zwischen dem ganzen religiösen Kram, der Sorge, dass mein Vater von den Zigaretten hinweggerafft werden würde, und den ständigen Überlegungen, welche meiner Handlungen mir wieder Prügel einbringen würden, hatten wir auch ziemlich viel Spaß zu Hause. Dafür sorgte schon Onkel Zoran. Im Vergleich zu meinem Vater war er extrem entspannt. Und lustig, mit einem herzlichen Lachen. Onkel Zoran alberte herum und unterhielt uns Kinder mit Spielen und Zaubertricks, bei denen er Münzen hinter unseren Ohren hervorzog und Steine unter Tassen verschwinden ließ. Er erfand auch das Geschichte-vor-dem-Schlafengehen-Spiel. Wir saßen im Kreis auf dem Boden des Wohnzimmers und sahen gespannt zu, wie Zoran seine Hände unter dem Kinn verschränkte, ein geheimnisvolles Gesicht machte und begann: »Es war einmal vor langer, langer Zeit ein …« Dann zeigte er auf einen von uns, der die Geschichte fortsetzen sollte, und wir lösten uns im Kreis herum ab, jeder fügte eine neue Zeile hinzu, bis Onkel Zoran wieder an der Reihe war und unsere schönen Märchen von Prinzessinnen und Feen in düstere Horrorgeschichten verwandelte. Ich erinnere mich, dass er eine Geschichte ungefähr folgendermaßen beendete: »Die Prinzessin fiel einem haarigen Ungeheuer in die Klauen, das sie erst zermalmte und dann ihre Beine ausspuckte.« Meine Güte, was haben wir über Onkel Zorans Späße gelacht. Er war wie ein frischer Wind.

Auch die Schlafenszeiten waren oft lustig. Ich teilte mir ein Schlafzimmer mit Banaz, Kejal und Bahman. Miriam, Shanar, Daryan und Eylo waren zusammen in einem separaten Raum ein paar Türen weiter untergebracht. Unsere Eltern konnten nicht ahnen, wie laut wir sein würden, als sie sich dieses Arrangement ausdachten. Ich und Banaz waren nachts fürchterliche Kichertanten.

Jetzt, wo sie fast fünf war, standen Banaz und ich uns sehr nahe. Schon damals war Banaz das schönste von uns Mädchen und es war ungefähr zu dieser Zeit, kurz nach unserem Umzug in den Iran, dass wir ihr den Spitznamen »Nazca« gaben. Sie war so ein hübsches kleines Mädchen, mit den zierlichsten Händen und Fingern und einer engelsgleichen Stimme, die zu ihren Zügen passte. Ja, Banaz war einfach perfekt. Ich konnte sie stundenlang ansehen.

Sie und ich schliefen nebeneinander in unseren zusammengenähten Bettbezügen auf dem Boden. Allerdings schliefen wir selten direkt ein, besonders wenn wir das Geschichten-Spiel mit Onkel Zoran gespielt hatten. Stattdessen führten wir an der Wand ein Handschattenpuppentheater auf, komplett mit Soundeffekten für unsere Vögel, Kaninchen, Kühe oder die Monster, die in Onkel Zorans Geschichten herumspukten. Banaz' Schatten waren so winzig im Vergleich zu meinen und ihre Monster waren einfach nie furchterregend, aber ich tat trotzdem so, als hätte ich Angst. Wir lachten und lachten, bis Kejal von der anderen Seite des Zimmers rief: »Ruhe, ihr beiden, ich will schlafen!« Das brachte uns noch mehr zum Kichern.

Aber am lustigsten fand ich es, wenn ich mit dem Mund laute Furzgeräusche machte und dann rief: »Das war Banaz«, woraufhin sie sich vor Lachen schüttelte und Kejal wieder sagte, wir sollten still sein oder sie würde unsere Eltern rufen. Aber ich hörte nie auf sie.

Schließlich war ich »die Unruhestifterin«, richtig?

Kapitel drei

Abenteuer und Neuankömmlinge

Klar, ich konnte manchmal ungezogen sein wie jedes andere neugierige, leicht erregbare oder frustrierte Kind in meinem Alter. Meine Handlungen waren nicht immer wohlüberlegt. Es war nicht so, dass ich Ärger suchte. Vielmehr schaffte der Ärger es irgendwie immer, mich zu finden – und bei Gott, was wurde ich für meine Vergehen und mein »Hurenkind-Verhalten« bestraft. Unsere Eltern warnten uns vor den Schlägen, die wir zu erwarten hatten, wenn wir »ungezogen« wären. Um ihrer Botschaft noch mehr Nachdruck zu verleihen, erzählten meine Mutter und sämtliche Tanten wieder und wieder eine schreckliche Geschichte, die, wenn ich jetzt so darüber nachdenke, für Kinder völlig ungeeignet war. Ich erzähle sie so gut ich es aus dem Gedächtnis kann:

»Angenommen, deine Mutter stirbt, aber dein Vater hat zwei Frauen …«

Sitzen Sie bequem? Es wird etwas unschön, tut mir leid.

»Also, deine Stiefmutter (die überlebende Frau deines Vaters) hackt dann deiner toten Mutter den Arm ab und wickelt ihn in ein spezielles Tuch, um ihn zu konservieren. Sollten du oder deine Geschwister unartig sein, schlägt sie euch mit dem Arm eurer echten Mutter. Dabei wird sie euch sagen: ›Du wirst nun von der Hand deiner Mutter geschlagen – der Hand, die dich großgezogen hat. Das wird dir helfen.‹ Und wenn dein Vater wieder heiratet, wird seine neue Frau das Gleiche mit dem Arm dciner Stiefmutter machen, wenn sie stirbt.«

Manchmal erzählten sie uns die Geschichte vor dem Schlafengehen, eingerahmt von anderen Geschichten, die von Mohammed handelten. Das ist kein Witz. Onkel Zorans Monstergeschichten waren wenigstens komisch, fast wie Cartoons. Aber diese Geschichte, die uns unsere Mütter erzählten – und die ich für wahr hielt –, war extrem verstörend. Ich hatte ja immer noch damit zu tun, Reş aus dem Klohäuschen zu verarbeiten. Ernsthaft, was hatte diese Familie immer nur mit ihren gruseligen Armgeschichten?

Für eine kurze Zeit, vielleicht während unseres ersten Monats im Iran, gelang es mir, nicht ein einziges Mal verprügelt zu werden, und mein siebenjähriges Gemüt fing an sich zu fragen, ob die Gewaltausbrüche meiner Eltern im Irak lediglich zwei Einzelfälle gewesen waren. Vielleicht hatten sie ja gar nicht so brutal zu mir sein wollen? Falsch gedacht. Die Zeit unseres Umzugs in den Iran war nur ein kurzes Zwischenspiel. Zumindest für meinen Vater. Je älter ich wurde, desto stärker stand ich unter seiner Beobachtung.

Zu diesem Zeitpunkt probierte ich immer noch aus, was ich tun konnte und was nicht. Ich war so verwirrt. Ich dachte, *ich probiere das mal aus, und wenn ich nicht geschlagen werde, weiß ich, dass es erlaubt ist.* Dabei entdeckte ich schnell, dass praktisch auf allem, was ich versuchte, ein riesiger Stempel mit der Aufschrift *NEIN* prangte. Ich habe zum Beispiel immer im Stehen gepinkelt, anstatt über dem Loch zu hocken, weil ich Angst hatte, dass Reş mich packen würde. Als meine Mutter davon erfuhr (Kejal hat mich angeschwärzt), hat sie mich verprügelt. Danach erklärte mir meine Mutter, warum sie mich bestraft habe: »So spritzt Urin auf deine Beine und das ist schmutzig. Nun bete zu Allah – oder du kommst nicht in den Himmel.« Das war also eine weitere Lektion, die ich gelernt hatte: Nimm deine Schwester niemals mit in das Klohäuschen.

Oh, ich habe als Kind schreckliche Prügel einstecken müssen, vor allem von meinem Vater. Er schlug mich mit seinem Gürtel oder einem Stock, und oft fesselte er vorher meine Hände mit einem Seil, so, wie er es im Irak getan hatte. Manchmal hielt mich meine Mutter fest, damit mein Vater besser zielen konnte, und dabei ließen sie meine Geschwister zusehen. Man stelle sich diese Szene vor: Es war wie eine Pantomime des Bösen in unserem Wohnzimmer – und ich stand im Mittelpunkt. Ich konnte nicht begreifen, warum mein Vater mich auf diese Weise bestrafte. Warum gab er mir nicht einfach Hausarrest? Oder verbat mir eine Zeit lang, draußen zu spielen? Onkel Afran habe ich seine Kinder nie so schlagen sehen. *Warum? Warum nur?* Noch verwirrender war, dass meine Eltern von einer Sekunde auf die nächste zwischen böse und liebevoll umschalten konnten. So war es möglich, dass ich morgens Hand in Hand mit meinem Vater durch den Garten ging. Nachmittags bastelte er mit mir Ballerina-Puppen aus Mohnblumen. Aber am Abend schlug er mich für etwas so Harmloses wie ungenügendes Händewaschen, nachdem ich einen Hund gestreichelt hatte, vor allem, wenn dieser – Gott bewahre! – mich abgeleckt hatte. Hundespeichel gilt im Islam allgemein als unrein. Nach den Hadithen, den gesammelten Überlieferungen von Mohammed, muss man sich nach dem Berühren eines Hundes siebenmal waschen, zuerst mit Erde, dann sechsmal mit Wasser. Die Erde soll einen reinigen und während man sich wäscht, muss man zum »Allmächtigen Allah« beten. Diese Routine erschien mir verdammt mühsam, zumal wir uns nicht waschen mussten, nachdem wir Hühner, Kühe oder Schafe angefasst hatten. Vieh zu berühren war in Ordnung, da es sich um Lebensmittel handelte. So erklärte es mir mein Vater.

Die Misshandlungen kamen häufig vor; wenn ein paar Tage vergingen, ohne dass ich geschlagen wurde, fragte ich mich, was los war. Am Ende dachte ich mir: *Scheiß drauf, ich kann genauso gut ein bisschen Spaß haben – ich werde heute ja sowieso noch für irgendetwas verprügelt.* Die meisten meiner Missetaten stellte ich zusammen mit Miriam an. Genau wie ich war sie ein entdeckungsfreudiger, spontaner Typ.

Miriam und ich waren wie enge Schwestern, wir spielten zusammen und hielten uns an den Händen, wo immer wir hingingen. Miriams Handfläche war oft schweißnass und fühlte sich an wie klebriger Teig, aber das störte mich nicht, denn wir waren beste Freundinnen. Einmal hatte Miriam eine riesige Warze auf dem fleischigen Teil ihrer Hand, direkt unter ihrer Lebenslinie. Am nächsten Tag erschien eine identische Wucherung an der gleichen Stelle auf meiner Hand. Ich fand es toll, dass wir die gleichen Warzen hatten. Miriam und ich waren unzertrennlich. Mit ihr konnte ich all den Unfug anstellen, den Kejal missbilligte. Frechheiten, wie sich in die Küche zu schleichen und selbst gemachte Süßigkeiten und ein bisschen Joghurt zu klauen, wenn wir eigentlich während des Ramadan fasten sollten. Manchmal jedoch gingen Miriam und ich etwas zu weit in unserem Bestreben, Spaß zu haben. Wie an jenem Morgen im Winter 1991, als wir unbedingt meinen Vater und Onkel Afran auf einer Fahrt in den Irak begleiten wollten. Unsere Väter fuhren häufig über die Grenze, seit sie ein Abhol- und Lieferunternehmen gegründet hatten. Wir hatten keine Ahnung, was sie abholten oder auslieferten, aber die Fahrt durch den tiefen Schnee über gefährliche, enge Bergstraßen schien Miriam und mir eine verlockende Aussicht.

Die Winter waren im Iran schöner als im Irak. Ich kann mich nicht erinnern, dass es viel geschneit hätte, als wir in Qalat Dizah lebten, vielleicht ein oder zwei Schneeschauer, die sich in braunen Matsch verwandelten, sobald sie den Boden berührten. In Piranschahr schneite es *richtig*. An einem einzigen Tag konnte fast bis zu einem Meter Schnee fallen, der auf dem Flachdach unseres Hauses wie eine riesige Kochmütze aussah. Der Schnee wurde schließlich vom Dach geschoben und am Straßenrand aufgetürmt, sodass ein kleiner Berg entstand, den wir Kinder auf Säcken hinunterrutschen konnten. Wir machten Schneemänner, und mein Vater baute uns Schneepferde zum Spielen, unglaubliche Skulpturen, die um einen Holzrahmen herum konstruiert waren und immer ein richtiges Gesicht und einen Schweif hatten. *Mein Dad von seiner besten Seite!*

Bevor sie in Richtung Irak aufbrachen, räumten Vater und Onkel Afran draußen Schnee von der Straße und bereiteten den Toyota für die Reise vor, indem sie Eis von der Windschutzscheibe kratzten, Schneeketten auf die Reifen zogen und Öl und Wasser überprüften. Es war bitterkalt, etwa minus zehn Grad, aber das schreckte Miriam und mich nicht ab. Wir rannten nach draußen, wie immer gekleidet in ein langes Kleid, das wir über einer Aladinhose trugen, dazu ein Kopftuch und Gummilatschen, und begannen, die beiden Männer zu bearbeiten.

»Bitte, Baba, dürfen wir mitkommen?«, bettelte ich. In der kalten Luft bildete mein Atem eine Wolke und Schnee durchnässte den Saum meiner Aladinhose. »Bitte, wir sind auch ganz brav«, stimmte Miriam ein. Ihre Hand fühlte sich heute wie ein Eislutscher an. »Bitte!«, sagten wir wie aus einem Mund.

Mein Vater und Afran tauschten einen Blick aus, und einen hoffnungsvollen Moment lang dachte ich, sie würden zustimmen, aber sie sagten nichts und inspizierten weiter die Plane auf der Rückseite des Lastwagens. Bedeutete ihr Schweigen, dass sie unsere Idee in Betracht zogen? »Ihr werdet gar nicht merken, dass wir da sind«, versuchte ich es erneut. »Wir werden uns bestimmt nützlich machen können.« Miriam klapperte mit den Zähnen.

»Heute nicht, Bakha«, sagte mein Vater und tätschelte meinen Kopf.

»Tut mir leid, Miriam«, kam die Antwort von Onkel Afran. »Warum spielt ihr nicht einfach ein bisschen im Schnee?« Dann sagte mein Vater etwas von Benzinkanistern, und die beiden gingen mit quietschenden Schritten durch den Schnee davon, sodass Miriam und ich allein mit dem Wagen in der Einfahrt zurückblieben. Wir sahen unseren Vätern nach, wie sie ins Haus gingen, dann drückte ich Miriams Hand und wir blickten uns mit einem Grinsen an, das sagte: *Denkst du auch, was ich denke?*

»Schnell, rein da«, sagte ich.

Über die Trittstufe kletterten wir zusammen in das Fahrzeug, kichernd vor Begeisterung und Aufregung. Wir krochen in eine Lücke zwischen zwei Sitzbänken und zogen eine alte Plane über uns, sodass man uns nicht sehen konnte. In unserem provisorischen Zelt war es dunkel und es roch nach Öl und Dung, aber wir waren zu aufgeregt, als dass es uns gekümmert hätte. Wir saßen Hand in Hand, die Füße angezogen, die Knie berührten unsere Brust, und zitterten und lachten gleichzeitig. Als Nächstes hörten wir die Stimmen von Vater und Onkel Afran, die undeutlich durch die Plane und Abdeckung des Lastwagens drangen. Dann zwei metallische Schläge. *Das werden die Türen sein.* Der Wagen wippte leicht nach links, rechts, links, rechts, und mit einem bronchialen Keuchen sprang der Motor an.

»Oh, mein Gott, wir bewegen uns«, rief ich.

Miriam gab einen Japser von sich und bekam gleichzeitig Schluckauf. »Glaubst du, sie wissen, dass wir hier drin sind?« Sie hickste erneut. Der Lastwagen wurde langsamer. Dann bog er nach links ab und beschleunigte.

»Ich glaube nicht«, erwiderte ich und wir lachten beide los. »Oh, Bakha, warte nur, bis die Jungs davon erfahren. Das ist viel gewagter als alles, was sie bisher gemacht haben.«

»Ich weiß. Wir fahren bestimmt in den Irak. Wir haben es geschafft«, sagte ich und dachte: *Ich werde dermaßen Prügel beziehen für das hier.*

Als blinde Passagiere zu reisen war zunächst sehr aufregend. Wir konnten nicht sehen, wohin wir fuhren, aber wir spürten alle Kurven und Unebenheiten der Straße, hörten, wie sich der Motor abmühte und die Ketten an steilen Abschnitten rasselten. Miriam und ich wurden in unserem Versteck hin- und hergeworfen und wir konnten nicht aufhören zu kichern. Es tat so gut zu lachen – für eine Weile.

Nach gut zwei bis drei Stunden Fahrt hielten wir an. Miriam und ich waren bis auf die Knochen durchgefroren, unsere Hände ein einziger Eisklumpen. Wo waren meine Füße? Ich konnte sie nicht spüren. Auch meine Lippen waren taub. Ich fühlte mich schwach, schwindlig. Der Lastwagen schwankte ein paar Mal hin und her, dann hörten wir das Stampfen von Stiefeln im Inneren des Fahrzeugs. Ich stupste Miriam an, dann lief der Motor wieder.

Verwirrt warf ich die Plane zurück – und sah mich zwei Männern gegenüber, die wir noch nie zuvor gesehen hatten.

Ich möchte gar nicht daran denken, was Miriam und mir hätte passieren können, wenn diese beiden Anhalter nicht gewesen wären. Wir hätten an Unterkühlung sterben können. Hätte unser Lastwagen einen Unfall gehabt, wären wir womöglich hinausgeschleudert worden. Eindringlich flehten wir unsere Mitreisenden an: »Bitte sagen Sie ihnen nicht, dass wir hier sind.«

Doch die Anhalter verrieten uns, etwa zehn Minuten, nachdem wir sie aufgesammelt hatten, und ich war überzeugt, dass mein Vater mich an den Haaren aus dem Wagen zerren und mich grün und blau schlagen würde. Aber er rührte mich nicht an. Sicher, er war verärgert. Onkel Afran machte auch nicht gerade Freudensprünge im Schnee, aber ich spürte, dass beide eher erleichtert und amüsiert waren. Ich bemerkte, wie sich ihre Schnurrbärte hoben, als sie uns schimpften. Dann setzten wir unsere Reise in den Irak fort, doch nun saßen Miriam und ich auf dem Vordersitz eingequetscht zwischen unseren Vätern. Die Wärme der Heizung fühlte sich himmlisch an.

Es war dunkel, als wir wieder im Iran ankamen, und wir waren müde nach unserer zehnstündigen Rundreise bei Minusgraden. Meine Mutter und Tante Alal drehten völlig durch, als sie uns sahen. Sie hatten ja keine Ahnung gehabt, dass sich ihre Töchter in diesen Toyota geschmuggelt hatten. Weder Vater noch Onkel Afran hatte ihnen Bescheid geben können, da wir weder Festnetz- noch Mobiltelefone besaßen. Während wir mit dem Lastwagen in den Irak und zurück gefahren waren, hatten Mutter und Tante Alal verzweifelt an jede Tür in der Nachbarschaft geklopft und gefragt: »Haben Sie unsere Töchter gesehen?« Die iranische Polizei war damals nicht an Vermisstenmeldungen von Kindern interessiert. Meine Mutter und Tante Alal hatten sich riesige Sorgen gemacht. Verständlicherweise. Tante Alal gab Miriam eine Ohrfeige und meine Mutter gab mir einige Klapse auf den Hintern, aber angesichts der Schwere unseres Vergehens kamen wir glimpflich davon. Als meine Mutter mich schlug, wirkte sie angestrengt im Vergleich zu dem Enthusiasmus, den sie sonst an den Tag legte. Das fand ich seltsam. *Vielleicht ist sie einfach zu erschöpft, als dass es sie groß schert*, dachte ich. Ich wusste nicht, dass meine Mutter zu diesem Zeitpunkt im vierten Monat schwanger war.

An dem Tag, an dem meine kleine Schwester Ashti geboren wurde, musste Banaz nach einem schlimmen Unfall bei uns zu Hause ins Krankenhaus gebracht werden. Das war auch meine Schuld. Gott, ich fühlte mich so furchtbar.

An diesem Morgen hatten Banaz und ich in einem Raum im hinteren Bereich unseres Hauses auf unserer Seilschaukel gespielt und uns abwechselnd angeschubst. In dem Raum befanden sich auch unser Tandoor, ein runder Lehmofen im Boden, in dem wir Fladenbrot oder große Fleischstücke zubereiteten, und ein Fensterrahmen ohne Glas, der auf das Gemüsebeet hinausblickte. Im Dach war ein rundes Loch, direkt über dem Tandoor, um den Rauch abziehen zu lassen. Unsere Schaukel bestand aus zwei Seilen, die an einem stabilen Stück Holz befestigt waren, das auf dem Dach über dem runden Loch lag. Die beiden Seile waren zusammengebunden und bildeten so eine Art Sitz, auf den wir immer noch ein Kissen legten.

Banaz liebte es zu schaukeln. »Schubs mich fester, ich will höher schaukeln«, quiekte sie. Also schubste ich sie noch stärker an und sie streckte ihre Beine in Richtung des Fensters, als würde sie dadurch noch höher kommen. Auf und ab schwang sie, wie eine kleine Fee, dabei kicherte sie glücklich. »Mehr, mehr«, rief sie. Ich schubste sie erneut an, diesmal so fest ich konnte, und Banaz und die Schaukel sausten durch das Fenster. Das Seil stieß gegen den oberen Rand des Fensterrahmens und katapultierte Banaz nach oben. Ich hörte sie schreien, dann fiel die Schaukel durch das Fenster zurück ins Zimmer – ohne Banaz.

Ich rannte durch das Haus und zur Vordertür hinaus, Tränen liefen mir übers Gesicht und ich rief: »Nazca, Nazca … es tut mir so leid … ich wollte das nicht … Nazca …« Als ich das Gemüsebeet an der Seite des Hauses erreichte, hatten sich die anderen bereits dort versammelt. Ich schrie auf, als ich Banaz sah, die wie ein Häufchen Elend zwischen den Chilipflanzen saß. Blut schoss aus ihrem Auge und sie schluchzte sich die Seele aus dem Leib. Tante Alal nahm Banaz in ihre Arme.

»Ich hole den Wagen«, sagte Onkel Afran.

Großmutter Zareen starrte mich aus ihren milchig-trüben Augen zornig an, ihr Schleier flatterte in der Brise. Sie sah furchterregend aus. Mein Vater stand neben ihr, den Arm um ihre teigigen Schultern gelegt. Meine Mutter war nicht da – sie war im Krankenhaus, um »ein Baby zu bekommen«. »Es tut mir so leid, sie ist von der Schaukel gefallen. Es tut mir so leid, Nazca«, sagte ich, als Tante Alal mit Banaz im Arm davonstapfte.

Da gab mir mein Vater eine Ohrfeige – einmal, zweimal. »Aus meinen Augen, du widerst mich an«, sagte er.

Banaz war auf einem der Holzpfähle gelandet, welche die Chilipflanzen stützten. Das spitze Ende des Stocks hatte sich durch ihre Augenbraue gebohrt. Arme Banaz. Ich fühlte mich so schuldig.

Später an diesem Tag kehrte Banaz aus dem Krankenhaus zurück. In ihrer Aladinhose und der großen Klappe über ihrem verletzten Auge sah sie aus wie ein kleiner Pirat. Meine Mutter kam ebenfalls nach Hause und wiegte Ashti, die fünfte Mahmod-Tochter, die sie wagte, in das Haus ihrer Schwiegermutter zu bringen, im Arm. Ich fragte meine Mutter: »Hat Ashti in deinem Bauch gelebt, wie Banaz und Payzee?« Fasziniert von diesem Konzept wollte ich noch mehr wissen. Zum Beispiel, wie Ashti in ihren Bauch gekommen sei. Hatte sie jemand dort hineingelegt?

Aber diesmal änderte meine Mutter ihre Geschichte ab. »Nein, der Storch hat mir Ashti ins Krankenhaus gebracht«, sagte sie.

Ich glaubte auch diese Geschichte, obwohl sie nicht erklärte, warum meine Mutter jedes Mal, wenn eine neue Schwester kam, einen so riesigen Bauch bekam.

Einige Wochen nach Ashtis Ankunft erhielt unserer Familie weiteren Zuwachs: Avin, die jugendliche Tochter der Schwester meines Vaters, Baze. Der Ehemann von Tante Baze, Hamza, war vor Kurzem verstorben und hatte Avin ohne Vater zurückgelassen, und Baze hatte nicht wieder geheiratet. Ohne Vater galt Avin als Waise, was in der kurdischen Gemeinschaft als schändlich angesehen wurde. Deshalb beschlossen die Entscheider des Mahmod-Clans, dass Avin bei uns leben sollte und unsere Eltern ihre Vormünder werden würden.

Eines Nachmittags tauchte Avin schließlich bei uns auf. Ich kam nach dem Spielen ins Haus, und da saß sie im Wohnzimmer meiner Großmutter zusammen mit meiner Mum, Tante Alal, Sazan und Lilian. Kejal war ebenfalls da und beäugte Avin, als wäre sie eine schöne Prinzessin. Was der Wahrheit ziemlich nahe kam. Das letzte Mal, als ich Avin gesehen hatte, war während des schrecklichen Campingausflugs gewesen, bei dem ich fast im Fluss ertrunken wäre. Damals war sie eine von uns gewesen, ein Mädchen, aber jetzt sah sie aus wie eine Frau. Oh, mein Gott, sie war so dermaßen hübsch. Eine außergewöhnliche Schönheit mit blaugrünen Augen, deren Farbe der unserer Gebirgsflüsse im Sommer glich. Sie hatte helles Haar, eine Mischung aus Karamell- und Honigtönen, das sie zu einem langen, seidigen Zopf gebunden trug, der ihr bis zum Po reichte.

»Bekhal, das ist deine Cousine Avin«, sagte Großmutter. »Sie ist aus dem Irak gekommen, um hier bei uns zu leben. Du könntest eine Menge von Avin lernen.«

Sazan nickte Zareen energisch ihre Zustimmung zu und murmelte dann mit einer Geste zu Kejal und mir etwas wie: »Wann sind die beiden denn dran?« Ich hatte keine Ahnung, was sie meinte. Und um ehrlich zu sein, war ich zu sehr von Avins Anwesenheit fasziniert, als dass es mich kümmerte. Ich lächelte und nickte Avin höflich zu, so, wie ich jeden weiblichen Gast begrüßen würde, und setzte mich auf den Boden. Ich konnte meinen Blick nicht von ihr abwenden, und doch hatte sie etwas an sich, das mir Unbehagen, ja sogar Angst bereitete. Ich schwöre bei Gott, ich dachte: *Diesem armen Mädchen wird etwas Schreckliches zustoßen.*

Kapitel vier

Mädelszeit?

Avin war nicht nur schön, sondern auch weise. Mit ihren dreizehn Jahren hatte sie bereits gelernt, wie man ein gutes muslimisches Mädchen war und die Alten zufriedenstellte. Sie lebte nun schon seit einigen Monaten bei uns, und ich hatte noch nie gehört, dass meine Eltern auch nur ihre Stimme gegen sie erhoben, geschweige denn sie geschlagen hätten. Sie betrachteten Avin als eine weitere Tochter. Ihre *Lieblingstochter*. Aber ich war deshalb nicht eifersüchtig auf sie. Wie könnte ich auf jemanden eifersüchtig sein, der so hübsch und freundlich war? Meine Cousine war jemand, zu dem ich aufschauen konnte. Ja, Grandma hatte recht, ich konnte viel von Avin lernen.

Ich vergötterte sie von dem Moment an, in dem ich sie kennenlernte. Ich folgte ihr Schritt auf Tritt und beobachtete ihre Verhaltensweisen: wie sie auf den Schienbeinen kniete, mit kerzengeradem Rücken und höflich gesenktem Kopf. Manchmal ertappte ich mich dabei, wie ich in eine traumähnliche Trance verfiel. Ich liebte es zu beobachten, wie ihr Haar im Sonnenschein glänzte, und zu sehen, wie viele Braun- und Blondtöne ich zählen konnte. Heutzutage würde man beim Friseur eine Menge Geld für eine solche Färbung zahlen, aber Avins Haar war zu hundert Prozent natürlich.

Meine Eltern machten viel Aufhebens um Avin, meine

Großeltern ebenso, sie ließen sie sogar in ihrem Wohnbereich schlafen, weit weg von uns lärmenden Kindern. Darum beneidete ich Avin allerdings nicht wirklich – Großmutters Schnarchen klang wie ein dröhnender Güterzug.

Avin war höflich und hilfsbereit im Haushalt, sie putzte und half meiner Mutter und Tante Alal in der Küche. Auch schien sie glücklich zu sein, trotz allem, was sie durch den Verlust ihres Vaters – und damit auch ihrer Mutter – durchgemacht hatte. Ich habe Avin nie weinen sehen oder sie sagen hören, dass sie ihre Mutter vermisste, was ich seltsam fand. Allein wenn ich mir vorstellte, in Avins Situation zu sein, traten mir Tränen in die Augen. Verstehen Sie mich nicht falsch, ich verachtete meinen Vater, wenn er mich schlug. Aber wenn er sterben würde? Oh, das hätte mir buchstäblich mein kleines Herz gebrochen.

Ich versuchte, so zu sein wie Avin, die alles tat, was man ihr sagte, angefangen damit, dass sie meiner Großmutter beim Auf- und Absetzen der Kopfbedeckung half bis hin zum Beten, Lesen, Auswendiglernen und Rezitieren ganzer Abschnitte des Korans. Aber es fiel mir schwer, Avins »reine« Art nachzuahmen. Obwohl ich im Haushalt mein Bestes gab – ich wurde verdammt gut im Abwaschen –, war es einfach nichts für mich, ein gutes muslimisches Mädchen zu sein. Fünfmal am Tag zu beten, streng vorgeschrieben zu bekommen, was und wann man essen darf, im Sommer einen Rollkragenpullover und einen Hidschab zu tragen, mir siebenmal die Hände zu waschen, nachdem ich einen süßen Hund angefasst hatte – es gab so viele verrückte Regeln.

Alles in unserer Kultur schien mir so übertrieben zu sein. Ich fühlte mich erdrückt. Dennoch war das meine Welt, ein anderes Leben konnte ich mir gar nicht vorstellen. Ich ging nicht zur Schule und sah wenig fern. Wenn unsere Eltern uns Kinder überhaupt eine (begrenzte) Zeit vor dem Schwarz-Weiß-Fernseher sitzen ließen, zensierten sie, was wir ansehen durften. Ich erinnere mich an Zeichentrickserien wie *Die Racoons*, *Inspector Gadget* und *Der rosarote Panther*, die alle auf Arabisch, Persisch oder Kurdisch synchronisiert worden waren. Auch die britische Zeichentrickserie *Jimbo and the Jet-Set* gab es in arabischer Sprache. Dieser Cartoon über ein sprechendes Flugzeug, das immer wieder in Schwierigkeiten geriet, hat mich fasziniert. Im Irak und im Iran hatte ich gelegentlich Flugzeuge am Himmel gesehen, aber ich war noch nie in einem gesessen. Ob Menschen wohl oft in Flugzeuge stiegen? Im Vorspann war eine Szene zu sehen, in der Jimbo zur Landung auf dem Londoner Flughafen ansetzte. Beim Anflug sah man animierte Schafe in einem Mosaik aus Feldern, die »Jim-bo, Jim-bo« sangen, Grüppchen hübscher Häuser mit Schornsteinen und hohe Wolkenkratzer. Allein diese Szene faszinierte mich, da das Wort »London« bei uns zu Hause recht häufig fiel. Denn in London, einer »großen Stadt in England«, lebte Vaters zweitjüngster Bruder Ari mit seiner Frau Berivan und ihren Kindern. Jedes Mal, wenn Jimbo im Fernsehen lief, sagte einer der Erwachsenen stolz: »Dein Onkel Ari lebt in London.«

Eines Nachmittags, als wir auf der Terrasse saßen und uns eine weitere Folge von *Jimbo and the Jet-Set* ansahen, kam mein Vater die Treppe vom Garten herauf, stellte sich zwischen Jimbo und uns Kinder und verkündete in stolzer Pose, die Daumen in der Schärpe: »Euer Onkel Ari kommt mit Tante Berivan und euren Cousinen zu Besuch. Sie werden morgen hier sein und ich möchte, dass ihr euch alle von eurer besten Seite zeigt.«

Argh ... Onkel Ari. Selbst in diesem jungen Alter ließ mich sein Name zusammenzucken. Im Irak hatten wir ihn oft gesehen, bevor er einige Monate vor unserer Flucht in den Iran mit seiner Familie nach London gezogen war. Aris älteste Tochter, Heibat, war so alt wie Miriam und ich, und Helo war ein Jahr jünger als Banaz. Die meisten Mitglieder der Familie Mahmod lagen Ari zu Füßen. Sie hätten Grandma Zareen sehen sollen, wie sie Ari in ihre teigigen Arme riss und sein Gesicht küsste. »Mein geliebter Sohn, mein geliebter Junge«, sagte sie, während die Schmucksteine an ihrem Kopfschmuck glitzerten und klirrten. Als ich Zareen so sah, wie sie um ihren Sohn herumscharwenzelte, fragte ich mich: *Warum hat sie mich eigentlich noch nie in die Arme genommen?*

Nach außen hin verehrte Dad Ari. Aber ich glaube, innerlich wünschte er sich, dass sein jüngerer Bruder konservativer wäre und traditioneller in seinem Auftreten. Ari war laut und protzig und prahlte immer mit seinem Besitz und den Unternehmen, die er besaß. Bereits damals war mir Ari unsympathisch – heute hasse ich ihn mit jeder Faser meines Seins. In *meiner* Kultur ist Ari eine männliche Hure. Ich hoffe, er verrottet in der Hölle.

Nach Vaters Ankündigung wurde der Fernseher ausgeschaltet, und die Vorbereitungen gingen los. Avin und Kejal halfen meiner Mutter und Tante Alal beim Kochen –

mein Gott, roch das gut! Sie bereiteten Eintöpfe und gebratene Reisgerichte zu, riesige Töpfe mit Dolma, Suppen, Fleischpasteten und Süßspeisen wie zum Beispiel Churros. Ich wollte auch mit dem Essen helfen, aber das durften nur die ältesten Töchter.

»Keine Sorge, deine Zeit wird kommen, wenn du älter bist, Bakha«, sagte meine Mutter, während sie mit der Schöpfkelle herumfuchtelte. »Du kannst die Töpfe abwaschen.«

Also stellte ich mich auf meine Kiste neben dem Waschbecken und begann zu schrubben, während meine Mutter und Tante Alal über Tante Berivan tratschten. »Ich habe gehört, dass sie (Berivan) westliche Kleidung trägt«, sagte Tante Alal.

»Tsts, nein, Allah«, schnalzte Mum abfällig.

Als ich mit dem Abwasch fertig war, machte ich mit Avin, Kejal und Banaz im Haus weiter. Wir schrubbten es von oben bis unten, dann säuberten wir die Außenklos. Alles für Onkel Ari. Während wir arbeiteten, saßen die Männer in ihrem Wohnzimmer, tranken Bier und rauchten Shisha.

Am nächsten Tag kam Onkel Ari bei uns an. Er sah aus wie ein zwielichtiger Geschäftsmann und trug Kleidung, die ich in meinem Land noch nie an einem Mann gesehen hatte. In der Hand hielt er einen prall gefüllten Koffer. Er war damals Anfang dreißig und trug ein rosafarbenes Button-down-Hemd mit steifem Kragen. Seine Hose war aus einem glänzenden marineblauen Stoff, mit zwei scharfen, senkrechten Falten, die vorn und hinten mittig entlang des Beins verliefen. Er trug glänzende graue Slipper mit dünnen Sohlen und eine große, protzige goldene Uhr. Seine Finger waren mit goldenen Ringen geschmückt. Aber noch schockierender war der Auftritt, den Tante Berivan hinlegte. Das ist kein Witz: Ihre Beine waren von den Knien bis zu den Knöcheln nackt. Ein Bleistiftrock bedeckte ihre Oberschenkel, aber der Stoff war nicht sehr elastisch. Zum Rock trug sie eine Bluse mit Animal-Print-Muster, deren Ärmel bis zu den Ellenbogen hochgekrempelt waren. Sie war sozusagen halb Zebra, halb Frau. Ob sie ihren Hidschab wohl vergessen hatte?

Ebenso verblüfft war ich über die Kleidung von Heibat und Helo: Faltenröcke, deren Saum bis zu den Knien reichte, und wadenlange weiße Socken. Würde ich mich so anziehen, würde ich als Hure beschimpft werden. Mein Vater würde mich endlos verprügeln. Die Kleidung meiner Cousinen wurde jedoch von keinem der Erwachsenen kommentiert, nicht einmal von meinem Vater. Die Mädchen durften sogar mit gekreuzten Beinen sitzen, trotz ihrer Röcke. Ich traute meinen Augen nicht.

Kaum war Ari angekommen, fing er an, mit seiner Welt zu prahlen und unseren iranischen Lebensstil herunterzumachen. »Du solltest nur mal die neuen elektrischen Zahnbürsten sehen, die ich für mich und Berivan gekauft habe«, schwärmte er Dad vor, als er aus dem Haus unserer Großeltern auf die Terrasse trat, den Koffer in der einen Hand und seine »misbaha« (Gebetsperlen) in der anderen. »Sie waren nicht billig, aber Qualität hat eben ihren Preis, nicht wahr? Wir werden nie wieder eine normale Zahnbürste benutzen.« Und mein Vater schaute Ari mit großen Augen an und war sichtlich beeindruckt. »Oh, und einen wunderschönen dicken Teppich haben wir kürzlich verlegen lassen, im ganzen Haus natürlich«, fuhr Ari fort. »Wie kommt ihr nur im Winter zurecht? Diese Vorleger hier halten doch keine Wärme, oder?« Ari lachte über seinen eigenen Witz, dann stellte er seinen Koffer in der Mitte der Terrasse ab und sagte mit einem beiläufigen Nicken: »Hier sind ein paar alte Kleider, Sachen, aus denen Heibat und Helo herausgewachsen sind oder die sie nicht mehr tragen. Wir dachten, sie wären vielleicht etwas für eure Mädchen. Bitte, bedient euch, wir werfen sie sonst ohnehin nur weg.«

Meine Mutter und Tante Alal nickten höflich und bedankten sich bei Onkel Ari. Dann, sobald die Männer ins Haus gegangen waren, stürzten sie sich wie Elstern auf den Koffer. Tante Berivan lächelte selbstgefällig in sich hinein, während sie beobachtete, wie ihre Schwägerinnen den Inhalt auspackten. Auch Kejal, Banaz, Miriam, Shanar und ich machten mit und zogen Kleidungsstücke aus dem Koffer.

So wenig ich Ari auch leiden konnte, das hier war aufregend. In dem Koffer befanden sich Kleidchen mit Trägern statt Ärmeln und Faltenröcke, wie sie Heibat und Helo trugen. Es gab Schürzen und kurzärmelige Kleider mit Karomuster sowie geblümte Nylonschläuche. Ein hauchdünnes Etwas in Korallenrot fiel mir ins Auge, als es über die Seite des Koffers glitt. Ich nahm es in die Hand und dachte: *Was für eine schöne Farbe.* Es war eines der Kleider mit Trägern, aus dünnem Chiffon mit Rüschen, die von der Taille bis zum Saum fielen. Ich befestigte die Träger vorn an meinen Schultern und sah bewundernd an mir hinunter. Das Kleid erinnerte mich an eine der Ballerina-

Puppen, die mein Vater aus Blumen für mich gemacht hatte. Ich fühlte mich hübsch. Ich sah meine Mutter an. »Das hier gefällt mir«, sagte ich. Vielleicht wäre das Kleid ja erlaubt, wenn ich es über einer Aladinhose trug und mit einem Rollkragenpullover und einem Hidschab kombinierte, überlegte ich. Meine Mutter zog die Augenbrauen zusammen und ihr Mund wurde zu einem dünnen Strich. »Nein«, sagte dieser Blick. »Ich glaube nicht, dass das passend ist, Bakha«, sagte sie.

Ich ließ das Kleid zurück in den Koffer fallen.

Die Wahrheit war, dass keines der Kleidungsstücke für uns passend war. Damals dachte ich, wie exotisch sie doch aussahen – ein Einblick in die westliche Welt, von der ich so wenig wusste. Es störte mich nicht, dass die Rüschen an dem korallenroten Kleidchen ausgefranst waren, und woher hätte ich wissen sollen, dass diese karierten Kleider und Schürzen Schuluniformen waren, aus denen Heibat und Helo herausgewachsen waren. Miriam und Shanar stritten sich um ein Paar Armstulpen. Meine Mutter und Tante Alal tauschten besorgte Blicke aus, brachten jedoch schließlich ein paar wenige Dankesworte hervor. »Oh, keine Ursache«, antwortete Berivan und schob ihren zebragemusterten Ärmel noch etwas höher. »Wie Ari schon sagte, wir würden die Sachen sonst nur wegwerfen. Sie wachsen so schnell in diesem Alter, nicht wahr?« Berivan legte den Kopf schief und blickte auf Banaz hinunter, die ein winziges rosafarbenes Kleid in den Händen hielt, auf dessen Vorderseite eine Meerjungfrau abgebildet war.

»Schau mal«, sagte Banaz, hielt das Kleid hoch und deutete auf die rothaarige Meerjungfrau. Natürlich hatten wir noch nie von dem Disney-Zeichentrickfilm *Die kleine Meerjungfrau* gehört, in dem Ariel, das sexy Mädchen mit dem Fischschwanz, in einem lilafarbenen BH mit entblößtem Bauch zu sehen war.

»Das passt zu dir, Banaz«, sagte Berivan.

Die Gebetszeit rettete meine Mutter aus diesem peinlichen Moment.

Der Unterschied zwischen Ost und West, also zwischen uns und Aris Töchtern, wurde noch deutlicher, als wir alle zusammen im Garten spielten. »Wo ist denn der Rest eurer Spielsachen?«, fragte Heibat, als wir ihr unsere Klick-Klack-Kugeln aus Plastik zeigten.

»Wir haben keine anderen Spielsachen«, sagte Miriam und hielt Heibat das neongrüne Spielzeug hin, »aber das hier macht richtig Spaß.«

Heibat rümpfte die Nase. »Machst du Witze?«

»Ich hatte früher ein Schaukelpferd *und* einen Plüschhund, der kläffen konnte«, sagte ich, »aber ich musste beides im Irak zurücklassen.« Diese Information wollte ich hier einmal einfließen lassen, denn mir gefiel nicht, wie Heibat mit Miriam umging.

Heibat und Helo sahen sich an und brachen in Gelächter aus.

Wir versuchten wirklich, mit unseren Gästen auszukommen, luden sie ein, mit uns Schlammkuchen zu backen und auf Apfelbäume zu klettern. Es war ja schließlich Sommer. Heibat und Helo zuckten bei unseren Vorschlägen zurück. »Dabei wird man schmutzig«, sagten sie wie aus einem Mund. Dann texteten sie uns zu mit ihrem Geplapper über irgendwelche Charaktere der *Teenage Mutant Ninja Turtles* (wer auch immer die waren), ihre »coolen Schulfreunde« in London, über Eislaufen und McDonald's Happy Meals. Keiner von uns wollte Heibat oder Helo fragen, wer McDonald war.

Ari und seine Familie blieben zwei Wochen lang bei uns. Sie gingen in ihrer westlichen Kleidung in unserem Haus ein und aus, als wäre es ihr eigenes. Wenn Ari da war, kam niemand anderes mehr zu Wort. Er prahlte mit seinen Autos und seinem Haus, das über eine »Toilette mit Wasserspülung, eine Dusche und eine Badewanne« verfüge. So schwadronierte er endlos weiter. Er machte ein Riesenaufhebens um die ganzen tollen Dinge, die Heibat und Helo nach der Schule unternehmen durften: Schwimmunterricht, Tanzstunden und was weiß ich noch alles. Ich hörte ihm nach einer Weile einfach nicht mehr zu.

Ich war erleichtert, als er und seine Familie endlich nach England abreisten.

Wir nahmen wieder unsere übliche Routine auf. Die Männer schienen in letzter Zeit noch häufiger außer Haus zu sein. Grandpa war schwer zu fassen, immer irgendwo unterwegs, um den Menschen in der kurdischen Gemeinschaft zu helfen. Ich sah ihn kaum. Dad und Onkel Afran fuhren fleißig mit ihrem Lastwagen in den Irak und zurück – obwohl ich immer noch nicht wusste, was sie eigentlich abholten oder auslieferten – und ihre nächtlichen Patrouillen in den Bergen mit Grandpa Babakir gingen weiter.

Zwischen Gebeten und Hausarbeit waren wir Kinder mit Spielen beschäftigt, entweder im Haus, wo wir uns versteckten und die Gänge auf und ab rannten, oder draußen in den Bäumen. Unsere Seilschaukel im Tandoor-Zimmer war trotz Banaz' Unfall immer noch in Betrieb, aber oft konnten wir sie nicht benutzen, weil die Frauen dort auf der runden Ziegelwand saßen, die den Ofen umgab, und quatschten, während sie feuchten Teig an die Innenwände des Tandoor klatschten, um Fladenbrot zu machen. Mum verbrachte wie immer einen Großteil ihrer Zeit in der Küche, aber sie wirkte dort glücklich. Manchmal kochte sie riesige Töpfe – wir reden hier von fast einem Meter Durchmesser – voll mit gebratenem Reis und Eintöpfen, die sie und Tante Alal auf die Straße trugen, wo sie das Essen an Nachbarn und Passanten verteilten. Mein Gott, die Leute standen die ganze Straße entlang Schlange, um etwas von den kulinarischen Kreationen meiner Mutter abzubekommen. Ich fand diese freundliche Geste herzerwärmend.

Mum war schon immer kreativ; sie brachte uns Mädchen bei, wie man nähte, häkelte, webte und hübsche Bilder von Schwänen stickte. Avin, Kejal, Banaz, Miriam, Shanar und ich (Payzee und Ashti waren noch zu jung) saßen stundenlang im Wohnzimmer und nähten unsere Schwanenmuster auf Kissenbezüge. Grandma, Tante Alal, Sazan und Lilan machten ebenfalls mit. Banaz liebte es zu sticken, und ihre Schwäne waren immer viel raffinierter als meine, aber auch ich genoss diese gemeinsamen Stunden. Sie waren so friedlich – welch angenehme Abwechslung. Es waren keine Männer oder Jungen in der Nähe und es gab keinerlei böse Stimmung. Kein Fluchen oder Lästern. Einfach nur echte, gemütliche Mädelszeit. Aber, das wusste ich ja allmählich, der Frieden währte in unserem Haus nie lange. Parallel zu diesen Oasen der Ruhe war ich immer wieder schrecklichen Schlägen ausgesetzt – in der Regel drei- oder viermal pro Woche. Ich hatte mich schon fast daran gewöhnt und lernte, die Schmerzen auszuhalten, ohne bei jedem Hieb mit Vaters Gürtel aufzuschreien, was meine Bestrafung unweigerlich verlängern würde.

Nichts jedoch konnte mich auf jenes nächste Schmerzlevel vorbereiten, das mir nun blühen sollte.

An einem frühen Abend im Spätsommer, kurz nachdem die Männer in die Berge aufgebrochen waren, erschien Lilan an unserer Haustür, einen Gladstone-Koffer schwer in ihrer mit Leberflecken übersäten Hand. Es war nichts Ungewöhnliches, dass Lilan auftauchte; sie war immer bei uns, führte seltsame Behandlungen wie Schröpfen oder Blutegeltherapie an den Frauen durch oder war einfach nur wegen der Gesellschaft da. Aber die Atmosphäre im Haus hatte sich verändert. Alle Frauen und Avin waren in Grandmas Quartier, aber ich konnte das übliche Gegacker und die Ausrufe »Nein, Allah, nein, Allah« gar nicht hören. Auch waberte nicht wie üblich der ekelhaft süßliche Shisha-Rauch unter der geschlossenen Tür zu Grandmas Wohnzimmer hindurch. Ich war gerade mit Miriam im Flur, als Zareen vorbeiwatschelte und Lilan hereinkomplimentierte. Sie küsste sie auf beide Wangen. »Komm herein, wir richten gerade alles her«, sagte sie mit gedämpfter, förmlich klingender Stimme. Lilan folgte meiner Großmutter in ihr Wohnzimmer. Miriam und ich dachten uns nichts weiter dabei und liefen zurück in den Tandoor-Raum, wo die anderen Mädchen auf der Schaukel saßen. Die Jungs waren draußen, so dachte ich, und Payzee und Ashti schliefen wahrscheinlich irgendwo.

»Du bist dran, Bakha«, rief Banaz, als sie mich sah, und rutschte von der Schaukel. Dieses Mädchen würde einem seinen letzten Cent geben, ehrlich.

»Ich schubse dich an«, sagte Miriam, als ich auf die Schaukel kletterte. Kejal stand mit dem Rücken zur Wand, die Arme vor der Brust verschränkt, völlig desinteressiert – bis zu dem Moment, als Avin den Raum betrat und sie plötzlich zum Leben erwachte.

»Avin, kann ich dir bei irgendetwas helfen?«, flötete sie. Doch es lag eine Spannung in der Luft.

Avin, unsere schöne, prinzessinnenhafte Cousine, die nie die Stirn runzelte, zog ihre perfekten Brauen zusammen und sagte: »Kejal, du musst mit mir zu Grandma Zareen kommen.« Sie bekräftigte ihre Aussage, indem sie dreimal ernst nickte, dann sah sie Banaz und Shanar an und sagte zu ihnen: »Ihr zwei müsst auch mitkommen.«

Ich saß sanft schaukelnd in den Kissen, ließ die Füße baumeln und dachte: *Bin ich die einzige von allen Schwestern, die ausnahmsweise keinen Ärger hat?* Denn so, wie sich die Situation darstellte, war meine Prognose, dass in Großmutters Quartier eine Strafe wartete. Aber ich konnte mir nicht vorstellen, was Banaz oder Shanar falsch gemacht haben sollten. Kejal war ganz das gute muslimische Mädchen und überschlug sich fast, um der Älteren zu gefallen.

»Was ist los, Avin?«, platzte ich heraus. Ich konnte nicht anders.

»Dich und Miriam hole ich später«, erwiderte sie, immer noch mit gerunzelter Stirn.

Kejal folgte Avin aus dem Zimmer. Banaz und Shanar eilten hinter ihnen her wie Schwanenküken, die mit ihrer Mutter Schritt halten mussten.

Ihre Schritte wurden leiser. Dann das nachdrückliche Geräusch einer sich schließenden Tür. Ich sah Miriam an, und ihre Mandelaugen weiteten sich vor Angst. »Sollen wir nach draußen gehen und schauen, ob wir durch das Fenster etwas sehen können?«, fragte sie laut flüsternd.

Ich sprang von der Schaukel. »Gute Idee.«

Das Fenster zu Großmutters Zimmer war geschlossen, aber wir hörten die gellenden Schreie schon von der anderen Seite des Gartens. Wir liefen über den Rasen zum Fenster, das mit grellgrünen Blumenvorhängen abgehängt war. Zwischen den Vorhängen war ein Spalt, etwa so breit wie der Kopf eines Erwachsenen, doch um den Fenstersims erreichen zu können, musste ich Miriams Hand loslassen. Jetzt hörten wir ein Kind weinen, mit tiefen, rauen Schluchzern. Ich hielt mich am Sims fest und sprang auf und ab, um einen Blick auf die Gräuel zu erhaschen, die sich scheinbar in diesem Raum abspielten. Da Miriam ein paar Zentimeter kleiner war als ich, konnte sie es mir nicht gleichtun. Ein weiteres Kind schrie, aber ich konnte nur die Wand und die Rückseite zweier mit Hidschabs bedeckter Köpfe sehen. Ich sprang noch ein paar Mal in die Luft und versuchte, höher zu kommen, als, untermalt von weiterem Schluchzen, plötzlich Avins Gesicht im Fenster erschien. In meinem Kopf hallten ihre Worte wider: *Dich und Miriam hole ich später.*

»Schnell, renn, es ist Avin«, sagte ich. Wir rannten über das Gras und um das Haus herum, bogen dann links in Sazans Garten ab und liefen in die Toilette, wo wir keuchend die hölzerne Tür hinter uns verschlossen. Wir kauerten in der Ecke hinter dem Loch auf dem Boden und schnappten nach Luft, während wir gleichzeitig versuchten, kein Geräusch zu machen. Draußen war es noch nicht dunkel, aber die Nacht würde bald hereinbrechen, dennoch verschwendete ich ausnahmsweise keinen Gedanken an Reş. In meiner Brust krachten Klick-Klack-Kugeln aufeinander.

Miriams Stimme bebte. »Ich habe Angst, Bakha … Ich habe Angst.« Holz klapperte, dann knallte und krachte es. Jemand war an der Tür.

Avin. Sie rüttelte so heftig an der Tür, dass sich das kleine Hakenschloss öffnete. Avin kam in die Toilette gestürzt, und in Sekundenschnelle hatte sie Miriam und mich geschnappt und hinausgeschoben. Sie warf sich Miriam über die Schulter und klemmte mich unter den Arm, ich strampelte mit den Beinen und schrie: »Lass mich runter, ich will da nicht rein.« Ins Haus, den Flur entlang, am Tandoor und der Küche vorbei und schließlich in den Hauswirtschaftsraum in Großmutters Quartier.

Was dann geschah, hat mich für mein Leben gezeichnet. Mental *und* körperlich. Zunächst kam Tante Alal aus dem Wohnzimmer und nahm ihre Tochter hoch. Ich hörte Miriams Hilfeschreie und wollte ins Wohnzimmer rennen, um sie zu retten, aber Avin hielt mich wie in einem Schraubstock fest. Weniger als zwei Minuten später trug Tante Alal Miriam in ihr Schlafzimmer. Zur gleichen Zeit erschien meine Mutter im Hauswirtschaftsraum, nahm mich aus Avins Armen und trug mich ins Wohnzimmer.

Auf dem Boden lag eine Plastikplane. Darauf knieten meine Großmutter, Lilan und Sazan, neben ihnen der Gladstone-Koffer sowie eine Flasche aus durchsichtigem Glas und eine Schachtel mit Klingen. Dieselbe Flasche und Schachtel, die ich in Dads Manteltasche gefunden hatte. Ich schrie »Tötet mich nicht, bitte tötet mich nicht« und strampelte heftig mit den Beinen, während meine Mutter mich festhielt und sich auf das Laken kniete. Da erschien aus dem Nichts Tante Alal und drückte mein rechtes Bein auf den Boden. Sazan tat dasselbe mit meinem linken Bein, während meine Mutter meine Arme festhielt. Dann hob jemand – ich weiß nicht mehr, wer – mein Kleid an und zog mir die Aladinhose und Unterwäsche herunter. Als ich versuchte mich loszureißen, herrschte mich meine Mutter an: »Halt still, Bekhal. Es ist wichtig, dass du stillhältst.« Grandma kniete über meinem Bauch, die Rasierklinge in der nicht allzu ruhigen Hand, und blickte mit zusammengekniffenen Augen auf meinen Intimbereich, während Lilan Anweisungen gab. Ich hörte wieder dieses Wort »sinetkirin«, mehrere Male, dann senkte meine Grandma die Klinge und zog sie durch den Teil meines Körpers, den ich nur als »Intimbereich« oder »Ding« oder »Das da« kannte.

Ich kann nicht einmal ansatzweise den Schmerz beschreiben, der folgte. Schon damals hatte ich eine hohe

Schmerztoleranz und habe sie noch heute, aber das war einfach unvorstellbar. Blut spritzte zwischen meinen Beinen hervor. Ich sah das Stück, das Großmutter von mir abgeschnitten hatte, auf der Plane liegen – es tut mir leid, dass ich mich so drastisch ausdrücke – und es zuckte noch. Meine Sicht begann zu verschwimmen. Lilan fing an, Alkohol über die Stelle zu gießen, an der sie mich geschnitten hatten, und ich heulte und schrie. Mehr Blut floss aus mir heraus, wie wenn man einen Wasserhahn laufen ließ, und nun gerieten alle Frauen in Panik.

»Du hast einen Nerv erwischt«, sagte Lilan zu Grandma.

Ich blickte zu meiner Mutter auf, sah sie seltsam doppelt. »Wie kannst du nur zulassen, dass sie mir das antun?«, krächzte ich.

Jemand schrie »Hol das Schmalz«, aber ich muss wohl immer wieder das Bewusstsein verloren haben, denn ich kann mich nicht erinnern, aufgestanden zu sein. Die Frauen müssen mich hochgehoben haben. Meine Mutter griff mich unter den Armen, während zwei der anderen meine Beine weit auseinanderhielten. Dann spürte ich ein gewaltiges Brennen. Das Letzte, was ich sah, waren diese schrecklichen grünen Blumen auf Großmutters Vorhängen.

Ich wachte in meinem Bett auf, schweißgebadet und unkontrolliert zitternd. Ich kann Ihnen nicht sagen, wie alt ich war. Das letzte Mal, dass ich an meinen Geburtstag erinnert wurde, war, als meine Mutter zu mir sagte: »Du bist jetzt sieben Jahre alt.« Ich meine, das wäre im Frühling gewesen, was wohl bedeutete, dass mein achter Geburtstag unerwähnt verstrichen war. Ich war also sieben oder acht … was auch immer. Was diese Frauen mit uns kleinen Mädchen gemacht hatten, war barbarisch und unverzeihlich.

Ich zog die Decke über mich und sprach ein stilles Gebet in meinem Kopf.

Bitte, Gott, lass mich nicht sterben.

Kapitel fünf

So geht es ungezogenen Mädchen

Sinetkirin. Ich hatte das Wort so oft gehört, hervorgezischt mit dem Dampf der Wasserpfeife hatte es sich Unheil bringend durch die Gespräche geschlängelt, die aus Grandma Zareens Quartier herausgewabert waren: *Sinetkirin, Sinetkirin, Sinetkirin*. Ein Begriff, der ganz beiläufig in Sätze eingeflossen war, zusammen mit »Bekhal«, meinem Namen, dem meiner Schwestern und denen von Miriam und Shanar. *Sinetkirin* – ich hasse dieses verdammte Wort. Es bedeutet »Beschneidung«, obwohl ich das erst viel später im Leben herausfinden würde.

Meine Großmutter hat meine Genitalien zerstückelt. Miriam, Kejal, Banaz und Shanar wurden vor mir der gleichen erniedrigenden Prozedur unterzogen, jedoch wurden sie von Lilan, der Dorfärztin, geschnitten. Mittlerweile kenne ich diese schreckliche Operation als »weibliche Genitalverstümmelung«, FGM, aber damals wussten wir das nicht.

FGM sagt alles. Es handelt sich dabei um die Verstümmelung der Klitoris, in einigen Fällen werden auch die inneren und äußeren Schamlippen des Mädchens entfernt. Manchmal werden die Schamlippen zusammengenäht. Frauen in meiner Kultur müssen diese abscheuliche Prozedur als Kinder durchmachen – bevor sie die Pubertät erreichen. Das Ziel ist natürlich, unsere Sexualität zu unterdrücken, künftige Ehen zu sichern und, wie es in unserem Clan der Fall war, die »Familienehre« zu bewahren. Es war für meinen Vater mit Sicherheit ein Riesenerfolg, als die Community erfuhr, dass seine drei ältesten Töchter »gemacht« waren. Dasselbe galt für Onkel Afran, nachdem Miriam und Shanar die Genitalien zerschnitten worden waren. Es ist unfassbar widerwärtig. Im Vereinigten Königreich ist FGM verboten. Im dortigen Gesundheitssystem gilt das Verbrechen als Kindesmissbrauch. Manche Mädchen sterben an Blutverlust oder schweren Infektionen. Aber das macht ja nichts, oder? Schließlich geht es hier um die »Ehre«, stimmt's? So sieht die Denkweise einiger Männer in unserer Familie aus.

Meine Genitalverstümmelung, eigentlich als Standardvariante gedacht, also Beschneiden der Klitoris, ging katastrophal daneben. Soweit ich weiß, hatte Grandma Zareen diese Hinterhofoperation noch nie ausgeführt, bevor sie mich aufschlitzte. Ich war also ihr Versuchskaninchen – und ich glaube, sie tat dies aus reinem Hass auf mich. Wie konnte meine Mutter so etwas zulassen? Damals war Zareen Ende siebzig und hatte auf beiden Augen grauen Star, ihre Sehkraft war also stark eingeschränkt. Eine ruhige Hand hatte sie auch nicht gerade, gar nicht zu sprechen von der Tatsache, dass sie keine Ahnung hatte, was sie da tat. Die Rasierklinge durchtrennte ein Nervenende, daher rührten die rasenden Schmerzen. Um das Werk meiner Großmutter wiedergutzumachen und die Stelle zu kauterisieren, gossen die Frauen kochend heißes Fett über meinen Intimbereich. Ernsthaft, ich hätte sterben können. Sie hätten mich ins Krankenhaus bringen sollen, aber das taten sie nicht. Stattdessen wurde ich bandagiert, ins Bett gelegt und immer, wenn ich in den folgenden Tagen erbrechen musste und hohes Fieber hatte, sagte man mir, ich solle Rote Bete essen, denn »Rote Bete heilt«.

Kejal, Banaz, Miriam und Shanar trugen durch ihre FGM keine so deutlichen körperlichen Schäden davon wie ich. Ich konnte tagelang nicht gehen; ich konnte mich überhaupt nicht mehr bewegen. Meine Mutter musste die Stelle neu verbinden und mich auf die Toilette bringen. Beim Wasserlassen schrie ich vor Schmerzen. Die Blutungen hielten mindestens dreißig bis vierzig Tage an. Ich konnte nicht auf dem Bauch liegen und musste eine Windel tragen. Als ich endlich wieder laufen konnte, wankte ich wochenlang wie ein Pinguin von einer Seite zur anderen – was einige der anderen Kinder urkomisch fanden. Banaz, die Gute, wusste, dass ich litt, und kümmerte sich rührend um mich. Ich sehe sie noch vor mir, wie sie neben mir auf dem Bett kniete und in eines der Würfelbonbons aus braunem Zucker biss, die unsere Mutter machte, um mir dann den Rest der Leckerei zu reichen. »Hier, du kannst mein Bonbon haben, Bakha«, sagte sie, bevor sie die Prozedur mit dem nächsten Zuckerwürfel wiederholte.

Wir Mädchen redeten zwar über das, was mit uns geschehen war, aber ich brach jedes Mal in Tränen aus, wenn ich über dieses Erlebnis sprach. »Sie (Grandma) hat mich so schrecklich geschnitten«, erzählte ich ihnen, »ich dachte, ich würde sterben.« Kejal verzog das Gesicht, als wollte sie sagen: »Sei nicht so dramatisch, Bekhal.« Keine von uns wusste, warum wir beschnitten worden waren. Es hatte auch keine Vorwarnung gegeben. Selbst als die Frauen uns auf den Boden gedrückt und unsere Hosen heruntergezogen hatten, hatte keine von ihnen leise »Achtung, das könnte jetzt ein bisschen wehtun« gemurmelt. Unsere Mütter hatten uns keinerlei Erklärung gegeben, warum das alles geschehen war. Wir fühlten uns geschändet. Und verwirrt. Meine Mutter hatte uns Mädchen immer eingeschärft, niemals unseren Intimbereich zu entblößen. »Niemand darf dich dort anfassen«, hatte sie gesagt. Warum waren wir dann auf diese brutale Weise entblößt und verstümmelt worden?

Ein paar Tage nach meiner FGM kam mein Vater aus den Bergen zurück. Ich versuchte gerade, das erste Mal wieder zu gehen. An den Arm meiner Mutter geklammert, wankte ich aus dem Schlafzimmer. Als wir in den Flur kamen, stand da mein Vater. Er hatte wieder den beigen Mantel an. Ich küsste seine Hand. »Hallo, Baba«, sagte ich.

Mein Vater küsste meinen Kopf, und mir stiegen die Tränen in die Augen. »Sie haben mich aufgeschlitzt, Baba«, sagte ich, und die Tränen liefen mir übers Gesicht. »Sie haben mich aufgeschlitzt, aufgeschlitzt, sie haben …«

Ich konnte vor lauter Weinen nicht weitersprechen. Wo war meine Umarmung? Wo war er, der beschützende Vater, der aufgebracht rief: »Wer zum Teufel hat meiner geliebten Tochter wehgetan?« Ich schaute zu ihm auf und suchte in seinem Gesicht nach einem Anflug von Mitgefühl, aber stattdessen legte er den Kopf schief und sah mit hochgezogenen Brauen meine Mutter an, als wollte er sagen: *Wovon redet sie?* Da machte meine Mutter mit ihren Fingern eine schnippelnde Bewegung wie mit einer Schere und sein Gesichtsausdruck wandelte sich zu *Ah, verstehe, alles klar*. Er rieb sich den Schnurrbart, dann zog er eine Münze aus der Tasche und reichte sie mir.

»Hier, geh und kauf dir ein Eis oder zwei«, sagte er und ging weiter den Flur entlang zu seinem Schlafzimmer. Mein Vater wusste von den Vorgängen im Wohnzimmer meiner Großmutter. Er hatte offensichtlich die Ausstattung für die FGM besorgt, von der er wusste, dass ich sie schon einmal gesehen hatte. Ich hätte sterben können, aber das interessierte ihn nicht. Es war ihm egal. *Geh und kauf dir ein Eis? Ist das dein Ernst? Sehe ich so aus, als könnte ich zu dem verdammten Laden laufen?*, dachte ich.

Ich lag nachts oft wach und fragte mich, warum ich auf eine so aggressive Weise misshandelt worden war. Wenn meine Eltern mich schlugen, hatte das meist einen Grund. Angeblich wollten sie mir eine Lektion erteilen. Doch für den Vorgang der Beschneidung wurde uns keinerlei Erklärung gegeben. Zunächst dachte ich, sie hätten es getan, um mich zu bändigen – vielleicht weil ich hyperaktiv war. Bilder, wie sich meine Großmutter mit einer Klinge in der Hand über mich beugte, verfolgten mich in meinen fieberhaften Albträumen, sodass ich mit einem Ruck hochfuhr. Was mich am meisten anwiderte, war die Art und Weise, wie unsere Eltern diese Eingriffe an ihren Mädchen geplant hatten. Sie hatten sich abgesprochen, das nötige Werkzeug beschafft und uns dann eine nach der anderen unter das Messer genommen. FGM am Fließband. Ich dachte an die Rolle, die Avin in dieser Situation gespielt hatte. Meine Großmutter hatte ihr eindeutig gesagt, sie solle uns Kinder zusammentrommeln, und Avin, das gute muslimische Mädchen, das sie war, hatte gehorcht. Aber ich war Avin deswegen nicht böse. Ich wusste, dass sie mir nicht absichtlich wehtun würde. Ich verehrte sie.

Meine Mutter tröstete mich nicht und gab auch nicht zu, dass ein massiver Fehler gemacht worden war, als ich beschnitten wurde. Sie hat mich nie umarmt und gesagt: »Es tut mir wirklich leid, wie das schiefgelaufen ist, so sollte es nicht sein.« Ich habe so oft versucht, sie zu fragen, warum es überhaupt dazu kam, aber sie hat nur den Kopf geschüttelt und gesagt: »Nein, Allah, nicht jetzt. Ich werde es dir später erzählen.«

Sechs Jahre lang wartete ich auf diese Erklärung.

Die wichtigste Lektion, die ich durch meine FGM gelernt habe, war diese: *Ich will nicht Teil dieser Kultur sein; ich will nicht dieser Religion, diesen verrückten Glaubensvorstellungen anhängen.* Mit der Zeit wurde mir klar, dass FGM eine üble Machenschaft war, die dazu diente, junge Mädchen unter Kontrolle zu bekommen. So wie wir auf so viele andere Arten kontrolliert und unterdrückt wurden. Ich durfte keine Meinung zu *irgendetwas* haben. Nicht einmal einen neuen Zeichentrickfilm kommentieren, den ich im Fernsehen gesehen hatte. O ja, die Botschaft an die Mädchen in unserem Haus war unmissverständlich: *Halt den Mund – und sieh zu, dass man dich weder hört noch sieht. Lies den Koran. Bete, bete, bete.* Bla, bla, bla. Und obwohl ich nichts anderes als meine Religion kannte, konnte ich mir nicht vorstellen, dass Kinder in anderen Ländern auch so lebten. Heibat und Helo in London konnten sich anziehen, wie sie wollten. Sie mussten auch nicht fünfmal am Tag beten oder den Koran lesen. Das hatte mir Heibat bei ihrem Besuch erzählt. *Eines Tages werde ich weglaufen,* dachte ich. *Ich will dieses Leben nicht.*

Leider hatte ich mit meinen acht Jahren kein großes Mitspracherecht.

Etwa ein Jahr, nachdem Zareen mich verstümmelt hatte, zogen wir in ein neues Haus in der Nachbarschaft, nur ein paar Straßen von unserem alten Haus entfernt. Leider kam Onkel Zoran nicht mit, da er in den Irak zurückgekehrt war, um »eine Ehefrau zu finden«. Ich war am Boden zerstört; Onkel Zoran brachte mich mit seinen Geschichten und Streichen immer zum Lachen. Es gab so viele Momente, in denen ich ihn ansah und dachte: *Ich wünschte, du wärst mein Vater.*

Unser neues Haus war kleiner und moderner als das alte, mit einem Wählscheibentelefon und einem Hamam aus wunderschönen blauen Mosaikfliesen im Garten. Dieser wurde jedoch nie mit Wasser gefüllt und zum Baden genutzt. Gott, nein, das ist haram, kufre (blasphemisch). Stattdessen wurde unser Hamam als Feuerstelle genutzt. Im Sommer ließ mich meine Mutter am Feuer sitzen, während sie mir den Nissenkamm in die Haare stach. Das Tragen eines Hidschabs bei extremer Hitze führte gern zu Kopfläusen.

Einige Tage nach unserem Umzug kaufte mein Vater ein Lamm, ein kleines weißes mit einem schwarzen Fellbüschel auf dem Kopf wie eine Rosette. Obwohl es ein männliches Lamm war, nannte ich es Bakha, nach mir selbst. Oh, er war ja so süß, immer am Herumspringen, mit rosa Ohren, die zu groß für sein Gesicht waren. Wir hielten ihn bei uns im Garten, mit einem langen Seil an einen Walnussbaum gebunden, damit er noch herumlaufen konnte. Ich fütterte ihn mit Auberginenstückchen, Apfelscheiben, Zucchini, Kartoffelschalen, allem, was ich in die Finger bekam. »Bakha, das Lamm« hatte ein Dauerlächeln im Gesicht und blökte dankbar, wenn ich ihn unter dem Kinn kraulte. Ich blökte zurück und dachte, wie schön sein Leben doch sein musste. Bakha war mein neues Haustier, mein Freund. Er machte mich glücklich.

An einem sonnigen Nachmittag in derselben Woche lud meine Mutter Gäste aus unserer Gemeinschaft zum Abendessen ein. Ich half die Gäste zu bewirten und brachte dampfende Schüsseln mit Essen aus der Küche in den Garten, wo die Frauen auf Tischtüchern knieten, die auf dem Gras ausgelegt waren. Die Männer aßen getrennt von uns im Haus. Als alle Gäste bedient worden waren, gesellte ich mich zu den Frauen. Es herrschte eine freundliche Atmosphäre, die Gäste plauderten und lachten, während sie sich großzügige Portionen Reis und gedünstetes Fleisch in den Mund schaufelten. Es gab viele Komplimente:

»Behya, gesegnet sei deine Hand, die dieses Mahl gekocht hat.«

»Ich möchte die Hand küssen, die dieses Essen gekocht hat.« (An dieser Stelle kletterten unsere Gäste übereinander hinweg, um meiner Mutter die Hand zu küssen.)

»Bismillah!« (»Im Namen Gottes« – die Eröffnungsformel im Koran)

»Tamxwes, tamxwes!« (lecker, lecker)

»Mashallah, gesegnet sei deine Hand, Mashallah.«

Ich griff tüchtig zu und genoss die Aromen des Eintopfs: Kurkuma, Koriander, frische Chilischoten. Das Fleisch hatte eine perfekte Konsistenz und zerging auf der Zunge. Ich aß alles auf und wischte dann die Soße mit warmen Fladenbrotstückchen auf. *Mmh, lecker, tamxwes.* Dann kam mir ein Gedanke: *Ob Bakha Fladenbrot mag?* Ich riss den letzten Rest meines Brotes in handliche Portionen, dann sah ich zum Walnussbaum und erschrak. Das Seil war immer noch am Baum befestigt, aber von Bakha war keine Spur zu sehen. Wo war mein Freund? Ein Geräusch fing an, in meinem Kopf zu dröhnen, als würden zwei leere Muscheln auf meine Ohren gedrückt. Es hörte und fühlte sich genauso an, wie wenn mein Vater kurz davor war zuzuschlagen.

Ich blickte über das Tischtuch hinweg zu meiner Mutter. »Wo ist Bakha?«, fragte ich und sie fing an zu lachen.

»Sie sitzt direkt vor mir«, sagte sie, und ihre Freunde lachten mit ihr.

»Nein, *Bakha*. Mein Lamm. Das dort drüben im Garten wohnt.« Ich zeigte über die Schulter meiner Mutter auf den Walnussbaum, aber sie drehte sich nicht einmal um.

»O Bakha, mein Schatz, Liebes«, sagte sie, schlug die Hände an die Wangen und schüttelte langsam den Kopf. »Du hast das Lamm gerade aufgegessen.« Dann brach sie in einen ihrer unkontrollierten Lachanfälle aus, während mir die Tränen in die Augen stiegen. Ich fühlte mich so schuldig. Wir aßen regelmäßig Lammfleisch, daher war ich gar nicht auf die Idee gekommen, dass ich meinen Bakha essen könnte. Zwar hatte ich im Irak schon öfter gesehen, wie meine Eltern Schafe schlachteten, aber ich dachte wirklich, mein Vater hätte dieses Lamm als Haustier gekauft.

Ich vermisste Bakha so sehr. Es war unglaublich, wie viel Freude mir dieses Lamm bereitet hatte. Darüber hinaus hatte er mir Hoffnung gegeben. Für mich hatte Bakha und unser neues Haus einen Neuanfang bedeutet, eine Chance, das Leben in vielerlei Hinsicht zu verbessern. Ich hatte törichterweise angenommen, meine Eltern würden aufhören, mich zu schlagen, so, wie es eine Zeit lang der Fall gewesen war, als wir in den Iran gezogen waren. Wie sich herausstellte, schien der Mord an Bakha, dem Lamm, eine Kette von schrecklichen Ereignissen auszulösen.

Hatte mein Vater Bakha getötet, weil er mich mit ihm hatte spielen sehen? War dies ein weiterer Versuch gewesen, mich zu unterdrücken? Wahrscheinlich. Allein mein Interesse für Tiere war ein Zeichen dafür, dass ich möglicherweise einen eigenen Willen hatte. Aber, wie schon gesagt, es war mir nicht erlaubt, meine Meinung zu äußern oder zu zeigen.

Dad wurde von Tag zu Tag gewalttätiger. Ich dachte, wenn ich älter werden würde, würden die Schläge nachlassen, aber sie erfolgten immer häufiger und anhaltender. Es war, als würde mein Vater ein Folterspiel mit mir spielen. Er erfand neue Techniken, um mir Schaden zuzufügen. Einmal fesselte er meine Hände auf dem Rücken und band mich an einen Pfeiler im Tandoor-Raum. Er zwang mich in eine sitzende Position auf dem Boden, mit den Knien zur Brust, zog mir die Sandalen aus und drehte den Gasbrenner auf. Dann nahm er einen Metallschaber und erhitzte die Klinge in der Flamme. Er setzte sich mit dem

Rücken zu mir auf meine Knie, hob nacheinander meine Beine an und verbrannte mir die Fußsohlen mit dem glühenden Schaber. Ich schrie und weinte und strampelte mit den Beinen, aber Dad war zu stark, und je mehr ich mich wehrte, desto fester drückte er den Schaber auf meine Fußsohlen.

»Tu ne zarokê min î (du bist nicht mein Kind)«, schrie er immer wieder. »Ich werde dir eine Lektion erteilen, du Hure. Du bist nicht mein Kind. Du kannst nicht mein Kind sein. Du machst nichts als verdammten Ärger.«

Meine Mutter war mit im Zimmer, aber sie griff nicht ein. Ich glaube nicht, dass ich irgendetwas Schlimmes oder »Hurenhaftes« getan hatte, das diese Grausamkeit rechtfertigen würde, aber ich erinnere mich, dass mein Vater »Wage es nicht, mich noch einmal zu ignorieren« schrie, als er nach etwa zwanzig Minuten aufhörte, mich zu verbrennen, gefolgt von der üblichen Frage: »Hast du deine Lektion gelernt?«

Oh, es gab zu viele »Lektionen«, um sie alle aufzuzählen, aber ich murmelte immer »Ja, Baba« und verschwand ins Schlafzimmer – außer Sichtweite.

Manchmal benahm ich mich absichtlich daneben, aus reiner Abenteuerlust. Ich meine vor allem harmlose Kinderstreiche, wie irgendwelche Telefonnummern zu wählen oder an die Tür eines Nachbarn zu klopfen und dann wegzulaufen. Meine Geschwister und Cousinen waren oft mit von der Partie. Allerdings war es immer ich, »die Unruhestifterin«, die beschuldigt wurde, wenn wir erwischt wurden. Was oft passierte. Nach einem dieser Vorfälle jedoch war ich mit blauen Flecken nur so übersät.

Bei diesem Gelegenheitsverbrechen war Shanar meine Verbündete. Eines Morgens, als wir nach draußen gingen, sahen wir unseren Nachbarn Aram, der gegenüber wohnte, in seinem schwarzen Rover vorfahren. Aram, ein gut aussehender Mann Anfang zwanzig, arbeitete als Taxifahrer und unsere Eltern hatten sich mit ihm und seiner Mutter Ruby angefreundet, deren Mann vor Kurzem gestorben war. Im Gegensatz zu meiner Tante Baze durfte Ruby, die damals Ende fünfzig war, ihren Sohn behalten, weil sie als zu alt für eine erneute Heirat angesehen wurde.

Aram schien es eilig zu haben. Er schoss aus seinem Taxi zum Haus und ließ die Fahrertür weit offen. »Er macht wohl gerade eine Toilettenpause«, sagte ich zu Shanar, und wir kicherten beide, als wir über die Straße huschten und auf den Vordersitz von Arams Rover kletterten, wo wir zufällig seinen Vorrat an Wechselgeld, mehrere Stapel Münzen, entdeckten. Ich bin nicht stolz auf das, was wir als Nächstes taten, aber es schien damals ein harmloser Spaß zu sein. Ohne ein weiteres Wort nahm Shanar eine Münze aus dem Stapel – umgerechnet vielleicht 20 oder 30 Cent – und wir machten uns aus dem Staub, wobei ich im Wegrennen die Taxitür zuschlug. Ein schwerer Fehler. Ohne dass Shanar und ich es mitbekamen, hörte Aram das Zuschlagen der Tür und beobachtete uns von seinem Badezimmerfenster aus, wie wir die Straße entlangflohen. Als wir den Süßwarenladen erreichten, war Aram bereits in unserem Haus und sprach mit meinem Vater. Oh, mein Gott, wir kauften eine riesige Tüte Bonbons und verschlangen sie komplett auf dem Heimweg, wobei wir darauf achteten, die Tüte und Verpackungen sorgfältig zu entsorgen. Ich spürte eine

Welle von Adrenalin wie Schmetterlinge in meinem Bauch. Es war so aufregend zu wissen, dass wir etwas Unerlaubtes getan hatten und damit davongekommen waren. Das dachte ich jedenfalls. Wir liefen nach Hause und gingen in den Garten.

»Verhalte dich ganz unauffällig«, sagte ich zu Shanar, als mein Vater und Onkel Afran erschienen. Da standen sie, Seite an Seite, vor der Tür, die in die Küche führte, mit verschränkten Armen und starrten uns an. Mein Vater zog die Augenbrauen zusammen.

»Bekhal, komm her, aber sofort «, rief er.

»Du auch, Shanar«, tat Onkel Afran es ihm nach.

»Kein Wort zu dem Geld«, raunte ich, als wir über den Rasen gingen. Ich hatte wieder dieses Geräusch von Muscheln in den Ohren.

»Okay«, sagte Shanar.

Überraschenderweise sprach Onkel Afran als Erster. Er beugte sich aus der Hüfte zu Shanar herunter und fragte in gemessenem Ton: »Was hast du getan, Shanar? Bist du in das Taxi von Aram eingestiegen?«

Ich warf Shanar einen Blick zu. Ihr Kinn und ihre Unterlippe zitterten. Dann brach es aus ihr heraus, während sie mit ihrem kleinen Unterarm in meine Richtung zeigte: »Bakha war es. Sie nahm die Münze aus Arams Auto, und wir gingen in den Laden und kauften Süßigkeiten.« Und was sagte Onkel Afran dazu? Nicht viel. Er gab Shanar einen leichten Klaps auf den Nacken und sagte ihr, dass es haram sei zu stehlen. Fertig. Wie Sie sich sicher denken können, fiel meine Strafe eine Million Mal schlimmer aus.

»In die Küche mit dir«, herrschte mich mein Vater an. Ich wollte weglaufen, traute mich aber nicht. Er folgte mir nach drinnen, schnappte sich sein bewährtes kakifarbenes Seil von einem Nagel an der Wand und fesselte wieder einmal meine Arme hinter meinem Rücken. Daran, wie oft er an dem Seil zog und es um meine Handgelenke wickelte, erkannte ich, dass es ein solider Militärknoten war. »Wage es nicht, dich zu bewegen«, sagte er und ging kurz nach draußen, um mit einem doppelt geschlungenen Schlauchstück in der Hand zurückzukommen. Mit dem Schlauch in der Hand stieß er mich bäuchlings auf den Betonboden, und dann – *klatsch, klatsch, klatsch, klatsch* – schlug er auf meinen Hintern ein. Immer und immer wieder schlug er mich, schrie wie ein Verrückter und zitierte dabei aus dem Koran: »Gahba (Schlampe). Qehpik (Hure). Ich sollte dir deine verdammten Finger abschneiden, deine Hände abhacken.«

Ich schluchzte und hustete in den Betonboden. Mein ganzer Körper schmerzte und brannte. Ich wünschte, der Boden würde sich auftun und mich verschlucken.

Onkel Afran kam in die Küche gerannt. »Hör auf, Mahmod, du bringst sie noch um. Hör auf, das reicht jetzt.«

Aber mein Vater machte weiter und schlug noch fester zu. »Sag mir nicht, dass ich aufhören soll, verdammt. Sie ist so ein missratenes Kind. Sie muss ihre Lektion lernen. Ich sollte ihr die Zunge herausschneiden für ihre Lügen …« Und so gingen die Beschimpfungen weiter.

Klatsch, klatsch, klatsch.

Ich kann mich nicht einmal daran erinnern, aufgestanden zu sein, nachdem mein Vater fertig war. Es dauerte lange, bis die blauen Flecken abgeheilt waren, aber die psychologischen Auswirkungen seiner Gewalttätigkeit sollten mich für immer begleiten. Die bösen Worte, die mein Vater ausstieß, während er mich schlug, die schrecklichen Beleidigungen – »Hurenkind, Schlampe« – gaben mir das Gefühl, wertlos und ungeliebt zu sein. Dennoch klammerte ich mich an die seltenen Momente, in denen mein Vater nett zu mir war.

Wir Mädchen durften uns ohne einen Erwachsenen oder eine andere Aufsichtsperson nicht weiter als in unsere unmittelbare Nachbarschaft entfernen. Wenn diese Person ein Mann war, mussten wir hinter ihm gehen. Selten besuchten wir andere öffentliche Orte als Moscheen. Nur die wichtigsten Einkäufe waren erlaubt, obwohl Grandma, Mum, meine Tanten, Avin und manchmal Kejal (weil sie die Regeln für gute muslimische Mädchen befolgte) regelmäßig in eine nahe gelegene Markthalle gingen. Als »die Unruhestifterin« hätte ich nie erwartet, zu einer solchen Aktion mitgenommen zu werden, und um ehrlich zu sein, fragte ich nicht einmal, denn ich war sicher, die Antwort wäre ein schallendes »Nein« gewesen. Deshalb war ich geradezu schockiert, als Avin eines Tages nach dem Morgengebet auf mich zukam und sagte, ich solle mit ihr zum Markt gehen.

»Was, nur wir beide?«, fragte ich.

»Ja, aber wir müssen uns beeilen, sonst verpassen wir die frischen Waren.«

Schnell schnappte ich mir meinen Hidschab und meine Sandalen.

Ich fühlte mich so erwachsen, wie ich neben Avin herlief. Der Markt war nur zwanzig Gehminuten von unserem Haus entfernt, aber für mich war das *Freiheit* pur. Ich war begeistert von dem bunten Treiben an den Ständen; es war so befreiend, andere Menschen zu beobachten und sich unter sie zu mischen, ohne den tyrannischen Blick meines Vaters im Nacken. Ich wollte stehen bleiben, um die schönen persischen Teppiche und Seidenstoffe zu bewundern und die Pyramiden mit exotischem Obst und Gemüse, die getrockneten Samen und Gewürze zu entdecken. Meine Sinne waren überwältigt von Gerüchen und Farben und den Stimmen feilschender Menschen. Ich hätte den ganzen Tag auf dem Markt verbringen können, aber Avin eilte mit mir von Stand zu Stand, ihren Hidschab tief in die Stirn gezogen. Sie schien nervös zu sein und blickte unruhig umher. Einmal bemerkte ich eine Gruppe kurdischer Männer, die Avin musterten. Sie warfen ihr anzügliche Blicke zu, lachten und stupsten sich gegenseitig an.

Das Seltsamste aber passierte, kurz bevor wir den Markt verließen. Avin führte mich zu einem Stand und blieb neben einer Reihe von Wandteppichen stehen. »Der hier ist schön«, sagte sie und deutete auf einen blauen Perserteppich. Als ich aufblickte, nahm ich aus den Augenwinkeln eine große Gestalt wahr. Ich drehte meinen Kopf und sah gerade noch, wie Avin ihre Hand unter ihrem Hidschab hervorstreckte. Sie drückte einem jungen Mann ein zu einem winzigen Dreieck gefaltetes Stück Papier in die Hand, das dieser schnell einsteckte, bevor er Avin ein scheinbar identisches Papierdreieck zurückgab. Ich hörte, wie er ihr etwas zumurmelte, dann verschwand er in der Menschenmenge, die sich an einem Shisha-Pfeifen-Stand drängte.

»Wer war der Mann, mit dem du da bei den Teppichen gesprochen hast?«, fragte ich Avin, als wir nach Hause liefen.

»Oh, niemand, er hat mich nur angerempelt«, sagte sie, »aber bitte erzähl nichts davon zu Hause.«

Ich schenkte ihr ein Lächeln, so breit, dass es meinen ganzen Hidschab ausfüllte. »Ich werde kein Wort sagen, Avin, ich verspreche es.«

Meine Güte, war ich stolz, ein Geheimnis mit meiner schönen, älteren Cousine – oder Schwester, wie wir sie nannten – zu teilen. Plötzlich hatte ich diese Papierdreiecke nie gesehen und glaubte Avins Version der Dinge.

Später, in derselben Woche, wachte ich in den frühen Morgenstunden auf, weil ich Schreie und Weinen hörte. Ich stand auf und schlich auf Zehenspitzen zur Schlafzimmertür, um die anderen nicht zu wecken. Dann schlüpfte ich zur Tür hinaus, blieb still im Flur stehen und lauschte dem Radau, der aus dem Wohnzimmer drang. Das war ein riskantes Unterfangen, denn mein Vater sagte, dass man Leuten, die lauschten, die Ohren abschnitt. Ich hörte, wie er Schimpfwörter schrie, die normalerweise an mich gerichtet waren: »Gahba, Qehpik … Du hast Schande über diese Familie gebracht.«

Dann kreischte meine Mutter: »Ich kann nicht glauben, was diese verdammte Gahba getan hat. Schaff sie raus!«

Im Hintergrund hörte man laute, hohle Schluchzer, die klangen, als kämen sie aus dem Inneren einer Höhle.

Nach ein paar Sekunden verwandelte sich das Schluchzen in Ausrufe von »Nein, bitte schickt mich nicht weg, nicht wegschicken. Min bibore, min bibore (es tut mir leid, es tut mir leid).« Nun erkannte ich diesen unverwechselbaren rauchig-zarten Ton in der Stimme. *Das ist Avin*, durchfuhr es mich, und mein Herz verwandelte sich in Wachs.

Im Wohnzimmer hörte man Menschen miteinander rangeln und das Schleifen von Füßen auf Zement. Ich lief zurück ins Schlafzimmer, wo Kejal, Bahman und Banaz blinzelnd im Bett saßen. Dann tönte das Tuckern eines Motors durch das offene Fenster.

»Was ist los?«, fragte Banaz.

Ich flüsterte »Ich weiß es nicht« und huschte zum Fenster hinüber. Dort kniete ich nieder und spähte über den Sims. Ich schluckte. Draußen auf der Straße wurde Avin, denselben abgenutzten Rucksack umklammernd, mit dem sie in unserem vorherigen Haus angekommen war, von meinen Eltern energisch in einen Bus geschoben. Die Türen zischten, als sie sich schlossen, dann rollte der Bus in das lachsfarbene Licht der Morgendämmerung hinaus. »Avin ist weg«, sagte ich und begann zu weinen.

Wie in unserem verkorksten Haushalt üblich, sprachen unsere Eltern über Avins Abreise erst, als wir sie danach fragten. »Avin ist in den Irak zurückgeschickt worden, um zu heiraten«, sagte meine Mutter. Ich dachte, sie würde scherzen, aber ihr bleistiftdünn verkniffener Mund sagte etwas anderes.

»Aber sie ist doch erst fünfzehn«, hauchte ich. Avin hatte mir erst vor ein paar Wochen ihr Alter gesagt.

Meine Mutter zuckte mit den Schultern. »Das ist es, was mit ungezogenen Mädchen passiert, Bakha.«

Alle von uns Mädchen vermissten Avin. Später fanden wir heraus, dass sie beim Austausch von Liebesbriefen mit einem achtzehnjährigen Iraner erwischt worden war, den sie auf dem Markt kennengelernt hatte – was die Szene erklärte, die ich am Teppichstand beobachtet hatte. Um ihr »eine Lektion zu erteilen« und die Ehre der Familie Mahmod wiederherzustellen, war Avin in eine Kinderehe gezwungen worden. Sie tat mir schrecklich leid, aber gleichzeitig dachte ich: *Das lasse ich auf keinen Fall mit mir machen.* Wie konnte mein Vater – dem ich inzwischen heimlich den Spitznamen »Evil Punisher« gegeben hatte, weil er mich auf so bösartige, brutale Weise bestrafte – Avin so etwas antun? Sie war nicht einmal seine richtige Tochter.

Aber wissen Sie, was der Gipfel war?

Ein paar Wochen, nachdem mein Vater Avin in diesen Bus gestoßen hatte, verkuppelte er unseren Nachbarn Aram, den kurdischen Taxifahrer, mit dessen iranischer Geliebten. O ja, Aram hatte sich in ein iranisches Mädchen verliebt – ein Mädchen seiner Wahl – und so hatte mein Vater mit dem Vater des Mädchens gesprochen und ihn davon überzeugt, dass seine Tochter und Aram zusammen sein sollten. Kurze Zeit später wurde ihre Hochzeit verkündet.

In meinem Alter – ich muss etwa neun gewesen sein – verstand ich immer noch nicht ganz, warum die Mädchen in unserer Familie so schlecht behandelt wurden, vor allem von meinem Vater. Ich konnte mir nicht vorstellen, dass es auf dieser Welt noch mehr so grausame Väter wie den meinen geben könnte. Dann kam es zu zwei schrecklichen Ereignissen, die mich eines Besseren belehrten, und zwar in unserer unmittelbaren Umgebung. Als Erstes wurde Sahin, ein sechzehnjähriges Mädchen, das ein paar Häuser weiter in der Nähe des Süßwarenladens wohnte, im Badezimmer der Familie mit starken Verbrennungen tot aufgefunden. Die ganze Nachbarschaft redete darüber. Ich hörte, wie meine Mutter und Tante Alal darüber sprachen, wie Sahin gestorben war, und erfuhr so, dass ihr Vater sie von Kopf bis Fuß mit kochendem Wasser verbrüht hatte. »Das kommt davon, wenn sie nicht auf ihre Väter hören«, murmelte meine Mutter.

Weniger als einen Monat nach dem Mord an Sahin ereignete sich eine zweite, ähnliche Tragödie.

Ich war mit Miriam im Garten und schlug Datteln und Walnüsse von den Bäumen, als wir gellende Schreie hörten. Wir ließen unsere Stöcke fallen und folgten dem Geschrei zur Vorderseite des Hauses und über die Straße, wo sich bereits eine aufgeregte Menschenmenge versammelt hatte. Frauen schrien und weinten: »Helft ihr, jemand muss ihr helfen!« Als sich ein Spalt in der Menge auftat, verlangsamten Miriam und ich unsere Schritte und stolperten erst ein Stück vorwärts – und zuckten dann zurück, zu geschockt, um sprechen zu können. Vor uns sahen wir ein Mädchen, nicht älter als vierzehn, in einem Bottich mit dampfendem Teer. Ihre Augen waren glasig, und sie hatte nun aufgehört zu schreien. Es gab ein Gewirr von Armen und Köpfen um das Fass, als Leute versuchten, das Mädchen aus dem kochenden Teer zu ziehen. Jemand schrie »Ruft einen Krankenwagen!«, gerade als Mum und Tante Alal auftauchten und Miriam und mich eilig ins Haus zogen.

Der Name des Mädchens war Jhara. Sie wurde eilig in ein Krankenhaus gebracht, wo sie jedoch leider verstarb. Ich kannte Jhara nicht, aber als ich meine Mutter fragte, wie sie in diesem Teerbottich gelandet war, stemmte sie die Fäuste in die Hüften, seufzte und sagte: »Jhara war ein ungezogenes Mädchen, das nicht auf seinen Vater gehört hat. Das ist es, was passiert, wenn man nicht gehorcht.« Sie schnalzte missbilligend mit der Zunge und befahl mir dann abzuwaschen.

Ich ging in die Küche und dachte: *Ich bin auch ungezogen. Bedeutet das, dass mein Vater mich umbringen wird?*

Kapitel sechs

Weitere Lektionen

Die Morde an den beiden Mädchen verstörten mich noch über Wochen. Das Bild von Jhara ging mir nicht mehr aus dem Kopf: ihr hilfloses Gesicht, übersät mit klebrigen schwarzen Flecken, umgeben von aufsteigendem Dampf, mit Haaren, an denen Teer klebte wie große Klumpen aus geschmolzenen Marshmallows. Und diese Augen: schwarz wie der Teer, weit aufgerissen, aber nichts und niemanden anblickend. Ich hatte einen immer wiederkehrenden Albtraum, in dem ich Jhara aus dem Fass helfen wollte. Aber ich konnte den Rand des Behälters nicht erreichen, also versuchte ich, ihn umzukippen, und plötzlich wurde ich von einem Schwall kochenden Teers mitgerissen und versuchte verzweifelt, meinen Kopf über der Oberfläche zu halten, während das Fass in der Schwärze versank.

Der Teerbehälter blieb nach der Tragödie vor Rubys Haus stehen. Ruby und Aram kannten weder Jhara noch ihre Familie und hatten keine Verbindung zu dem Verbrechen. Das Fass stand dort, weil sie ihr Dach mit Teer abdichteten. Jedes Mal, wenn ich an dem Haus vorbeikam, prickelte und brannte meine Haut heiß. Am Tag nach Jharas Tod steckte ich meinen Finger in das Teerfass – und zog meine Hand blitzschnell wieder zurück. Der Inhalt des Fasses fühlte sich an wie kochender Klebstoff, und als ich den getrockneten Teerklumpen von meinem Finger abzog, riss ich ein paar Schichten Haut mit ab. Ich musste an Jhara denken, wie sie bis zum Kinn in der klebrigen, geschmolzenen Masse steckte. *Wer konnte einem jungen, unschuldigen Mädchen nur so etwas Böses antun?*

Damals hat niemand den Begriff »Ehrenmord« erwähnt. Alles, was ich über die beiden Morde erfuhr, hatte ich aus Gesprächsfetzen aus Unterhaltungen der Frauen aufgeschnappt. Ruby oder Tante Ruby, wie wir sie jetzt nannten, kam häufig zu uns nach Hause und rauchte mit Grandma Zareen, Mum und Tante Alal zusammen Shisha. Auch diese elende Hexe, Lilan, und ihre ebenso bösartige Freundin Sazan kamen immer noch zu Besuch. Ich hasste sie beide.

Die Quintessenz der Gespräche unter den Frauen war, dass sowohl Jhara als auch Sahin Schande über ihre Familien gebracht hatten. Eine der Unterhaltungen verlief folgendermaßen:

Mum: »Das Mädchen am Ende der Straße (Sahin) hatte neunzigprozentige Verbrennungen. Ihr Vater hat sie verbrannt, weil er gesehen hat, wie sie mit einem Mann sprach.«

Tante Alal: »Nein, Behya, das hast du völlig falsch verstanden (sie schnalzt verächtlich mit der Zunge), Sahin ist mit einem Mann von zu Hause weggelaufen. Aber der Vater und seine Brüder haben sie beobachtet. Die Brüder fanden Sahin und brachten sie nach Hause zu ihrem Vater, der sie dann …«

Tante Ruby: »Nein, nein, nein, nein, ihr beide habt überhaupt keine Ahnung (sie schnalzt mit der Zunge, bläst die Backen auf, atmet laut aus, schnalzt noch mal). Sahins Vater hat sie getötet, weil sie sich weigerte zu heiraten.«

Lilan: »Ich habe gehört, dass Jharas Vater sie getötet hat, weil ein anderer Mann sie vergewaltigt hat.«

Sazan: »Sie hören einfach nicht auf ihre Väter (lacht hämisch auf).«

Mum: »Das ist es, was passiert, wenn sie nicht gehorchen.«

Grandma Zareen: »Sie hat Schande gebracht. Beide haben sie ihre Familien entehrt. Ihre Väter sind jetzt große Helden in der Community, hat man mir gesagt (sie schnauft).«

Einige Monate nachdem diese beiden Väter ihre Töchter getötet hatten, erfuhren wir, dass ein weiteres Mädchen, ebenfalls ein Teenager, in Qalat Dizah von seinem Vater getötet worden war. In diesem Fall hatte der Vater seine Tochter allein im Haus eingesperrt und das Gebäude mit Handgranaten bombardiert.

Was Grandma sagte, dass die Väter der Mädchen als Helden gefeiert werden, trifft den Nagel auf den Kopf. Zweifellos haben die männlichen Angehörigen aller drei Familien sie kräftig gefeiert. Denn genau so behandeln manche Männer in unserer Kultur, nämlich diejenigen, die an extreme barbarische Handlungen wie »Ehrenmorde« glauben, ihre Töchter und Frauen. Viele dieser Tötungen, wie die von Jhara, werden absichtlich an öffentlichen Orten inszeniert, um Aufmerksamkeit zu erregen. Die Täter sind stolz. In ihrer kranken Vorstellung haben sie die Schande eliminiert und die Familienehre wiederhergestellt. Das verleiht ihnen Macht. Im Irak und im Iran werden Männer, die einen Ehrenmord begangen haben, von den anderen beglückwünscht. Die Männer feiern auf der Straße und heben den Mörder in die Luft, als wäre er ein Fußballspieler, der das Siegestor geschossen hat. Sie jubeln ihm zu, klopfen ihm auf die Schulter und sagen: »Jawohl, du bist ein *Mann*.«

Wer wird *diese* Schande beenden?

Mit der Zeit hörte ich noch mehr Berichte über »schändliche« Mädchen, die von ihren Vätern oder männlichen Verwandten ermordet worden waren – sowohl im Iran als auch im Irak. Die Mörder jedoch wurden selten, wenn überhaupt jemals, strafrechtlich verfolgt. Ich war bestürzt, dass die Frauen so unbekümmert über die Väter von Sahin und Jhara und ihre angeblich schockierenden Taten tratschten. Dachte ich doch, dass Menschen, die in diesem Land schreckliche Verbrechen begingen, ins Gefängnis gesteckt oder gesteinigt würden. Ich hatte kürzlich gehört, wie Dad und Onkel Afran über einen Mann sprachen, der in Teheran auf diese Weise hingerichtet worden war, weil er seine Frau »betrogen« hatte. Ehrlich, diese Religion, diese Kultur, die Gesetze dieses Landes … nichts davon ergab für mich einen Sinn. Es brach mir das Herz, dass das Leben von Sahin und Jhara so brutal ausgelöscht worden war. Beide Mädchen hätten ein glückliches Leben führen und ihre eigenen Familien gründen können. Was sollte das ewige Gerede über »Schande«? Ich konnte nicht erkennen, was Sahin und Jhara falsch gemacht haben sollten. Ich fragte mich: *Was kann ich tun, wie kann ich helfen?* Und beschloss: *Wenn ich groß bin, werde ich Polizistin – dann kann ich alle bösen Väter ins Gefängnis stecken.*

Die Zeit verging wie im Flug und brachte viele Veränderungen mit sich. Unser neues Haus fühlte sich plötzlich gar nicht mehr neu an. Mein Vater schien einen neuen Job oder ein neues Hobby zu haben und verbrachte viel Zeit in der Geldwechselstube in der Stadt. Ich glaubte, er versuchte sein Glück mit Aktiengeschäften. Dann erhielt unsere Familie eine Green Card, was bedeutete, dass wir Kinder nun zur Schule gehen konnten. Auf diese Weise erfuhr ich, dass ich nun zehn Jahre alt war, da mein Vater eine Menge Papierkram für die Green Card und unsere Schulanmeldungen ausfüllen musste. Entschlossen, meinen Geburtstag nicht noch einmal zu verpassen, vergewisserte ich mich noch mal bei meinen Eltern und schrieb mir dann das Datum auf.

Ich konnte es kaum erwarten, mit der Schule zu beginnen. Die Aussicht, neue Freunde zu finden, neue Dinge zu lernen und mehr über die Welt außerhalb unseres Hauses zu erfahren, erfüllte mich mit großer Begeisterung. Eine gute Ausbildung würde mir helfen, Polizistin zu werden, dachte ich bei mir.

Kejal, Banaz, Miriam, Shanar und ich wurden auf eine streng religiöse Schule für Mädchen geschickt, während Bahman, Daryan und Eylo auf eine Jungenschule gingen. Ich weiß nicht mehr, wie meine Schule hieß, aber ich erinnere mich an den fünfzehnminütigen Fußweg an meinem ersten Tag. Als wir in die mit Schlaglöchern übersäte Straße einbogen, die zum Schulgebäude führte, kam uns ein Toyota-Transporter entgegen wie der, mit dem Dad und Onkel Afran ihre Lieferfahrten machten. Als der Wagen an uns vorbeifuhr, fiel mir auf, dass die Person am Steuer einen Hidschab trug. Ich hielt an, drehte mich um und starrte dem Wagen hinterher, wie er über die Straße davonrumpelte. Die anderen Mädchen gingen hinter den Jungen und Onkel Afran weiter, ohne zu ahnen, welch großartiges Erlebnis sie gerade verpasst hatten. Ich stand auf der Straße und wartete, in der Hoffnung, die Fahrerin würde umdrehen und wieder an mir vorbeifahren. Im Ernst, ich war hin und weg. Das war das erste Mal, dass ich eine Frau am Steuer eines Autos gesehen hatte. Oh, wie sehr ich mich danach sehnte, wie diese unabhängige Frau zu leben – allerdings ohne den Hidschab.

Den ganzen Tag über musste ich an sie denken.

Unsere Schule war ein langweiliges, zweckmäßiges braunes Gebäude mit einem Flachdach. Wie viele andere Gebäude im Iran zu dieser Zeit hatte es nur ein Stockwerk und es gab keine interessanten Ecken und Winkel, in denen man sich verstecken konnte – nur eine Gasse, die unser Schulhaus von der Jungenschule trennte.

Die Lehrer waren streng, aber sie machten mir keine Angst; ein paar Schläge mit einem langen Holzlineal auf meine Handfläche kamen mir lächerlich vor im Vergleich zu der Prügel, die ich zu Hause bekam. Obwohl ich einmal sah, wie ein Lehrer ein Mädchen so fest schlug, dass ihre Handfläche aufplatzte und das Blut nur so herumspritzte.

Jeden Morgen wurden alle Mädchen einer strengen Kontrolle unterzogen. Wir mussten alle stehen, während die Schulleiterin uns untersuchte. Sie kontrollierte, ob wir unsere Hidschabs richtig trugen. Dann mussten wir unsere Hände auf den Tisch legen, während sie unsere Fingernägel begutachtete. Und wenn unsere Nägel schmutzig oder zu lang waren oder der Hidschab nicht richtig saß, schlug sie uns mit dem Lineal. Erstaunlicherweise wurde ich nur ein- oder zweimal auf diese Weise bestraft. Vielleicht zahlten sich all die »Lektionen«, die ich zu Hause gelernt hatte, langsam aus?

Ich liebte es, zur Schule zu gehen. So sehr, dass ich am Ende jedes Schultages gar nicht nach Hause gehen wollte. Ich betrachtete die Schule als Auszeit von daheim, eine Art Flucht. Unser Unterricht fand in einem einzigen Klassenzimmer statt, wir hatten Religion (natürlich), Geografie, Geschichte und Mathematik, mein Lieblingsfach. Mit Zahlen konnte ich gut umgehen, dank des Unterrichts, den mein Vater mir zu Hause gegeben hatte – besser als mit Worten.

Einmal bat uns eine unserer Lehrerinnen, die ich nur als »Miss« kannte, Fotos von uns als Babys mit in die Schule zu bringen. Am nächsten Tag würden wir ein Spiel spielen, erklärte sie, bei dem wir versuchen sollten, die Kleinen auf den Fotos ihren älteren Versionen zuzuordnen. Ich fand, das war eine tolle Idee. An jenem Tag nach der Schule durchstöberte ich unsere Familienfotos und fand eines, auf dem ich als pummeliges acht Monate altes Baby auf den Knien meiner Mutter saß. Als ich das Bild in den Fingern hielt, überkam mich eine Welle von Nostalgie. *Meine Eltern haben mich geliebt, als ich ein Baby war*, stellte ich fest und schluckte die Tränen hinunter.

Als »Miss« uns am nächsten Tag nach dem Spiel die Bilder zurückgab, sagte sie: »Du warst ein sehr süßes Baby, Bekhal«, und ich strahlte vor Stolz. Vermutlich hatte »Miss« zu jeder meiner Klassenkameradinnen dasselbe gesagt, aber ich sog das Kompliment förmlich auf, weil ich mich nicht daran erinnern konnte, wann mir ein Erwachsener das letzte Mal das Gefühl gegeben hatte, etwas Besonderes zu sein. Die freundlichen Worte der Lehrerin brachten mich dazu, noch mehr Fotos von mir als »süßes« Baby hervorzukramen. Über die nächsten Wochen hatte ich weitere Bilder in der Schule dabei und bombardierte meine Lehrer damit. »Das können Sie behalten«, sagte ich jedes Mal, wenn ich ein Bild verschenkte. Meine Mutter war nicht erfreut, als sie herausfand, was ich getan hatte. Rückblickend denke ich, dass ich mich wohl nach Zuneigung gesehnt habe.

Während ich mich in den Schulalltag eingewöhnte und allmählich Freunde fand, wurde mir bald klar, dass viele meiner Klassenkameradinnen zu Hause ein viel einfacheres Leben hatten als ich. Keines der Mädchen, mit denen ich sprach, musste zum Beispiel jeden Tag dreißig Seiten des Korans lesen. Und keines erzählte davon, dass ihre Eltern sie geschlagen hätten.

Ein paar Monate nach Beginn des Schuljahres lernte ich ein Mädchen kennen, das meine beste Freundin werden sollte. Ich war gerade elf geworden, laut meiner gekritzelten Geburtstagsnotiz, aber Tia Shirvani war in der Klasse über mir und mit ihren zwölf, fast dreizehn Jahren schon unglaublich erwachsen. Tia war nicht nur hübsch, sondern ein wirklich umwerfend schönes Mädchen. Wenn ich heute so an sie denke, würde ich sagen, sie sah wie eine jüngere Version von Marilyn Monroe aus. Tia hätte auch als Engländerin durchgehen können mit ihrer blassen Haut und ihrem langen braunen Haar, das mich an Avins schillernde Locken erinnerte. Aber es gab noch etwas Besonderes an Tia: Sie hatte Brüste. Und zwar nicht nur kleine Teenagerbrüste, sondern einen richtig großen Busen. Ich würde sagen, sie hatte Körbchengröße 32C oder D. In den Pausen folgte ich Tia in die Gasse neben der Jungenschule. Oh, mein Gott, sie traf Jungs in dieser Gasse und sprach auch noch mit ihnen. Ich beteiligte mich nie am Gespräch; selbst wenn ich eine solche Tat gewagt hätte, wäre mir nichts eingefallen, was ich zu ihnen hätte sagen sollen. Außerdem hatte ich Angst, dass Bahman, Daryan oder Eylo mich sehen würden. Also wartete ich einfach im Hintergrund und sah aus wie ein dummer Idiot. *Wenn ich dabei erwischt werde, wie ich mit einem Jungen spreche, könnte ich wie Jhara in einem Teerfass landen.*

Während einer Pause, als ich Tia zusah, wie sie mit zwei Jungs flirtete, die mit tiefen, kippenden Stimmen sprachen, fasste sie unter ihren Hidschab und zog ein rechteckiges kleines, weißes Kissen mit zwei Flügeln an den Seiten hervor. »Seht ihr das?«, fragte Tia und hielt den Gegenstand an den Flügeln in die Höhe, während sie lässig in der Hüfte einknickte – dieses Mädchen wusste, wie man selbst in einem Hidschab sexy aussah. »Das ist eine Damenbinde. Ich benutze sie, wenn ich meine Periode habe. Ich habe sie seit über einem Jahr – weil ich eine Frau bin.«

Die Jungs lächelten anerkennend Tias Brüste an. »Cool«, sagten beide, während ich so tat, als würde ich meine Nägel inspizieren, und keine Ahnung hatte, wovon sie redeten. Damals wusste ich nicht, was Pubertät bedeutete. Ich nahm an, dass es sich bei der »Damenbinde« um eine Art medizinischen Verband handelte wie den, den mir meine

Mutter ans Bein geklebt hatte, als ein rostiger Nagel mein Knie bei einem schlimmen Unfall mit der Seilschaukel durchbohrt hatte. Was sollte das sein, eine Periode? Redete Tia von unseren Schulstunden? Die wurden manchmal so bezeichnet. Hatte ich etwas nicht mitbekommen? Brauchte ich etwa eines dieser Kissen für das Klassenzimmer? Zu Hause hatte ich den Begriff »Damenbinde« noch nie gehört. Ebenso wenig ahnte ich, welche Veränderungen mein Körper bald vollziehen würde, sowohl innerlich als auch äußerlich.

Ich betrachtete weiter meine Fingernägel, während Tia sich von den Jungs verabschiedete. Was bewunderte ich dieses Mädchen!

Tia wohnte in einem großen Haus ein paar Straßen von uns entfernt, und so kam es, dass sie mit mir und meinen Schwestern und Cousinen zu Fuß zur Schule und zurück ging, immer in Begleitung eines Erwachsenen. Während unserer Schulwege lernte ich meine Freundin gut kennen. Ich hing ständig an ihren Lippen, so fasziniert war ich. Tia sprach über Filme, von denen ich noch nie gehört hatte. »*Dirty Dancing* ist mein Lieblingsfilm«, sagte sie, »wünschst du dir nicht auch, du könntest so sein wie Baby?«

Ich warf schnell einen Blick über die Schulter, voller Angst, dass Kejal oder Onkel Afran hörten, wie ich in ein Gespräch verwickelt war, in dem Worte wie *Dirty Dancing* vorkamen.

»Aha«, krächzte ich und Tia redete weiter. Was ich von George Clooney hielt? Ob ich ihn attraktiver fände als Patrick Swayze? »Ooh, und ist Leonardo DiCaprio nicht zum Sterben schön? Da muss man doch schwach werden, oder?« Und ob ich den Film *Stand by Me* gesehen hätte? Tia hielt kurz inne, machte ein ernstes Gesicht und schüttelte den Kopf, als wollte sie ihn von einem schrecklichen Gedanken befreien. »Wow, der geht echt auf die Tränendrüsen. Ist es nicht tragisch, was mit River Phoenix passiert ist?«

Peinlich berührt von meiner Naivität und unsicher, wie ich antworten sollte, gab ich ein Hm-hmm-Geräusch von mir und platzte dann heraus: »Schaust du auch *Inspector Gadget*?«

Tia lachte kurz auf. »Ja, manchmal«, sagte sie gutmütig.

Ich wechselte schnell das Thema. »Erzähl mir von deiner Familie.«

Tia sagte, dass viele ihrer Verwandten in England lebten. »Sie schicken mir immer Anziehsachen und andere Dinge, die man hier nicht bekommt«, sagte sie, »Kleider und so.«

»Wow, wie nett von ihnen«, sagte ich und dachte an den Koffer unangemessener Kleidung, den Onkel Ari auf unserer Terrasse abgestellt hatte.

»Ja, absolut«, erwiderte Tia und lockerte ihren Hidschab. Außerhalb der Schule trug sie ihn immer recht leger. »Ich habe eine ältere Cousine in London, die mir Make-up und Nagellack schickt. Sie sagte, Kate Moss und Grunge seien in England gerade *dermaßen* angesagt.« Und weiter ging es. »Kurt Cobain, Courtney Love, *Nevermind*, Nirvana und der Song *Smells Like Teen Spirit*. Hey, Bekhal«, sagte sie schließlich, »warum kommst du nicht einmal nach der Schule mit zu mir nach Hause? Wir können zusammen abhängen – und ich kann dir ein paar meiner Sachen zeigen.« Ein Kloß bildete sich in meiner Kehle. *Hatte Tia das wirklich gerade gesagt? Ich würde alles geben, um bei ihr zu Hause zu spielen und ihre Sachen zu sehen.* »O Tia, das würde ich sehr gern«, sagte ich, »aber ich muss erst mit meinem Vater sprechen.« Eine Schwere legte sich auf meine Brust. *Die Antwort würde mal wieder »Nein« lauten.*

Als Dad erlaubte, dass ich zu Tia gehen konnte, war mein erster Gedanke, dass er sich heimlich einer Umwandlung, irgendeiner Operation unterzogen haben musste. Einer Persönlichkeitsveränderung oder so etwas. *War eine solche Operation möglich?* Tias Vater hatte allerdings bei uns zu Hause angerufen, um meinen Dad um Erlaubnis zu fragen. »Na gut«, sagte er, als er auflegte, »du darfst hingehen, aber nur für ein oder zwei Stunden – dann hole ich dich ab.«

Ich küsste seine Hand. »Sipas ji were, gelek sipas, Baba (danke, vielen Dank, Dad).«

Am nächsten Tag ging ich nach der Schule mit Tia zu ihr nach Hause. Mein Bauch kribbelte vor Aufregung und Nervosität. Noch nie war ich außerhalb unserer Familie bei einem anderen Kind daheim gewesen, um »abzuhängen«.

Das Haus von Tias Familie war innen genauso beeindruckend wie von außen. Prachtvoll, aber auch gemütlich, mit kunstvollen Möbeln aus verschiedenen lackierten Hölzern, in denen man sich fast spiegeln konnte. Einige Tische und Schränke hatten geschwungene Kanten und Beine. Topfpflanzen schmückten die Fenstersimse und an den Wänden hingen gerahmte Bilder. Als wir durch den langen Flur zu Tias Schlafzimmer gingen, traf ich ihren

Vater. »Hey, du musst Bekhal sein«, sagte er mit einem breiten Lächeln. Meine Güte, er war so freundlich. Er legte seine Hand auf sein Herz und verbeugte sich leicht. »Es ist mir ein Vergnügen, dich kennenzulernen, Miss Bekhal.«

Ich lächelte ihn an: »Mir auch, Agha Shirvani.«

Wow, Mr. Shirvani war so entspannt im Vergleich zu meinem Vater. Er war nicht im Geringsten herablassend zu Tia. Er fragte uns, ob wir einen schönen Tag in der Schule gehabt hätten, und sagte dann: »Willkommen in unserem Heim, Bekhal.«

In Tias Schlafzimmer einzutreten war für mich, wie eine andere Welt zu entdecken. Es war riesig, etwa zehn auf acht Meter. Und sie hatte ein Doppelbett. Ich meine ein richtiges erhöhtes Bett mit einem frischen, weißen bestickten Anglaise-Bezug und bauschigen Kissen. Tia zog ihren Hidschab aus und warf ihn über einen Stuhl, der vor einem rosafarbenen Marmor-Schminktisch stand, auf dem sich reihenweise hübsche Parfümflaschen befanden. Auf dem Schminktisch lag außerdem ein prall gefülltes geblümtes Täschchen, dessen Reißverschluss geöffnet war und aus dem Stifte, Plastikdosen, Pinsel und Tuben quollen. *Tia besaß Make-up.* An der Wand über dem Schminktisch hing ein flippiger Spiegel in Form einer Sprechblase. *Ist Tia eine Prinzessin?*, fragte ich mich, als mein Blick durch den Raum schweifte.

»Setz dich«, sagte Tia und deutete auf das Bett. Ich gehorchte und war erstaunt, wie federnd und weich sich die Matratze anfühlte. »Ich zeige dir meine Kleider«, verkündete Tia und öffnete die Türen eines hohen, frei stehenden Schranks, der eine Reihe bunter Kleidungsstücke enthielt.

Rasch durchforstete sie den Kleiderschrank, dabei summte sie ein Lied, das ich nicht kannte, zog Kleider heraus und warf sie über die Schranktüren. »Wir sollten eine Modeschau veranstalten. Das hier würde dir gut stehen.« Tia drehte sich um und hielt ein weich fallendes, längliches blaues Stück Stoff in der Hand, das mit zwei dünnen Riemen an einem Kleiderbügel hing. »Das ist ein Trägerkleid. Meine Cousine sagt, es sei trendy, ein Trägerkleid über ein süßes kleines T-Shirt anzuziehen.«

Ich nickte nervös. »Es ist wunderschön«, sagte ich, »aber es wird dir viel besser stehen als mir.«

»Okay, ich ziehe es zuerst an, vielleicht kannst du danach ein anderes anprobieren?«

Bevor ich antworten konnte, zog sich Tia direkt vor mir aus. Sie hob ihr Kleid über den Kopf und warf es zu Boden, dann zog sie ihre Aladinhose herunter und stieg aus ihr heraus. »Gott, ich hasse diese Dinger«, sagte sie.

Ich senkte schockiert den Kopf, als Tia nur mit ihrem BH und ihrem Schlüpfer bekleidet dastand. »Was ist, was hast du, Bekhal?«

»Das ist haram«, sagte ich.

Tia kicherte. »Ach, komm, ist schon gut. Wir sind doch nur Mädchen hier. Du darfst nicht alles glauben, was du im Koran liest.«

Ich nahm dann zwar nicht an der Modeschau teil, genoss es aber, Tia beim Vorführen ihrer Kleider zuzusehen. Trotzdem wandte ich mich jedes Mal ab, wenn sie sich bis auf die Unterwäsche auszog. Nachdem sie sich etwa sechsmal umgezogen hatte, zeigte mir Tia ihre Parfüms und ihr Make-up. »Bedien dich«, sagte Tia, und so griff ich nach einer blauen Flasche, zog den Deckel ab und starrte auf den Zerstäuber, unsicher, was ich als Nächstes tun sollte. »Du drückst einfach hier oben drauf und sprühst es auf deine Handgelenke und deinen Hals«, erklärte Tia. Ich drückte den Zerstäuber und richtete die Flasche auf mein Handgelenk, dann zuckte ich zusammen, als das Spray auf meine Haut traf. Ein süßer, mandelartiger Duft verteilte sich im Raum. Tia sagte, dieser Duft sei *LouLou* von Cacharel.

Zwei Stunden später holte mich mein Vater ab. Ich konnte sehen, dass ihm Tia, ihr Vater und ihr westlich geprägtes Haus nicht gefielen. Als Mr. Shirvani meinen Vater zu einer Tasse Tee ins Wohnzimmer einlud, schnaubte dieser und warf Tia einen angewiderten Blick zu. »Bekhal muss nach Hause, es ist Zeit zu *beten*«, sagte er und drängte mich aus der Haustür, bevor ich mich von meiner Freundin und ihrem Vater verabschieden oder mich für die Einladung bedanken konnte. »Nie wieder gehst du in das Haus dieser Hurenfamilie«, sagte Dad, als wir heimliefen, »und ich will nicht, dass du dich mit dieser Gahba einlässt. Sie macht nur Ärger.« Ich ging mit gesenktem Kopf hinter ihm her, untröstlich darüber, dass ich nie wieder Zeit mit Tia in ihrem prinzessinnenhaften Zimmer verbringen würde. Es lag mir vieles auf der Zunge, was ich im Protest sagen wollte, aber ich wagte nicht, Dad zu widersprechen. *Er kann mich aber nicht daran hindern, Tia in der Schule zu treffen.*

Später in der Woche, als wir zur Schule liefen, lud mich Tia wieder zu sich nach Hause ein. »Warum kommst du heute nach der Schule nicht vorbei?«

»Ich würde ja gern, aber mein Vater lässt mich nicht«, sagte ich. »Tut mir leid.«

Tia lachte. »Ach, komm doch einfach trotzdem. Erfinde eine Ausrede – es wird schon gut gehen.«

»Okay«, hörte ich mich sagen.

Nach der Schule ging ich wie immer nach Hause und sagte meiner Mutter, dass ich Aleah besuchen wollte, ein älteres Mädchen, das ein paar Häuser weiter wohnte. Da sie eine fleißige Studentin an der Universität war, hatten meine Eltern nie etwas dagegen, wenn ich Zeit mit Aleah verbrachte. Stattdessen ging ich zu Tias Haus.

Es war toll, wieder in ihrem Zimmer zu sein. Als ich es mir auf ihrer Matratze bequem machte, fragte ich mich, wie das wohl für Tia sein musste, in diesem Bett zu schlafen, in einem Zimmer ganz für sich allein. »Hey, darf ich dich schminken?«, fragte Tia. »Schwarzer Eyeliner würde dir so gut stehen.«

Ich zuckte zurück, aber Tia war bereits an ihrem Schminktisch und wühlte in ihrem geblümten Täschchen. »Es ist nur ... na ja ... meine Eltern werden durchdrehen, wenn sie sehen, dass ich Make-up trage.« Das war eine Untertreibung.

»Machst du Witze?«, sagte Tia zu meinem Spiegelbild im Sprechblasenspiegel.

»Tja, weißt du, mein Dad ist sehr ...« Plötzliches Geschrei im Flur verriet mir, dass meine Eltern im Haus waren. »Oh, mein Gott, ich werde solche Prügel bekommen, wenn sie mich hier finden.«

»Sei nicht albern, heutzutage schlägt niemand mehr seine Kinder«, sagte Tia.

Ich sprang vom Bett auf. »Ich muss gehen«, sagte ich, und kaum war ich aus der Schlafzimmertür getreten, stürzte meine Mutter auf mich zu, packte mich am Handgelenk und zerrte mich zur Haustür, wo mein Vater den armen Mr. Schirwani anbrüllte. »Wie können Sie mein Kind in Ihr Haus lassen? Das ist unverantwortlich von Ihnen.«

Meine Mutter, die immer noch mein Handgelenk umklammerte, zog mich förmlich nach Hause. Ich hüpfte fast die Straße entlang. Als wir nach Hause kamen, spuckte mir mein Vater ins Gesicht und verprügelte mich mit einem Stock. Er schlug so fest zu, dass der Stock in zwei Teile zerbrach. Ich hätte laut gelacht, wenn ich nicht so große Schmerzen gehabt hätte. »Du bist ignorant«, zischte mein Vater und ließ den zerbrochenen Stock auf den Boden fallen. »Wenn du dich weiter so benimmst, schicke ich dich zu einer deiner Tanten in den Irak.«

Mich in den Irak zu schicken, war eine der neuesten Drohungen meines Vaters, und ich begann mich zu fragen, ob er mich in eine Kinderehe zwingen würde, so, wie er es mit Avin getan hatte. Sie hatte inzwischen einen kleinen Jungen mit ihrem Ehemann, der fast doppelt so alt war wie sie und den sie verabscheute – so hatte ich es über die Gerüchteküche der Frauen erfahren.

Die »Tanten«, auf die sich mein Vater bezog, waren Verwandte in seiner Familie – möglicherweise sogar Avins Mutter Baze, ungeachtet der Tatsache, dass er sie gezwungen hatte, ihre eigene Tochter aufzugeben, als ihr Mann verstarb.

Gelegentlich kehrten wir in den Irak zurück, um Verwandte zu besuchen, häufig die mütterliche Seite. Ich genoss diese Reisen, denn so konnte ich meine andere

Grandma sehen, Hadlah, die ich abgöttisch liebte. Sie lebte in der kurdischen Hauptstadt Erbil, drei Autostunden nordwestlich von Sulaimaniyya. Ähnlich wie ihr Bruder, Grandpa Babakir, hatte Grandma Hadlah ein sanftes Wesen, das ich sowohl beruhigend als auch erfrischend fand. Sie war so groß wie Grandpa und roch nach Nelken und frisch gewaschener Wäsche. Grandma Hadlah und ich hatten ein tolles Verhältnis. Sie liebte es, dass ich ihr oft die Füße massierte. »Du bist ein liebes Mädchen, Bakha«, sagte sie, und mein Herz begann zu glühen. Grandma Hadlah war in jeder erdenklichen Form das Gegenteil von Zareen.

Sie lebte mit der zweiten Frau ihres verstorbenen Mannes, Halaw, in einer großen Villa, die Halaws Sohn Hemin gehörte. Der Halbbruder meiner Mutter war mit einer reizenden Frau namens Rona verheiratet, sie hatten zwei Töchter und einen Sohn – Zerya, Yelda und Alaz. Yelda, das jüngste der beiden Mädchen, war so alt wie ich, und Alaz war etwa ein Jahr jünger als wir. Während der Schulsommerferien kehrten wir nach Erbil zurück, um sie alle zu sehen.

Dad fuhr uns mit dem Toyota Pick-up hin, und wir erreichten Erbil inmitten eines heftigen Sandsturms. Selbst unter der Abdeckung hinten auf dem Truck mussten wir uns Schals um die Gesichter wickeln, um uns vor der Sanddusche zu schützen. Aber der Sand störte mich nicht – dazu war ich zu aufgeregt. Denn sobald wir aus dem Truck ausgestiegen wären, hieß es *Tschüss, Dad* und *Hallo, Freiheit*. Mein Vater hatte nämlich andere Pläne mit seiner Seite der Familie.

Das Haus von Onkel Hemin war etwas Besonderes, mit drei Stockwerken, einem Keller und einer Dachterrasse. Vor der Villa befand sich eine von Palmen gesäumte Auffahrt, die an einem elektrischen Gittertor endete. Die Außenwände des Hauses waren mit ausgefallenen Mosaikfliesen im marokkanischen Stil verziert und die Rasenflächen rund um das Grundstück in Streifen gemäht und von exotischen Blumenbeeten gesäumt – alles vom Gärtner meines Onkels gepflegt. Im Inneren verband eine breite Wendeltreppe die drei Stockwerke, und es gab ein Badezimmer mit einer hohen Toilette, auf der man sitzen konnte – und ein weiteres Teil, von dem ich jetzt weiß, dass es Bidet heißt. Als ich noch viel jünger war, spielte ich in diesem Bidet, aber ich hörte damit auf, als meine Mutter mir seinen Zweck erklärte.

Weil ich ein Kind war, dachte ich, es sei normal, dass Grandma und Halaw zusammenlebten. Sie verstanden sich gut, fast wie Schwestern, aber weder Hadlah noch Halaw freundeten sich mit der dritten Frau von Grandpa Ahmed an.

Meine Mum hatte eine wunderbare Beziehung zu ihrer Mutter. Ich liebte es, die beiden zusammen zu beobachten. Meine Mutter flocht Hadlahs Haare, während sie lachten und über alte Zeiten plauderten. Sie hatten das gleiche markante, herzliche Lachen. Immer wenn Mum in Hadlahs Nähe war, blühte sie zu der Frau auf, an die ich mich von den frühen Fotos aus Kurdistan erinnerte: die unbekümmerte, frisch gebackene Mutter, deren eigenwillige Locken unter dem Kopftuch hervorlugten.

Nachdem mein Vater uns bei Onkel Hemin abgesetzt hatte, spielten wir Kinder im Haus, rannten die Wendeltreppe hinauf und hinunter und jagten durch die großen Zimmer. Ich fand das großartig; es tat gut, wieder zu spielen und zu lachen. Wäre mein Vater dabei gewesen, hätten wir uns nicht getraut, so herumzutoben, also nutzten wir dieses seltene Stückchen Freiheit. Die Luft war voll vom Geruch frisch gebackenen Brotes und entspanntem Gelächter. Die moderne Umgebung gab mir Hoffnung, dass es vielleicht, ganz vielleicht, ein besseres Leben außerhalb der Fesseln unserer Kultur, wie ich sie kannte, geben könnte. Mein Cousin Alaz ließ diese Blase jedoch bald platzen.

Sein seltsames Verhalten fing an, als wir Verstecken spielten. Immer wieder folgte er mir in die Räume, in denen ich ein Versteck suchte. Ich ertappte ihn auch dabei, wie er mich anstarrte, wie er mich regelrecht von oben bis unten musterte und dabei grinste. Das war mir schon unangenehm, aber als er anfing, mich anzuspucken, bin ich ausgerastet. Es war schlimm genug, dass mein Vater mir ins Gesicht spuckte, aber das hier war mein Cousin, den ich höchstens einmal im Jahr sah. Zuerst spuckte Alaz mich von hinten an, als er mich in eines der Schlafzimmer verfolgte. Sein Speichel traf mich zwar nicht, aber ich hörte ihn spritzend auf dem Marmorboden landen. Als ich herumwirbelte, um ihn zur Rede zu stellen, spuckte er mich erneut an. Diesmal traf er die Seite meiner Wange. Ich wischte seinen ekelhaften Schleim mit meinem Ärmel ab und schrie: »Warum hast du das getan, du Schwein?«

Doch er stand nur da und grinste. Dann reckte er sein Kinn vor und versuchte, seine mickrige Brust aufzuplustern. »Ich kann mit dir machen, was ich will – und du kannst nichts dagegen tun.«

In meinen Ohren hörte ich das Blut pochen und rauschen. »Was glaubst du, mit wem du sprichst, du Bestie?«

Ich wollte um Alaz herumgehen, aber er machte einen Schritt zur Seite und versperrte mir den Weg. »Ich spreche mit *dir*, meiner zukünftigen Frau«, sagte er. »Ich kann zu dir sagen, was ich will, und du musst mir gehorchen. Wenn du mir nicht glaubst, geh nach unten und frag unsere Mütter.«

Ich warf ihm den bösesten Blick zu, den ich zustande brachte, dann spuckte ich *ihm* ins Gesicht. »Ich bin *nicht* deine zukünftige Frau.« Ich marschierte an Alaz vorbei, wobei ich ihn mit meiner Schulter anrempelte. »Niemand wird mir vorschreiben, wen ich heiraten soll«, rief ich, als ich die Wendeltreppe hinunterstieg. »In einer Million Jahre nicht!«

Und ich meinte jedes einzelne Wort davon ernst.

Kapitel sieben

Ohne mich

Kejal kam ins Wohnzimmer, von ihrem gesenkten Kopf bis zu den Zehen in Stoff gehüllt. Die Geräusche der Wasserpfeifen, ähnlich denen schnorchelnder Taucher, übertönten den leisen Tritt ihrer Hausschuhe. Wie auf Schienen glitt sie langsam herein, die Ellbogen an der Taille, ein voll beladenes Teetablett auf den Unterarmen balancierend, die sie im rechten Winkel zur Brust hielt. In der Mitte des Raumes kniete sich Kejal vor den Halbkreis der Frauen – Grandma Zareen, Mum, Tante Alal, Tante Ruby und diese Wichtigtuerin Sazan – und stellte das Tablett vorsichtig auf den Boden. Außer ihren Händen und Gesichtszügen war kein Millimeter ihrer Haut zu sehen. Wasserpfeifendunst waberte durch den Raum. Alle Augen waren auf Kejal gerichtet. Miriam und ich saßen in der Ecke des Wohnzimmers hinter den Frauen im Schneidersitz auf Kissen mit Quasten und ägyptischem Aufdruck und spielten eine Partie »Jacks« mit Kieselsteinen. Auch die Frauen saßen unter ihren langen Kleidern im Schneidersitz – eine Haltung, die nur in entspannten Momenten wie diesen eingenommen wurde, wenn keine Männer im Haus waren. Kejal war die Einzige, die die formale kniende Position einnahm, und sie behielt diese Haltung bei, während sie den Tee servierte. Dabei presste sie sich eine Hand auf das Schlüsselbein und ihren Hidschab – um sicherzustellen, dass der Stoff nicht auseinanderklaffte, wenn sie sich nach vorn beugte.

Während Kejal schwarzen Tee einschenkte und braune Zuckerstückchen in marokkanische Gläser fallen ließ, beobachteten die Frauen jede ihrer Bewegungen – und taten natürlich ihre Gedanken kund.

»Ich nehme ein Baklava, aber keinen Zucker in meinem Tee.« Sazan deutete mit ihrer Wasserpfeife auf das Tablett und wandte sich dann an Mum. »Bei Allah, das Mädchen muss doch mittlerweile so weit sein, Behya. Ich meine, wie viele Jahre kenne ich sie denn nun schon? Sechs, sieben? Die Leute reden bestimmt schon.«

»Ich würde sagen, Kejal ist mehr als bereit, Sazan«, gab Tante Ruby zurück. »Das Mädchen macht einen hervorragenden Lammeintopf. Ich muss es wissen, ich habe ihn schließlich oft genug probiert. Diese Familie ist *meine* Familie.«

Sazan gab ein Geräusch von sich, das so klang, als hätte sie mit geschlossenem Mund aufgestoßen. »Ja, Eintopf kochen können sie alle, aber kann das Mädchen ein Huhn rupfen und zubereiten?«

Miriam stupste mich an und wir begannen beide zu kichern. Kejal ging weiter ihren Pflichten nach und machte dabei dezent klirrende Geräusche.

»Natürlich weiß sie, wie man ein Huhn rupft und zubereitet«, sagte meine Mutter.

Alal tippte ihr auf das Knie. »Und ihr Mastaw (ein schaumiges Getränk aus selbst gemachtem Joghurt, Wasser und Salz mit frischer gehackter Minze aus dem Garten) ist auch perfekt.«

Grandmas Doppelkinne schoben sich übereinander. »Ihr Dolma lässt noch zu wünschen übrig, Behya, dafür bist du verantwortlich. Sie (Kejal) sollte inzwischen wissen, wie man gutes Dolma macht.«

Miriam griff nach den Kieselsteinen und flüsterte: »Ich glaube, Grandma hatte genug Dolma«, dann blies sie ihre Backen auf, bis ihr Gesicht kugelrund war, und ich musste schnell wegschauen.

O Gott, kennen Sie das, wenn man etwas zum Schreien komisch findet, aber man weiß, dass man nicht lachen darf? Genau so ging es mir in diesem Moment. Ich hielt den Kopf gesenkt, fummelte mit einer Hand an einer der Kissenquasten herum und drückte mir mit der anderen die Nase zu.

»Hast du schon einen Ehemann für Kejal im Sinn, Behya?«, fragte Tante Ruby.

Miriam prustete.

Kejal war gerade dreizehn geworden, und unsere Familie bereitete sie auf die Ehe vor. Jetzt verstand ich, warum Kejal so oft in der Küche half – damit unsere Mutter ihr kulinarisches Wissen weitergeben und ihre Tochter zu einer guten Ehefrau machen konnte. Seltsamerweise schien Kejal nichts dagegen zu haben. Sie verhielt sich ganz sittsam und anständig und erledigte alles nach Vorschrift, um meinen Eltern zu gefallen, die zweifellos bereits mit Verwandten im Irak sprachen, um einen Cousin als Ehemann für sie zu finden. Es war ein bisschen gemein von Miriam und mir zu lachen, aber wir machten uns gar nicht unbedingt über Kejal lustig – die Situation war einfach nur zu absurd. Im Ernst, diese Frauen waren besessen von arrangierten Ehen, selbst die, die nicht einmal zu unserer Familie gehörten. »Ich kann nicht glauben, dass sie sie noch nicht verheiratet haben« war ein Satz, der häufig fiel.

Nach dem abscheulichen Versuch meines Cousins Alaz, mich für sich zu beanspruchen, war ich mehr denn je entschlossen, mich nicht in eine Ehe zwingen zu lassen. *Ich werde auf jeden Fall von zu Hause weglaufen, wenn Dad versucht, mich zu verheiraten*, sagte ich mir. Und wenn ich erst einmal Polizeibeamtin bin, werde ich all die armen Mädchen wie Avin von ihren schrecklichen Ehemännern befreien und Zwangsehen für immer ein Ende setzen.

Ach, älter werden, eine Frau werden: seinen eigenen Stil entwickeln und mit Make-up, Parfüm, Nagellack und Frisuren experimentieren; Musikvideos ansehen und berühmten, unerreichbaren Herzensbrechern hinterherschmachten; in den Hochglanzseiten von *Vogue, Marie Claire* oder *Cosmopolitan* blättern, die neuesten Laufstegmoden und Schminktrends bewundern und Ratgeberseiten lesen; vielleicht ein hübscher erster BH? Wellness, Kino, glückliche Tage; tränenreiche Tage, die erträglicher werden, wenn deine Mum dich in den Arm nimmt und dir erklärt: »Keine Sorge, Liebes, PMS ist ein gemeines Miststück.« Tja, schön wär's. Am ehesten machte ich solche Erfahrungen die beiden Male, als ich bei Tia zu Hause war. Und nun, da ich bald zwölf wurde, wollte ich nicht, dass meine Eltern meine körperliche Verwandlung mitbekamen – denn ich wusste, dass dies nur einen Gedanken auslösen würde: eine arrangierte Ehe.

Ich wurde panisch, als meine Brüste zu wachsen begannen. Zum Glück begleitete mich meine Mutter nicht mehr in die Nasszelle, um mir beim Waschen zu helfen, sodass sie nicht sah, wie sich mein Körper veränderte. Und zunächst blieben meine kleinen Brüste unter meinem Kleid und dem Hidschab unbemerkt. Aber im Laufe der Monate wurde mein Busen immer größer – und tat auch richtig weh. Ich ärgerte mich über diese kleister- oder puddingartigen Dinger, die an meiner Brust klebten. Ich weiß noch, wie ich eines Abends in der Nasszelle auf sie herabblickte und dachte: *Scheiße, die (meine Eltern) setzen mich in den ersten Bus in den Irak, wenn sie die beiden hier bemerken.* Also wurde ich erfinderisch und schnürte meinen Busen mit großen medizinischen Binden, die ich in einem Schrank gefunden hatte, flach auf meine Brust. So, das war erledigt.

So sehr ich mich auch gegen das Frausein stemmte, so sehr sehnte ich mich auch nach einzelnen Aspekten davon. Make-up zum Beispiel. Natürlich ließ man mich nicht einmal in die Nähe dieses Zeugs, denn das wäre für ein zwölfjähriges, unverheiratetes Mädchen »Hurenverhalten«.

Verheiratete Frauen jedoch werden in unserer Gesellschaft dazu angehalten, Make-up zu tragen, damit ihre Ehemänner sie attraktiv finden. Wieder geht es nur um die Männer.

Mum, alle meine Tanten und besonders Grandma Zareen waren große Fans eines Eyeliners, den sie durch das Zermahlen von Tonklumpen herstellten, welche die Männer aus den Bergen mitbrachten. Der Ton hatte einen schimmernden Effekt und sollte gut für die Haut sein. Die Art und Weise, wie Frauen diesen Eyeliner aufbewahrten, war weitaus weniger glamourös: Aus Garn und den getrockneten Häuten von (weggeworfenen) Ziegen- oder Schafshoden stellten sie kleine Beutel mit Kordelzug her. Diese kleinen Eyeliner-Täschchen hatten die Frauen immer bei sich – sie steckten sie einfach in ihren BH. Ich hätte meiner Mutter stundenlang dabei zusehen können, wie sie ihre Augenlider erst mit einer dünnen Schicht aus grauem Ton überzog und dann mit einem Zahnstocher tiefschwarze geschwungene Linien in die Nähe ihrer Wimpern zeichnete. Es war, wie einen Künstler bei der Arbeit zu beobachten. Ich sehnte mich danach, meine eigenen Augen zu bemalen – oder Miriams. Ja, ich konnte mir Miriams Mandelaugen gut mit dem selbst gemachten Eyeliner umrandet vorstellen, die Linien an den Augenwinkeln nach oben gezogen. Und ich fragte mich, wie schwierig es sein würde, Lippenstift aufzutragen. Tia hatte mir Lippenstifte in verschiedenen Schattierungen gezeigt, von matten Rosatönen über Pflaume bis hin zu satten Rottönen, aber die cremigen Farbstifte sahen zu dick aus, um ein gleichmäßiges Ergebnis hinzubekommen. *Wie schaffte man es, damit nicht über die Ränder hinauszumalen?* Es wird Sie sicher nicht überraschen, dass mich meine Neugierde in Sachen Make-up in große Schwierigkeiten bringen sollte.

Für die Frauen in unserem Haus war Eyebrow Threading, das Formen der Augenbrauen mit Fäden, ein fester Bestandteil der Schönheitspflege. Die Expertin hierfür war Fareena, eine Frau, die in ihrem Haus am Ende unserer Straße einen Schönheitssalon betrieb. Eines Tages nahm meine Mutter Miriam und mich nach der Schule zu ihrem Termin mit.

Fareena war anders als die älteren Frauen, die ich sonst kannte. Sie war um die vierzig, hatte orange-braunes Haar, das ihr in verschiedenen Längen über die Schultern fiel, und ihr Gesicht war die reinste Farbpalette. Sie trug Rouge auf den Wangen und hatte rote Lippen und smaragdfarbene Augenlider, die zu ihrem langen, wallenden Kleid passten. Fareena war das, was man damals als »moderne iranische Frau« bezeichnet hätte. Für mich war sie ein Paradiesvogel.

Während meine Mutter sich die Augenbrauen machen ließ, waren Miriam und ich allein im Nebenzimmer, in dem ein langer Tisch mit Schminke und allen möglichen Lotionen und Töpfchen stand. Die Verlockung war immens und unwiderstehlich. Miriam war genauso neugierig wie ich, was Make-up anging, und so konnten wir es uns nicht verkneifen, die Dinge auf dem Tisch genauer unter die Lupe zu nehmen. Wir öffneten eine Puderdose und strichen mit den Fingerspitzen über den festen beigen Inhalt.

»Wofür ist das?«, fragte Miriam.

»Ich glaube, man trägt es auf das Gesicht auf«, sagte ich und fühlte mich sehr weltgewandt. Als Nächstes machten wir uns an einer Reihe schöner Lippenstifte in goldenen Hülsen zu schaffen. Ich nahm einen in die Hand, zog die Hülse herunter und drehte den unteren Teil, bis der farbige Bereich erschien, der zu meinem Erstaunen grün war. »Lass ihn uns mitnehmen«, drängte Miriam. Ich war neugierig, wie grüner Lippenstift aussehen würde, und brauchte keine weitere Ermunterung. Ich steckte den Lippenstift in die Tasche meiner Aladinhose.

»Wir können ihn zurückbringen, wenn wir das nächste Mal hier sind«, sagte ich.

Als wir nach Hause kamen, sagte ich meiner Mutter, dass ich mich waschen wolle. »Okay, Bakha, ich bereite den Raum vor, aber bleib nicht zu lange da drin.« Nachdem Mum meine Sachen bereitgelegt hatte – einen Waschhandschuh aus Schafwolle (dafür legt man heute im Drogeriemarkt locker einen Zehner hin), ein Stück grüne Universal-Olivenseife und ein Handtuch zum Abtrocknen –, ging ich in die Nasszelle und befestigte das provisorische Schloss, eine Schlaufe aus Schnur, die über einen Haken gelegt wurde. Dann zog ich mich in Windeseile aus, befreite meine Brüste von den Bandagen und öffnete den grünen Lippenstift. Bewundernd betrachtete ich die goldene Hülle, wie sie im frühen Abendlicht glänzte, das durch das Milchglasfenster über meinem Kopf drang. Ein Hochgefühl breitete sich in mir aus: Adrenalin. *Ich mache etwas Erwachsenes … heimlich.* Ich blickte in den kleinen, scharfzackigen Spiegel, der an der Wand klebte, und fuhr mir mit dem Lippenstift über die Lippen in der Erwartung, dass mein Mund grün werden würde. Aber er hinterließ keine Spur von Farbe. Verwirrt wiederholte ich den Vorgang, drückte diesmal fester auf und malte auch um meine Lippen herum. Immer noch nichts zu sehen. Also legte ich richtig los, malte Kreise auf meine Wangen und fuhr mit dem Stift über meine Augenlider, bis hoch zu den Augenbrauen, so, wie Fareena es mit ihrem smaragdfarbenen Lidschatten getan hatte. Gerade als ich mit der Nase anfing, begann mein Gesicht, sich zu verfärben.

Meine Lippen und die sie umgebende Haut wurden knallrot, dann zeigten sich die abstrakten Kreise, die ich auf meine Wangen geschmiert hatte, gefolgt von den Strichen auf Nase und Augen. Es war, als würde man einem Polaroidbild beim Entwickeln zusehen – man hoffte, ein hübsches Bild würde erscheinen, aber stattdessen tauchte ein Clown auf, der zwanzig Bier getrunken hatte, bevor er sich das Gesicht beschmierte. *Verdammt, was habe ich getan?* Ich drehte den Schlauch auf, der an den Heißwassertank angeschlossen war, tränkte meinen Wollhandschuh mit Wasser und Seife und fing an, mein Gesicht zu schrubben, aber die Lippenstiftflecken blieben und mein Gesicht wurde immer röter. Schwer atmend rieb ich mehr Seife in den Handschuh. In diesem Moment klopfte meine Mum dreimal kräftig mit den Fingerknöcheln an die Tür und rief: »Bekhal, du bist schon zu lange da drin. Lass mich rein!«

Gänsehaut breitete sich auf meinem Körper aus. Ich drückte den Handschuh so fest zusammen, dass er in meiner Hand fast trocken wurde. »Ich wasche mich gerade, Mum.« Meine Stimme klang, als käme sie aus dem Abfluss im Boden.

»Mach diese Tür auf, Bekhal, und zwar sofort!«

Ich drehte mich um und sah, wie die wacklige Metalltür in ihren losen Scharnieren bebte.

»Ich meine es ernst, Bekhal, sei keine Gahba, mach auf.«

»Ich kann nicht, Mum, ich bin nicht angezogen. Noch fünf Minuten, ja?« Aber es half nichts.

Meine Mutter rüttelte weiter an der Tür, und die Schnurschlaufe hüpfte in Richtung der Spitze des Hakens. »Mach auf!«, rief sie, drückte noch einmal fest zu und stieß die Tür auf. Ich schlug meine Hände auf meine Brüste, aber es war zu spät. Mum hatte sie gesehen – und die hässlichen Flecken in meinem Gesicht ebenfalls. Ich trat einen Schritt zurück und sah entsetzt zu, wie meine Mutter die Lippen zusammenkniff und alle Farbe aus ihrem Gesicht wich. »Was zum Teufel hast du mit deinem verdammten Gesicht gemacht?«, knurrte sie. Ihr Blick fiel auf das goldene Lippenstiftetui, das auf dem Regal unter dem Spiegel stand. »Du Gahba!«, schrie sie, beugte einen Fuß in Richtung Gesäß und zog ihren Hausschuh aus.

»Es tut mir leid … es war ein Unfall … Ich wollte nicht …«

Der Hausschuh zischte auf meinen Oberschenkel. Die Attacke begann.

Mit ihrem Pantoffel prügelte meine Mutter auf meinen gesamten nackten Körper ein, dann nahm sie eine Holzkelle aus dem Eimer auf dem Boden und schlug mich auch damit. Ich senkte den Kopf, kauerte mich zusammen und versuchte, ihren Schlägen auszuweichen, aber jedes Mal, wenn ich mich bewegte, schlug sie umso fester auf mich ein. In einem weiteren Versuch, ihren Hieben zu entkommen, trat ich auf die geflieste Plattform neben dem Tank, aber als ich dorthin zurückwich, verbrannte ich mir den Hintern an dem Gasbrenner, und meine Schreie hallten in dem seelenlosen Raum wider. »Du sollst dich verdammt noch mal nicht bewegen, wenn ich dich schlage. Bleib verdammt noch mal, wo du bist. Dafür gibt's noch mal was.«

Ich schluchzte, bis mir schwindlig wurde, und ich hyperventilierte, während meine Mum immer weiter zuschlug. Als sie schließlich ihre Kelle auf den Boden warf, griff sie nach meinem Waschhandschuh und schrubbte mich grob von Kopf bis Fuß, bis meine Haut wie rohes Rindfleisch aussah. Beim Verlassen der Nasszelle nahm sie meinen Lippenstift aus dem Regal. »Gahba«, murmelte sie.

Scheiße, sie weiß, dass ich Brüste habe, dachte ich. Mein ganzer Körper schrie vor Schmerz.

Der Lippenstift war einer von denen, die vierundzwanzig Stunden lang hielten. Das erfuhr ich viel später, als ich mir selbst einen kaufte. Natürlich hätte ich den Lippenstift nicht von Fareena stehlen dürfen, aber ich hatte es nicht verdient, dermaßen gedemütigt und geschlagen zu werden. Immer wieder fragte ich mich: *Warum? Welche Befriedigung ziehen meine Eltern daraus, mich zu verprügeln? Haben sie keine Angst, dass sie mich zu fest schlagen und versehentlich töten könnten? Wären sie traurig, wenn ich starb?*

Ein paar Tage nach dem Lippenstift-Debakel dachte ich, genau das würde passieren.

Bis heute kann ich nicht sagen, was ich falsch gemacht hatte, dass mein Vater mich so bestrafte. Ich erinnere mich, dass Mum wütend wurde, weil Kejal und ich uns oft zankten, während Dad in der Geldwechselstube war. Aber bei diesen Streitereien ging es um Kleinigkeiten, wie zum Beispiel darum, wer die letzte Runde »Jacks« verloren hatte. Manchmal stritten wir uns um einen Bleistift, dummes Zeug. An diesem Tag jedenfalls, ich war gerade mit dem Abwasch fertig, brachten mich Mum und Dad in einen kleinen Lagerraum und schlossen die Tür hinter uns. Mein

Dad sagte, ich solle mich mit dem Gesicht nach oben auf den Boden legen, die Arme an den Seiten, Handflächen nach unten. Ich sah Mum an.

»Sei keine Gahba«, sagte sie, »hör auf deinen Vater.«

Ich hatte keine Wahl. Ich legte mich in der Erwartung weiterer Schläge auf den kalten, staubigen Boden. *Am besten einfach fügen und es über dich ergehen lassen,* dachte ich. Ich nahm an, Dad würde mit seinem Gürtel oder Stock oder einem Stück Holz, einem Schlauch oder was auch immer über mir erscheinen, aber das tat er nicht. Stattdessen stand er über mir, mit dem Gesicht nach vorn und seinen Füßen neben meinem Kopf. Und bevor ich begreifen konnte, was geschah, ging er in die Hocke, drückte meine Arme auf den Boden und setzte sich dann mit voller Wucht auf mein Gesicht.

Ich strampelte mit den Beinen und versuchte zu schreien, aber ich bekam keine Luft mehr. Dads Hintern saß fest auf meinem Mund und meiner Nase, und ich konnte meine Arme nicht aus seinem starken Griff befreien. Dann fing meine Mutter an, mich in die Beine zu kneifen. Ihre Stimme war wie eine Welle, die sich durch das tiefe Wasser ausbreitete bis dorthin, wo ich an den Meeresboden gefesselt lag und allmählich ertrank. So fühlte ich mich: als würde ich ertrinken, ersticken. Ich schluckte und bebte. Mein Kopf verwandelte sich zu Pappmaschee und als ich anfing, das Bewusstsein zu verlieren, stand mein Vater plötzlich auf. Ich rang keuchend nach Luft, dachte *Ich lebe!*, dann, bumms, setzte er sich wieder hin und erstickte mein Gesicht mit seinem Hintern erneut. Etwa zehn Minuten lang wiederholte er diese Prozedur, und ich dachte wirklich, ich würde sterben. Vielleicht wäre ich tatsächlich erstickt, wenn ich nicht getan hätte, was ich als Nächstes tat. Irgendwie schaffte ich es, meinen Kopf so zu drehen, dass mein Mund auf seine linke Pobacke zeigte. Entschlossen biss ich durch den Stoff seiner Hose und in sein Fleisch – so fest ich konnte. Er jaulte auf und schoss in die Höhe, umklammerte seinen Hintern und schrie: »Diese verdammte Gahba hat mich gebissen«, und meine Mutter fing erneut an, mich zu kneifen.

»Nein, Allah, diese Gahba, diese Gahba.«

Daraufhin überzog mein Vater mich mit den üblichen Beschimpfungen, nannte mich »Schlampe«, »Hure«, »rebellisches Kind« und schrie: »Wenn du dich weiter so benimmst, schicke ich dich zu deiner Tante in den Irak. Du kommst nie in den Himmel.«

Ich achtete nicht auf ihn. In diesem Moment war meine Priorität, wieder zu atmen.

Die Angriffe meines Vaters waren immer traumatisierend, aber ich bemerkte, dass ich nach seinen gewalttätigen Episoden nun besonders emotional wurde. Wenn ich mich daran erinnerte, wie er auf meinem Gesicht gesessen war, brach ich in Tränen aus. Ich weinte überhaupt viel in dieser Zeit, ohne zu wissen, warum. Niemand, nicht einmal meine Mutter, hatte mir erklärt, welche hormonellen Veränderungen auf mich zukommen würden.

Es war Sommer und ich trug eine goldene Aladinhose, als ich das erste Mal meine Periode bekam. Ich hatte nicht damit gerechnet – denn ich wusste noch immer nicht, was eine Periode war. Ich erinnere mich, wie ich mit Banaz, Payzee, Shanar und Miriam im Garten spielte und ein plötzlicher Hitzeschub durch meinen Körper ging. Ich fühlte mich ungut, erschöpft, da zeigte Shanar auf meinen Knöchel und rief: »Du blutest ja.« Und als ich nach unten schaute, waren da ein paar Blutflecken auf dem rechten Innenbein meiner hübschen Hose. Auch weiter oben an meinem Hosenbein fühlte es sich feucht an.

Ich geriet in Panik. »Oh, mein Gott, oh, mein Gott, woher kommt das, ich sterbe«, schrie ich und rannte durch den Garten wie eine Verrückte. Alle lachten mich aus, auch Mum, Tante Alal und Tante Ruby, die im Gras saßen und tratschten. Ich lief in den Tandoor-Raum, setzte mich auf den Boden und weinte bitterlich, weil ich dachte: *Ich blute, ich muss sterben.*

Am nächsten Tag, als ich ins Wohnzimmer kam, starrten mich alle Frauen an. »Wie läuft es mit deiner Periode?«, fragte Ruby und dann fingen sie alle an, über mich zu reden, als wäre ich nicht da.

»Jetzt ist sie so weit, du kannst sie verheiraten. Die Angebote werden nur so hereinströmen, glaube mir«, sagte Sazan.

»Ha, wenn wir überhaupt jemanden finden, der sie haben will.« Das kam von Grandma.

Ich fragte: »Was ist eine Periode?«, und alle fingen an hämisch zu lachen.

»Das bedeutet, dass du jetzt eine Frau bist«, sagte Mum und sah dabei sehr selbstzufrieden aus. »Von nun an wirst du einmal im Monat bluten.«

Die Frauen hörten nicht auf, sich über meine Periode den Mund zu zerreißen. Die Tanten erzählten es ihren Freundinnen, die die Nachricht an ihre Freundinnen weitergaben, und so weiter, bis wahrscheinlich der ganze Iran und Irak wusste, dass Bekhal Mahmod ihre Periode bekommen hatte und nun heiratsfähig war.

Jetzt verstand ich, wovon Tia gesprochen hatte, als sie den Jungs ihre Damenbinde gezeigt hatte. Wir Mädchen – Kejal, ich und bald auch Miriam – durften keine gekauften Binden benutzen, da sie als unhygienisch galten. Wir mussten unsere Binden aus alten Handtuchstreifen herstellen, die nach Gebrauch ausgekocht und gewaschen wurden. Diese Handtücher trockneten wir dann auf den Heizkörpern im Lagerraum, versteckt unter anderen Wäschestücken. Würde Dad eines von meinen oder Kejals gewaschenen Handtüchern finden, würde er uns verprügeln. Aber das war nicht meine größte Sorge; ich hatte weitaus mehr Angst davor, verheiratet zu werden. Hätte man mich vorgewarnt, dass ich meine Periode bekommen würde, hätte ich niemandem davon erzählt, als es passierte. Aber ich schätze, das war wieder einer der miesen Tricks meiner Familie, um mich zu täuschen und zu kontrollieren. Meine Brüste bandagierte ich weiter wie bisher.

Wie sehr ich mich danach sehnte zu entkommen. Oft träumte ich davon, wie es wohl sein musste, in einem liberalen Land wie dem Vereinigten Königreich zu leben. Dürften meine Eltern mich schlagen oder versuchen, mich zur Heirat zu zwingen, wenn wir in England leben würden? Diese Fragen begann ich mir zu stellen. Tia sagte, die Tatsache, dass mein Vater mich schlug und mir verbot, sie zu besuchen, beweise, dass er »altmodisch« sei. Sie hatte ja keine Ahnung.

Im Januar 1996 gab es in unserem verrückten Haushalt große Neuigkeiten, die Themen wie Perioden, arrangierte Ehen oder Töchter, die wegen »Ungehorsams« getötet wurden, in den Hintergrund treten ließen. Grandpa Babakir und Grandma Zareen würden nach London ziehen. »Bahman wird mit ihnen gehen«, sagte Dad. Das war ein Schock für uns. Insgeheim war ich überglücklich, dass Zareen wegging, aber meinen Bruder würde ich vermissen, auch wenn er ein Tyrann sein konnte und wir nicht immer einer Meinung waren. Auch dass Grandpa Babakir gehen würde, tat mir leid. Er war der sanfteste Mensch in unserer Familie. Der Umzug war wohl schon seit einiger Zeit geplant, auch wenn Dad es uns erst in letzter Minute mitteilte, denn nur ein paar Tage später verabschiedeten wir uns von meinen Großeltern und meinem Bruder. Die Abreise wurde natürlich von einer entsprechenden Zeremonie begleitet. Mein Vater kaufte das fetteste Lamm, das ich je gesehen hatte, und die ganze Familie versammelte sich im Garten, um zuzusehen, wie er und Onkel Afran das arme Tier töteten, indem sie ihm die Kehle aufschlitzten. Mit Tränen in den Augen starrte ich auf meine Sandalen, denn ich wollte nicht sehen, wie das Lamm den gleichen qualvollen Tod starb wie Bakha damals. Es wurden Gebete gesprochen: *Bismillah. O Allah, erhabener, barmherziger. Allah ist der Größte. O Allah, von mir für dich. O Allah, nimm es an von mir.* Ich wollte schreien: *O Allah, bitte hol mich hier raus.*

Anschließend hängten sie das tote Lamm kopfüber auf, um das Blut in eine Schale ablaufen zu lassen. Dann sprachen wir alle weitere Gebete, während Dad das Blut Grandpa, Grandma und Bahman zu Füßen goss. Dies würde sie angeblich auf ihrer Reise und in ihrem neuen Leben im Vereinigten Königreich schützen. Anschließend wurde das Lamm in Stücke geschnitten, in Knoblauch und Gewürzen mariniert und im Tandoor gegart. Die Feierlichkeiten dauerten bis über das Abendessen hinaus an. Grandma trug eine ihrer ausgefallensten Kopfbedeckungen, die eher wie eine Krone aussah, und die Shisha-Pfeifen wurden hervorgeholt. Nachbarn und Freunde kamen, um sich von Babakir und Zareen zu verabschieden. Auch Freunde aus anderen iranischen Städten reisten an. Und als der Moment kam, als Aram Grandma, Grandpa und Bahman zum Flughafen fuhr, wimmelte es auf der Straße von Menschen, die winkten und jubelten, als der Rover davonfuhr und meinen Bruder und meine Großeltern in die Nacht und in ein neues Leben in England brachte.

Bald folgte ein Exodus der Familie Mahmod. Einige Tage nach der großen Abschiedsfeier verkündete Onkel Afran, dass auch er ins Vereinigte Königreich ziehen würde – und zwar mit seiner ganzen Familie. Innerhalb einer Woche waren sie weg. Oh, mein Gott, ich war untröstlich. Mum und Tante Alal mussten Miriam und mich auseinanderreißen; mindestens zwanzig Minuten lang standen wir vor dem Haus, weinten und umarmten uns gegenseitig. »O bitte, bitte geh nicht. Bitte verlass mich nicht, Miriam«, schluchzte ich, während die Männer die Koffer in Arams Taxi stapelten. Als der Rover davonfuhr, sackte ich auf den Boden, vergrub mein Gesicht in den Händen und weinte. Meine Cousine, meine Komplizin und beste Freundin in der ganzen Welt war weg, einfach so.

Salzwasser füllte meine Hände und rann durch meine Finger. Ich hätte den ganzen Garten mit meinen Tränen bewässern können. In diesem Moment spürte ich zwei zarte Arme um meinen Oberkörper, und eine leise Stimme sagte: »Es tut mir leid, Bakha.«

Ich ließ die Hände in meinen Schoß fallen und drehte mich um. »Oh, Nazca«, sagte ich und sie drückte mich noch fester.

Es war furchtbar, als meine Verwandten weg waren. Das Haus fühlte sich so still, traurig und verlassen an. Die Prügel wurden häufiger und heftiger. Onkel Afran war gelegentlich eingeschritten und hatte versucht, Dad zu beruhigen, wenn dieser komplett die Kontrolle verlor – so wie damals, als er mich mit dem Schlauch zurichtete. Nun war niemand mehr da, der den »Evil Punisher« stoppen konnte, und ich hasste ihn mit jedem Tag mehr. Man kann sich also meine Freude vorstellen, als ich erfuhr, dass auch Dad Onkel Afran nachfolgen wollte. Anfang Februar würde er ins Vereinigte Königreich reisen und eine »beträchtliche Zeit« fort sein. Ich überlegte, ihm anzubieten, für ihn zu packen, aber ich hatte keine Lust auf weitere Prügel.

Bevor Dad nach England abreiste, kehrten er und Mum für ein paar Tage in den Irak zurück, damit er sich von Freunden und Verwandten verabschieden konnte. Tante Ruby hatte die Aufsicht über uns Kinder, aber sie war nicht so streng wie Mum und Dad. Sobald unsere Eltern aus der Haustür waren, überkam mich eine Leichtigkeit, wie ich sie noch nie erlebt hatte.

Kapitel acht

Ost trifft auf West

Dad brach einen Tag, nachdem er und Mum aus dem Irak zurückgekehrt waren, nach Großbritannien auf. Es gab keine rituelle Tierschlachtung oder Menschenmengen, die ihm auf der Straße zuwinkten – nur Mum und wir Mädchen, die wir Dad eine gute Reise wünschten, bevor Aram ihn zum Flughafen fuhr. Meine Mutter hielt die Tränen zurück, aber später, allein, weinte sie fürchterlich. Ashti, inzwischen vier Jahre alt, fragte Dad: »Wann kommst du wieder?«, und er nahm sie in die Arme und ließ sie nach seinem Schnurrbart grapschen, der mittlerweile mit Grau durchzogen war.

Mein Vater lachte und wackelte mit seinen Schnurrhaaren, so, wie er es für mich getan hatte, als ich klein war und sein Schnurrbart noch ganz schwarz und seidig. »Ich bin bald wieder da«, log er.

Ich war das letzte Kind, das sich von Dad verabschiedete. Ich küsste seine Hand und sagte ihm, er solle auf sich aufpassen. Dann murmelte ich: »Ich liebe dich«, und sah zu, wie er zum Auto ging. Meine Gesichtsmuskeln zuckten, während ich ein Lächeln unterdrückte. Der Rover fuhr davon. *Dad ist weg, er ist definitiv weg.* Ich wollte einen Freudentanz aufführen, stattdessen erledigte ich den Abwasch.

Ich sollte meinen Vater zwei Jahre lang nicht sehen.

Das Leben war so viel entspannter, wenn er nicht da war. Zum ersten Mal seit vielen Jahren hatte ich das Gefühl, endlich wieder atmen zu können. Ich musste nicht mehr über meine Handlungen nachdenken oder den Zorn des »Evil Punishers« fürchten.

Und meine üblichen Gedanken beim Aufwachen – *Werde ich heute verprügelt?* oder *Wie kann ich heute eine Tracht Prügel vermeiden?* – verschwanden.

Verstehen Sie mich nicht falsch, natürlich schlug meine Mutter mich von Zeit zu Zeit, aber das kam nicht an die brutalen Prügel heran, die sie mir verpasst hatte, als Dad noch da gewesen war. Jetzt gab sie mir einfach eine Ohrfeige, und wenn sie damit fertig war, dachte ich naiv: *Das war okay – hat nicht besonders wehgetan.* Ich wusste, dass Mum unseren Dad schrecklich vermisste, aber sie schien auch entspannter zu sein, wenn er nicht da war. Sie schrie weniger herum und kniff nicht mehr so oft die Lippen zusammen, auch ihre Haut sah glatter aus.

Mir ist jetzt klar, dass Mum, obwohl sie ihn über die Maßen liebte, von meinem Vater dominiert wurde. Das entschuldigt zwar nicht ihre bösartigen Ausbrüche – wie die Prügel, die sie mir wegen des Lippenstifts verpasst hatte –, aber es erklärt bis zu einem gewissen Grad ihr manchmal abscheuliches Verhalten. Wenn meine Mum mich nicht nach Dads Maßstäben diszipliniert hätte, wäre es ihr nicht gelungen, mich im Zaum zu halten, was ein schlechtes Licht auf ihren Ruf als perfekte muslimische Ehefrau geworfen hätte.

Etwa ein Jahr später sollte ich sehen, wie mein Vater seine Frau schlug, weil sie mich nicht unter Kontrolle halten konnte.

Ja, diese zwei Jahre im Iran waren gut. Ich genoss es besonders, in die Schule zu gehen und mit Tia zu plaudern, die mich mit News aus der Welt des Kinos, der Musik und der Mode versorgte. Eines Tages auf dem Spielplatz fragte sie: »Oh, mein Gott, Bakha, hast du den neuesten Song der Spice Girls gehört?«, und ich neigte verwirrt den Kopf. *Wer waren die Spice Girls?* Ich dachte, dass Tia vielleicht die Frauen meinte, die in der Markthalle neben ihren Männern am Verkaufsstand saßen.

»Er heißt *Spice Up Your Life*«, erklärt Tia. »Mein Cousin hat mir eine VHS-Kassette mit dem Musikvideo geschickt. Es ist so cool. Die Mädchen sind in einem Raumschiff, total futuristisch. Scary Spice ist mein absoluter Liebling – sie hat sogar ein Zungenpiercing.«

Da fragte ich Tia einfach geradeheraus: »Wer sind denn diese Spice Girls?«, und sie klärte mich auf, wer wer war – Baby, Posh, Ginger und Sporty.

»Jedes Spice Girl hat seine eigene Identität«, schwärmte Tia und formte mit ihrem Zeige- und Mittelfinger ein V-Zeichen. »Es geht um Girl Power.«

Es hat mich immer wieder amüsiert, wie Tia davon ausging, dass ich dieses ganze westliche Zeug kenne. Sie verstand auch nicht, wie streng mein Vater wirklich war, aber um ehrlich zu sein, habe ich das aus reiner Verlegenheit immer sehr heruntergespielt. »Hey, vielleicht bringt dir dein Vater ein paar coole Sachen aus London mit?«, sagte sie oft, woraufhin ich mit den Schultern zuckte, »Vielleicht!« antwortete und dann das Thema wechselte. Ich hatte den starken Verdacht, dass mein Vater mich lynchen würde, wenn ich den Begriff »Girl Power« vor ihm in den Mund nahm.

Manchmal versuchte ich, mir die neue Umgebung meiner Verwandten in London anhand der Fotos, die Tante Alal uns geschickt hatte, vorzustellen. Es gab einige Bilder von Miriam und Shanar, die in ihren neuen Schlafanzügen im Badezimmer posierten, rosafarbene Zahnbürsten mit Kunststoffborsten vor ihre lächelnden Münder haltend. Solche Zahnbürsten hatte ich noch nie gesehen. Im Irak und im Iran putzten wir unsere Zähne mit einem Miswak-Zweig, wobei wir unseren Speichel, Natron und Zitronensaft als Zahnpasta verwendeten. Ich erkannte meine Miriam auf diesen Bildern kaum mehr wieder.

Ein weiteres Foto zeigte die Straße im Süden Londons, in der sie wohnten. Alle Häuser waren aus roten Backsteinen gebaut oder weiß gestrichen, hatten zwei oder drei Stockwerke und spitze, dreieckige Dächer. Mir fiel auf, dass zwischen den Häusern nicht viel Platz war, und einige von ihnen waren miteinander verbunden. Ich fragte mich, wie sich Bahman an das Leben in London gewöhnt hatte und ob er viele neue Freunde gefunden hatte. *Sprach in England jeder unsere Sprache?* Großbritannien war eine andere Welt für mich.

Ein paar Wochen, bevor Dad in den Iran zurückkehrte, schickte meine Mutter Kejal, Banaz, Payzee und mich zum privaten Englischunterricht bei Aleah, der Studentin, die in unserer Straße wohnte. Für uns Mädchen kam dies ziemlich überraschend, und wir begannen uns zu fragen, ob wir vielleicht auch nach England ziehen würden. »Warum sollten wir sonst Englisch lernen?«, argumentierte Kejal, aber jedes Mal, wenn wir Mum fragten, verwarf sie die Idee mit einem Schwenk ihrer Kelle.

»Nein, Allah, nein. Das hier ist unser Zuhause. Euer Vater möchte nur, dass ihr gut ausgebildet seid. Heutzutage spricht jeder Englisch.« Aber es kam mir schon seltsam vor. Zuerst hatten Grandpa und Grandma Bahman mit nach Großbritannien genommen. Dann war Onkel Afran mit seiner Familie gefolgt. Vor Kurzem war auch Onkel Zoran nach London gezogen und hatte seine neue Frau, Yelda, mitgenommen. Und ich kannte niemanden im Iran, der Englisch sprach. Wie Kejal sagte: Warum gingen wir zu diesen Unterrichtsstunden?

Ich hatte keinen Spaß daran, Englisch zu lernen, und fand es schwierig. Auch konnte ich nicht begreifen, warum man von links nach rechts schreiben sollte. In Persisch-Farsi, der Sprache, in der wir in der Schule sprachen und schrieben, schrieben wir von rechts nach links. So wie im Arabischen auch. Als ich versuchte, die Buchstaben des englischen Alphabets abzuschreiben, die Aleah uns zeigte, begann ich automatisch, nach links zu schreiben, und mein Stift fiel vom Blatt, bevor ich überhaupt angefangen hatte. Viel Englisch lernten wir nicht, nur »Hello« und das Alphabet, aber ich hoffte, eines Tages die Sprache zumindest so weit zu beherrschen, dass ich verstand, was in diesem westlichen Land vor sich ging, in dem sich meine Verwandtschaft niedergelassen hatte.

Ende Januar 1998 kehrte mein Vater zurück und brachte traurige Nachrichten aus England mit. Grandpa Babakir sei schwer krank, und wir sollten alle für ihn beten, sagte Dad und sein Gesicht verfinsterte sich zu einem Ausdruck, den ich nicht kannte. Seine Wangen wurden hohl und ich stellte mir vor, wie jemand an einer Schnur an seinem Hinterkopf zog, die seine Augenlider und seinen Schnurrbart zusammenfallen ließ. Seine müden Augen blickten in die Ferne. Hilflos sah er aus. Hilflos und traurig.

Dad sagte nicht, was mit Grandpa los war, aber ich hörte, wie er eines Tages mit Mum über »Krebs« sprach, und, mein Gott, ich war am Boden zerstört. Ich wusste über Krebs Bescheid – ich hatte immer gefürchtet, mein Vater würde Lungenkrebs bekommen, weil er zu viele Marlboro Reds rauchte. Bevor er nach England ging, hatte ich Großvater Babakir nicht oft gesehen, weil er immer unterwegs war, um Dinge für die »Community« zu erledigen. Wenn er zu Hause war, kam er nur selten aus seinem Quartier heraus. Aber er war immer noch mein Lieblingsgroßvater, und ich konnte es nicht ertragen, ihn zu verlieren. Plötzlich wünschte ich mir, wieder klein zu sein, mich hochzurecken, um seine Fingerspitzen zu berühren und in seine weisen alten Augen zu blicken.

Auch der Name von Onkel Ari tauchte oft auf, sehr zu meinem Verdruss. »Die Geschäfte von Ari laufen gut«, hörte ich Dad zu Aram sagen. »Er fühlt sich wohl in London und genießt hohes Ansehen in der Gemeinschaft. Du solltest sein Haus sehen. Er hat auch noch in andere Immobilien investiert – Wohnungen, überall in London.«

Abgesehen davon, dass er ein arrogantes Schwein war, habe ich Ari nie über den Weg getraut. Er ist der Typ, der über dich hinwegsteigen würde, wenn du in Flammen stehst, oder der dir nicht ins Rettungsboot helfen würde. Ari würde dich ganz sicher sterben lassen. Mein Vater jedoch hielt große Stücke auf seinen jüngeren Bruder, der angeblich auch noch »gerade einen Jackpot in der Lotterie gewonnen« hatte. Ich musste mich fast übergeben, als ich das hörte. Ari war ohnehin schon widerwärtig materialistisch, auch ohne Millionär zu sein, wie Dad angedeutet hatte.

Ich versuchte, nicht anzuecken und Dad aus dem Weg zu gehen. Er war erst ein paar Tage zu Hause, aber ich befürchtete, dass es nicht lange dauern würde, bis die alte Routine und die Schläge wieder einsetzten. Trotzdem kam ich nicht umhin zu bemerken, dass er und Mum sich seltsam verhielten. Dad verbrachte die meiste Zeit in der Geldwechselstube, und Mum kochte noch mehr Essen als sonst. Wenn die beiden zusammen waren, unterhielten sie sich verschwörerisch mit gedämpfter Stimme. Das versetzte mich in Panik. Sprachen sie über Ehemänner für Kejal und mich? War das der wahre Grund, warum Dad zurückgekommen war – um uns zu verheiraten? Kejal war mit fünfzehn Jahren etwa im heiratsfähigen Alter. Ich war vierzehn und Banaz wurde bald zwölf, also galt es auch, sie vor dieser verrückten Heiratssache zu schützen.

In der fünften Nacht konnte ich vor lauter Sorge nicht schlafen. Ich war inzwischen überzeugt davon, dass Dad mir einen Cousin zum Heiraten organisiert hatte. Ich stand auf und ging auf Zehenspitzen zum Schlafzimmerfenster, meine Decken um die Schultern gelegt. Gott, es war eiskalt. Draußen wirbelten dicke Schneeflocken durch den Nachthimmel. Der Boden war bereits mit dreißig Zentimetern Schnee bedeckt. Ich legte meine Hände an die Schläfen, drückte meine kleinen Finger gegen das Glas und verlor mich für eine Zeit lang im hypnotisierenden

Tanz der Schneeflocken. *Wenigstens wird es morgen Spaß machen, zur Schule zu gehen,* dachte ich und kroch zurück ins Bett.

Mitten in der Nacht wurden wir von unserer Mutter geweckt. Zumindest kam es mir so vor, als wäre es mitten in der Nacht, denn draußen war es noch stockdunkel. Ihre eiligen Schritte hatten etwas Panisches. »Kejal, steh auf, sofort. Zieh dich an, es ist Zeit zu gehen. Hilf deinen Schwestern.« Hektische Geräusche folgten.

Dann stieß Mum mit ihrem Fuß meine Schulter an: »Komm schon, Bakha, wir müssen bald los.«

Ich setzte mich auf und blinzelte in das Licht der Deckenlampe. »Wohin gehen wir? Was ist mit der Schule?«

»Nein, Allah, frag nicht so viel, Bakha. Wir kommen noch zu spät zum Bus. Na komm, zieh dich an. Möglichst viele Schichten Kleidung – es ist kalt draußen.«

Eine Stunde später bestiegen wir, eingepackt in mehrere Kleidungsstücke, den Bus nach Teheran. Nur wir Mädchen und Mum. Dad würde uns am nächsten Tag in der Hauptstadt treffen.

Bis kurz vor dem Betreten des Busses hatten wir nicht gewusst, wo es hingehen würde. »Wir wandern nach Großbritannien aus«, hatte Dad mit Eiszapfen in seinem Schnurrbart verkündet. »Das ist das Beste für uns alle«, hatte er hinzugefügt und seinen Blick von Kind zu Kind schweifen lassen. »Auf diese Weise werden wir in der Nähe von Grandma und Grandpa sein; ihr werdet euren Bruder wiedersehen – und natürlich eure Cousins und Cousinen. Dies ist eine große Chance für uns alle. Wir werden in

England ein besseres Leben haben. Und das Wichtigste ist, dass ihr alle eine gute Ausbildung bekommt.« Ich hatte Kejal angesehen, deren Gesicht vor Freude glühte.

Ein Bus hielt an der Bedarfshaltestelle, an der wir standen. Teheran verkündete das Zielschild in leuchtend grüner Schrift. Es war noch nicht einmal fünf Uhr morgens.

Der Bus war überfüllt und es gab nicht genug freie Plätze, als dass wir alle hätten zusammensitzen können, daher saßen Kejal und ich vorn hinter dem Fahrer, einem Kerl mit Bartstoppeln, noch keine zwanzig, und einem anderen Mann auf einem niedrigeren Sitz rechts vom Fahrer, der etwas jünger aussah. Mum ließ sich mit Banaz, Payzee und Ashti irgendwo im hinteren Teil des Busses nieder.

Ich war müde, konnte aber nicht schlafen, schon gar nicht nach der Bombe, die mein Vater hatte platzen lassen. Ich fragte Kejal: »Ziehen wir wirklich nach England? Ist das wahr?«

»Ja, ist das nicht aufregend? Ich habe doch gesagt, wir würden nach London ziehen, als Mum uns zu diesen Englischkursen bei Aleah geschickt hat.« Dann berührte Kejal meine Hand. Ich hatte sie noch nie so glücklich gesehen. »Komm, lass uns unser Englisch üben.«

Ich hob eine Schulter. »Okay«, sagte ich, aber das einzige englische Wort, das ich mir gemerkt hatte, war »Hello«.

Während Kejal angeregt über London plauderte, war ich in Gedanken noch im Iran. Was war mit Tia und all meinen anderen Schulfreundinnen? Ich hatte mich nicht von ihnen verabschiedet. Würde ich nie wieder in unserem Schlafzimmer schlafen oder in unserer Küche den Abwasch machen? Zugegeben, nicht alle meine Erinnerungen waren schön, aber ich hatte die letzten sieben Jahre meines Lebens im Iran verbracht, und es gab Aspekte dieses Lebens, die ich nicht loslassen wollte. Ich blickte aus dem Fenster auf die schneebedeckten Berge, die imposant und majestätisch aus der Nacht auftauchten. *Warum hat Dad bis zur letzten Minute gewartet, um uns mitzuteilen, dass wir umziehen würden? Das ist so typisch für ihn.*

Nach etwa einer Stunde Fahrt drehte sich der Mann neben dem Fahrer um und lächelte uns an. Kejal musste seinen Gesichtsausdruck als Einladung zum Plaudern verstanden haben, denn sie schnellte sofort nach vorn auf die Kante ihres Sitzes und redete los wie ein Wasserfall. »Hi, ich bin Kejal. Mein Großvater ist Babakir Mahmod und mein Vater ist Mahmod Babakir Mahmod. Ihr habt wahrscheinlich schon von ihnen gehört. Sie sind sehr bekannt im Irak und im Iran. Unsere Familie genießt einen guten Ruf.«

Mir blieb der Mund offen stehen. Das war nicht die Kejal, die ich kannte, das gute muslimische Mädchen, das sich an die Regeln hielt.

Der Mann auf dem unteren Sitz kratzte sich an der Schläfe. »Hallo, ich bin Ervin«, sagte er, »und das ist mein Bruder Saman.« Er nickte seitlich dem Fahrer zu, der über die Schulter »Hey, wie geht's?« sagte.

Kejal fuhr fort: »Nun, wir haben viele Jahre im Iran gelebt, aber – oh, das ist übrigens meine Schwester Bekhal (eine kurze Geste zu mir) – jetzt ziehen wir nach England. Die meisten unserer Verwandten leben bereits dort und ...«

Ich drehte mich in meinem Sitz um und schaute den Gang entlang. Wenn Mum sähe, dass wir mit diesen Jungs reden, bekämen wir großen Ärger. Glücklicherweise konnte ich sie nicht sehen, was (hoffentlich) bedeutete, dass sie uns auch nicht sehen konnte.

»... wir werden in London leben und dort zur Schule gehen und so.«

»Das klingt interessant«, sagte Saman und sah Kejal an.

»Ja, wir sollten in Kontakt bleiben mit euch beiden. Warum gebt ihr uns nicht eure Telefonnummern und wir rufen euch von London aus an?«, fragte Kejal.

Ich traute meinen Ohren nicht. Kejal unterhielt sich nicht nur mit diesen jungen Männern, sie *versprach* sich ihnen.

Ervin holte einen Stift und einen Zettel aus dem Handschuhfach. »Gute Idee«, sagte er und kritzelte etwas auf das Papier, das er dann Kejal gab. »Ruft uns an.«

Oh. Mein. Gott.

Wir kamen am frühen Abend in Teheran an, müde, aber mit großen Augen. Bisher hatte ich die Stadt nur im Fernsehen gesehen, wenn Dad den Nachrichtensender eingeschaltet hatte. Jetzt selbst durch Teheran zu fahren schien unwirklich, wie ein Traum. Die Straßen waren so glatt, dass es sich anfühlte, als würden wir sie entlangschweben. Es lag weniger Schnee als zu Hause – nur matschige Haufen an den Straßenrändern, und es gab so viele Autos und helle Lichter und hohe, glänzende Gebäude. Eine Straße nach der anderen zog vorbei, in ihnen Geschäfte mit Schaufenstern und Neonschildern in arabischer Sprache.

Die Autos bewegten sich in zähem Tempo vorwärts – viel langsamer als in Piranschahr.

An den Rest unseres Abends in Teheran erinnere ich mich nur verschwommen – wahrscheinlich, weil wir fast zwölf Stunden unterwegs waren (einschließlich Toiletten- und Essenspausen) und ich in der Nacht zuvor nur ein paar Stunden geschlafen hatte. Ich weiß jedoch noch, dass wir alle in einem Bed & Breakfast in einem großen beigen Zimmer übernachtet haben und ich mich beim Aufwachen am nächsten Morgen fragte, wo in aller Welt ich war.

Mein Vater muss die Nacht durchgefahren sein, denn er kam am Vormittag erschöpft in Teheran an. Während er unseren Papierkram organisierte, nahm Mum uns Mädchen mit in eine Art Cash-and-Carry-Laden, der alles von Lebensmitteln bis zu iranischen Puppen, Haushaltswaren und Kleidung verkaufte. Sie besorgte uns weite Mäntel mit Schulterpolstern, die uns bis zu den Knöcheln reichten, Stiefel, Hüte, noch mehr Kopftücher und ein Paar Handschuhe für jeden. Mein Mantel war taubengrau und sah aus, als sei er eine Leihgabe aus dem Kleiderschrank von *Inspector Gadget*. Unsere neue Kleidung und die wenigen Sachen, die meine Mutter in einen Koffer gepackt hatte, waren die einzigen Besitztümer, die wir aus dem Iran mit ins Vereinigte Königreich nehmen würden.

Alles ging so schnell. An diesem Nachmittag saßen wir in einem Büro der britischen Botschaft, während mein Vater mit einem Mann sprach und eine Menge Formulare ausfüllte. Ich hörte das Wort »Asyl« sehr oft, aber ansonsten schenkte ich ihrer Unterhaltung keine große Aufmerksamkeit. Ich versuchte immer noch, die Tatsache zu verarbeiten, dass wir nach England ziehen würden. Von jedem wurde ein Foto gemacht und am Ende des Tages waren unsere Reisedokumente genehmigt. Banaz und ich hatten einen gemeinsamen Pass, unsere kleinen Bilder waren nebeneinander auf der Seite angeordnet. (Dieser Pass ist bis heute eines meiner wenigen wertvollen Besitztümer.)

Nach unserem Treffen in der Botschaft nahmen wir einen anderen Bus direkt zum Teheraner Flughafen Mehrabad, wo wir uns von Dad verabschiedeten. Er würde in ein paar Wochen zu uns nach London kommen, sagte er, »sobald ich das Haus in Piranschahr verkauft habe«. Er erklärte, dass wir zunächst nach Berlin und dann weiter zum Flughafen London Heathrow fliegen würden.

Dann ging er davon und ließ uns in dem belebten Flughafen zurück. Meine Mutter schloss für einen Moment die Augen, ihre Mundwinkel zogen sich nach unten und sie hob den beweglichen Teil ihres Hidschabs an, um ihre Augen zu bedecken. Ich kannte diesen Blick. So wischte sie sich die Tränen ab, wenn sie sich nicht anmerken lassen wollte, dass sie weinte. Payzee und Ashti konnten nicht stillhalten, kicherten und fragten: »Wie geht es weiter, wann reisen wir nach England?« Währenddessen liefen vor uns in der Marmorhalle Reisende in alle Richtungen durcheinander. Einen solchen Ort hatte ich noch nie gesehen – es war der reinste Wahnsinn: Rolltreppen, die Leute zwischen den Stockwerken hin- und herfuhren; Frauen hinter Schaltern, lächelnd in ihren Hidschabs und mit vollem Make-up; Männer in Anzügen, die Telefone mit langen Antennen in den Händen hielten, dazu schwirrten eine Million Gespräche in verschiedenen Sprachen durch die Luft. Dann ertönte eine melodische Stimme über die Lautsprecheranlage, die Passagiere, die nach Berlin flogen, aufforderte, sich »bitte zur Abflughalle zu begeben«.

Mum ließ ihr Hidschab herabfallen und richtete sich auf.

»Nein, Allah, die meinen uns«, sagte sie und sah zu Ashti hinunter, die an ihrem Kleid zerrte. »Jetzt, mein Liebes. Wir reisen jetzt nach England.«

Kapitel neun

Dorset Road 11
London, England, Februar 1998

»Bakha, hör auf zu starren«, zischte meine Mutter, als wir die Ankunftshalle des Londoner Flughafens Heathrow betraten. Sie tippte mir auf die Schulter. »Ich sagte, du sollst aufhören. Schau nicht in diese Richtung, schau *dorthin.*« Ich sah weiterhin in *diese* Richtung, wo eine Frau in hohen Pfennigabsätzen auf einen gut aussehenden Mann zulief, der einen riesigen Strauß roter Rosen trug. Wer könnte mich schon daran hindern hinzuschauen? *Ich bin jetzt in England.*

Die Frau, Anfang zwanzig, ließ ihren Gepäckwagen stehen und quiekte, als sie an uns vorbeistöckelte. Sie trug Jeans und einen kurzen weißen Pullover, der ihren Rücken hinaufglitt, als der Mann sie fest umarmte und hochhob. Sie schlang ihre Beine um seine Taille, wobei ihr hoher blonder Pferdeschwanz auf und ab wippte. In dieser Position fuhr sie mit den Fingern durch das strubbelige Haar des Mannes und begann ihn zu küssen, als wollte sie seine Lippen und seine Zunge verspeisen. Niemand schrie das Paar an oder forderte es auf, voneinander abzulassen. Wenn überhaupt, zog ihre offensichtliche Verliebtheit Blicke auf sich, die ausdrückten: »Aaah, ist das nicht süß?«

»Ich sagte, du sollst aufhören zu glotzen«, wiederholte Mum, aber ich war wie hypnotisiert.

Wie hätte ich das knutschende Paar nicht bemerken sollen? Genauso wie die Leuchtreklamen für Parfüms, in denen Männer – und Frauen – in Unterwäsche posierten. Von dem Moment an, als wir gegen sieben Uhr morgens aus dem Flugzeug stiegen, war ich fasziniert. Ich muss wie ein Freak ausgesehen haben, der alles und jeden anstarrte. Als wir das Terminal betraten, kamen wir an einem riesigen Geschäft mit Regalen voller Parfüm, Make-up, Zigaretten und Alkohol vorbei, dann an einem kleineren Laden, in dessen Schaufenster bunte Kleidungsstücke aus elastischen Dreiecken ausgestellt waren (ich hatte noch nie einen Bikini gesehen). Keine einzige der Frauen, die ich sah, ging hinter ihrem Mann. Stattdessen fiel mir auf, dass viele Paare Hand in Hand spazierten oder dass der Mann seinen Arm um die Schulter der Frau gelegt hatte. Kinder saßen auf beladenen Gepäckwagen und spielten mit elektronischen Geräten, die sie in ihren Händen hielten. Und als ein paar weibliche Flugbegleiterinnen in ihren eng anliegenden Röcken vorbeigingen und plaudernd und lachend ihre hübschen Rollkoffer an uns vorbeizogen, dachte ich: *Wow, diese Mädchen können tun, was sie wollen. Sie sind frei.*

Vor der Einwanderungskontrolle mussten wir uns in eine endlose Schlange einreihen. Sie schien sich kaum vorwärtszubewegen und als wir schließlich vorn ankamen, wurden wir von Einwanderungsbeamten in einen separaten Raum geführt. Der Mann und die Frau in Uniform versuchten, mit meiner Mutter über unsere Dokumente und die Einzelheiten des Asylverfahrens zu sprechen, aber sie sprachen kein Kurdisch, und die einzigen drei Wörter

Englisch, die meine Mutter kannte, waren: »No speak English.« Schließlich übersetzte ein Dolmetscher das Gespräch per Telefon. Banaz malte ein Bild von einem Vogel, um Ashti bei Laune zu halten, während Payzee auf Kejals Schulter einnickte. Ich saß da in meinem Rollkragenpullover, meinem Hidschab und meinem *Inspector-Gadget-Mantel*, starrte auf das fluoreszierende Lichtband und fragte mich: *Was geschieht hier?* Bis heute kenne ich nicht alle Einzelheiten unseres Asylantrags, aber nach dem, was meine Mutter den Beamten erzählte, basierte unser Fall auf Grandpa Babakirs verheerender Prognose (die Ärzte hatten ihm nur noch sechs Monate zu leben gegeben) und der Tatsache, dass der größte Teil der Familie Mahmod bereits im Vereinigten Königreich lebte. Meine Mutter sprach auch davon, dass Großbritannien »unseren Kindern ein besseres Leben« ermöglichen würde und dass mein Bruder Bahman eingezogen worden wäre, wäre er im Iran geblieben.

Nach dem Treffen mit der Einwanderungsbehörde wurden wir für medizinische Untersuchungen in ein anderes Gebäude gebracht. Auch hier hatte aufgrund der Sprachbarriere niemand von uns eine Ahnung, was vor sich ging. Die Ärztin nahm Abdrücke von meinen Zähnen, leuchtete mit einer Taschenlampe in meine Augen und meinen Mund und steckte ein seltsames, kaltes Instrument in meine Ohren. Sie maß und wog mich – dann forderte sie mich mithilfe von Pantomime auf, mich bis auf die Unterwäsche auszuziehen.

O Gott, es war mir so peinlich. Ich trug meinen einzigen schlecht sitzenden BH, denjenigen, den meine Mutter mich zu tragen zwang. Sie hatte mich im Iran in die Markthalle geschleppt, um das Ding zu kaufen – was ich nicht wollte, lieber hätte ich weiterhin meinen Busen bandagiert. Es war ein scheußlicher BH, ursprünglich in verwaschenem Rosa. Jetzt hatte er die Farbe einer rohen Garnele, mit breiten Trägern und spitzen Körbchen. Noch dazu hatte ich voll behaarte Achseln und Beine – denn wir Mädchen durften uns nicht rasieren. Da, wo ich herkam, war es verboten, sich in der Öffentlichkeit auf diese Weise zu entkleiden. Zum ersten Mal in meinem Leben konnte ich es kaum erwarten, meine Aladinhose, mein Kleid, meinen Rollkragenpullover und meinen Hidschab wieder anzuziehen.

Wir verbrachten etwa sechs Stunden am Flughafen. Die Zollbeamten holten alles aus Mums Koffer heraus und durchsuchten gründlich unsere Taschen. Eine Beamtin zeigte auf zwei durchsichtige Tütchen Safran und hob dann die Schultern, während sie die Hände ausbreitete. Darauf antwortete meine Mutter auf Kurdisch: »In England ist es schwer, Safran zu bekommen. Und teuer noch dazu. Im Iran wächst er im Garten.« Die Frau nickte, scheinbar zufrieden, obwohl sie kein Wort verstanden hatte, und gab den Weg frei nach London, England.

In der Ankunftshalle wartete Ari auf uns. Er sah geschniegelt aus in seinem Wollmantel und sprach in ein Telefon mit ausklappbarem Mundstück und langer Antenne – wie die, die ich bei den Anzugträgern auf dem Flughafen in Teheran gesehen hatte. Als Ari uns entdeckte, steckte er das Telefon in seine Tasche und lachte. »Hey,

Behya«, sagte er und legte seine Hände auf Mums Schultern. Er küsste sie auf die Stirn. »Willkommen in London.« Dann küsste er uns Mädchen auf die Stirn und rief überschwänglich: »Willkommen in England. Willkommen im Vereinigten Königreich.« Er stank nach Eau de Cologne. Eine männliche Stimme brüllte auf Kurdisch aus Aris Manteltasche. »Ari Mahmod, hörst du mich?«

Als wir den Flughafen verließen, war es bereits früher Nachmittag, und der Verkehr auf der Autobahn kam nur langsam voran. Meine Mutter saß still auf dem Beifahrersitz und hörte zu, wie Ari von seiner neuen »Kücheninsel« und »Spülmaschine« erzählte. »Wenn wir fertig sind, müsst ihr alle zu uns kommen, Behya. Du wirst es lieben, in Berivans Küche zu kochen; sie ist riesig und mit allem Komfort ausgestattet.«

Ich saß auf dem Rücksitz, eingequetscht zwischen Kejal, die Ashti auf dem Schoß hatte, der Tür und Aris Sitz, den er bis zum Anschlag zurückgeschoben hatte, drückte meine Nase gegen die Scheibe und sah zu, wie mein geisterhafter Atem im Glas verschwand. England kroch eine Zeit lang in Grau und schlammigem Grün an uns vorbei, dann folgten endlose Abzweigungen in Straßen voller Geschäfte, Tankstellen und Bushaltestellen. Mir wurde flau im Magen, als Ari dreimal einen Kreisverkehr umrundete, bevor er sich für eine Ausfahrt entscheiden konnte. »So, das hier ist Wimbledon«, sagte er und bog in eine von Häusern gesäumte Straße ein, die meisten von ihnen aus rotem Backstein, wie ich sie auf den Bildern von Tante Alal gesehen hatte. Ari hielt neben einem kleinen Doppelhaus mit einem schrägen Ziegeldach. Ein von Buchsbaumhecken flankiertes Holztor öffnete sich auf einen Betonweg, der zu einer schwarzen Tür führte.

»Da sind wir, Dorset Road Nr. 11«, verkündete Ari und lächelte Banaz und Payzee über seine linke Schulter hinweg an. »Das ist euer neues Heim in London.«

Kejal wippte Ashti auf ihrem Knie und zeigte durch das Fenster auf das Haus. »Schau mal, Ashti«, sagte sie, »das ist unser neues Zuhause.«

Ashti kicherte, sah aber verwirrt aus, die Arme. Sie musste nach der langen Reise und dem Chaos am Flughafen erschöpft sein.

Ari wandte sich an Mum. »Nun, es ist zwar nicht wirklich *euer* Zuhause, aber immerhin habt ihr ein Dach über dem Kopf. Ich muss dich allerdings warnen, Behya – es wird eng werden da drin.«

Meine Mutter bedankte sich bei Ari, dass er uns vom Flughafen abgeholt hatte. In dem Moment tat sie mir leid; sie sah so müde aus.

Ari hatte recht. Dorset Road 11 war nicht unser Zuhause, aber meine Großeltern und mein Bruder lebten dort, und wir würden für die erste Zeit bei ihnen unterkommen. Wir konnten nirgendwo anders hin.

Als wir uns der schwarzen Tür mit den Messingziffern näherten, überrollte mich eine Welle von Gefühlen: Aufregung, Angst, Hoffnung und Traurigkeit. Ich konnte es kaum erwarten, Bahman und Grandpa zu sehen – aber ich hatte auch Angst. Babakirs Leberkrebs war nicht mehr behandelbar, hatte Mum uns vorgewarnt. Ich wusste, dass er im Sterben lag, aber ein Teil von mir wollte ihn nicht in diesem schlimmen Zustand sehen. Gleichzeitig dachte ich über die möglichen Chancen nach, die sich nun ergeben könnten. Würde die westliche Gesellschaft die Lebenseinstellung meiner Eltern verändern? *Sie können uns Mädchen doch nicht zwingen, weiterhin nach denselben strengen Regeln zu leben, oder? Ich meine, wir sind hier in London, nicht im Iran oder Irak.* Gleichzeitig war ich traurig darüber, dass wir unsere Heimat im Iran so plötzlich hatten verlassen müssen. Ich vermisste Tia und alle meine anderen Schulfreunde, den Schnee und die Berge. Außerdem beunruhigte mich irgendetwas an diesem Haus. Vielleicht war es die schwarze Tür oder die verbitterte alte Frau mit dem Kopfschmuck, die dahinter wartete. Hatte ich möglicherweise einfach nur Angst vor dem Unbekannten?

Ich schwöre bei Gott, als Bahman die Türe öffnete, erkannte ich ihn erst einmal gar nicht. Er hatte den Iran als Teenager mit dürren Armen und Beinen verlassen. Der Kerl, der nun vor uns stand, hatte breite Schultern, und sein Kopf streifte den oberen Rand des Türrahmens. Ich wusste nicht genau, wie alt Bahman war, denn wir feierten in unserer Familie ja keine Geburtstage, aber ich schätzte, dass er etwa siebzehn oder achtzehn Jahre alt sein musste. Bahman hatte die schmalen Lippen und die Mimik seiner Mutter, aber die Größe seines Vaters, und auch seine Stimme war tiefer geworden. Aus meinem tyrannischen Bruder war ein Mann geworden. Diesmal konnte Mum ihre Tränen nicht zurückhalten. Sie umarmte Bahman und küsste sein Gesicht. »O Allah, mein Kind, mein Junge«, sagte sie. »Oh, sieh nur, wie du gewachsen bist. Ich habe dich so sehr vermisst.«

Wir zogen unsere Schuhe aus und folgten Bahman und Ari in unseren übergroßen Mänteln aus Teheran durch den schmalen Flur. Der Teppich unter unseren Füßen fühlte sich weich und elastisch an. Wir gingen in ein Wohnzimmer auf der Rückseite des Hauses. Als ich Grandpa Babakir sah, musste ich mich zurückhalten, nicht laut aufzuschreien. Er lag in einem Krankenhausbett, gestützt vom erhöhten Kopfteil und von Kissen. Er trug die traditionelle Kleidung, die er zu Hause immer anhatte: einen Turban, der zu schwer für seinen zerbrechlichen Kopf schien, ein beige-graues kras (Anzughemd) und eine passende Jacke (mraxani). Meine Großmutter saß neben dem Bett auf einem Sofa aus grünem Kunstleder und tupfte sich mit einem großen geblümten Taschentuch die Augen. »Was geschieht nur mit ihm?«, rief sie, als Mum ihr einen Begrüßungskuss auf beide Wangen gab. Als er uns Kinder sah, lächelte Grandpa und versuchte, sich aufzurichten.

»Möchtest du dich auf das Sofa setzen, Grandpa?«, fragte Bahman, während er bereits dabei war, ihm aus dem Bett zu helfen. Auch Ari half mit, und wir Mädchen wendeten höflich den Blick ab, bis Grandpa seinen Platz auf dem Sofa eingenommen hatte. Er sah so ausgelaugt aus. Sein Kummerbund war mehrmals um seine Mitte gewickelt und seine Haut sah aus wie gelbe Frischhaltefolie, die sich über ausgemergelte Knochen und verdickte Adern zog. Es war erschütternd zu sehen, wie Grandpa, das Oberhaupt unserer Familie, ein so starker und würdevoller Mann, vor unseren Augen dahinschwand.

Ich küsste seine Hand und kniete auf den Boden neben dem Sofa und er fragte mich nach unserer Reise nach Großbritannien.

»Oh, es war toll«, sagte ich. »Es hat mir großen Spaß gemacht und alles lief reibungslos.« Mein Kopf hatte vom Start im Iran bis zur Landung in London in einer Spucktüte gesteckt. »Es ist so schön, dich wiederzusehen, Grandpa.«

»Dich auch, Bakha«, sagte er und hustete zu laut für seinen zerbrechlichen Körper.

Grandma wedelte mit ihrem Taschentuch in Richtung meines Großvaters. »Schaut ihn euch an. Was ist nur los mit ihm?«, schluchzte sie.

Grandpa schaffte es, sich noch etwa eine halbe Stunde mit uns zu unterhalten, dann schlief er fast ein, und Bahman und Ari halfen ihm zurück in sein Krankenhausbett. Daraufhin verließ uns Ari und sagte, dass er in Kürze mit dem »Rest der Mannschaft« zurückkommen würde.

Während Großvater schlief, führte uns Bahman durchs Haus. Ich fand es seltsam, dass es in einem zweistöckigen Haus keine Treppen gab, und fragte Bahman danach. »Oh, die Treppen sind hier versteckt«, sagte er und zeigte auf die geflieste Wand im Badezimmer. »Im Obergeschoss befindet sich eine separate Wohnung.« Diese Sache mit den versteckten Treppen kam mir unheimlich vor. Eigentlich war mir das ganze Haus unheimlich. Grandmas Schlafzimmer, in dem auch Mum, Payzee und Ashti schlafen würden, war das erste Zimmer an der Vorderseite des Hauses. Das Wohnzimmer, in dem Grandpa in seinem Krankenhausbett schlief, grenzte an Grandmas Zimmer an und führte durch zwei Glastüren in einen kleinen, gemeinsam genutzten Garten. Dann gab es noch das Badezimmer, das eine algengrüne Badgarnitur mit Mobilitätshilfen beherbergte, Bahmans kastenförmiges Schlafzimmer und eine Küche mit einer Tür, die in eine Gasse an der Seite des Hauses führte. Im Vergleich zu unserem Haus im Iran, wo die meisten Zimmer Türen hatten, die in den Garten führten, gab es in diesem Haus nur wenige Ausgänge. Bahman sagte, Kejal, Banaz und ich könnten in seinem Zimmer schlafen und er würde sich zu Großvater ins Wohnzimmer legen.

Trotz Aris früherer Bemerkung über die Enge beschwerte man sich in unserer Familie nicht über ein überfülltes Haus. An diesem Abend quetschte sich der gesamte britische Zweig der Familie Mahmod in das Haus Nummer 11, Dorset Road: Ari kam mit Tante Berivan, Heibat und Helo zurück. Onkel Zoran erschien mit seiner neuen Frau Yelda, die ein wenig unnahbar wirkte, und natürlich kamen auch Onkel Afran und Tante Alal mit Miriam und Shanar. Meine Mutter muss erschöpft gewesen sein, aber sie kochte trotzdem riesige Töpfe mit Dolma, und auch die Tanten brachten selbst zubereitetes Essen mit. Plötzlich roch und klang das ganze Haus wie zu Hause, vor allem als Miriam das Wohnzimmer betrat. Was hatte ich mich nach diesem Moment gesehnt.

»Oh, mein Gott, Bakha!«, kreischte Miriam.

»Oh, mein Gott, Miriam!«, rief ich ebenso aufgeregt, und wir fielen uns in die Arme und schaukelten hin und her.

Wieder mit Miriam zusammen zu sein war wunderbar.

Es fühlte sich an, als wäre kein Tag vergangen, seit wir uns im Iran unter Tränen verabschiedet hatten. Sie war immer noch dieselbe schelmische Miriam, obwohl sie in Jeans und langärmeligem T-Shirt schon recht »verwestlicht« aussah. Ihr Haar trug sie in einem modischen langen Bob, der hin und her schwang, wenn sie ihren Kopf drehte. Und sie hatte keinen Hidschab mehr an. Auch Shanar nicht.

In all dem Trubel bemerkte niemand, dass Miriam und ich in Bahmans Schlafzimmer verschwanden. Kejal half Mum in der Küche und die Männer waren bei Grandpa, während Heibat und Helo meine anderen Schwestern längst mit ihren tragbaren »digitalen Haustieren« in Bann gezogen hatten. Ich setzte mich neben Miriam auf Bahmans Bett, und wir unterhielten uns eine Weile, die Beine auf der bequemen Matratze ausgestreckt. Ich fragte Miriam, wie das Leben in London sei, und ihre Antwort klang recht optimistisch. »Es ist viel entspannter als zu Hause«, sagte sie, »ich darf hier viel mehr machen. Ich muss meinen Kopf nicht bedecken und nicht ständig beten. Make-up darf ich noch nicht tragen, aber ich habe getönten Lippenbalsam und hier, riech mal.« Miriam hob ihren Arm an mein Gesicht und ich schnupperte an ihrem Handgelenk. Der Duft war schärfer und fruchtiger als Tias *LouLou* von Cacharel.

»Wow, du darfst sogar Parfüm tragen?«

»Ja, es heißt *Exclamation*«, sagte Miriam, und ihre Haare tanzten wieder dabei. »Alle Mädchen in meiner Klasse haben es.«

Meine Fantasie lief auf Hochtouren. »Glaubst du, ich darf auch bald aufhören, meinen Hidschab zu tragen?«

»Ich wüsste nicht, was dagegenspricht – schließlich ist dies ein freies Land, nicht wahr?«

Dann fingen wir beide an zu kichern, genau wie früher. »Oh, ich habe dich so vermisst, Miriam«, sagte ich.

Die Tage zogen dahin, einer wie der andere. Wir verließen nie das Haus – es sei denn, eine Runde durch den gemeinsamen Garten zählt als Ausflug? Bahman, der ein nahe gelegenes College besuchte (ich weiß immer noch nicht, wo oder was er studierte), brachte die Einkäufe für die ganze Familie mit, und gelegentlich fuhr Ari ihn oder Grandma zum Supermarkt. Ari fragte nie, ob Mum oder wir Mädchen mitkommen wollten.

Meine Mutter kochte viel, und ich verbrachte meine Tage damit, das Haus zu putzen. Grandma konnte kaum noch ohne Hilfsmittel gehen, geschweige denn auf Händen und Knien die Fußleisten schrubben. Ich säuberte die Küche, zog den Herd, den Kühlschrank und die Waschmaschine vor, um all den Dreck wegzuschrubben, der sich dahinter angesammelt hatte, und während ich arbeitete, träumte ich von Hidschab-freien Zeiten, getöntem Lippenbalsam und dem Duft von *Exclamation*.

Meine Grandma war in den letzten zwei Jahren stark gealtert. Sie war immer noch dick, aber ihr Körper, der immer so fest wie der eines Sumo-Ringers gewirkt hatte, war schlaffer geworden und sie war auch ein gutes Stück geschrumpft. Doch während Zareens Körper schwächer und weicher geworden war, blieb ihr Gesicht hart und ihre Zunge so scharf wie das Rasiermesser, mit dem sie mich vor sechs Jahren fast getötet hätte. Kürzlich hatte ich meine

Mutter gefragt: »Warum wurden wir (meine Schwestern, Cousinen und ich) beschnitten?«

»Ach, Allah, alle Mädchen werden beschnitten«, sagte sie wegwerfend. »Es hilft dir, dich künftig nicht haram zu benehmen.«

Und auf diese Erklärung hatte ich nun sechs Jahre lang gewartet. Mums Antwort hätte unklarer nicht sein können, aber wann immer ich nachfragte und drängte oder wissen wollte, warum ich das einzige Mädchen war, das von Grandma beschnitten wurde, sagte sie: »Es war nur zu deinem Besten. Genug jetzt davon, Bakha.«

Ich wusste, dass Grandma Zareen mich immer noch hasste. Immer wenn ich ihr im Flur über den Weg lief, stützte sie sich auf ihren Gehstock, sah mich mit zusammengekniffenen Augen an und sagte: »Geh mir aus dem Weg, lästiges Kind.« Dass ihre lästige Enkelin ihr Haus putzte und ihr beim Waschen und Anziehen half, fand Zareen allerdings in Ordnung. Jeden Morgen badeten Mum, Kejal und ich Grandma, was eine ziemlich mühsame Sache war. Mum half Grandma über ein paar Trittstufen in die algenfarbene Wanne, die zu einem Viertel mit heißem Wasser und einer Kappe Dettol-Desinfektionsmittel gefüllt war. Grandma schnaufte und ächzte vor Anstrengung, bevor sie schließlich mit dem Hinterteil voran in die Wanne platschte, sodass das Wasser bis zum Rand anstieg – wie ein überdimensionaler Knödel, der in einen Eintopf fiel. Nachdem Grandma ihre Vorderseite gewaschen hatte, säuberten Kejal und ich ihren Rücken und ihre Seiten, wobei eine von uns eine Fettwulst anhob, während die andere mit Dove-Seife und einem Schafwollhandschuh aus dem Iran die Haut darunter schrubbte. Diesen Vorgang wiederholten wir so lange, bis jede einzelne Hautfalte gereinigt war. Dann halfen wir Grandma aus der Wanne und in ihre Kleider und setzten ihr den Kopfschmuck auf.

Zwar hatten wir uns immer noch nicht ins Freie gewagt, aber ich begann nun, im Haus interessante Aspekte des westlichen Lebens zu entdecken. So war ich fasziniert von den Zwei-Liter-Plastikflaschen von Coca-Cola, denn im Iran hatte ich immer nur die kleinen Glasflaschen gesehen. Aber meine große Liebe galt dem Spülmittel »Fairy«. Ich hatte keine Ahnung, dass es so etwas gab. Als ich Grandma fragte, wo sie die Olivenseife aufbewahrte – damit ich den Abwasch machen konnte –, lachte sie wie eine Irre und zeigte auf die weiße Quetschflasche neben dem Waschbecken. »He, he, he, he, he«, keckerte sie, »wir benutzen hier keine feste Seife für das Geschirr.« Ich konnte zwar das Wort »Fairy« nicht lesen, aber mir gefiel das Bild des Babys auf der Flasche. Ich öffnete den roten Verschluss und goss die grüne Flüssigkeit in das Waschbecken, fügte etwas Wasser hinzu und sah zu, wie sich glitzernde Regenbogenblasen bildeten. Ehrlich, ich dachte: *Gott sei gedankt für das Genie, das dieses fantastische Produkt geschaffen hat.*

Englischsprachiges Fernsehen war etwas komplett Neues für mich, und glücklicherweise gab es in Bahmans Schlafzimmer einen Fernseher. Meine Mutter sagte, wir dürften nur unter ihrer Aufsicht auf dem anderen Apparat in Grandmas Wohnzimmer fernsehen, aber ich fand eine Möglichkeit, diese Regel zu umgehen. Da Mum so damit beschäftigt war, sich um Grandma und Grandpa zu kümmern oder zu kochen oder mit Dad zu telefonieren, war es ein Leichtes, in Bahmans Zimmer zu schleichen und hier und da ein paar Szenen einer Sendung zu sehen. Und falls meine Mutter mich auf frischer Tat ertappen sollte, würde ich sagen, dass ich versuchte, Englisch zu lernen, bevor die Schule begann. Ich genoss es, durch die Kanäle zu zappen, obwohl ich die Sprache nicht verstand. Es gab eine Sendung, die ich sehr mochte, es ging um eine Gruppe von sechs gut aussehenden Freunden, drei Männer und drei Frauen, die immer glücklich zu sein schienen. Viele Szenen spielten sich in einem Café ab und etwa alle dreißig Sekunden sagte eine der Figuren etwas, das das Studiopublikum in lautes Gelächter ausbrechen ließ. Ich stimmte in das Retortengelächter mit ein und stellte mir vor, ich wäre in diesem Café mit solch engen Freunden, Frauen wie Männern, und wir hätten Spaß und würden uns umarmen. Ich hatte damals keine Ahnung, dass ich über die Pointen von Chandler, Joey, Phoebe, Monica, Ross und Rachel in der amerikanischen Kultserie *Friends* lachte.

Diese heimlichen Momente vor dem Fernseher waren die reinste Alltagsflucht. Manchmal schaute Banaz die Sendungen mit mir an, obwohl sie meistens an der Tür Wache stand, während ich Zentimeter vom Fernseher entfernt saß, den Finger auf dem An/Aus-Knopf der Fernbedienung. »Achtung, Bakha, da kommt jemand«, sagte sie dann. Ich schaltete den Fernseher aus und wir sahen uns ein paar Sekunden lang gespannt an und fielen dann lachend um, wenn wir merkten, dass niemand an der Tür war.

Zwei Wochen waren vergangen, und noch immer hatten wir uns nicht aus der Haustür von Dorset Road Nummer 11 hinausgetraut. Wir lebten auf engstem Raum zusammen unter schwierigen Bedingungen, umgeben von der herzzerreißenden Traurigkeit über Grandpas bevorstehenden Tod. Er selbst schlief die meiste Zeit und aß nicht viel. Ich bereitete ihm Salate mit frischem Gemüse und Obst zu, das ich in winzige handliche Stücke schnitt, sehr zu Grandmas Missfallen. Sie hätten die Blicke sehen sollen, die sie mir zuwarf, wenn ich Grandpas leere Salatschüssel von seinem Nachttisch holte – ihre kreidebleichen Augen bohrten sich in mich, als ich den Raum verließ. Dann hörte ich sie heulen, während ich den Abwasch machte. »Was passiert nur mit ihm? Warum sieht er so aus?«

In vielerlei Hinsicht unterschied sich das Leben in London nicht von unserem Leben im Iran: Wir mussten immer noch fünfmal am Tag beten, aßen traditionelles Essen und trugen repressive Kleidung und die Frauen tratschten über arrangierte Ehen. Das Haustelefon in Grandmas Wohnzimmer klingelte ununterbrochen – Anrufe von Verwandten hier in London, aber auch von Familienmitgliedern und Freunden in der Heimat. Ein paar Mal hörte ich, wie Grandma Kejals und meinen Namen erwähnte, während sie mit verschiedenen Tanten im Irak sprach. »Die Älteste ist so weit – und die Jüngere ist auch nicht mehr weit entfernt«, sagte sie bei diesen Gelegenheiten, aber ich ignorierte ihre Bemerkungen. *Sie kann mich nicht verheiraten. Ich lebe jetzt in England.*

Eines Morgens, nicht lange nachdem wir Grandma gebadet und angezogen hatten, klingelte wieder einmal das

Telefon. Ich war mit Banaz und Kejal in der Küche und bereitete schwarzen Tee für Grandma und Mum zu, als uns ein langer, klagender Schrei zusammenzucken ließ. Wir sahen einander an und rannten durch den Flur in Grandmas Zimmer.

Mum kniete auf dem Boden, bedeckte ihre Augen mit dem Saum ihres Hidschabs und murmelte: »Geleite sie zurück zu Allah, geleite sie zurück zu Allah.« Grandma saß auf dem Bett, die Füße auf einen Schemel gestützt. Sie weinte. Ich kniete mich zwischen Banaz und Kejal auf den Boden. Zum Glück waren Payzee und Ashti in Bahmans Zimmer und konnten Mums tragische Worte nicht hören. Sie rückte ihren Hidschab zurecht und sah uns an, die Augen voller Tränen, ihr Make-up verschmiert. »Nein, Allah«, sagte sie langsam, »wir haben eine sehr traurige Nachricht aus dem Irak erhalten.« Grandma atmete heftig und ihre Schultern hoben sich. Ich sah Banaz an, die nervös an der dünnen Narbe an ihrem rechten Zeigefinger zupfte, und mein Herz bebte. »Es geht um Avin. Sie hat sich heute am frühen Morgen das Leben genommen.«

»Nein, o bitte, nein«, sagte ich und schlug mir die Hand vor den Mund. Meine Brust krampfte sich zusammen und ich schluchzte auf. Banaz und Kejal brachen ebenfalls in Tränen aus.

»Sie stieg auf das Dach ihres Hauses und schoss sich in den Kopf«, sagte Mum. »Geleite sie zurück zu Allah, geleite sie zurück zu Allah.«

Banaz legte ihren Kopf auf meine Schulter, und ich nahm ihre Hand und hielt sie fest in meinem Schoß, während Kejal ihren Arm um uns beide legte.

»Arme Avin«, weinte Banaz, »unsere wunderbare Schwester.«

»Sie muss furchtbar unglücklich gewesen sein«, sagte ich. In meinem Kopf sah ich noch immer Mum und Dad, wie sie Avin in den Bus in den Irak geschubst hatten. Unsere schöne Avin: in Schande weggeschickt, weil sie sich in einen Mann verliebt hatte, den sie in einer Markthalle im Iran kennengelernt hatte. Unsere geliebte Avin, zwangsverheiratet mit einem Mann, den sie nicht kannte. Und nun war unsere Avin tot, mit neunzehn Jahren, und hinterließ einen entzückenden Sohn im Kleinkindalter und eine kleine Tochter.

»Geleite sie zurück zu Allah«, murmelte Mum immer wieder.

Grandma seufzte. »Nun, ich nehme an, Avin hat sich nicht an die Regeln gehalten.«

Der Tag ging weiter. Ein neuer Tag im Inneren des Hauses, still und traurig. Wir Mädchen kümmerten uns um unsere Aufgaben: Putzen, beim Kochen helfen, Wäsche waschen, Geschirr spülen und nach Grandpa sehen. Wir weinten viel und trauerten um Avin, das Mädchen, dass wir Mahmod-Schwestern so bewundert und verehrt hatten. Als ich das Algenbad putzte, erinnerte ich mich an etwas, das Grandma zu mir gesagt hatte, als sie Avin als gutes muslimisches Mädchen gepriesen hatte. *Du könntest eine Menge von Avin lernen, Bekhal.* Ein Schauer lief mir über den Körper.

Als wir an diesem Abend auf dem Plastiktischtuch saßen und zu Abend aßen, machte Mum eine weitere Ankündigung. »Euer Vater hat heute angerufen«, sagte sie und reichte Kejal eine Schüssel ihres perfekt gebratenen Reises. »Es gibt gute Nachrichten. Er hat unser Haus im Iran verkauft.« Mein Herz sank. »Er wird in ein paar Tagen in England eintreffen. Ach, Allah, das ist genau das, was wir brauchen – einen Neuanfang in einem neuen Land, umgeben von unserer liebenden Familie. Endlich können wir alle wieder zusammen sein.«

Kapitel zehn

Die Rückkehr des Evil Punishers

Ich hatte nie gedacht, dass ich das einmal sagen würde, aber ich war erleichtert, als Dad wieder bei uns war. Nun, zumindest für eine Weile. Die Atmosphäre in der Dorset Road Nummer 11 entspannte sich, und Grandmas Stimmung hellte sich enorm auf, sobald ihr ältester Sohn wieder in ihrer Nähe war. Vergessen waren ihre Schmerzen, Wehwehchen und sonstigen Beschwerden, die sie ständig beklagte. Die alte Hexe humpelte erstaunlich flink mit ihrem Stock durch die Gegend und machte Kontrollbesuche in der Küche, keuchend wie ein aufgeregtes Kind. Immer wenn Dad sich herabbeugte, um sie zu küssen, legte sie ihre Patschhände seitlich an seinen Kopf, zog sein Gesicht zu sich heran und übersäte seine Stirn und Wangen mit Küssen. Ein weibliches Familienmitglied würde sie niemals auf diese Weise begrüßen. Ich kann mich nicht erinnern, dass Grandma mich auch nur jemals angelächelt hätte.

Jetzt, wo unser Vater wieder da war, kamen unsere Verwandten öfter zu Besuch, was wiederum mehr Gelegenheit zu heimlichen Fernsehsessions im Schlafzimmer mit Miriam gab, die mir die Programme erklärte. Ehrlich gesagt habe ich auf diese Weise auch meine ersten englischen Wörter und Sätze gelernt. Miriam brachte mir bei, wie man »How you doin'?«, also »Wie geht's?«, sagte, was, wie ich gelernt hatte, Joeys Standardspruch in *Friends* war. Aber meine absolute Lieblingsserie war *Baywatch*. Als ich das erste Mal den Vorspann sah, habe ich kein einziges Mal geblinzelt, ich schwöre es. Gezeigt wurden Nahaufnahmen von Frauen, die über goldenen Sand liefen, nackt bis auf winzige Bikinis. *Wo in aller Welt durften Frauen so herumlaufen?* Eine andere Aufnahme zeigte einen roten Rettungshubschrauber, der über dem glitzernden Meer schwebte. Dann sprinteten sechs Rettungsschwimmer in einer Reihe durch die Brandung, drei Frauen in hoch ausgeschnittenen roten Badeanzügen, die Männer in nichts als dünnen roten Shorts. Sie sahen alle so schön und voller Energie aus. Diese Freiheit. *Baywatch* war mein gelegentliches Portal in eine verbotene Welt, in der Menschen sie selbst sein konnten, an den Strand gehen und im Meer schwimmen. Ich hatte bislang keine Ahnung gehabt, dass Leute an Strände gingen. *Wenn Dad mich dabei erwischt, wie ich das anschaue, bringt er mich um*, dachte ich. Ich habe es trotzdem angesehen, wenn ich konnte.

Ein weiterer positiver Aspekt von Dads Rückkehr war, dass wir endlich aus dem Haus gehen konnten. Rückblickend denke ich, dass Dad Mum verboten haben musste, das Haus zu verlassen, solange er noch im Iran war. Natürlich zeigte Dad uns nicht den Tower of London, Big Ben oder Buckingham Palace, aber er machte uns mit den Geschäften in Wimbledon und im nahe gelegenen Colliers Wood bekannt – eine Erfahrung, die mich gleichermaßen faszinierte und verwirrte. Ich fand es toll, dass die großen Supermärkte nicht nur Lebensmittel, sondern auch Kleidungstücke verkauften – und dass diese alle brandneu waren. Die meisten meiner Anziehsachen, abgesehen von den Kleidern, die meine Mutter auf ihrer Nähmaschine genäht hatte, hatte ich »vererbt« bekommen. In einem Supermarkt beobachtete ich, wie ein Mädchen, das so alt aussah wie Banaz, eine Reihe von Jeanskleidern durchstöberte, bis sie eines in ihrer Größe fand. Dann nahm die Mutter des Mädchens ihrer Tochter das Kleid aus den Händen, sagte etwas Vergnügtes und legte es in ihren Einkaufswagen. Meine Mum raunzte mich an, ich solle aufhören zu starren. Überall, wo wir hingingen, wurde mir gesagt, ich solle »nach unten schauen« oder die Leute »nicht anschauen«, vor allem keine Jungen und Männer. »Sprich bloß mit niemandem«, warnte Dad. Nach zwei Jahren in London konnte er zwar etwas Englisch, aber es fiel ihm immer noch schwer, sich mit Menschen zu verständigen. Ich wollte die Sprache so gern verstehen. Dad sagte, wir Kinder würden in wenigen Wochen mit der Schule beginnen. Wie sollte ich neue Freunde finden, wenn ich ihre Sprache nicht konnte?

Leider durften wir Mädchen uns unsere Kleidung nicht selbst aussuchen. Stattdessen ging unser Vater mit uns in Second-Hand-Läden, wo er für jede von uns etwas aus den Regalen voller Sachen aussuchte, die keiner mehr haben wollte. Also, ich möchte nicht undankbar klingen; ich liebte diese Läden – und natürlich gab es dort tolle, westliche Kleidungsstücke. Aber die Sachen, die Dad für uns aussuchte? Ehrlich, ich mache keine Witze, ich ging mit einem schäbigen schwarzen Rucksack und marineblauen Fila-Turnschuhen – beides für Jungs gedacht – sowie einem pfirsichfarbenen Anorak im Oma-Stil, der meinen

Inspector-Gadget-Mantel wie Haute Couture aussehen ließ, aus dem Laden. Ich hatte zugegebenermaßen selbst keine Ahnung von der neuesten Mode, aber ich hätte so gern ein hübsches Paar Mädchenschuhe gehabt wie die, die ich bei meinen Cousinen gesehen hatte.

Unser Einkaufsbummel war das einzige Mal, dass ich das Haus verließ, während ich in der Dorset Road wohnte. Dad war zu sehr damit beschäftigt, sich um Grandpa zu kümmern und unseren Umzug in eine neue Unterkunft zu organisieren, als dass er uns noch einmal mitgenommen hätte – und wir durften das Haus nicht ohne ihn verlassen. Gelegentlich fuhren Mum und Dad Grandpa in seinem Rollstuhl spazieren. Sie machten einen Nachmittagsspaziergang mit ihm, und manchmal nahm Onkel Ari sie für ein paar Stunden mit auf eine Ausfahrt oder zu sich nach Hause. Während sie weg waren, blieben wir Kinder zu Hause bei Grandma, die praktischerweise auf dem grünen Sofa im Wohnzimmer in einen tiefen und lautstarken Schlaf fiel. Sobald sie anfing zu schnarchen, wurde der Fernseher eingeschaltet. Wir guckten Serien wie *Neighbours, Home and Away, Das Buschkrankenhaus* sowie Spielshows. Unsere Großeltern hatten auch eine Satellitenschüssel, sodass wir zwischen vielen Kanälen hin- und herspringen konnten. An manchen Nachmittagen schlichen Kejal und ich uns in Grandmas Schlafzimmer und benutzten ihr Tastentelefon, um Ervin und Saman anzurufen, die jungen Männer, die wir im Bus nach Teheran kennengelernt hatten. Damals fanden wir die Anrufe urkomisch. Kejal und ich schnappten uns gegenseitig den Hörer weg und versuchten, die Jungs mit Geschichten von unserem neuen

Leben in London zu beeindrucken, während Grandma im Nebenzimmer schnarchte. Ich erinnere mich an unseren ersten Anruf im Iran. »London ist total toll«, schwärmte Kejal und kicherte. »Wir waren jeden Tag unterwegs – es gibt so viel zu sehen und zu machen, und …«

Ich griff nach dem Telefon. »How you doin'?«, sagte ich mit stark kurdischem Akzent. Zu der Zeit wusste ich noch nicht das Geringste über Anmachsprüche – ich dachte einfach, »How you doin'?« zu sagen sei extrem cool. »Wie geht's so im Iran?« fragte ich Ervin, aber Kejal riss mir das Telefon aus der Hand, bevor er antworten konnte.

»Meine Familie ist in London sehr bekannt«, sagte sie, warf mir einen erwartungsvollen Blick zu und nickte dabei eifrig. *Fall mir jetzt bloß nicht in den Rücken*, hieß das. Ich lachte. Ich hatte gar nicht gewusst, dass es in Kejals Gutes-muslimisches-Mädchen-DNA einen solch rebellischen Strang gab.

Zehn Tage später verließen wir schließlich das Haus Nummer 11 in der Dorset Road und zogen in ein Bed-and-Breakfast in West London. Dad sagte, das sei nur vorübergehend, bis uns die Stadtverwaltung ein Haus zuteilen würde.

Das B&B, Barry House, befand sich in einem historischen Reihenhaus mit Stuckfassade am Sussex Place zwischen Paddington und Bayswater – ein schönes Stückchen London. Wir wohnten in Zimmer Nummer 20, das über ein eigenes Bad und einen angrenzenden Küchenbereich verfügte. Es gab zwei Etagenbetten und ein Doppelbett, also bekam Bahman das große Bett und ich, Kejal, Banaz und Payzee schliefen in den Etagenbetten. Ashti war bei Mum und Dad in ihrem Zimmer auf dem Dachboden untergebracht. Allerdings hielten sich Mum und Dad von morgens bis abends bei uns auf, außer an einzelnen Tagen, an denen sie für ein Nachmittagsschläfchen in ihr Zimmer gingen.

Anfangs genoss ich es, im B&B zu wohnen. Es war gemütlich, mit blauen Teppichen, die ein Muster aus kleinen bernsteinfarbenen Kronen hatten. Im Keller gab es einen Speisesaal, den wir zum Frühstück aufsuchten, was ich absolut unglaublich fand. Man konnte sich Müsli und Obst holen, Orangen- oder Apfelsaft, Tee und Kaffee, und wenn man ein warmes Frühstück wünschte, bereitete ein Mitarbeiter das Essen in der Küche zu und brachte es einem an den Tisch. Wir konnten weder Würstchen noch Speck essen, aber die Rühreier auf Toast waren ein echter Genuss. An der Wand des Esszimmers gab es einen Fernseher, und ich aß so langsam wie möglich, damit wir länger bleiben und das Frühstücksfernsehen *GMTV* schauen konnten. Auch hier verstand ich kein Wort, aber ich fand die Optik der Sendung toll – die westliche Kleidung der Moderatoren und die Londoner Skyline hinter dem bunten Sofa.

Als wir etwa zwei Wochen in Barry House gewohnt hatten, rief uns Dad zu sich, und Kejal, Banaz und ich knieten zu seinen Füßen, während er auf Bahmans Doppelbett saß. »Morgen beginnt die Schule für euch«, sagte er und ich schaute auf den abgetretenen blauen Teppich und dachte: *Ja, endlich raus hier!* Wir waren schon seit einer Ewigkeit in diesem Raum eingesperrt. Unsere Eltern ließen uns Mädchen nicht aus den Augen. Die einzige Zeit, die ich für mich allein hatte, war während meiner zehnminütigen Dusche, die immer unterbrochen wurde, indem meine Mutter an die Tür klopfte und schrie: »Raus da, du brauchst zu lange.« So, wie sie es auch im Iran getan hatte.

»Dies ist noch nicht eure endgültige Schule«, fuhr Dad fort, »aber ihr müsst euch trotzdem sehr anstrengen. Und egal, was die anderen Kinder anhaben, ihr müsst eure Hidschabs tragen. Ihr werdet *keine* Schande über diese Familie bringen.«

»Nein, Allah, nein, keine Schande«, wiederholte Mum. Und schon war sie dahin, meine Vorstellung, dass Dad die Dinge ein wenig lockerer sehen würde, aber immerhin würde mich die Schule unter der Woche aus diesem klaustrophobischen Zimmer herausholen.

Zuerst begleitete uns Dad auf dem anderthalb Kilometer langen Weg zur North Westminster Community School. Manchmal, wenn wir spät dran waren, nahmen wir den Bus, was der reinste Zirkus war. Wenn es keine freien Plätze gab, stellte Dad Kejal, Banaz und mich zusammengepfercht nebeneinander, während er uns gegenüberstand und jeden Jungen oder Mann mit dem Ellbogen aus dem Weg schob. Wenn jemand in auffälliger oder provokanter Kleidung einstieg, lächelte Dad ihn an und murmelte »Mizir ker«, was auf Kurdisch so viel wie »verdammter Esel« bedeutete.

An meinem ersten Schultag fühlte ich mich wie eine Außenseiterin. Alle anderen Mädchen trugen Uniformen, die aus kurzen Röcken mit einem Blazer, schwarzen Strumpfhosen oder oberschenkellangen weißen Strümpfen bestanden. Sie trugen elegante Handtaschen über der Schulter, waren geschminkt – mit gekonnt aufgetragenem Eyeliner, Bronzer und zuckersüßem rosa Lippenstift – und machten dramatische Gesten, wenn sie sprachen. Sie spielten mit ihren Haaren, stemmten die Hände in die Hüften oder wedelten mit dem Zeigefinger in der Luft herum. Ich beobachtete ihre Münder, während sie sprachen, und versuchte zu entschlüsseln, was sie sagten, aber die einzigen Worte, die ich verstand und die sehr häufig vorkamen, waren »Fuck you«. Einige Mädchen ertappten mich dabei, wie ich sie beobachtete, und warfen mir böse Blicke zu, die schrien: *Wer bist du?* und *Was hast du da bloß an*? Im Ernst, mehr fehl am Platz als ich hätte man gar nicht wirken können. Ich trug eine schwarze Schlabberhose, einen Rollkragenpullover, ein langes schwarzes Kleid, einen Hidschab und diesen ekelhaften pfirsichfarbenen Anorak sowie Jungenturnschuhe. *Warum lässt mich dieser verdammte Mistkerl keine Mädchenschuhe tragen? Warum, warum, warum?*

Ich hatte keine Ahnung, was die Lehrer im Unterricht sagten, und so war ich sehr froh, als die Schulleitung mir ein iranisches Mädchen zuwies, das im Unterricht neben mir saß und mir mit meinem Englisch half. Ester kam aus Teheran, aber sie war genauso gekleidet wie die anderen Mädchen. Ich folgte ihr wie ein verlorenes Schaf und hoffte, dass sie meine erste Schulfreundin in London werden würde. Leider sollte es mit dieser Freundschaft nicht klappen. Ich glaube, Ester, so nett sie auch war, schämte sich für mich – wegen meines Aussehens. Immer wenn ich sie (auf Farsi) einlud, zusammen zum Mittagessen in die Kantine zu gehen, hatte sie eine Ausrede parat. Sobald eine Unterrichtsstunde zu Ende war, sprang sie von ihrem Platz auf und verließ lachend mit den anderen Mädchen den Raum, und ich blieb zurück und hatte niemanden mehr zum Reden.

Nach ein paar Wochen hörte Dad auf, uns jeden Tag zur Schule zu begleiten. Er gab uns Geld für den Bus und die strikte Anweisung, immer zusammen zu laufen und nach der Schule direkt zum B&B zurückzukehren. Ich war fassungslos, aber insgeheim auch begeistert. Das waren wir alle drei. An manchen Tagen gingen wir extrafrüh los, um zu Fuß zur Schule zu gehen und unser Busgeld zu sparen, das Kejal und ich für Anrufe bei Ervin und Saman vom Münztelefon im B&B ausgaben. Diese tätigten wir immer dann, wenn unsere Eltern ihren Mittagsschlaf hielten. Nach diesen Anrufen, die nicht länger als ein oder zwei Minuten dauerten, kehrten wir kichernd in unser Zimmer zurück und fühlten uns wie Frauen von Welt.

Oh, mein Gott, ich brauchte wirklich ein Ventil für meine Frustration und mein Elend. Wir waren in diesem Raum eingesperrt, aßen und beteten dort gemeinsam. Ich hatte keine Freunde in der Schule und ich sprach immer noch nicht die Landessprache, abgesehen von ein paar Worten und Sätzen. Die Phrase »Fuck you« schien sehr beliebt zu sein; ich hörte sie überall, wo ich hinging – im Bus, auf der Straße. Ein erzürnter Mann hatte eines Morgens vor unserem B&B einen Verkehrspolizisten mit »Fuck you« angeschrien und so wusste ich, dass dies ein Ausdruck der Wut war. Auch Kejal und Banaz hatten schon »Fuck you« gelernt; wir liefen zur Schule und sagten uns gegenseitig »Fuck you«, ohne zu wissen, dass wir fluchten.

Ich wollte so gern so sein wie die anderen Mädchen in

der Schule, aber mein Vater ließ nicht zu, dass ich mich so kleidete wie sie. In den Umkleidekabinen vor dem Sportunterricht schwatzten und lachten meine Klassenkameradinnen, während sie in ihrer Unterwäsche herumliefen und die Luft mit einem Cocktail aus ihren Deodorants und Parfüms aromatisierten. Der Gedanke, mich vor diesen Mädchen auszuziehen, war entsetzlich; auf keinen Fall wollte ich sie meinen hässlichen garnelenfarbenen BH und meine behaarten Beine und Achseln sehen lassen. Keines dieser Mädchen hatte eine so starke Körperbehaarung wie ich, und ich fragte mich, wie sie es schafften, ihre Haut so glatt zu halten. Sie hatten auch viel dünnere und ordentlicher geformte Augenbrauen als ich. Je mehr Unterschiede ich zwischen meinen westlichen Klassenkameradinnen und mir feststellte, desto mehr wollte ich experimentieren. Ich wollte Make-up tragen, meine Beine rasieren, meine Augenbrauen zupfen und in Cafés abhängen wie die Figuren aus *Friends*.

Gegenüber der Rezeption in unserem B&B befand sich ein Regal mit Flyern, die für interessante und unterhaltsame Aktivitäten in London warben: Galerien, Theater, Museen. Doch all diese kulturellen Stätten wurden von meinem Vater als »haram«, tabu, bezeichnet. Wie er immer wieder sagte, hatte er uns wegen der Möglichkeiten, die das Land bot, nach London gebracht. Aber wie sollte ich diese Chancen nutzen, wenn ich mich nicht auf die Kultur einlassen und nicht mit den Menschen in Kontakt treten durfte? Ich dachte: *Wie kann Dad mir ein »besseres Leben« bieten, wenn ich keine Freiheit habe? Ich bin vierzehn und darf nicht einmal allein zum Laden gehen.* Das einengende Verhalten meines Vaters machte die Verlockungen nur noch größer.

Es dauerte nicht lange, bis wir Wege fanden, nach der Schule ein wenig Freiheit zu genießen. Wir kamen damit durch, mit 45 Minuten Verspätung zum B&B zurückzukehren, weil der »Bus Verspätung gehabt hatte« oder die »Unterrichtsstunde überzogen worden sei«, also nutzten wir das aus – vor allem, als wir Whiteleys Shopping Centre am Queensway entdeckten.

O wow, dieser Ort war himmlisch – ein imposantes weißes Gebäude mit Marmorböden, über die ich am liebsten in meinen Socken geschlittert wäre. Im Atrium befand sich eine wunderschöne, geschwungene schwarze Treppe, und die verschiedenen Etagen voller Geschäfte wurden von korinthischen Säulen getragen. Whiteleys lag auf halbem Weg zwischen unserer Schule und dem B&B; wenn wir uns beeilten, konnten wir das Gebäude in weniger als zehn Minuten erreichen. Manchmal joggten wir sogar hin. Kejal interessierte sich wie ich für Make-up und Beauty-Themen, und auch Banaz wurde allmählich empfänglich dafür – obwohl sie wusste, dass es zu Hause verboten war. »Ich mag es, wie die Mädchen in der Schule ihre Gesichter mit Farbe modellieren«, sagte sie eines Tages, als wir in unseren Hidschabs zu Whiteleys eilten. »Wie machen sie das?«

»Ja, das stimmt«, sagte ich. »Es sieht so hübsch aus, aber ich weiß nicht, wie sie es anstellen – ich glaube, sie benutzen farbige Puder. Aber sprich bloß nie vor Mum und Dad von diesen Dingen, Nazca.«

»Ich weiß«, sagte sie und zeigte auf den Eingang von The Body Shop. »Lasst uns da reingehen.«

Wir drei Schwestern durchstöberten in so vielen Geschäften wie möglich die Gänge mit Beauty-Produkten. Oft schlenderte ich dann allein in einen anderen Gang oder zu einem anderen Display. Und in diesen Momenten – ich schäme mich heute sehr, dies zuzugeben –, in denen ich Pyramiden schön verpackter Make-up-, Parfüm-, Haar- und Körperpflegeprodukte erblickte, wie sie im hellen Licht der Geschäfte schimmerten, fing ich an, mich hier und da zu bedienen. Ich tat so, als würde ich einen Eyeliner betrachten, und in der nächsten Sekunde war dieser Stift im Bund meiner hässlichen Hose verschwunden, versteckt unter meinem Hidschab. Ich nahm nur Dinge, die ich ausprobieren wollte: Wimpernzange, Pinzette, eine Packung Rasierer, ein oder zwei Lidschatten, Lippenstifte, Mascara und Lipgloss. Foundation und Puder ließ ich links liegen, denn, wie ich zu Banaz gesagt hatte, ich hatte keine Ahnung, was ich damit anfangen sollte. Ein paar Beauty-Produkte zu stehlen, gab mir einen Adrenalinschub, ein heimliches Glück, das niemand zerstören konnte.

Wissen Sie, ich konnte diese Produkte nicht kaufen. Das einzige Geld, das unsere Eltern uns je gaben, war für den Bus und wurde daher entweder für das Ticket oder unsere geheimen Anrufe bei den Typen im Iran ausgegeben. Hätte ich Mum oder Dad gebeten, mir Lippenstift oder auch nur klaren Lipgloss zu kaufen, hätten sie mich geschlagen. So sah die harte Wahrheit über meine erdrückende Existenz aus. Ich bin nicht stolz auf das, was ich getan habe, und ich schwöre, dass ich diese Gegenstände nicht aus Boshaftigkeit gestohlen habe oder weil ich das dringende Bedürfnis hatte, etwas Verbotenes zu tun. Ich tat es, weil ich neugierig war, mich feminin fühlen und meinen Schulkameradinnen anpassen wollte. Verdammt noch mal, ich wollte einfach nur *glücklich* sein. Wieder einmal sollte mich meine Neugierde in Schwierigkeiten bringen.

Ich war dumm. Gerade hatte ich Nazca noch gepredigt, dass sie unsere Vorliebe für Make-up niemals unseren Eltern gegenüber erwähnen sollte, und dann schaffte ich es nicht einmal selbst, meine Beauty-Experimente geheim zu halten. Dabei dachte ich, ich wäre vorsichtig gewesen. Ich versteckte meine Beute in einem kleinen Müllbeutel, den ich an einem Gitter außerhalb des Badezimmerfensters des B&B befestigte. Während der mir zustehenden Duschzeit holte ich meine Schatztüte herein, suchte mir einen Artikel aus, den ich probieren wollte, und band die Tüte wieder an das Gitter.

Beim ersten Mal nahm ich eine Pinzette, schaute in den Spiegelschrank und begann, meine rechte Augenbraue zu zupfen, angefangen beim Nasenrücken bis hin zum äußeren Augenwinkel. Ich spürte keinen Schmerz, nur ein Kribbeln, das in meine Nase wanderte und mich fast zum Niesen brachte. Aufgeregt, so fühlte ich mich. Aufgeregt und weiblich. Mein rechtes Auge sah direkt größer aus und hellwach. Jetzt konnte ich meinen Augenbrauenbogen sehen und ich überlegte, welche Lidschattenfarbe mir am besten stehen würde. Aber der Lidschatten musste warten, denn bald würde garantiert Mum an die Tür klopfen. Ich steckte meine Pinzette in den Beutel, schloss das Fenster und sprang unter die Dusche, bevor meine Zeit ablief. Das Badezimmer wurde zu meinem Zufluchtsort, seine verschlossene Tür eine vorübergehende Barriere zwischen mir und meinen Eltern.

Eines Morgens, als ich vor der Schule duschte, beschloss ich, meine Beine und Achseln zu rasieren. Ich war nervös, weil ich nicht wusste, wie ich es machen sollte. Würde es wehtun? Seit meiner Genitalverstümmelung hatte ich Angst vor allen Klingen. Aber ich wollte raus aus dem Gorillakostüm, das auf meinem Körper wuchs. Also schnappte ich mir meinen Rasierer und begann, unter dem heißen Wasser meine Beine zu rasieren, wobei ich die Klinge in alle Richtungen über meine Schienbeine schabte, staunend, wie schnell meine Haare schwanden. Ich arbeitete mich immer weiter vor, hielt ab und zu inne, um das verstopfte Rasiermesser abzuspülen, und gerade, als ich die saubere Klinge über mein Knie zog – *bäng, bäng, bäng* –, hämmerte es an die Tür. Ich passte kurz nicht auf und schon hatte ich mir mit dem Rasiermesser ins Knie geschnitten. Mist, ich hatte die Zeit aus den Augen verloren. »Bekhal, du bist schon zu lange da drin. Raus jetzt, sofort!«

»Ich komme, Mum«, rief ich zurück, »ich wasche mir gerade die Haare.« Ich kroch in die Duschkabine und fing an, die schwarzen Borsten aus dem Wasser zu fischen. Meine Beinhaare waren überall – und sie verstopften den Abfluss.

»Mach sofort diese Tür auf!«, schrie Mum und schlug noch fester gegen die Tür.

Ich stand auf und stellte die Dusche ab. »Zwei Minuten, ich …«

Meine Mutter stand im Raum. *Wie war sie hereingekommen?* Ich trat zurück in die Ecke der Dusche, einen Arm über meinen Brüsten, mit dem anderen bedeckte ich meine Scham. Nervös beobachtete ich durch das beschlagene Glas, wie meine Mutter wie ein wildes Tier aus dem Nebel auftauchte. Sie riss die Tür auf und stieß ein Knurren aus, als sie den Plastikrasierer im haarigen Wasser treiben und die gezackte Blutspur auf meinem Knie sah. Dann schoss sie nach vorn, streckte ihren Arm in die Kabine und schlug auf mich ein. »Woher hast du den Rasierer, du verdammte Gahba?«

Weiter und weiter und weiter.

Es hatte sich nichts geändert. Nachdem sie mich geschlagen hatte, blieb meine Mutter im Badezimmer und wartete, bis ich mich angezogen hatte. »Warte, bis dein Vater davon erfährt«, sagte sie. Dad war nicht da. Er war an diesem Morgen früh aufgebrochen, um Grandma und Grandpa zu besuchen. Ich ging zur Schule, verlor mich in fremden Stimmen und fürchtete mich vor dem Klingeln der Glocke, die das Ende des Unterrichts verkünden würde.

An diesem Tag gingen wir nach der Schule nicht zu Whiteleys. Das wäre viel zu riskant gewesen, eine idiotische Idee. Inzwischen hatte ich mich damit abgefunden, von Dad eine zweite Tracht Prügel zu bekommen, sobald ich einen Fuß in das Schlafzimmer setzen würde. *Hoffentlich ohrfeigt er mich nur ein paar Mal und spuckt mir ins Gesicht. Damit kann ich umgehen. In einem B&B kann er doch nicht allzu aggressiv sein – andere Gäste könnten den Aufruhr hören und dem Manager melden?* Das waren meine irren

Gedanken, als ich über den blauen Teppichboden die Treppe hinaufstieg und durch die Tür ins Zimmer Nr. 20 ging. Der Raum sah aus, als hätte eine Bombe eingeschlagen: Kleidung und leere Taschen lagen auf dem Boden verstreut. Jemand hatte die Bezüge von meinem Etagenbett abgezogen und sie in einem unordentlichen Haufen auf der Matratze liegen lassen. Schubladen waren herausgezogen und ausgeleert worden. Payzee kniete mit Ashti auf dem Boden und schaute eine Kindersendung im Fernsehen an, was ungewöhnlich war. Ich hatte nicht gedacht, dass wir um diese Uhrzeit so etwas sehen durften. Mum und Dad saßen nebeneinander auf der Bettkante, aber Mum stand auf, als Kejal, Banaz und ich hereinkamen. Bahman war nicht da, wie immer. Er durfte kommen und gehen, wie er wollte.

»Mädchen, ihr kommt mit mir nach oben in unser Zimmer«, verkündete Mum, »außer dir, Bekhal. Du bleibst hier.« Sie deutete mir an, mich zu Dads Füßen niederzuknien. Kejal grinste zu mir herunter, als sie die jüngeren Mädchen aus dem Raum führte. Dann waren nur noch mein Vater, ich und ein Englisch sprechender Dachs im Raum. Der Dachs, eine Puppe auf dem Fernsehbildschirm über dem Bett, trug eine rote Baskenmütze und sprach wie ein Mann.

Warum ist der Fernseher so laut gestellt?

»Steh auf«, sagte Dad in überraschend ruhigem Ton. Als ich mich erhob, klopfte er auf das Bett. »Komm, setz dich«, sagte er und lächelte. Verwirrt tat ich, was er mir sagte, und setzte mich auf den glänzenden, gepolsterten Bettüberwurf. »Ich habe das hier gefunden.« Ich schluckte schwer, als Dad hinter sich griff und meinen kleinen Müllbeutel hervorholte. Er drehte ihn um und mein Make-up, die Pinzette, der Rasierer und die Wimpernzange – all meine geheimen Schätze – fielen klappernd zu Boden. Der Dachs lachte.

Tränen stiegen mir in die Augen, während ich einen bebenden Atemzug machte. Doch bevor ich meinen Kopf heben konnte, packte mich mein Vater an den Schultern und warf mich rückwärts auf das Bett. Mit seinem Knie drückte er meinen Arm auf die Matratze, schlug seine Hand auf meinen Mund und meine Nase und prügelte mit der anderen Hand auf mich ein. Als ich versuchte, mein Gesicht zu bewegen, schlug er mir hart auf den Kopf. Der Raum begann sich zu drehen. Ich konnte nicht atmen. Ich versuchte, meinen freien Arm zu heben, aber Dad schlug ihn nieder.

Seine Attacke dauerte an, bis die Dachs-Sendung zu Ende war; da nahm er schließlich seine Hand von meinem Mund. »Du verdammte Qehpik«, sagte er, als ich nach Luft rang. Er spuckte mir zweimal ins Gesicht. Dann wischte er sich den Mund ab und drehte mir im Stehen den Rücken zu. »Jetzt geh zu Bett«, sagte er verächtlich. Ich hörte meine schöne Wimpernzange knacken, als der »Evil Punisher« darauf herumstampfte. »Ich sagte, du sollst ins Bett gehen, Qehpik.«

Lädiert und angeschlagen kletterte ich die Leiter zu meinem Bett hoch, bezog es neu, kroch unter die Decke und vergrub meinen Kopf unter dem Kissen. Mein rechtes Ohr pulsierte heftig, da, wo mein Vater mich geschlagen hatte. Mum und die Mädchen kehrten zurück, aber ich musste im Bett bleiben, während sie sich unterhielten und zu Abend aßen und der Duft von gebratenem Reis den Raum erfüllte. Es war mir egal, ich war nicht hungrig. Dad nutzte die Tatsache, dass ich mich nicht am Gespräch beteiligen konnte, aus, um eine Ankündigung zu machen. »Gute Nachrichten«, sagte er. »Uns wurde ein Haus angeboten. Es liegt in der Nähe von Grandma und Grandpa und wir können nächste Woche einziehen. Das haben wir nur unseren Beziehungen zur kurdischen Gemeinschaft zu verdanken.« Es folgte ein Chor von fröhlichen Mashallahs.

Ich wollte mich am liebsten übergeben. Ich rollte mich in der Embryonalstellung zusammen und zog das Kissen fest um meine Ohren. Der »Evil Punisher« konnte sich sein Haus und sein Versprechen eines besseren Lebens für uns in England sonst wohin stecken. »Eines Tages werde ich all dem entfliehen«, flüsterte ich. Dieser Tag konnte nicht früh genug kommen.

Kapitel elf

Worte bringen dich nicht um

Eine Woche später zog unser Vater, wie er es angekündigt hatte, mit uns aus dem B&B in eine Sozialwohnung in Mitcham im Süden Londons. Seine Brüder, Ari und Zoran, fuhren uns zur Morden Road 225, einem weiß getünchten Doppelhaus, innerhalb dessen Missbrauch und Traurigkeit herrschen und sich ein Akt unvorstellbarer, unmenschlicher Gewalt abspielen sollten.

Es war Frühling, mein erster Frühling in England, und ich erinnere mich, wie Banaz die Narzissen auf dem schmalen Grasstreifen vor unserem neuen Haus bewunderte. »Ah, jwana (hübsch)«, sagte sie und hockte sich hin, um die Blumen mit ihren gelben Blütenblättern und orangefarbenen Trompeten genauer zu betrachten.

Ich gesellte mich einen Moment zu ihr, während die Männer die Autos ausluden und Mum und Kejal die Kleinen ins Haus brachten. »Sie sind wunderschön, Nazca«, sagte ich, und ihr Gesicht verzog sich zu einem breiten Lächeln, während sie mit den Fingerknöcheln über ihre Nasenspitze strich – eine von Banaz' kleinen Angewohnheiten. »Narzissen sind auch ein Symbol der Hoffnung.«

Banaz berührte die Pflanzen leicht. »Ich liebe Blumen, Bakha. Gelb und Orange sind meine Lieblingsfarben. Jwana, jwana.«

Ich lächelte. *Nie werde ich vergessen, was Nazcas Lieblingsfarben waren.*

»Hier wird kein Englisch gesprochen. O nein, in diesem Haus wird kein Englisch gesprochen.« Das waren Dads erste Worte gewesen, als wir die Schwelle des Hauses in der Morden Road 225 überschritten hatten. »Wir stammen aus dem irakischen Kurdistan, also werden wir nur Kurdisch sprechen.«

Fast hätte ich gelacht. Ich meine, entschuldigen Sie meine Ausdrucksweise, aber er wollte uns doch verarschen? Dad wollte, dass wir gut in der Schule sind. Wie stellte er sich vor, dass wir vorankämen, Prüfungen beständen und eine »gute Ausbildung« erhalten würden, wenn wir zu Hause kein Englisch sprechen durften?

Obwohl es ein frischer, sonniger Tag war, fühlte es sich in dem leeren Haus kühl und ungemütlich an. Es gab keine Möbel, Vorhänge oder Teppiche in den Zimmern, aber das Haus verfügte über ein Obergeschoss mit drei Schlafzimmern, einem Badezimmer und einem separaten Raum, in dem die Toilette untergebracht war. Dad teilte Bahman ein eigenes Schlafzimmer zu, einen Abstellraum über der Eingangstür, und ich sollte mir das zweite Schlafzimmer, ebenfalls an der Vorderseite des Hauses, mit Kejal teilen. Banaz, Payzee und Ashti bekamen gemeinsam das größte Zimmer mit Blick auf den hinteren, von Holzzäunen begrenzten Garten. Insgeheim war ich enttäuscht, dass ich nicht mit Banaz in einem Zimmer war, aber immerhin würden meine Eltern nicht in meiner Nähe schlafen. Das Esszimmer im Erdgeschoss würde gleichzeitig auch als ihr Schlafzimmer dienen, erklärte Dad.

In den ersten Nächten schliefen wir alle auf dem Fußboden, was mir gut gefiel, denn es erinnerte mich an unsere behelfsmäßigen Betten im Irak und im Iran. Nach und nach begann das Haus jedoch immer mehr wie ein Zuhause zu wirken. Als Erstes wurde im gesamten Haus ein blutroter Teppich verlegt. Dieser hatte das gleiche goldene Kronenmotiv, das ich aus dem B&B kannte. Dann kamen unsere Betten – Einzelschlafsofas mit Schubladen im Unterbau. Dad tapezierte das Wohnzimmer und sein Schlafzimmer im Erdgeschoss mit einem magnolienfarbenen Vinyldruck. Ein Tastentelefon wie das im Haus meiner Großeltern wurde installiert. Und schließlich nahmen wir ein burgunderrotes Ledersofa und einen großen Fernseher in Empfang, beides hatten wir von Ari geschenkt bekommen.

Das neue Haus brachte mit sich, dass wir in eine neue Schule gehen mussten, die ich vom ersten Tag an verabscheute. Im Mai 1998, zu Beginn des Sommertrimesters, fing ich zusammen mit Banaz und Kejal an der Bishopsford Community School an. Ich ging in die neunte Klasse, Banaz war in der Klasse unter mir und Kejal in der zehnten. Unsere jüngeren Schwestern besuchten eine separate Grundschule und lernten daher viel schneller Englisch als wir älteren Mädchen.

In Bishopsford war eine Schuluniform Pflicht, aber Dad befahl uns trotzdem, unsere Hidschabs zu tragen. Er kaufte mir einen Pullover mit Logo aus der Schulkollektion, dessen Ärmel fast bis an die Fingerspitzen reichten. Dazu trug ich eine schwarze Hose in Übergröße, ein weißes Hemd und eine schwarz-rot gestreifte Krawatte, meine Fila-Jungenturnschuhe, den pfirsichfarbenen Anorak und den alten Rucksack aus dem Second-Hand-Laden in Wimbledon. Wie die Mädchen an der Westminster-Schule kleideten sich meine neuen Mitschülerinnen in kurze Röcke, waren geschminkt und hatten hübsche Taschen. Ich fühlte mich so hässlich neben ihnen und ich wurde von dem Moment an, als ich durch diese grünen Tore ging, gemobbt. Mein Englisch war immer noch schlecht, aber einige der Bemerkungen, die diese schrecklichen Kinder machten, verstand ich.

Als ich an meinem ersten Tag von einem Klassenzimmer zum nächsten ging, umkreiste mich auf dem Gang eine Gruppe. Einer von ihnen, ein Junge mit blonden Strähnen im Haar und großen, feuchten Lippen, kam direkt auf mich zu. »He, du Selbstmordattentäterin«, höhnte er und sah Beifall heischend zu seinen Kameraden. »Warum gehst du nicht einfach zurück in dein eigenes verdammtes Land?« Seine Freunde – zwei andere Jungen und ein Mädchen, das mich durch verklebte schwarze Wimpern ansah – lachten. Das Mädchen musterte mich von oben bis unten, zeigte dann auf meine Schuhe und sagte ebenfalls etwas, in dem das Wort »Attentäter« vorkam. Eine brennende Hitze prickelte in meinem Nacken. Ich kannte den Begriff »Selbstmordattentäter« aus den Nachrichtensendungen, die mein Vater sah. Selbstmordattentäter waren Terroristen, die sich in die Luft sprengten in der Absicht, unschuldige Menschen zu töten. Warum nannten sie mich eine Selbstmordattentäterin? Wie grausam, und dabei hatte ich nichts getan, um sie zu verärgern. Der Junge mit dem lappigen Mund reckte sein Kinn vor. Er sah aus wie eine hässliche Tiefseekreatur. »Geh zurück, wo du hergekommen bist, Bombenleger«, fauchte er mich an.

Ich zog meine Lippen zwischen meine Zähne und ballte

die Fäuste in den Ärmeln meines Pullovers. *Wie können sie es wagen! Mein ganzes Leben bin ich von meinem Vater schikaniert worden. Sie werden mich nicht auch noch verletzen.* »Fuck you«, sagte ich und stapfte in meinen Filas an diesen Mistkerlen vorbei. Inzwischen hatte ich gelernt, dass »Fuck you« ein Schimpfwort war.

Aber die Drangsalierungen hörten damit nicht auf. Die Kinder beschimpften mich täglich als »Selbstmordattentäterin« oder sie sagten Dinge über Saddam Hussein, die ich nicht verstand. Im Unterricht bewarfen sie mich mit geplatzten Tintenpatronen und den Innenteilen von Kugelschreibern. Auf der Rückseite meines Pullovers klebten Spuckekügelchen und Post-it-Zettel mit der Aufschrift »Tritt mich!«, »Schlag mich!« oder »Ich bin eine Selbstmordattentäterin«.

Es sollte eine Weile dauern, bis ich in Bishopsford richtige Freunde fand. Noch immer verstand ich kaum die Hälfte von dem, was um mich herum vorging. Im Laufe der Wochen versuchte ich jedoch, mit meinen Mitschülern in Kontakt zu treten. In den Umkleidekabinen sprachen die Mädchen über Boyzone oder S Club 7 oder die neueste Folge von *Sunset Beach*, der amerikanischen Serie, von der ich kurze Schnipsel gesehen hatte, als wir in der Dorset Road wohnten. Eines Tages nach dem Sportunterricht standen zwei Mädchen, die ich kannte, Gemma und Alison, vor den Spiegeln bei den Waschbecken, um sich zu schminken, und unterhielten sich. Ich saß auf einer Bank neben ihnen und wartete darauf, dass eine der Toiletten frei wurde, damit ich meine Jogginghose ausziehen konnte. Vieles von dem, was Gemma und Alison sagten, verstand ich nicht, weil sie zu schnell redeten – bis ich »Spice Girls« heraushörte. Oh, ich schwöre, ein kleiner Vogel begann in meiner Brust zu flattern. Ich schoss in die Höhe. »Girlpower«, platzte ich heraus, in Erinnerung an mein Gespräch mit Tia im Iran. Die beiden Mädchen schwiegen einige Sekunden lang, sahen mich an, blickten sich gegenseitig in die Augen, senkten dann den Kopf und lachten in ihre Make-up-Täschchen. Immerhin versuchten sie, ihre Belustigung zu verbergen, das muss man ihnen zugutehalten. Ich setzte mich hin und tat so, als würde ich etwas in meinem Rucksack suchen. *Nein, da sind keine Reinigungstücher, kein Parfüm und kein Make-up drin.* Mein Gott, was vermisste ich Tia.

Als sich mein Englisch gegen Ende des Sommertrimesters verbesserte, fühlte ich mich in der Schule noch fremder als zuvor. Ich überreichte meinen Lehrern sogar Bilder von mir als Baby, wie ich es in der Schule im Iran getan hatte. Es klingt verrückt, ich weiß, aber diese Fotos gaben mir Trost; sie erinnerten mich daran, wie perfekt mein Leben für eine kurze Zeit gewesen war. Meinen Lehrern die Bilder zu zeigen bestätigte irgendwie, dass diese glücklichen Erinnerungen existierten.

Unter meinem Hidschab hervor sah ich voller Neid zu, wie die coolen Kids VHS-Kassetten tauschten, darunter auch eine Box *Friends*, wohl wissend, dass ich diese Kassetten nicht mit nach Hause nehmen könnte, wenn man sie mir anbieten würde. Mein Vater würde die Sammelbox wahrscheinlich in Brand setzen und mich verprügeln. Und jetzt, wo ich ganze Sätze verstehen konnte, trieben mich die Bemerkungen der Bullies an den Rand der Wut und Verzweiflung.

Der Junge mit dem großen Mund und den Strähnchen war der schlimmste. Sein Name war Dean, aber in meinem Kopf nannte ich ihn *Bastard Bully*. Ich konnte Dean nicht aus dem Weg gehen, da er in meiner Klasse war und sein Tisch direkt vor meinem stand. Er war einer der Schüler, die mich auch in anderen Stunden mit Stiften bewarfen. Während der morgendlichen Anwesenheitskontrolle drehte er sich oft auf seinem Stuhl zu mir und sah mich mit seinen Schweinsäuglein an. »Was hast du hier zu suchen?«, fragte er dann. »Warum sind deine Eltern in *unserem* Land und nehmen uns die Häuser und Arbeitsplätze weg? Warum gehst du nicht zurück in dein eigenes Land?«

»Fuck you«, sagte ich wütend. Ich wollte ihn in sein sabberndes Gesicht schlagen. Seine Bemerkungen ließen mich auch über die Situation meiner Familie in England nachdenken. Dad arbeitete nicht, also hatte er niemandem den Job gestohlen. Soweit ich wusste, bezog er Sozialhilfe. *Und nur damit du es weißt, Bastard Bully, im Moment würde ich gern auf der Stelle in »mein eigenes Land« zurückkehren – denn in deinem Land habe ich nicht die geringste Freiheit, wie ein normaler Teenager zu leben.*

Ich erzählte meinem Dad, dass mich die anderen Kinder schikanierten, aber er unternahm nichts. »Halt einfach den Mund und ignoriere das alles, Bakha«, sagte er mit strenger Miene.

»Aber sie sagen mir, dass wir in unser Land zurückkehren sollen, dass wir ihnen ihre Häuser und Arbeitsplätze wegnehmen. Sie nennen mich ›Selbstmordattentäterin‹.«

»Ignoriere sie – es sind nur Worte. Worte bringen dich nicht um.« Wieder einmal tat mein Vater, der Mann, der mich beschützen sollte, nicht das Geringste, um mir den Rücken zu stärken. Er hätte reichlich Gelegenheit gehabt, das Thema anzusprechen, denn er tauchte regelmäßig in Bishopsford auf, um mit den Lehrern zu reden. So wollte er wissen, warum seine Töchter am Sportunterricht teilnehmen mussten. Die Schule hatte das letzte Wort in dieser Sache, jedoch akzeptierte sie Dads Forderung, dass wir unter keinen Umständen Sexualkundeunterricht erhalten durften. Nicht ein einziges Mal fragte mein Vater die Lehrer: »Was werden Sie gegen die Kinder unternehmen, die meine Tochter schikanieren?«

Jeden Tag nach Schulende wartete er am Tor auf uns Mädchen, beobachtete uns wie ein Habicht. An einem heißen Juninachmittag kam ich mit Leyla heraus, einem schwarzen Mädchen, mit dem ich an diesem Tag in der Kantine ins Gespräch gekommen war. Ich mochte Leyla sehr; sie wirkte so aufgeschlossen und freundlich im Vergleich zu den Mädchen, die sich im Sportunterricht über mich lustig machten. Sie trug ihr langes Haar in wunderschön geflochtenen und mit bunten Perlen verzierten Zöpfen, was mich faszinierte. Ich wollte mehr über ihre Kultur erfahren. *Ich habe eine Freundin,* dachte ich, als wir uns dem Tor näherten und ich angestrengt versuchte, jedes Wort von Leyla zu verstehen, während ich in meinem Pullover und unter der Kopfbedeckung schwitzte. Als Dad mich mit Leyla entdeckte, marschierte er mit hochgezogenen Augenbrauen auf uns zu. Schweiß durchnässte meinen Hidschab. Dad rührte mich dort auf dem Schulhof nicht an, aber seine Drohungen auf Kurdisch, unter seinem Schnurrbart hervorgestoßen und mit einem falschen

Lächeln getarnt, machten klar, dass eine Tracht Prügel bevorstand. Leyla neigte ihr Kinn und beschattete ihre Augen mit ihrer Hand. »Hallo«, sagte sie zu Dad, der meiner potenziellen Freundin einen bösen Blick zuwarf.

»Sprich nie wieder mit meiner Tochter«, sagte er, und ich konnte nicht einmal »Entschuldige« oder »Tschüss« zu Leyla sagen, denn Vaters Augen waren auf mich gerichtet. Ich schämte mich so. Als wir nach Hause kamen, schlug Dad mich.

Unser Leben zu Hause war streng reglementiert und anstrengend. Wir durften nicht an außerschulischen Aktivitäten teilnehmen. Miriam, Shanar, Heibat und Helo schwärmten von Tanzkursen und Ausflügen mit ihren Freunden, während wir Mädchen unter Vaters strengem Regime nicht den Hauch eines Soziallebens hatten. Nach der Schule half Kejal meiner Mutter beim Kochen, während Banaz und ich vor dem Abendessen das ganze Haus putzten. Dann machten wir unsere Hausaufgaben und gingen zu Bett. Gelegentlich erlaubte uns Dad fernzusehen, vorausgesetzt, wir hatten unsere Hausaufgaben erledigt. Allerdings durften wir nur »Bildungsprogramme« wie Dokumentarfilme oder Nachrichten sehen, über die wir jedoch nicht auf Englisch diskutieren durften. Am meisten interessierten mich die zwischen den Sendungen gezeigten Werbespots, vor allem der von *Childline*, einer Hilfsorganisation für Kinder, die zu Hause misshandelt wurden. In den Straßen hatte ich auch Plakate von *Refuge* gesehen, einer Wohltätigkeitsorganisation, die sich gegen häusliche Gewalt einsetzte. Das alles war neu für mich. *Könnten mir diese Organisationen helfen?*

Ashti war gerade sieben Jahre alt geworden, doch in ihrem Zimmer gab es kein Spielzeug. Poster an den Schlafzimmerwänden waren für uns alle absolut tabu und Freunde an den Wochenenden zu treffen kam für meine Schwestern und mich ebenfalls nicht infrage. Bahman hingegen konnte sich nach Belieben mit Freunden treffen. Er war selten zu Hause und trieb allerlei Unfug, unter anderem trank er Alkohol und rauchte. Wenn sich also für uns Mädchen Gelegenheiten boten zu rebellieren, ergriffen wir sie.

An den meisten Samstag- und Sonntagvormittagen gingen unsere Eltern nach Wimbledon auf den Markt. Sie nahmen dann Payzee und Ashti mit und ließen uns Ältere für ein paar Stunden allein zu Hause. Wir wagten es zwar nicht, das Haus zu verlassen, fanden aber drinnen Möglichkeiten, uns zu amüsieren. Zum Beispiel riefen Kejal und ich einige Male Ervin und Saman in Teheran über das Haustelefon an. Ohne die geringste Ahnung, was diese Anrufe kosteten, unterhielten wir uns oft eine Stunde lang mit den Jungs über Banalitäten. Kejal führte weiter ihre Märchen aus und zählte Dinge auf, die sie in London unternommen habe, vom »Einkaufen in der Oxford Street« bis zu Filmen, die sie angeblich im Kino gesehen hatte: *Sie liebt ihn – sie liebt ihn nicht, Eine Hochzeit zum Verlieben* und *Liebe in jeder Beziehung* mit Rachel aus *Friends* in der Hauptrolle. Es machte mich traurig, dass Kejal ihre Liste mit Aktivitäten füllte, die nur unsere Cousinen und Klassenkameraden erleben durften. Auch ich tat so, als wäre alles in Ordnung, und kicherte, als Ervin sagte: »Dooset daram, Bekhal«, was auf Farsi »Ich mag dich sehr, Bekhal«

bedeutete. Saman sagte dasselbe zu Kejal. »Wann können wir euch in London besuchen?«, fragten die Jungs.

»Bald«, versprachen wir.

Als ob.

Ich genoss die seltenen Momente, in denen unsere Eltern nicht im Haus waren. Ich erinnere mich an einen regnerischen Samstag, sie waren gerade zum Markt aufgebrochen, als Banaz uns ihren geheimen Make-up-Vorrat offenbarte. Ohne dass unsere Eltern es wussten, hatte Banaz Freundschaft mit ihrer Klassenkameradin Sara geschlossen, einem hippen westlichen Mädchen mit Dauerwelle, das Zigaretten rauchte. Sara hatte Banaz einige ihrer alten Make-up-Artikel geschenkt. »Sie sagte, sie benutzt die Sachen nicht mehr«, erklärte Banaz, während sie den Inhalt eines rosafarbenen Kordelzugbeutels auf den Teppich in unserem vorderen Schlafzimmer ausleerte. »Sieh mal, es gibt sogar Pinsel«, sagte sie und strich mit den Fingern durch die verschiedenen Kosmetika und Applikatoren. Das leise Klack-klack ihrer Verpackungen war wie Musik in meinen Ohren. »Sara hat mir auch noch diese Gesichtstücher gegeben, die sogar Make-up entfernen.« Banaz legte die Packung mit den Tüchern daneben. *Sara ist ein Engel.*

Wir versammelten uns alle um den Haufen mit Make-up-Artikeln. Ich nahm einen Tiegel goldenen Glitzerlidschattens von Barry M in die Hand. »Oh, Nazca, das ist zu schön, um wahr zu sein. Wie nett von deiner Freundin.«

»Ja, und jetzt, wo ich dieses Make-up habe, kann ich es mit euch beiden teilen«, sagte Banaz, wählte einem Lippenstift aus und reichte ihn mir. »Hey, Bakha, kannst du mir diesen hier auftragen?«

»Lasst uns Nazca schminken«, sagte Kejal. »Sie kann unser Modell sein.« Banaz' Gesicht leuchtete auf. »O ja, lasst es uns ausprobieren. Kannst du konturieren? Und ich will diese großen roten Lippen.« Sie deutete mit ihren schlanken Fingern auf ihren Mund.

»Okay«, sagte Kejal, »aber du musst alles abschrubben, bevor Mum und Dad zurückkommen.«

Banaz nickte, öffnete eine Dose mit schimmerndem Bronzer und stieß einen kleinen Schrei aus. »Oh, jwana, jwana.«

Banaz hatte das perfekte Gesicht, an dem wir unsere Schminkkünste ausprobieren konnten. Mit ihren fast dreizehn Jahren war sie bereits eine richtige Schönheit mit ihren hohen Wangenknochen, den großen Augen und den langen, gebogenen Augenbrauen. Ihre Gesichtszüge machten das Konturieren zu einem Kinderspiel, da die Strukturen von Natur aus vorgegeben waren. Oh, wir hatten so viel Spaß. Kejal zog Banaz' Augenbrauen nach und betonte deren Form mit einem weichen braunen Stift. Wir schattierten ihre Augenlider in Pfirsich- und Goldtönen, die zu ihrem Hautton passten, trugen schwarzen Eyeliner und seidige Wimperntusche auf, die die Länge ihrer ohnehin schon langen Wimpern fast verdoppelte. Nachdem wir Bronzer und Highlighter aufgetragen hatten, um Banaz' gewünschten »konturierten Look« zu erzielen, verpassten wir ihr rosige Wangen und einen knallroten Lippenstift. Während wir am Werk waren, machte Banaz kleine Schmollmund-Posen und überprüfte unsere Fortschritte in einem Kompaktspiegel. »Oh, ich liebe es«, sagte sie mit ihrer sanften Stimme, »ich sehe so anders aus. Könnt ihr meine Lippen noch röter machen und stärker umranden?« Unsere Banaz, rote Wangen und Lippen liebte sie am meisten.

»Okay, halt still«, sagte ich und suchte einen helleren Farbton und einen schmalen Pinsel, aber als ich Banaz' Lippen bemalte, hörte sie nicht auf zu kichern. »Es kitzelt, Bakha«, sagte sie jedes Mal, wenn ich den Pinsel an ihren Mund anlegte, und wir mussten alle lachen. Dabei verloren wir völlig die Zeit aus den Augen – bis wir hörten, wie sich das untere Schloss der Eingangstür mit einem dumpfen Geräusch öffnete. Banaz zog scharf die Luft ein. »Sie sind da.« Ein zweites, höheres Geräusch drang die Treppe hinauf, als ein weiterer Schlüssel in das oberste Schloss eindrang. Banaz schnappte sich die Packung mit den Feuchttüchern und flüchtete ins Bad, während Kejal und ich schnell alle Tuben, Dosen und Utensilien wieder in Banaz' rosa Beutel stopften, den wir in einer Ecke unseres Einbauschranks versteckten. Zum Glück gelang es mir und Kejal, unsere Eltern abzulenken, während Banaz ihr Make-up entfernte. Wir halfen ihnen beim Auspacken von Obst und Gemüse, kochten schwarzen Tee und fragten nach den Großeltern, die wir an diesem Nachmittag besuchen würden. Armer Großvater Babakir. Die schreckliche Krankheit hatte sich nun auch in andere Teile seines Körpers ausgebreitet. Er konnte kaum sprechen, und die Krankenschwestern waren jeden Tag bei ihm zu Hause. Grandma weinte und weinte und weinte.

Etwa fünfzehn Minuten später erschien Banaz in der Küche. Sie hatte hervorragende Arbeit geleistet und es geschafft, sämtliche Make-up-Schichten zu entfernen, die wir ihr ins Gesicht gekleistert hatten. Von da an nutzten wir die Wochenendvormittage, wenn Mum und Dad unterwegs waren, um unsere Make-up-Künste an Banaz weiter zu verfeinern. Immer wieder hatten wir die Situation, dass Banaz ins Bad eilte, während unten bereits die Haustür aufging, aber unglaublicherweise kamen wir mit unseren Beauty-Aktionen immer davon. Was man von Kejal und mir leider nicht behaupten konnte, als die erste Rechnung der British Telecom bei uns eintrudelte.

Es passierte Ende Juli zu Beginn der Schulsommerferien. Es war an einem Morgen unter der Woche, ich stand unter der Dusche und summte leise den Refrain von *The Boy Is Mine* der amerikanischen Sängerinnen Brandy & Monica. Ich liebte diesen Song. Leyla hatte ihn mich in der Schule auf ihrem Walkman hören lassen. Trotz der Feindseligkeit meines Vaters an jenem Tag war Leyla meine beste Freundin geworden, obwohl ich das zu Hause verschwieg. Als ich aus der Dusche trat, hörte ich Dad im Flur schreien und fluchen. Durch die Badezimmertür konnte ich nicht alles verstehen, was er sagte, aber ich hörte ihn auf Kurdisch »Fünf. Hundert. Verdammte. Pfund!« schreien, als er die Haustür zuschlug.

Ich zog mich schnell an und ging hinunter ins Wohnzimmer, wo meine Mutter auf und ab lief und immer wieder ihre Handflächen gegen die Schläfen schlug, während sie »Nein, Allah, nein, Allah, nein, Allah« rief. Auf dem Couchtisch – dem einzigen Tisch in unserem Haus – floss roter Chiffonstoff aus Mums Nähmaschine. Hier entstand ein weiteres traditionelles Kleid, das eines von uns Mädchen bei der nächsten Veranstaltung der kurdischen Gemeinschaft tragen würde, wo wir potenziellen Ehemännern vorgestellt werden würden. Meine Eingeweide verkrampften sich bei dem Gedanken. In diesem Moment kam Kejal herein. »Was ist los, Mum?«

»Allah ist allwissend«, sagte Mum und dann erzählte sie uns von der Fünfhundert-Pfund-Telefonrechnung, die gerade eingetroffen war. »Da sind Nummern auf der Rechnung, die wir nicht kennen«, erklärte sie. »Anrufe in Teheran. Euer Vater ist mit Onkel Ari und Onkel Afran auf dem Weg zum Haus eurer Großeltern. Sie werden die Nummern überprüfen. Nein, Allah, fünfhundert Pfund? Nein, Allah, das kann nicht sein.« Ich sah Kejal an und ihr Blick sank für einen Moment zu Boden.

Hinter den Kulissen geschah Folgendes. Die schlaue Idee, die Nummern auf unserer Telefonrechnung mit den Anrufen zu vergleichen, die aus der Dorset Road 11 getätigt worden waren, war von Ari gekommen. Bingo, dieselbe Nummer in Teheran tauchte auch auf der früheren Rechnung meiner Großeltern auf. Tag und Uhrzeit, an denen diese Anrufe protokolliert worden waren, fielen in die Zeit, in der wir an dieser Adresse gewohnt hatten. Ari, in seiner selbstgefälligen Art, riet Dad, die Nummer in Teheran anzurufen, was dieser auch tat. Ervin und Saman bestätigten, dass Kejal und ich sie mehrmals angerufen hatten. Sie erzählten Dad sogar, dass sie nach London zu kommen hofften. Ervin sprach von seinem Wunsch, mich zu heiraten, und Saman empfand dasselbe für Kejal. Daraufhin sagte Ari zu unserem Vater: »Deine Töchter haben Schande über diese Familie gebracht.«

Oh, mein Gott, mein Vater verhörte Kejal und mich zwei Stunden lang und schlug uns mit seinem Gürtel und seinen Schuhen. Er zwang Kejal, im Esszimmer (dem Schlafzimmer von Mum und Dad) zu knien, und mir wurde gesagt, ich solle im Wohnzimmer bleiben. Er schloss die Tür, die die beiden Räume voneinander trennte, und nahm zuerst Kejal ins Kreuzverhör. Mum war bei ihnen im Zimmer. »Antworte deinem Vater, Gahba«, fauchte sie Kejal an, die sich die Seele aus dem Leib schluchzte. Kejal geriet normalerweise nie in solche Schwierigkeiten. Auch mir liefen die Tränen übers Gesicht, als Vaters Stimme zwischen dem Klatschen seines Gürtels zu hören war. Das Haus bebte, und das unvollendete rote Kleid auf Mums Nähmaschine zuckte und flatterte vor Angst.

Dad donnerte weiter. »Wir kennen nicht einmal ihre Familien. Was dachtet ihr, wohin das führen würde? Glaubt ihr, es ist angemessen, mit Männern auch nur zu sprechen? Was werden die Leute denken?« Ich versuchte, Kejals Antworten durch die Kakofonie von Schreien, Schluchzern und körperlicher Gewalt hindurch zu verstehen.

Als Nächstes ging der »Evil Punisher« mir an den Kragen. »Hattest du vor, uns jemals zu sagen, dass du in diese Person verliebt bist, du Hurenkind?«, fragte er wütend. »Hast du ihn gesehen und ihn gemocht?«

»Nein, aber er stammt aus einer guten Familie. Sie haben einen guten Ruf«, sagte ich. Körperliche Anziehung zu einem Fremden? Nein, das durfte es in meiner Kultur nicht geben. Während seiner Tirade zwang mich Dad rückwärts auf den blutroten Teppich und schlug mich etwa fünfzehn Minuten lang ununterbrochen, erst mit seinem Gürtel, dann mit seinem Schuh.

»Kapierst du es nicht?«, schrie er und schlug mit der Sohle seines Schuhs auf meine Beine. Sein Gesicht glänzte vor Schweiß. »Jetzt, wo du in England lebst, bist du ein gefundenes Fressen für Männer aus unserem Land, die dich heiraten wollen, um die englische Staatsbürgerschaft zu bekommen.«

Oh, welch Heuchelei. Dad versuchte bereits, Kejal und mich mit unseren Cousins im Irak zu verheiraten. Dessen war ich mir sicher. Ich hatte Dads Gespräche mit Ari im Esszimmer mitbekommen. Ari hatte gesagt: »Ihr müsst für eure ältesten Töchter Ehemänner finden. Bekhal wird diejenige sein, die diese Familie entehrt, wenn du nicht bald handelst, Mahmod.« Der verdammte Hurensohn.

Ich hatte ein schlechtes Gewissen wegen der Telefonrechnung, und ich hätte Dad jeden Cent zurückgezahlt, wenn es mir möglich gewesen wäre. Hätten wir gewusst, was diese Anrufe kosten würden, hätten Kejal und ich sie nicht getätigt. Ich hatte ganz sicher nicht die Absicht, Ervin zu heiraten. Diese Anrufe waren nur ein kleiner Spaß gewesen – bis wir erwischt worden waren.

Die Schulsommerferien zogen sich in die Länge – genauso wie unsere Strafe für die Anrufe in Teheran. Wir durften nicht mehr fernsehen, nicht einmal »Bildungsprogramme«, und Dad durchsuchte unser Schlafzimmer nach weiteren Beweisen für diese blöden Anrufe. Natürlich durfte keines von uns Mädchen Freunde treffen. Die einzigen Male, dass wir in den Ferien das Haus verließen, war, um Grandpa zu besuchen (mit Mum und Dad) oder um an Familientreffen teilzunehmen.

Ari organisierte ein paar Familienpicknicks im Hyde Park, die sich jedes Mal zur Ari-Show entwickelten. Grandpa, von Krebsgeschwüren durchsetzt, hatte unerträgliche Schmerzen. Doch Ari bestand darauf, dass ein Ausflug im Rollstuhl genau das Richtige für seinen Vater sei. Es brach mir das Herz, Grandpa in seinem Rollstuhl zu sehen, so gebrechlich und trotz der Hitze bis zum Hals zugedeckt, den Blick in seinen vergilbten Augen in die Ferne gerichtet. Wir brachten alle etwas zu essen sowie Decken und Kissen zum Sitzen mit, aber Ari kam natürlich mit schicken gepolsterten Liegen und riesigen Sonnenschirmen an und lachte über den Rest von uns, der es sich auf dem Rasen bequem machte. Alles, was man hören konnte, war Aris Stimme, der mit seinem Haus, seinem Garten und seinen Geschäften prahlte, während Großvater dasaß und langsam starb. Ich erinnere mich, dass Ari von »Visa« sprach, die er für männliche Familienmitglieder im Irak organisiert hatte – und von den Häusern, die er für diese Männer »herrichtete«, damit sie dort leben konnten, sobald sie im Vereinigten Königreich angekommen waren. »Als Nächstes bringe ich Dana Amin her«, sagte er, »er wird in meinem Laden in Wimbledon arbeiten.« Mir drehte sich der Magen um, als ich Danas Namen hörte. Dana war mein schrecklicher, älterer Cousin – derjenige, der gejohlt hatte, als ich vor Jahren in Sulaimaniyya fast im Fluss Tanjaro ertrunken wäre. Weitere Namen, die fielen, waren die meiner Cousins Mohammed Ali und Mohamad Hama, denen die Männer den Spitznamen »Sor« (rot oder

Röte) und »Little Sor« gegeben hatten, weil sie beide rötliche Haut hatten und Hama der Kleinere von beiden war. »Ich werde sie die Wohnungen herrichten lassen«, sagte Ari, als würde er die verdammte Welt retten. Ich bemerkte, wie Grandpas Arm unter der Decke zuckte – wie aus Protest gegen das, was Ari sagte. Wie ich mir wünschte, dass er seinen Widerspruch äußern könnte.

Ich hatte gerade die zehnte Klasse begonnen, als mein Vater den Anruf vom St. George's Hospital in Tooting erhielt. Grandpa war vor ein paar Tagen ins Krankenhaus eingeliefert worden, und die Ärzte hatten uns gewarnt, wir sollten uns auf das Schlimmste gefasst machen. Dieser Zeitpunkt war nun gekommen. Die ganze Familie versammelte sich im Krankenhauszimmer von Großvater Babakir. Der Mann, der da im Bett lag, sah nicht wie Grandpa aus. Als ich ihn erblickte, wollte ich schreien: »Komm zurück, Grandpa Babakir.« Seine Wangen und Augenhöhlen waren eingefallen. Er konnte nicht sprechen, aber er drehte seinen Kopf auf dem Kissen und schaute zu Dad, der an seiner Seite saß, und Dad schluchzte, während er Grandpas rechte Schulter drückte. »Baba, geh nicht. Bitte, geh nicht. Baba, nein.« Dad kniff sich in den Nasenrücken, schloss die Augen und ließ die Tränen durch seinen Schnurrbart über sein Gesicht strömen. Es war das erste Mal, dass ich meinen Vater weinen sah, und es berührte mich. In diesem Moment hatte er etwas Menschliches an sich. Der »Evil Punisher« litt nun selbst Schmerzen. Ich hatte sogar Mitleid mit ihm.

Grandma saß auf der anderen Seite des Bettes, hielt Großvaters Hand und betete unter Schluchzen. Dads Brüder – Ari, Afran und Zoran – saßen in einer Reihe rechts des Bettes. Ich stand mit meinen Schwestern und meiner Mutter auf der Seite meiner Großmutter. Wir Mädchen waren in Tränen aufgelöst, während wir Grandpas Atem lauschten. Langsame Atemzüge, mit langen Pausen dazwischen. Dann holte er tief Luft und stieß einen langen, zitternden Seufzer aus. Großvater Babakir, das Oberhaupt der Familie Mahmod, einst ein Baum von Mann mit einem gütigen Gesicht, war nicht mehr.

Dad weinte: »Nein, Baba, nein«, und küsste Großvaters Stirn und Gesicht. Grandma wiegte sich vor und zurück und umfasste immer noch Grandpas Hand. Banaz und ich hielten uns in den Armen, während wir heulten und heulten. Ari drehte sich um und starrte uns an, das Kinn zur Decke gedreht, sodass wir seine großen haarigen Nasenlöcher sehen konnten. Der Blick, den er Banaz und mir zuwarf, war voll tiefer Verachtung, als ob wir wegen des Todes unseres Großvaters überreagieren würden.

Von diesem Moment an würde Ari unsere Familie mit seinem Narzissmus und seinen Taten purer Bösartigkeit kontrollieren und zerstören.

Kapitel zwölf

Asche zu Asche

Zu sehen, wie Dad am Bett meines Großvaters zusammenbrach, weckte widersprüchliche Gefühle in mir. Zunächst war da ein flüchtiges Gefühl der Liebe zu meinem Vater, das ich seit meiner Kindheit nicht mehr verspürt hatte. »Xushm aweit, Baba (ich liebe dich, Vater)«, hatte er gesagt, als er Großvater zum letzten Mal auf die Stirn küsste, seine Stimme rau, aber sanft, und in diesem Moment hätte ich Dad am liebsten in die Arme genommen. Trotz all des Leids, das er mir zugefügt hatte, konnte ich es nicht ertragen, ihn weinen zu sehen. Dad hatte Großvater über alles verehrt, und ich spürte seine immense Trauer. Doch während ich mit meinen Schwestern schluchzend dastand und die Gebete begannen, unterbrochen von Dads wiederholten Rufen »Xushm aweit, Baba«, wurde mir plötzlich klar: Dad hatte nicht mehr »Ich liebe dich, Bakha« gesagt, seit ich vier oder fünf Jahre alt war, und mein Mitgefühl verwandelte sich in Groll.

Grandpas Tod hatte Dad nicht weicher werden lassen, wie ich es mir erhofft hatte. Er nahm uns Kinder nicht in den Arm oder sagte etwas wie »Grandpa hat euch sehr geliebt, er ist jetzt an einem besseren Ort«. Im Gegenteil, Dads Wutausbrüche wurden nach dem Tod von Großvater Babakir eher noch häufiger und heftiger. Der Schmerz schürte seine Wut und trieb ihn an, auf alles und jeden loszugehen. Wenn er hörte, dass wir Kinder zu Hause Englisch sprachen, bekam er einen Wutanfall. Eines Abends erwischte er Kejal, Banaz, Payzee und mich dabei. Wir waren alle im vorderen Schlafzimmer, als Dad hereinstürmte und schrie: »Shûraî (Schande)! Kein Englisch! Ich habe gesagt, in diesem Haus wird kein Englisch gesprochen. Runter mit euch allen, sofort.« Zwar schlug er uns dieses Mal nicht, aber er separierte uns, zwang Banaz und Payzee, sich ins Esszimmer zu setzen, während Kejal und ich im Wohnzimmer eingesperrt wurden. »Ich will kein einziges Wort Englisch hören«, warnte er, bevor er die Tür zuschlug.

Noch immer war es uns Mädchen nicht erlaubt, außerhalb der Schule Freunde zu treffen oder uns zu kleiden, wie wir wollten. Dad inspizierte unsere Schlafzimmer, durchwühlte unsere Schränke und zog die Schubladen unter unseren Betten heraus, um nach Gegenständen, die haram waren, wie Make-up oder westliche Kleidung, zu suchen. Glücklicherweise hat er Banaz' Make-up-Versteck nie gefunden. Genauso wenig wie ihr Kenzo-Parfüm, ein weiteres Geschenk ihrer Freundin Sara. Banaz, die Gute, verbarg ihre verbotenen »Haram«- Besitztümer in einem Geheimfach, da, wo der Einbauschrank um eine Ecke ging.

Kejal, die sich Dad gegenüber extrem unterwürfig verhalten hatte, seit er uns wegen der Telefonrechnung verprügelt hatte, wurde Opfer eines weiteren seiner gewalttätigen Anfälle, als er sie dabei erwischte, wie sie einen Pullover mit V-Ausschnitt trug – einen Pullover, den Mum für sie in einem Second-Hand-Laden gekauft hatte und der über einem Rollkragenpullover zu tragen war. Wir (Vater,

Banaz und ich) schauten gerade die 18-Uhr-Nachrichten der BBC, als Kejal mit unserer Plastiktischdecke ins Wohnzimmer kam. Sie hatte wie immer mit Mum unser Abendessen gekocht. Während sie sich hinkniete, um das Tischtuch vor dem Sofa auszulegen, auf dem Dad saß, verfolgten Banaz und ich gespannt die Nachrichten über den damaligen Premierminister Tony Blair. Hinter uns raschelte das Tischtuch, als Kejal es ausbreitete, und alles war ruhig, bis Dad »Qehpik« schrie und ein plötzliches Klatschen die Stimme des Nachrichtensprechers übertönte, sodass Banaz und ich aufsprangen und uns umdrehten, gerade rechtzeitig, um zu sehen, wie Kejal durch die Wucht von Dads Schlag aus ihrer knienden Position umkippte. Sie schnappte nach Luft, als sie ihr Gesicht mit einer Hand bedeckte und sich wieder auf die Knie begab, am ganzen Körper zitternd. »Behya, komm sofort her«, rief Dad und drückte auf den Aus-Knopf der Fernbedienung. Banaz und ich saßen still da und sahen der schmerzhaften Szene zu. Mum rannte so schnell ins Zimmer, dass sie in ihren Hausschuhen fast stolperte. Aus der Küche strömten warme Luft und ein heimeliger Geruch nach Nelken und Koriander ins Zimmer. Dad setzte sich auf die Sofakante, warf Mum einen angewiderten Blick zu und wedelte mit den Händen über Kejals Kopf, als wollte er sie wegscheuchen. »Sieh dir deine Hure von Tochter an. Warum zum Teufel trägt sie diesen Pullover?« Der langärmelige, terracottafarbene Pullover, den Kejal trug, war aus schwerer Wolle und der V-Ausschnitt streifte gerade mal ihr Schlüsselbein.

Mum stieß Kejal mit dem Fuß an. »Steh auf, Gahba.«

Schniefend erhob sich Kejal und ging rückwärts aus

dem Zimmer, um Dad nicht den Rücken zuzukehren. Mum folgte ihr und schimpfte sie im Flur noch einmal aus. »Du siehst aus wie eine Hure. Geh jetzt nach oben und zieh dich um – dann komm wieder runter und zeig dich deinem Vater.«

Solche Vorkommnisse gehörten zu Hause bald zur täglichen Routine, vor allem für mich. Einmal bemerkte Dad, dass der oberste Knopf des Hemdes meiner Schuluniform offen war. Wegen dieses Vergehens packte er meinen Haarknoten und riss meinen Kopf nach hinten, sodass ich an die Decke starren musste. Er spuckte mir ins Gesicht, nannte mich eine Hure, stieß mich gegen die Wand und gab mir einige kräftige Ohrfeigen. Das war Dads neueste Vorgehensweise, wenn er mich bestrafen wollte – an den Haaren ziehen, ins Gesicht spucken und Ohrfeigen verteilen. Das tat er so häufig, dass ich unter lähmenden Kopfschmerzen zu leiden begann. Es verging kein Tag, an dem ich nicht mindestens vier Paracetamol nehmen musste. Dad jagte mir Angst ein. Ich war ein mageres fünfzehnjähriges Mädchen und er ein kräftiger, 1,80 Meter großer Mann. Nichtsdestotrotz hatte ich genug von seinen Misshandlungen und seinen alles bestimmenden kulturellen Überzeugungen. Ich hatte es satt, mir vorschreiben zu lassen, was ich anziehen durfte, und das in einem Land, in dem andere Mädchen in meinem Alter sich wie Scary, Sporty, Baby oder Posh Spice kleideten. Verstehen Sie mich nicht falsch, es ging mir nicht darum, einen Minirock oder hohe Absätze oder irgendetwas extrem Freizügiges zu tragen. Ich wollte einfach ein paar Entscheidungen im Leben treffen dürfen. Unser Haus fühlte sich an wie ein

Gefängnis, nicht wie ein Zuhause, und je gewalttätiger Dad wurde, desto mehr rebellierte ich. Ich sah meine Situation folgendermaßen: Er (Dad) schlug mich fast jeden Tag wegen Kleinigkeiten, also konnte ich genauso gut gleich richtig große Fehler machen. *Schlagen wird er mich ja ohnehin.*

Geraucht habe ich zum ersten Mal am Tag der Beerdigung von Großvater Babakir, die ein riesiges, von Männern dominiertes Ereignis war. Mehr als hundert Menschen – Angehörige und Freunde aus der kurdischen Gemeinschaft – nahmen an der Trauerfeier auf dem Friedhof in Morden teil. Die Männer schaufelten Erde in Grandpas Grab, dann fassten sie sich an den Händen und stampften den Grabhügel fest. Ich weinte wie ein Schlosshund, und als wir den Friedhof verließen, hatte ich ein schlechtes Gewissen, weil ich Großvater in diesem mit Erde gefüllten Loch allein gelassen hatte.

Nach der Beerdigung versammelten sich die Trauergäste im Haus meiner Großmutter. Mein Gott, das Haus war voll von Menschen, drinnen wie draußen. Viele der Frauen saßen in Großmutters Wohnzimmer, während Vater und seine Brüder und andere männliche Verwandte, die ich nicht kannte, sich in dem Zimmer versammelten, in dem Großvater in seinem Pflegebett geschlafen hatte. Weitere Männer saßen im Garten und rauchten Shisha. Aus der Stereoanlage ertönte weinerliche, deprimierende irakische Musik, während Frauen allen Gästen Tabletts mit kurdischen Speisen und Getränken servierten. Dad hatte für die Männer ein paar 200er-Packungen Sovereign-Zigaretten gekauft. Zigarettenschachteln lagen auf Tischen, auf der

Anrichte in Grandmas Küche und auf Fenstersimsen im ganzen Haus. Sogar im algenfarbenen Badezimmer fand ich eine volle Packung Sovereigns. Die Versuchung war überall. Während ich Tabletts aus der Küche und zurück trug, gelang es mir, einige Zigarettenschachteln zu stehlen. Meine Cousine Shanar, die schon länger heimlich rauchte, tat das Gleiche. Irgendwann inmitten des hektischen Hin und Her und der ganzen Gefühlsausbrüche schlüpften Shanar und ich aus dem Haus und machten uns auf den Weg zum Abbey Recreation Spielplatz, der zehn Minuten Fußweg von Großmutters Haus entfernt war.

Wir setzten uns ins Gras, verborgen von wilden Büschen und Bäumen, dann reichte Shanar mir eine Zigarette und erklärte mir, ich solle das Ende des braunen Filters zwischen meine Lippen nehmen und die Spitze mit den Händen abschirmen. »Ich habe nur noch ein paar Streichhölzer übrig«, sagte sie und wies mich an, den Rauch in die Lunge zu atmen. Sie zündete die Zigarette an und ich nahm sie zwischen Zeigefinger und Daumen, während Shanar sich ebenfalls eine anmachte. »Du musst sie schon rauchen, Bakha«, sagte sie.

Die Wahrheit war, ich wusste nicht, was ich mit dem Ding anfangen sollte. Ich beobachtete, wie Shanar den ersten Zug nahm, wie sie die Augen schloss und an dem Filter saugte wie an einem Strohhalm, und versuchte dann, es ihr nachzumachen. Aber anstatt zu inhalieren, versuchte ich, den Rauch zu schlucken, was mich würgen ließ und zum Husten brachte. »Igitt, das ist ja widerlich«, prustete ich, bevor ich meine Lippen erneut um den Filter legte. Nach ein paar weiteren Zügen wurde mir leicht schwindelig.

Mein Gesicht und meine Kopfhaut kribbelten, als das Nikotin mein Gehirn erreichte.

Schon bald überwog das wirbelnde, entspannte Gefühl den aschigen Geschmack. Ich fühlte mich entspannt, befreit. »Mir schwirrt der Kopf. Ich bin wie betrunken«, sagte ich und stieß einen Schwall grauen Rauchs aus.

»O Gott, Bakha, sei nicht albern, du hast nur einmal gepafft.« Shanars Lachen ging in ein Husten über.

Ich paffte weiter, fest entschlossen, die Sache mit dem Rauchen in den Griff zu bekommen, und ehe ich mich versah, reichte mir Shanar eine zweite Zigarette, angezündet an der, die sie gerade rauchte.

Ich inhalierte und atmete dann aus. »Oh, das fühlt sich *so* gut an«, sagte ich mit einem Anflug von Übelkeit.

Shanar lachte. »Ja, lass uns einfach eine Weile hierbleiben und eine Menge Kippen rauchen.«

Eine Stunde später kehrten Shanar und ich zu Großvaters Trauerfeier zurück. Nach dem Kettenrauchen im Park war uns beiden etwas schwindelig, aber wir rissen uns zusammen, als wir in den stark bevölkerten Garten gingen und wieder anfingen, Tabletts herumzureichen und einzusammeln. Ich weiß nicht mehr, wie viele Kippen ich an diesem Tag geraucht habe, aber ich erinnere mich daran, wie ich mich danach fühlte: Mir war übel, ich war wie weggetreten, aber glücklich, etwas getan zu haben, aus eigener Entscheidung und ohne gewalttätige Konsequenzen. Niemand hatte bemerkt, dass Shanar und ich Grandmas Haus verlassen hatten.

Vor vielen Jahren war ich Hand in Hand mit meinem Vater durch unseren Garten im Iran gegangen und hatte ihn angefleht, mit dem Rauchen aufzuhören. Er hatte weitergeraucht, dann aber aufgehört, als Großvater krank wurde. Früher hatte ich über die Gefahren des Zigarettenrauchens gepredigt, und nun hatte ich mir diese Unsitte selbst angewöhnt. Ironischerweise mochte ich weder den Geschmack noch den Geruch von Tabak. Ich begann zu rauchen, um gegen meinen Vater zu rebellieren, um in der Schule dazuzugehören und wegen des angenehmen Schwindelgefühls, das mir für einen kurzen Moment das Leben versüßte.

Nach einer Weile begleitete Dad uns nicht mehr zur Schule, was ungewöhnlich war, wenn man bedachte, wie streng er sämtliche anderen Bereiche unseres Lebens kontrollierte. Ich machte das Beste aus diesem bisschen Freiheit. Damals konnte man eine Schachtel mit zehn Zigaretten für etwa 1,50 Pfund kaufen. Wir bekamen zwar kein Taschengeld, aber manchmal gab Dad jedem von uns ein paar Münzen für den Bus und das Mittagessen, von denen ich mir Zigaretten kaufte.

Die Schule war erträglicher, seit ich mit dem Rauchen angefangen hatte. Anstatt mich wie eine Außenseiterin zu fühlen, schlich ich mich nun mit den anderen in den Pausen hinter den Fahrradschuppen, um zu rauchen. Meine beste Freundin Leyla stellte mich ihren Freunden vor, die wie wir aus verschiedenen Kulturkreisen stammten. Diese neuen Freunde nannten mich Becky, was ich toll fand – der Spitzname gab mir das Gefühl, in der westlichen Welt akzeptiert zu werden. Außer meinen Schwestern und mir gab es keine Kurden in der Schule, aber ich freundete mich mit einem türkischen Mädchen an, Nehir, die mir einen

Riesengefallen erwies. Nehir war nämlich auch mit Dean befreundet, der mich immer noch schikanierte. Er war wirklich ein schreckliches kleines Arschloch mit seinen ständigen Tiraden von wegen »Selbstmordattentäter« und »Geh doch zurück in dein eigenes Land«. Als ich Nehir davon erzählte, sprach sie ein ernstes Wörtchen mit ihrem »Freund«, und Dean hörte über Nacht auf, mich zu ärgern. Wie man so schön sagt: Es kommt nicht darauf an, was du weißt, sondern wen du kennst.

Zu Hause führte Dad weiterhin sein übles Regime der Einschüchterung und Kontrolle. Er war besessen von der Vorstellung, ich würde den Familiennamen in Verruf bringen, während ich begann, seine Macht infrage zu stellen.

Gelegentlich schwänzte ich vormittags die Schule. Es war ganz einfach: Ich erschien zur Anwesenheitskontrolle, machte mich vor der ersten Unterrichtsstunde durch die Pforte davon und war rechtzeitig zur Kontrolle am Nachmittag zurück. Zu dieser Zeit freundete ich mich mit Banaz' Freundin Sara an, die ebenfalls den Vormittag blaumachte. Wir gingen ins nahe gelegene Naturschutzgebiet Watermeads und versteckten uns in den verkohlten Überresten eines alten Cottage, wo Sara mich mit Marihuana bekannt machte. Oh, mein Gott, ich liebte es, Joints zu rauchen. Beim Kiffen konnte ich dem Alltag entkommen. Es betäubte meine Sinne, und trotzdem war ich irgendwie klar im Kopf, wenn ich Gras rauchte. Diese Droge wurde schnell zu einer Stütze für mich.

Mehrere Wochen lang kam ich mit dem Schwänzen durch, bis die Lehrer mein Fehlen im Unterricht bemerkten und einen Brief an meine Eltern schrieben. Natürlich schlug mich mein Vater windelweich.

Je mehr ich rebellierte, desto unerträglicher wurde das Leben zu Hause. Ich bekam am laufenden Band Prügel. Am schlimmsten war es, als Mum und Dad entdeckten, dass ich rauchte. Ich hatte immer sorgfältig darauf geachtet, mein Laster zu verbergen. Die Zigaretten und das Feuerzeug versteckte ich in meinem BH und hatte immer ein Minz-Atemspray und ein Deodorant dabei, um den Zigarettengeruch zu übertünchen. Doch eines Tages rochen meine Eltern den Rauch an mir. Zumindest haben sie das behauptet. Damals wusste ich nicht, dass mein Vater und Ari kurdische Männer, darunter auch meine Verwandten, beauftragt hatten, mich auszuspionieren.

Als ich nach der Schule nach Hause kam, traf ich Mum und Dad im Flur an. Bevor ich meine Schuhe ausziehen konnte, schlug mich mein Vater ins Gesicht. »Du hast geraucht, du Gahba.« Die nächste halbe Stunde war eine der qualvollsten und entwürdigendsten in meinem Leben. Meine Eltern zerrten mich die Treppe hinauf und ins Badezimmer, wo meine Mutter mich bis auf die Unterwäsche auszog. Dabei fand sie natürlich meinen Zigarettenvorrat. Dann zwang sie mich, mich in die Badewanne zu stellen, während sie mir Beleidigungen ins Gesicht schrie. Als Nächstes schüttete sie einen Eimer kalten Wassers über mich und sah zu, wie Dad mich mit seinen bloßen Händen am gesamten Körper schlug. Das Wasser verschärfte die Strafe, da Schläge auf den nassen Körper noch schmerzhafter waren. Ich war fünfzehn und praktisch nackt. *Was zum Teufel macht dieses Tier mit mir?*

Das Schlimmste stand mir jedoch noch bevor.

Gegen Ende der zehnten Klasse bekam ich einen Teilzeitjob in einem Supermarkt in der Nähe. Ich war so glücklich. Die Geschäftsführerin, Kim, hatte mir die Stelle angeboten, weil ich während eines Praktikums in der Filiale einen guten Eindruck gemacht hatte. »Du bist eine Bereicherung für unser Team, Bekhal«, hatte Kim gesagt und ich strahlte. Ich fühlte mich zum ersten Mal wertvoll. Ich arbeitete jeden Samstag und an zwei oder drei Abenden in der Woche nach der Schule hinter der Feinkosttheke oder räumte Regale ein. Was ich am meisten genoss, mehr noch als mein Gehalt, war der Umgang mit Menschen, Kunden und Kollegen gleichermaßen. Dieser Supermarkt wurde zu meiner Zuflucht.

Doch Dad setzte dem bald ein Ende.

Der einzige Grund, warum er mich den Job machen ließ, war das Geld. Genauso war es mit Kejals Teilzeitstelle in einem Handyladen, die sie seit ein paar Monaten hatte. Bevor ich mein erstes Gehalt bekam, hatte mich mein Vater mit zur Abbey National Building Society genommen, um ein Konto zu eröffnen. Jeden Monat, wenn Zahltag war, begleitete mich dieser Mistkerl zum Geldautomaten und stand neben mir, während ich meinen Kontostand prüfte. Dann musste ich jeden Cent meines hart verdienten Lohns abheben und ihm aushändigen. Er überließ mir fünfzig Pfund, den Rest steckte er ein. Dasselbe tat er mit Kejals Lohn. »Das ist euer Beitrag zu unseren Haushaltskosten«, sagte er. »Eine achtköpfige Familie zu ernähren ist nicht billig.« Das ärgerte mich. Warum suchte er sich keinen Job? Alles, was er tat, war, uns Mädchen zu kontrollieren und seine Freunde und Verwandten aus der kurdischen Gemeinschaft zu treffen.

Ein paar Mal gelang es mir, einen Teil meines Lohns abzuheben, bevor mein Vater mich zum Geldautomaten begleitete. Dann fand er meine Lohnabrechnungen und verdrosch mich. Erneut begann ich zu rebellieren. Ich log, was meine Arbeitszeiten anging, um aus dem Haus zu kommen, und gab meine fünfzig Pfund im Monat für mein eigenes Vergnügen aus. Ich kaufte Zigaretten, Gras, westliche Kleidung, Make-up, einen Lockenstab, ab und zu eine Flasche Baileys und versteckte meine sämtlichen Errungenschaften in meinem Spind auf der Arbeit.

Inspiriert von den tollen Frisuren meiner schwarzen Freundinnen begann ich, meine Haare anders zu stylen. Ich drehte mein langes Haar zu einem hohen Dutt und ließ vorn und an den Seiten Strähnen herabfallen, die ich mit Gel einrieb und mit dem Lockenstab einrollte. Leggings wurden zu meinem liebsten Kleidungsstück, ich trug sie bei der Arbeit unter einem langen Kleid anstelle der üblichen Schlabberhose. Natürlich drehte der »Evil Punisher« angesichts meiner Verwandlung völlig durch.

Dad hasste meine neue Frisur und meine Leggings mit Schlangenmuster abgrundtief, und ich musste immer wieder die gleiche brutale Prozedur ertragen. Jedes Mal, wenn ich versuchte, mich aus dem Haus zur Arbeit zu schleichen, fing er mich ab. »Sieh dir verdammt noch mal nur an, wie du aussiehst«, fauchte er und beäugte mein Haar. »Du siehst aus, als seist du gerade aus deiner Mutter gekrochen.« Als Nächstes packte er meinen Dutt und schüttelte so lange und heftig meinen Kopf, bis sich mein Haar löste und der Raum sich in Wellenlinien auflöste. Dann drückte er mich auf den Boden, kniete sich auf meine Nieren und kniff mich überall in die Beine, auch an den Innenseiten der Oberschenkel, und schrie »Mizir Qehpik (verdammte Hure), schau, wie eng sie sind. Siehst du, man kann sie nicht einmal greifen, diese Hurenhose«. Ich drückte mein Gesicht in den blutroten Teppich und versuchte, nicht zu schreien, während ich darauf wartete, dass die Tortur ein Ende hatte. Schließlich zerrte er mich hoch, packte mich wieder an den Haaren, marschierte mit mir zur Haustür, spuckte mir ins Gesicht und kickte mich buchstäblich auf die Straße. »So, jetzt siehst du richtig hübsch aus«, sagte er dann, »los, geh zur Arbeit.«

Selbst wenn ich arbeitete, konnte ich dem »Evil Punisher« nicht entkommen. Er gab mir ein Prepaid-Handy – Kejals ehemaliges, da sie ein neues bekommen hatte –, nur um mich zu überwachen. Er tauchte im Supermarkt auf, wanderte mit seinem Korb durch die Gänge und spionierte mir nach. Wenn er mich mit einem männlichen Kollegen sprechen sah, kam er auf uns zu und fing an, mich auf Kurdisch zu beschimpfen, wobei er ein falsches freundliches Lächeln aufsetzte.

Ich blieb standhaft, wild entschlossen, mich nicht von der Tyrannei meines Vaters brechen zu lassen. *Es ist mein Gesicht, mein Haar, mein Körper, mein Leben*, sagte ich mir wieder und wieder. Doch bald versank ich in eine tiefe Depression. Ich rauchte noch mehr Gras und trank Baileys, den ich in eine Softdrink-Flasche umfüllte, nur um meinen Schmerz zu betäuben und mich durch den Tag zu retten. Meine Beine und Arme waren mit blauen Flecken übersät, die mir mein Vater zugefügt hatte. Ich hasste mein Leben, ich hasste mich selbst und vor allem hasste ich meinen Vater. Meine Freunde schienen liebevolle Eltern zu haben. Sie erzählten, wie sie mit ihren Müttern Klamotten einkaufen gingen oder über die peinlichen Dinge lachten, die ihre Väter taten oder sagten. Leyla wusste, dass mein Vater streng war, aber von den Schlägen hatte ich ihr nichts erzählt. Wie könnte ich? Ich schämte mich zu sehr, um meine neuen Freunde daran teilhaben zu lassen. Nachts weinte ich mich in den Schlaf und konnte nicht aufhören, an die gewalttätigen Ausbrüche meines Vaters zu denken. *Warum habt ihr mich in diese Welt, in dieses Land gebracht, wenn ihr mich nicht mein Leben leben lasst?*

Meinen Tiefpunkt erreichte ich eines Morgens im Kunstunterricht gegen Ende der zehnten Klasse. Kunst war mein Lieblingsfach, ich liebte es, zu zeichnen, zu malen und kreativ zu sein. Meine Lehrerin, Miss Evans, hat meine Arbeit oft gelobt. Eines meiner Werke – ein alter Stiefel, auf den ich Picasso-inspirierte Motive gemalt hatte – wurde sogar im Büro des Schulleiters ausgestellt. In der heutigen Stunde ging es um die menschliche Gestalt. »Ich möchte, dass ihr alle etwas Figürliches zeichnet oder malt«, sagte Miss Evans. »Seid so kreativ und abstrakt, wie ihr möchtet.« Ich nahm ein Blatt Papier, einen schwarzen Filzstift und begann, das Auge einer Frau zu zeichnen, das die ganze Seite ausfüllte. Aus dem Gedächtnis zeichnete ich die Make-up-Sitzungen mit Banaz nach, verpasste meiner Frau lange, seidige Wimpern, einen kühnen Lidstrich sowie zwei Tränen, die aus dem äußeren Augenwinkel quollen. Aber ich war nicht bei der Sache. Zusammen mit meiner imaginären Frau weinte ich stille Tränen, so sehr, dass ich ihren Eyeliner verwischte und das Papier meine

Traurigkeit aufsaugte. Morbide Gedanken stiegen in mir auf. *Ich will nicht mehr hier sein, in dieser Welt. Ich kann das alles beenden. Dad kann mir nicht mehr wehtun, wenn ich tot bin. Ich habe eine ganze Packung Paracetamol in meiner Tasche.*

Ich wischte mir über die Augen, schob meinen Stuhl zurück, gab Miss Evans ein Zeichen, dass ich nach draußen musste, und eilte mit meinem Rucksack in der Hand in den Flur. Ich lief zu den Mädchentoiletten, schloss mich in einer Kabine ein und schluckte eine Pille nach der anderen, bis beide Blisterpackungen leer waren. Ich wartete etwa eine Viertelstunde, dann öffnete ich mit der Paracetamol-Packung in der Hand die Tür – und stieß mit der Putzfrau zusammen.

An den Rest des Tages erinnere ich mich nur bruchstückhaft. Die Putzfrau sah die leere Paracetamol-Packung in meiner Hand und wollte wissen: »Hast du die gerade alle genommen?« Ich starrte durch sie hindurch und fragte mich, warum die Waschbecken in Richtung Decke schwebten. Dann tauchte Miss Evans auf – eine Qualle in der Mädchentoilette, die murmelnde Geräusche machte, die ich nicht entziffern konnte, bis auf das Wort »Krankenwagen«.

»Kein Krankenwagen … Dad darf es nicht erfahren … kein Krankenwagen, nur kein Krankenwagen …« Ich sank auf den Linoleumboden und verlor das Bewusstsein.

Als Nächstes sah ich Miss Evans an meinem Bett im St.-Helier-Krankenhaus sitzen. Ich erinnere mich weder an die Fahrt mit dem Krankenwagen noch daran, wie die Sanitäter mir den Magen ausgepumpt haben. Die Ärzte untersuchten meine Leber, um sie auf Schäden zu überprüfen, und entließen mich einige Stunden später. »Ihr Vater sagte, er könne Sie nicht abholen, Miss Mahmod«, sagte die Krankenschwester.

Ich schluckte. Es fühlte sich an, als versuchte ich, Rasierklingen zu verschlucken. »Okay«, sagte ich. »Klang er wütend?«

Die Krankenschwester schenkte mir ein mitleidiges Lächeln. »Nein, Ihr Vater hat nur gesagt, er könne nicht kommen. Ich schätze, er ist ein vielbeschäftigter Mann.«

Meine Augen füllten sich mit Tränen. Dad war nicht beschäftigt. Vor Kurzem hatte er sogar ein Auto gekauft, einen roten Opel aus zweiter Hand. Mein Supermarktverdienst hatte den Wagen mitfinanziert. Ich hatte gerade versucht, mich in der Schule umzubringen. Das Krankenhaus war nur zehn Minuten mit dem Auto von unserem Haus entfernt, aber Mum und Dad wollten mich nicht abholen – das sagte mir alles.

Miss Evans fuhr mich nach Hause. Am liebsten wäre ich für immer in ihrem roten Mini sitzen geblieben, dessen Rücksitz vollgestopft war mit Farbtöpfen und Pinseln.

»Möchtest du, dass ich mit reinkomme?«, fragte sie, als wir vor der Morden Road 225 hielten. Es war bereits 21.30 Uhr, aber alle Fenster an der Vorderseite des Hauses waren erleuchtet, außer Bahmans Zimmer. *Er wird wieder mal unterwegs sein.*

»Nein, nein«, sagte ich. »Alles in Ordnung.« Ich bedankte mich bei Miss Evans und öffnete die Beifahrertür. Das Haus ragte wie ein riesiger beleuchteter Grabstein in die Nacht. Ich wollte nicht hineingehen.

Mein Vater reagierte auf meinen Selbstmordversuch, indem er mich an die Wand drückte, mich (wieder einmal) an den Haaren zog, mir (wieder einmal) ins Gesicht spuckte und schrie: »Wie kannst du es wagen, diese Familie zu entehren! Wie kannst du es wagen, so viel Aufmerksamkeit auf dich zu ziehen. Was für verdammte Probleme kannst du im Leben haben, um so etwas zu tun?« Dann schlug er mich (wieder einmal) rechts und links ins Gesicht. »Du widerst mich an. Geh ins Bett, Gahba.«

Kejal setzte sich im Bett auf. »Warum musst du es uns immer so schwer machen?«, fragte sie und schaltete ihre Nachttischlampe aus. Ich kletterte ins Bett und fühlte mich wie ein Versager. *Ich kann nicht einmal versuchen, mich umzubringen, ohne verprügelt zu werden. Was habe ich falsch gemacht? Warum bin ich überhaupt wieder hier?*

Tränen durchtränkten mein Kissen.

Kapitel dreizehn

Lauf, Bakha, lauf

Mein Selbstmordversuch wurde bei uns zu Hause nie wieder erwähnt und mein Leben ging im üblichen Trott aus Schule, Arbeit, Kiffen und Geschlagenwerden weiter. Als ich am nächsten Tag in die Schule zurückkehrte, nahm mich meine Klassenlehrerin, Miss Davies, zu einem Gespräch unter vier Augen beiseite. »Gibt es etwas, worüber du sprechen möchtest, Bekhal?«, fragte sie sanft. »Was hat dich zu dem gebracht, was du gestern getan hast? Können wir dir irgendwie helfen?«

»Es geht mir gut«, log ich. »Ich habe im Moment nur ein paar Probleme zu Hause.« Die Wahrheit war, dass ich gar nicht wusste, wo ich anfangen sollte. Nichts gegen Miss Davies, aber hätte ich ihr unsere verquere Kultur erklärt, sie hätte es nicht verstanden.

»Welche Art von Problemen, Bekhal?«

»Ach, schon in Ordnung. Mein Vater schlägt mich nur manchmal. Er wird wütend wegen Dingen, die ich tue.«

»Ich verstehe«, sagte Miss Davies. »Möchtest du darüber reden?«

Ich schüttelte den Kopf. Was sollte das bringen? Miss Davies konnte nichts tun, um den »Evil Punisher« zu bändigen. Niemand konnte etwas tun. Ich verließ den Raum, kehrte zurück zum Matheunterricht, und das Leben ging weiter.

Insgeheim war ich erleichtert, dass meine Überdosis nicht erfolgreich gewesen war. Im Nachhinein betrachtet, hatte ich an diesem Tag nicht sterben wollen. Mein Selbstmordversuch war ein Schrei nach Hilfe gewesen – eine Gelegenheit, dem Leben für eine Weile zu entfliehen.

Aber der Traum von einem leichteren Leben in London würde sich nie erfüllen, solange ich in der Mahmod-Sippe blieb, so viel war mir nun klar. Auch mein Kindheitstraum, Polizistin zu werden, war ausgeträumt. Eine Karriere kam für eine Frau in meiner Familie nicht infrage, es sei denn, ich würde Ärztin oder Raketenforscherin werden oder etwas ähnlich Hochtrabendes und gut Bezahltes. Aber selbst dann würde man von mir erwarten, dass ich einen Cousin heiratete, oder mich zu einer Ehe mit einem Fremden aus unserem »Stamm« zwingen. Wir Mädchen wurden gezwungen, in den traditionellen Kleidern, die unsere Mutter genäht hatte, zu den Festen der kurdischen Gemeinschaft zu gehen. Dad »präsentierte« mich den Familien potenzieller Kandidaten. »Sie ist ein gutes muslimisches Mädchen. Sie kann gut kochen und putzen. Sie ist ein vernünftiges Mädchen ...« Bla, bla, bla. *Verpiss dich. Nein, einfach nur nein.*

Während Gerüchte herumgingen, dass Kejal dabei war, verheiratet zu werden, verlagerte sich der Fokus auf mich, die Unruhestifterin. Vater wurde von Ari – und dem Rest der Familie – unter Druck gesetzt, mich mit einem Ehemann zu verkuppeln, bevor ich den Ruf der Familie durch meine »Schande« weiter in Verruf bringen würde. Totaler Schwachsinn.

Seit Großvaters Tod hatte sich Ari praktisch als Oberhaupt der Familie Mahmod etabliert – eine Rolle, die eigentlich von Dad als ältestem Sohn erwartet wurde. In den Augen der kurdischen Gemeinschaft hatte Dad darin versagt, seine eigensinnige Tochter unter Kontrolle zu bekommen, was den Druck auf ihn noch erhöhte, die »Familienehre« wiederherzustellen. Ari behielt alle Mahmod-Mädchen im Blick, außer seine eigenen Töchter, seine »Engel«.

Ein paar Wochen nach meiner Paracetamol-Überdosis lud mich Miriam ein, bei ihr zu übernachten. Mum und Dad zögerten zunächst, erlaubten es jedoch, als Tante Alal und Onkel Afran ihr Einverständnis gaben. »Es sind Schulferien, Behya«, sagte Tante Alal. Ich war erleichtert, aus dem Haus zu kommen. Miriam und ich unterhielten uns bis tief in die Nacht, kicherten und schwelgten in Erinnerungen an unsere Zeit im Iran. Wir ließen die Geschichte wiederaufleben, als wir als blinde Passagiere unterwegs gewesen waren, und den ganzen Unfug, den wir angestellt hatten, und für eine Weile konnte ich von meinen Problemen abschalten. Bei Miriam schlief ich besser, als ich es seit Monaten zu Hause getan hatte.

Am nächsten Tag trafen Miriam und ich ihren Schulfreund Faizan zu einem kurzen Spaziergang in Tooting. Ich glaube nicht, dass zwischen Miriam und ihm irgendetwas lief, aber sie genossen offensichtlich die Gesellschaft des anderen. Wir trafen uns in der Nähe der U-Bahn-Station Tooting Broadway und gingen dann in eine Seitenstraße, wo Miriam und ich uns auf den Bordstein zwischen zwei geparkten Autos setzten, um zu rauchen, während Faizan stehen blieb und ebenfalls rauchte. Plötzlich kam aus heiterem Himmel ein Verrückter auf einem Motorroller über den Bürgersteig auf Faizan zugerast. Wir ließen alle drei unsere Zigaretten fallen, als der Mann in Lederjacke und Jeans von seinem Roller sprang, seinen Helm vom Kopf riss und ihn nach Faizan warf, der dem Geschoss gerade noch ausweichen konnte.

»Was zum Teufel machst du mit meiner Schwester und meiner Cousine?«, schrie der Mann. Ich griff nach Miriams Hand und wir sprangen auf und drückten uns gegen eine Wand, während Miriams Bruder Eylo völlig ausrastete. Er stürzte sich auf Faizan, schubste ihn, schlug ihn auf den Kopf und spuckte ihn wieder und wieder an. »Verstehst du unsere verdammte Kultur nicht? Wie kannst du es wagen, mit meiner Schwester und meiner Cousine zu sprechen?«

Der arme Faizan versuchte, Eylos Schläge abzuwehren. »Ich habe nichts getan, das ist ein Missverständnis, ich kenne sie nicht einmal.« Als Eylo ihn weiter bedrängte, wich Faizan zurück, bis seine Beine die Motorhaube eines der geparkten Autos berührten.

»Halt dich verdammt noch mal von meiner Schwester und meiner Cousine fern – oder ich statte *deiner* Schwester einen Besuch ab«, drohte Eylo. Er stand vor Faizan, atmete schwer und starrte ihn wütend an. »Wag es ja nicht, noch mal in die Nähe meiner Schwester oder Cousine zu kommen.« Aus Eylos Mund quoll Speichel.

Faizan wischte sich mit dem Ärmel Eylos Speichel aus dem Gesicht, machte zwei wackelige Schritte zur Seite, auf den Bürgersteig, und ging langsam davon. Eylo sah zu, wie Faizan mit gebeugten Schultern um die Ecke schlich, während Miriam und ich Hand in Hand dicht an der Wand stehen blieben. Dann richtete Eylo seinen bösen Blick auf uns.

»Lass uns abhauen«, sagte Miriam leise. In einer gemeinsamen Bewegung, so, wie wir es seit Kindheit getan hatten, kehrten wir vorsichtig zurück auf den Gehweg, während Eylo uns immer noch heftig atmend anstarrte. Nach ein paar unsicheren Schritten rückwärts drehten wir uns um und rannten los. Ich spürte, wie Eylos Augen durch meinen Mantel brannten, als wir an Häusern und normalen Menschen vorbeiliefen, die ihrem ganz normalen Alltag nachgingen. Wir rannten bis zur U-Bahn-Station Tooting Broadway, wo wir innehielten und uns zum Abschied küssten.

»Das gibt einen Riesenanschiss«, sagte Miriam und presste ihre feuchten Handflächen auf ihre Brust.

»Du hast nichts falsch gemacht, Miriam«, sagte ich. »Es liegt alles nur an unserer beschissenen Kultur.« Noch einmal umarmten und küssten wir uns, dann reihte ich mich in die Menschenmasse in der U-Bahn-Station ein und nahm den Zug nach Morden, der Endstation der schwarzen Northern Line.

Als ich zu Hause ankam, hatte Eylo bereits der ganzen Familie erzählt, was er an diesem Morgen in Tooting gesehen hatte. Dad rief mich ins Wohnzimmer. Sein Ton war streng, aber nicht so aggressiv wie sonst. Ich dachte, er würde mich schlagen, aber stattdessen hörte er sich meine Version der Ereignisse an. Ich erzählte ihm, dass Miriam zufällig einen Schulkameraden getroffen habe – einen Jungen, den ich nicht kannte. »Ehrlich, Baba«, sagte ich, »ich habe ihn noch nie in meinem Leben gesehen.«

»Aber man hat dich *mit ihm* gesehen. Du hast dich selbst in diese Situation gebracht – und jetzt geben alle, einschließlich Ari, *dir* die Schuld für dieses Drama.«

»Was hat denn Ari damit zu tun? Seine Töchter haben viele Jungs als Freunde. Das weiß ich.« Es stimmte – Heibat und Helo hatten es mir gesagt.

Dad knallte sein Teeglas auf den Couchtisch. »Oh, geh mir aus den Augen. Du widerst mich an.«

An diesem Abend, gegen 21 Uhr, kamen Onkel Ari und Onkel Afran zu uns. Die Männer diskutierten zehn Minuten lang in Dads Schlafzimmer. Ich musste im hinteren Schlafzimmer mit meinen Schwestern warten, die alle wissen wollten, was los war. Kejal war wieder einmal alles andere als zufrieden mit mir. »Warum kannst du nicht einfach tun, was man dir sagt, Bekhal? Mit deinen Dramen machst du uns allen das Leben unerträglich.«

Ich starrte sie wütend an. *Wie kann sie es wagen, sich auf Dads Seite zu schlagen.* »Ich habe nichts Falsches getan«, sagte ich. »Wir werden in diesem Haus wie Gefangene behandelt. Keines von uns Mädchen hat es verdient …« Das dumpfe Geräusch der drei Brüder, die die Treppe hinaufstiegen, ließ mich verstummen. Mein Herz blieb stehen, als sich die Schritte über den Treppenabsatz in Richtung der Vorderseite des Hauses bewegten. Eine Tür wurde geschlossen. Ich sah Banaz an, die auf der Bettkante saß und die Hände über den Knien rang. Dann öffnete sich unsere Tür.

»Bekhal, komm mit. Dein Vater und deine Onkel wollen mit dir sprechen«, sagte Mum.

Oh, mein Gott, das Ganze war wie eine große Ari-Bühnenshow – und weswegen? Weil ich die gleiche Luft wie ein anderes menschliches Wesen geatmet hatte? Weil ich mit einem Jungen, den ich keine zehn Minuten kannte, denselben Gehweg geteilt hatte? Im Ernst? Ich ging ins vordere Schlafzimmer, wo Dad und Ari auf Kejals Bett saßen und Onkel Afran ihnen gegenüber auf meinem Bett. Ari, in seiner glänzenden Hose und dem bis unters Schlüsselbein aufgeknöpften Hemd, hatte einen Fuß über dem gegenüberliegenden Knie gekreuzt und einen Gesichtsausdruck, der schrie: *Seht mich an, ich bin der König hier.* Ich kniete mich neben Mum auf den Boden, mit dem Gesicht zu Ari und Dad, und starrte auf meine im Schoß gefalteten Hände (man darf nur aufschauen, wenn man etwas gefragt wird). Eine Minute lang sprach niemand. Stattdessen hörte man Geräusche: ein Auto, dessen Motor angelassen wurde, das nervige Geräusch des Fernsehers nebenan. Ari atmete schwer aus, und die Luft rauschte durch das Dickicht seiner Nasenhaare.

»Was verbreitest du für einen verdammten Unsinn über meine Kinder?«, begann er.

Ich sah auf und dachte: *Gott, er ist so hässlich.* »Ich habe nur Dinge wiederholt, die sie mir erzählt haben«, sagte ich. Dad zog die Schultern hoch.

Nicht mehr der große Mann, was?

»Ich kenne die Lügen, die du über meine Töchter verbreitest. Du verdammtes Hurenkind.«

»Nun, als ich das zu Baba sagte, meinte ich …«

»Du hast verdammt noch mal kein Recht, über meine Kinder zu sprechen.« Aris Stimme durchdrang mich wie ein Presslufthammer. »Sie haben nichts Unrechtes getan. Sie sind gute Mädchen, besser als du. Schau dir an, was du aus deinem Leben gemacht hast. Du bist Abschaum.« Ari fuhr fort, mir einen Vortrag darüber zu halten, wie »angesehen« unsere Familie sei und wie ich den Namen Mahmod »entehren« würde, während mein Vater mit gesenktem Kopf dasaß und den ganzen Schwachsinn einfach so hinnahm. Tränen brannten in meinen Augen. Ich war mir nicht sicher, was mich mehr schmerzte – Aris abscheuliche Tirade oder dass Dad nichts dazu sagte. Ari hörte kurz auf zu sprechen und ich senkte wieder den Kopf. Meine Brust bebte von meinen Schluchzern, dann legte Ari von Neuem los. »Sieh mich an, wenn ich mit dir spreche, Gahba.«

Als ich den Kopf hob, lehnte er sich nach vorn und stemmte den Ellbogen in die Beuge seines gekreuzten Beins. »Alles, was du tust, ist, Schande über diese Familie zu bringen, und dein Vater hat nicht den Mumm, etwas dagegen zu unternehmen. Nun, er mag ein schwacher Mann sein, aber ich bin es *nicht*. Nicht einmal die Polizei kann mir etwas anhaben.« Ich sah Dad an und die Tränen liefen mir übers Gesicht. *Warum sagte er denn nichts?* Ari grinste drohend und wippte mit seinem Fuß in der Luft auf und ab. »Hör mir gut zu«, sagte er und rückte mit seinem Gesicht noch näher an meines heran. Sein Atem roch nach Knoblauch. »Ich lasse mir diesen Mist nicht mehr gefallen. Ich werde dieser Schande ein Ende setzen. Wenn es nach mir ginge und du meine Tochter wärst – und wenn dein Vater auf *mich* gehört hätte –, wärst du schon längst zu Asche verwandelt worden.«

Ich rang entsetzt nach Luft und verschluckte mich an

meinen Tränen und meinem Rotz. Dad saß nur schweigend da. Auch Afran, der Mann, der so oft eingegriffen hatte, als mein Vater mich im Iran verprügelt hatte, sagte nichts. Meine Mutter, die gerade Zeugin geworden war, wie ihr Schwager davon sprach, mich töten zu wollen, hatte keine Worte für mich.

»Das ist alles«, schloss Ari, und ich stand auf, aus Respekt – denn so lernten wir es in unserer Kultur. Ari stand ebenfalls auf. »Wisch dir die Tränen ab«, sagte er beiläufig und hob seine Hand, damit ich sie küssen konnte. Widerstrebend tat ich, was Ari mir sagte. Mein Magen drohte sich umzudrehen. Ich wollte mich über seine Hand – und seine Hose und seine Füße – erbrechen. Leider tat ich es nicht. »Und jetzt benimm dich«, fügte er hinzu. »Hör auf, Schwierigkeiten zu machen.«

Dann verließ er den Raum. Dad und Afran folgten ihm. Aris Worte liefen in Dauerschleife in meinem Kopf wie ein verzerrter Kinderreim: *Wenn es nach mir ginge, wärst du schon längst zu Asche verwandelt worden.*

Als die Männer unten waren, drehte ich mich zu meiner Mutter um und wünschte und betete, sie möge mich in ihre Arme schließen und sagen: *Schsch, Bakha, mein Liebling, mein Schatz, alles wird gut. Ich werde nicht zulassen, dass dir jemand wehtut.* Alles, was ich wollte, war eine Umarmung. War das zu viel verlangt? Ich fühlte mich erschöpft. Mein Körper und mein Geist schmerzten durch den jahrelangen Missbrauch. Onkel Ari war in *meinem* Schlafzimmer gesessen, dem Raum, in dem ich schlief, hatte mich als Abschaum bezeichnet und gesagt, er wolle mich verbrennen. Und er hatte es ernst gemeint.

»Kannst du fassen, was er (Ari) gerade gesagt hat?«, fragte ich meine Mutter. »Würden du und Dad das wirklich zulassen? Würdest du zulassen, dass mein Onkel mich in Asche verwandelt?«

Mum verschränkte die Arme, verzog ihren Mund und seufzte. »Nein, Allah, du hast dir diesen ganzen Mist selbst eingebrockt. Dauernd bringst du dich in diese Situationen, und dann wunderst du dich, warum du in Schwierigkeiten steckst? Wärst du brav gewesen und nicht mit Miriam ausgegangen, hätte Ari keinen Grund gehabt, hier zu sein. Aber du kannst es einfach nicht lassen, stimmt's?« Mum schlurfte aus meinem Zimmer und ging die Treppe hinunter. »Nein, Allah«, hörte ich bei jedem Schritt. Eine Umarmung bekam ich nicht.

Ich ging direkt ins Bett, in der Hoffnung, in einen tiefen, bewusstlosen Schlaf zu fallen, aber Aris Stimme verfolgte mich bis in die frühen Morgenstunden:

Du bist Abschaum.

Sieh dir an, was du aus deinem Leben gemacht hast.

Nicht einmal die Polizei kann mir etwas anhaben.

Wenn es nach mir ginge, wärst du schon längst zu Asche verwandelt worden.

Benimm dich.

Kejal schimpfte mit mir, weil ich sie mit meinem Hin- und Herwälzen und Schniefen wachhielt. »Ari saß heute Abend auf deinem Bett und sagte zu mir: ›Wenn es nach mir ginge, wärst du schon längst zu Asche verwandelt worden.‹ Könntest *du* schlafen, wenn er das zu dir gesagt hätte?«, giftete ich zurück.

»Ach komm, hör auf, so dramatisch zu sein, Bakha.«

»Ich sage dir, Kejal, dieser Mann ist böse. Ich traue Ari alles zu. Er will uns vernichten. Du wirst schon sehen.«

»Gute Nacht, Bakha.«

Als ich endlich einschlief, träumte ich von der Arbeit und von Avin. In meinem Traum kam Avin auf die Feinkosttheke zu, wo ich gerade einen Draht durch ein großes Stück Käse zog. Sie sah genauso aus wie bei ihrer Ankunft in unserem Haus im Iran, trug jedoch ein leuchtend rotes Kleid im westlichen Stil mit dünnen Trägern und einen passenden roten Lippenstift. Ihr Haar mit den wunderschönen honig- und karamellfarbenen Highlights fiel ihr locker bis zur Taille. Sie hatte ihren Hidschab verloren. »Oh, mein Gott, Avin, ich dachte, du wärst tot«, sagte ich in meinem Traum.

Avins Gesicht verfinsterte sich. »Bâz-dân la, Bakha (Lauf weg, Bakha), bâz-dân la«, flüsterte sie.

Weinend wachte ich auf.

Einige Tage nach Aris theatralischem Auftritt in meinem Schlafzimmer nahm ich einen Anruf auf unserem Haustelefon entgegen. Es war meine Tante, Mums Schwester Sercan, die aus dem Irak anrief. »Oh, hallo Tante Sercan, hier ist Bekhal«, sagte ich, obwohl ich die Frau nur ein paar Mal getroffen hatte, als wir im Irak lebten. Die Stimme von Tante Sercan trällerte durch die Leitung. »Oh, Bekhal, meine Schwiegertochter, wie geht es dir?«

Meine Eingeweide verflüssigten sich. Ich hätte fast den Hörer in meiner Hand zerbrochen. »Wovon sprichst du? Ich bin nicht deine Schwiegertochter.« Tante Sercan lachte. Sie klang genau wie Mum. »Oh, das wirst du bald sein, meine Liebe. Ich freue mich sehr, dass du und Akam heiraten werdet. Und bald bist du wieder hier im Irak. Mashallah, Mashallah, meine Liebe.«

Mashallah, du kannst mich mal. Akam war der Sohn von Sercan, mein Cousin. Er war fast doppelt so alt wie ich. Ein Foto, das kürzlich per Post kam, zeigte einen Mann mit schütterem Haar, der viel älter aussah, als er tatsächlich war. Ich warf den Hörer auf den Boden und rief nach meiner Mutter.

Dann setzte ich mich auf die oberste Treppenstufe und hörte meiner Mum und Tante Sercan zu, wie sie zusammen lachten. Sie fanden meine pampige Antwort lustig. Wutentbrannt stapfte ich in mein Schlafzimmer.

Der Anruf kam gegen 19 Uhr an einem Samstag. Daran erinnere ich mich, denn ich war noch nicht lange von der Arbeit zurück, als ich ans Telefon ging. Eine Stunde später, als ich auf meinem Bett saß, mein kurdisch-englisches Wörterbuch studierte und versuchte, Kejals Flut von Fragen über meine angeblich bevorstehende Heirat mit Akam zu ignorieren, stürmte meine Mutter mit hochrotem Gesicht herein. »Bekhal, dein Vater möchte mit dir sprechen«, sagte sie und stemmte die Hände in die Hüften. »Komm mit nach unten.«

»Nein«, sagte ich, »ich komme nicht mit.«

»Oh, mein Gott«, sagte Kejal.

»Bekhal, in Allahs Namen, du kommst mit, und zwar sofort. Ich habe genug von der Schande, die du über diese Familie bringst.« Mums Stimme brach, als ob sie gleich weinen würde.

Ich sagte: »*Nein.* Ich weiß, worum es hier geht. Ich werde nicht heiraten – und ihr könnt mich nicht zwingen.«

»Behya, bring diese Gahba nach unten, sofort.« Das war Dad, der vom Flur heraufschrie.

Ich hatte keine andere Wahl. Wenn ich nicht gehen würde, würde Dad nur nach oben kommen und mich schlagen.

»Na gut«, sagte ich, »aber ihr werdet mich nicht verheiraten.«

Unten, in Mum und Dads Schlafzimmer, fand ich mich in der vertrauten knienden Position zu Dads Füßen wieder, Mum neben mir. Dann ging es los.

»Warum hast du gesagt, dass du Akam nicht heiraten wirst?«, fragte Dad von der Kante seines Bettes aus.

»Weil ich meinen Verwandten nicht heiraten will«, schluchzte ich. »Bitte, Baba, wenn ich eines Tages heirate, dann jemanden, den ich liebe, jemanden, den ich selbst ausgewählt habe.«

Da stand mein Vater auf, beugte sich über meine Mutter, packte sie an den Schultern, schüttelte sie und gab ihr eine Ohrfeige. »Hast du gehört, was diese Gahba gesagt hat?«, schrie er. »Siehst du, was du erschaffen hast? Es ist deine Schuld, dass sie sich so entwickelt hat.«

Mum senkte den Kopf. Das war das erste Mal, dass ich mitbekam, dass Dad meine Mum schlug. Ich wollte, dass sie sich wehrte, aber sie blieb unterwürfig wie immer. Dad atmete schwer, die Hände auf dem Kopf.

»Wir heiraten in unserer Kultur nicht aus Liebe, Bekhal«, sagte er mit einem dämonischen Kichern. »Deine Mutter und ich haben uns nicht geliebt, als wir uns zum ersten Mal trafen, aber wir haben uns im Laufe der Zeit lieben gelernt. Wie kommst du darauf, dass du das Recht hast, dir einen Ehemann *auszusuchen*?« Er saß wieder auf der Bettkante, seine Augen mit ihren schweren violetten Tränensäcken waren auf Mum gerichtet.

Ich schob meine Zunge an den Gaumen, atmete tief durch die Nase ein, stemmte die Fäuste in den blutroten Teppich und stand langsam auf. »Es ist mein Leben«, sagte ich. »Nicht eures.«

»Mizir Qehpik, setz dich hin, zeige gefälligst etwas Respekt«, schrie Mum. Sie griff nach oben und packte meine Hand. »Setz dich hin und lass uns darüber reden.« Sie versuchte, die Situation wieder in den Griff zu bekommen, bevor Dad *jeden* Respekt vor ihr verlor.

»Nein«, sagte ich, »ich werde nicht heiraten.« Ich schüttelte Mums Hand ab und drehte Dad zum ersten Mal in meinem Leben den Rücken zu. Ich wollte zur Tür gehen, aber er war zu schnell. Ein, zwei Sekunden, und ich flog nach hinten.

Er packt mich am Dutt und an der Schulter und mit einem Schlag gehe ich zu Boden. Meine Nieren, vorgeschädigt von früheren Attacken, pochen beim Aufprall. Es knackt in meinem Nacken, als er sich in meinen Dutt verkrallt und meinen Kopf auf den Boden schlägt. »Qehpik (Hure), du hast keine Wahl, du wirst dir keinen verdammten Ehemann aussuchen.«

Ich versuche aufzustehen, aber er ist über mir wie ein tollwütiger Hund, und jedes Mal, wenn ich ein Körperteil bewege, drückt er es mit seinem Knie oder Arm, einem Schlag oder einer Ohrfeige auf den Boden. Schleim knistert in seiner Kehle und landet dann in meinem rechten Auge. Er schüttelt wieder meinen Kopf und ich sehe verschwommen das Gesicht meiner Mutter und die Vinylwände, die aussehen, als würden sie schwitzen. Ich schreie: »Bitte, bei Gott, nein, o Gott, nein.«

Meine Mum schreit ebenfalls. »Wer ist dein verdammter Gott? Allah ist dein Gott. Sag seinen Namen, du Gahba. Sag seinen Namen.«

Dad zieht mich an den Haaren in Richtung Decke, meine Kopfhaut ist so gespannt, dass es sich anfühlt, als würde sie reißen. »Widerwärtige Gahba.« Er senkt sein Gesicht zu meinem und seine Züge verzerren sich hinter einem flimmernden grauen Netz. Es ist, als hätte ich Käfer in meinen Augen. »Du kannst dir deinen Ehemann nicht aussuchen, du Hurenkind.« Ein weiterer Schleimklumpen landet in meinem Gesicht.

Mit einem Knall schlägt mein Kopf auf dem Boden auf.

Ich bedeute meinem Vater nichts, gar nichts.

Bâz-dân la, Bakha, bâz-dân la.

Nach Dads Attacke die Treppe zu bewältigen, war, als würde man im Dunkeln eine Rolltreppe hinaufgehen – mit einer schweren Migräne. »Was ist mit deinen Haaren passiert?«, fragte Kejal, als ich ins Schlafzimmer humpelte. Ich kroch ins Bett, zu erschöpft, um zu antworten. »Was ist nun, wirst du Akam heiraten?«

»Auf keinen Fall«, sagte ich.

Ich konnte nicht schlafen, meine Gedanken trieben mich um. *Wenn es nach mir ginge, wärst du schon längst zu*

Asche verwandelt worden. Eine kolossale Angst überkam mich. Ari hatte gemeint, was er gesagt hatte. Ich glaubte, er würde mich *tatsächlich* töten lassen. *Wenn ich hierbleibe, in dieser Familie, und weiter für meine Freiheit kämpfe, könnte das passieren. Ich erlebe vielleicht nicht einmal mehr mein sechzehntes Lebensjahr.* Ich dachte an den grausamen Tod dieser armen Mädchen, Jhara und Sahin, im Iran. »Jhara war ein ungezogenes Mädchen, das nicht auf seinen Vater gehört hat. Das kommt davon, wenn man nicht gehorcht«, hatte meine Mum gesagt. Dann war da auch noch unsere wunderbare Avin, die in eine Ehe gezwungen worden war, die sie in den Selbstmord trieb. *Wenn ich dieses Haus nicht verlasse, werde ich nie ein Leben haben.* Bâz-dân la, Bakha, bâz-dân la. *Lauf weg, lauf weg, lauf weg.*

Die Nacht ging in den Tag über. Ich hörte, wie Dad gähnte, als er die Treppe heraufkam und ins Bad ging. Stimmen im Nachbarzimmer sagten mir, dass meine Schwestern wach waren. Ich sprach ein Gebet in meinem Kopf: *Bitte, Gott, kümmere dich um meine Schwestern, wenn ich nicht mehr da bin. Bitte beschütze meine Schwestern.* Kejal warf die Bettdecke zurück und murmelte etwas von Haare waschen. Alles fühlte sich normal an – bis jetzt.

Meine Chance ergab sich später an diesem Morgen, als Mum und Dad auf den Markt gingen. Banaz, Payzee und Ashti begleiteten sie. Normalerweise blieb Banaz mit Kejal und mir zu Hause, aber Payzee hat sie angefleht mitzukommen. Sie und Banaz wurden immer enger, je älter sie wurden. Bevor sie alle zum Markt gingen, drängte mich

Dad im Flur in eine Ecke. »Mit dir spreche ich, wenn ich nach Hause komme«, sagte er. »Du hast keine Wahl. Du wirst diese Familie nicht entehren. Du machst mich krank.«

Ich küsste seine Hand. Es widerte mich an.

Nachdem sie gegangen waren, lief ich im Flur auf und ab und dachte nach. Wie üblich war Bahman nicht zu Hause, aber Kejal war da, was ein Problem darstellte. Wenn Kejal etwas von meinem Plan wegzugehen mitbekam, würde sie versuchen, mich aufzuhalten – oder meinen Eltern davon erzählen. Im Moment war Kejal in der Küche und putzte den Kühlschrank, eine Arbeit, die mindestens eine Stunde dauern würde. Und die Küche ging nach hinten raus, sodass sie mich nicht weggehen sehen würde, wenn ich das Haus auf der Vorderseite verließ. Wenn ich weglaufen wollte, war jetzt der richtige Zeitpunkt dafür.

Ich schlich die Treppe hinauf, kramte unsere Reisetasche aus dem Iran aus dem Schrank und stopfte ein paar wenige Dinge hinein – Kleidung, eine Haarbürste, die Arbeitsuniform, meine Geldbörse und die Abbey-National-Geldkarte und zu guter Letzt das Motorola-Telefon, das Dad mir gegeben hatte. Dann zog ich den langen Ledermantel an, den ich vor Kurzem gekauft hatte – Dad mochte ihn, weil er mir bis zu den Knöcheln reichte –, öffnete das Schlafzimmerfenster und warf meine Tasche hinaus. Dann kletterte ich rückwärts aus dem Fenster und hielt mich am Sims fest, bis meine Füße Halt auf dem Flachdach über der Eingangstür fanden. Das gleiche Manöver wiederholte ich vom Dach hinunter auf den Boden und betete, dass mich niemand sah. Dann nahm ich meine Reisetasche, zog die Lederkapuze fest um mein Gesicht, bog links ab und ging die Morden Road entlang. Nach etwa fünfzig Metern bog ich links auf den Weg ab, der am Fluss Wandle entlangführte, und rannte die ganze Strecke bis in den Ravensbury Park. Die Sonne schien und die Luft schmeckte nach Pollen und Freiheit. Ich rannte immer weiter, lachte und weinte und keuchte gleichzeitig.

Bâz-dân la, Bakha, bâz-dân la.

Kapitel vierzehn

Fühlt sich so Freiheit an?

»Oh, mein Gott, Becky, du musst sofort zur Polizei gehen! Wenn du sie nicht anrufst, tue ich es.« Leyla schnappte sich ihr Handy vom Nachttisch. »Er hätte dich umbringen können. Warum verprügelt dein Vater dich – ich meine, was soll das, verdammt noch mal? Du kannst ihn mindestens wegen schwerer Körperverletzung anzeigen.«

»Nein, bitte ruf nicht die Polizei«, flehte ich. »Es würde mich noch mehr in Gefahr bringen, wenn die Polizei ins Spiel kommt. Im Ernst, Leyla, bitte nicht. Lass mich einfach noch eine Weile hier bei dir bleiben. Bitte, bitte, Leyla, bitte lass mich bleiben.« Ich bedeckte mein Gesicht und schluchzte, während meine Zähne aufeinanderschlugen. Es war ein heißer Augusttag, aber ich hatte nicht aufgehört zu zittern, seit ich vor über einer Stunde den Ravensbury Park verlassen hatte. Ich war den größten Teil des Weges zu Leylas Haus gerannt – eine ziemliche Strecke –, mit gesenktem Kopf, die Lederkapuze tief ins Gesicht gezogen, voller Angst oder vielmehr überzeugt, dass mich kurdische Männer verfolgten.

Leyla legte ihr Telefon weg und umarmte mich fest. Sie küsste meinen Kopf, während ich in ihren Armen zitterte und beobachtete, wie die digitale Anzeige auf ihrer Stereoanlage in grüner Farbe Wellen zu den Klängen der US-Rapperin Missy Elliott ins Display zeichnete. Ich erkannte das Album – *Da Real World* –, da ich es in meinem Spind auf der Arbeit hatte, zusammen mit dem tragbaren CD-Player, den ich gekauft hatte, aber nie mit nach Hause nehmen konnte. Eine weitere Welle der Traurigkeit überkam mich. Wie war es möglich, dass ein Mensch so viele Tränen vergießen konnte? Mein Kopf dröhnte von den Schlägen der letzten Nacht und meinem ständigen Weinen. Ich zog das letzte Taschentuch aus der Schachtel neben mir und putzte mir die Nase. »Es tut mir leid. Es tut mir so furchtbar leid. Ich habe Angst, Leyla.« Meine Hände verschwammen in meinem Schoß, spitze Finger zupften unablässig an dem durchnässten Stoff. Meine knochigen Handgelenke kamen mir fremd vor. Wann war ich nur so dünn geworden?

Ich hatte Leyla bisher nur einen Teil meiner Geschichte erzählt, wie Dad mich wiederholt an den Haaren gepackt und geschüttelt und meinen Kopf auf den Boden geschlagen hatte. Als ich wieder sprechen konnte, erzählte ich ihr alles. Tränen liefen über mein Gesicht, als ich einige der Prügelattacken schilderte, die mir mein Dad über die Jahre zugefügt hatte. »Ich war sechs, als mein Vater mich das erste Mal schlug«, sagte ich. »Er fesselte meine Hände mit einem Seil, warf mich auf den Boden, schlug mich, nannte mich eine Hure und spuckte mir ins Gesicht – alles nur, weil ich die Finger meines männlichen Verwandten berührt hatte.« Ich erzählte Leyla von all den Misshandlungen, die ich im Iran hatte ertragen müssen, und wie ich gesehen hatte, wie Jhara, ein Mädchen im Teenageralter, in einem Fass mit kochendem Teer zu Tode kam. »Ihr Vater tötete sie, weil sie ›nicht auf ihn gehört‹ hatte. Das hat mir meine Mutter gesagt.«

»Oh, mein Gott, das ist ja furchtbar«, sagte Leyla, aber ich erzählte weiter. Irgendwie war es ein wenig kathartisch, das ganze Elend und die Tragödie einmal loszuwerden. Ich erinnerte mich an den schrecklichen Moment in meinem Schlafzimmer, als Ari zu mir sagte: »Wenn es nach mir ginge, wärst du schon längst in Asche verwandelt worden«, und an den anschließenden Anruf meiner Tante aus dem Irak. »Sie nannte mich ihre Schwiegertochter«, sagte ich. »Meine Eltern wollen mich mit ihrem Sohn verheiraten, meinem Cousin. Als ich ihnen sagte, dass ich das nicht will, verprügelte Dad mich.«

»Mein Gott, Becky, das ist so krank«, sagte Leyla und warf ihren Kopf zurück, dass die Perlen in ihren Haaren klapperten.

»So läuft das in unserer Kultur. Frauen können keine Liebesheirat eingehen oder sich auch nur aussuchen, wen sie heiraten. Dies wäre eine Schande und käme einer Entehrung der Familie gleich. Und Unehre hat ihren Preis. Unehre kann dich in meiner Kultur das Leben kosten.« Ich schenkte Leyla ein entschuldigendes Lächeln, und sie schaute an die Decke und biss sich auf die Unterlippe.

»Ich kann es nicht fassen«, sagte sie nach ein paar Sekunden. »Dieser Scheiß passiert wirklich? Sogar hier in London?« Dies sollte später eine immer wiederkehrende Reaktion sein, wenn ich versuchte, Leuten die Dynamik der irakisch-kurdischen Kultur zu erklären: Schock, Abscheu, aber auch völliger Unglaube. »Ich weiß, es hört sich an, als würde ich mir das alles ausdenken, aber ich schwöre bei Gott …« Ich zuckte zusammen, als mein Handy klingelte.

»Geh nicht ran«, drängte Leyla.

Mein Magen zog sich zusammen, als das Telefon weiterklingelte. *Das ist bestimmt Kejal, sie ruft an, weil sie bemerkt hat, dass ich nicht da bin. Oder sind Mum und Dad vielleicht schon vom Markt zurück?* Ich sah Leyla an. »Ich habe Angst«, sagte ich und brach erneut in Tränen aus.

Die Anrufversuche dauerten den ganzen Nachmittag und bis in den Abend hinein an. Zuerst rief mein Vater vom Haustelefon aus an, dann erschien Kejals Nummer auf meinem Display, und als ich diese Anrufe nicht annahm, rief mein Vater mit unterdrückter Nummer an. Er hinterließ Nachrichten. »Okay, das reicht, Bekhal. Du kommst jetzt nach Hause. Das kannst du unserer Familie nicht antun. Lass uns das klären«, war seine erste Nachricht. Bei seinem nächsten Anruf hörte ich ihn sagen: »Es ist stumm geschaltet. Es klingelt nicht.« Dann »Ruf uns zurück. Wie kannst du uns das antun – du bringst Schande über uns alle« in seiner letzten Sprachnachricht des Tages. Ich ignorierte jeden Anruf und jede Nachricht.

Zwei Nächte lang blieb ich in Leylas Haus. Ihre Eltern, Marsha und Darren, waren sehr entspannt und gaben mir das Gefühl, in ihrem Haus willkommen zu sein. An jenem Sonntag kochte Marsha ein unglaubliches Menü mit Roastbeef, Käse-Makkaroni, Yorkshire-Pudding, gegrilltem Gemüse und Bratensoße. Oh, mein Gott, das Essen war großartig. Allerdings verrieten weder Leyla noch ich ihren Eltern den wahren Grund für meine Anwesenheit. Hätten sie es gewusst, hätten sie möglicherweise die Polizei oder meine Eltern angerufen, und ich wollte Marsha und Darren nicht in Gefahr bringen. Ich befürchtete auch, dass sie Leyla verbieten würden, mich weiter zu treffen, wenn sie von meinem kaputten Elternhaus erfahren würden. Also fragte Leyla ihre Mutter, ob ich ein paar Nächte bleiben könnte, und Marsha sagte: »Ja, klar, wenn Beckys Eltern nichts dagegen haben?« Natürlich ist das in Ordnung, versicherte ich Marsha. Meine Eltern waren Marsha und Darren noch nie begegnet und hatten keine Ahnung, wo sie wohnten. Und weder Mahmod noch Behya würden ihre Tochter bei der Polizei als vermisst melden. Das wusste ich mit Sicherheit.

Leyla, ihre Familie und Gras brachten mich durch die ersten beiden Nächte. Vor dem Schlafengehen kletterten Leyla und ich heimlich auf das Dach des Anbaus direkt unter ihrem Schlafzimmerfenster und rauchten Joints. Das Kiffen beruhigte mich. Ich glaube nicht, dass ich sonst hätte schlafen können. Wenn die Wirkung des Marihuanas nachließ, packte mich die nackte Angst. *So fühlt sich also Freiheit an?*

Wenn ich meinen Plan, von zu Hause wegzulaufen, weiter durchhalten wollte, brauchte ich Hilfe. Am Donnerstag war ich wieder zur Arbeit eingeteilt. Das neue Schuljahr begann Ende der folgenden Woche. Ich kam in die elfte Klasse, die mit den GCSE-Prüfungen, dem mittleren Schulabschluss in Großbritannien, enden würde. Und so kam es, dass ich an jenem Dienstagmorgen bei den *Southall Black Sisters* (SBS) anrief. Die Organisation, deren Nummer ich im Telefonbuch gefunden hatte, sprach mich an, da sie Frauen aus ethnischen Minderheiten unterstützte, die geschlechtsspezifischer Gewalt ausgesetzt waren. Ich sprach mit einer netten Frau mit beruhigender Stimme.

Sie sagte, sie könnten mir helfen, aber da ich in der Nähe meiner Schule und meines Arbeitsplatzes bleiben wollte, wäre es am besten, wenn ich in meiner Umgebung Zuflucht suchte. Dann gab mir die freundliche Frau die Nummer eines vertraulichen Dienstes, der von der örtlichen Stadtverwaltung betrieben wurde.

Meine Erinnerung an das Treffen mit der Behörde an diesem Nachmittag ist etwas verschwommen. Ich konnte vor Angst und wegen des ganzen Grases, das ich mit Leyla geraucht hatte, nicht klar denken. Aber als Ergebnis dieses Treffens, in dem ich von dem Missbrauch berichtete, dem ich in meinem Elternhaus ausgesetzt war, wurde mir ein Zimmer in einem nahe gelegenen Frauenhaus zugewiesen. Soweit ich weiß, hat der Sozialdienst meine Eltern nicht aufgesucht, um meine Angaben zu überprüfen.

Am Dienstagabend fand ich mich allein in einem Schlafzimmer in einer ehemaligen Sozialwohnung wieder. Mein Zimmer bot einen Ausblick auf eine öffentliche Grünfläche, auf der Schilder mit der Aufschrift »Ballspielen verboten« standen. Ich setzte mich auf das Kiefernbett und schaltete mein Telefon ein. Wie erwartet, hatte ich zahlreiche verpasste Anrufe, die meisten mit unterdrückter Nummer. Dad hatte weitere wütende Sprachnachrichten hinterlassen, in denen er mich an die »Schande« erinnerte, die ich der Familie bereitet hätte. In dieser Nacht schlief ich mit eingeschaltetem Licht.

Die nächste Woche war unerträglich. Ich mochte aus der Morden Road 225 geflohen sein, Dad aber konnte ich nicht entkommen. Er tauchte bei meiner Arbeit auf und wartete vor dem Supermarkt auf mich. »Du kommst mit mir nach Hause, Gahba«, sagte er auf Kurdisch mit seinem unheimlichen Lächeln. »Ist dir nicht klar, was du getan hast, du verdammte Hure? Alle in der Familie reden über dich.« Und so weiter. Ich lief weg von ihm, aber Dad verfolgte mich und beschimpfte mich auf Kurdisch. Schließlich brach ich zusammen und erzählte meiner Managerin Kim von meiner Situation. Sie war entsetzt, aber sehr hilfsbereit. Sie verbot meinem Vater, den Laden zu betreten, was ihn aber nicht davon abhielt, in seinem roten Opel den Parkplatz abzufahren. Wenn meine Schicht zu Ende war, versteckte ich mich im Auto von Kollegen, zusammengerollt auf dem Rücksitz, verborgen unter einer Decke, während sie mich durch die Lkw-Einfahrt auf der Rückseite des Ladens hinausfuhren. Dann fuhr er oder sie eine Weile durch die Gegend und setzte mich schließlich an einem willkürlichen Ort ab, von dem aus ich mit dem Bus zurück zum Frauenhaus fuhr. Jedes Mal änderte ich meine Route, da ich inzwischen wusste, dass Ari und Dad mit Sicherheit bereits eine Armee kurdischer Männer auf mich angesetzt hatten. Wenn es einem dieser Männer gelänge, mich nach Hause zu meinem Vater zu bringen, würde dieser Mann von einigen Mitgliedern unserer Familie und der kurdischen Gemeinschaft als Held gefeiert werden. Ich hatte kurdische Kerle vor dem Greggs-Laden in der Nähe des Frauenhauses herumlungern gesehen und gehört. Sobald ich in einem Geschäft einen irakischen Akzent hörte, ließ ich meine Einkäufe fallen und rannte um mein Leben.

Wenn es nach mir ginge, wärst du längst in Asche verwandelt worden.

Auch die Rückkehr in die Schule war ein Albtraum – denn natürlich stand Dad am Schultor und zog dieselbe Show ab wie vor meiner Arbeitsstätte. »Sieh dir nur an, wie du aussiehst«, fauchte er. »Wo wohnst du jetzt, in einem Puff? Du siehst aus wie eine verdammte Prostituierte.« Ich hatte aufgehört, meinen Hidschab zu tragen, und schminkte mich jetzt mit ein wenig Make-up, wenn ich zur Schule ging. Auch hier folgte er mir, weshalb ich nach der Schule direkt zur Arbeit ging. Wenigstens konnte er mir nicht bis in den Umkleideraum folgen – und ich konnte den Laden durch den Hintereingang verlassen. Verstecken, weglaufen, in Panik geraten und weinen. So verbrachte ich meine Tage. Das war mein neues Leben, meine sogenannte Freiheit.

Die Lehrer an meiner Schule wussten, dass ich in ein Frauenhaus gezogen war, aber ehrlich gesagt schienen sie sich nicht für meine Situation zu interessieren. Sie setzten sich nicht mit mir zusammen oder schlugen ein Treffen mit meinen Eltern vor. Damals dachte ich nicht weiter darüber nach, aber rückblickend finde ich, dass mich die Schule im Stich gelassen hat.

Ich vermisste meine Geschwister so sehr. Selbst meine Mutter fehlte mir. Als ich Kejal, Banaz und Payzee zum ersten Mal in der Schulkantine begegnete, verlangsamte sich mein Herz zu einem harten, schmerzhaften Puls. Meine Brust tat weh. Ich wollte sie alle umarmen, aber ich hatte Angst, vor den anderen Schülern eine Szene zu machen. Banaz Augen füllten sich mit Tränen und ihre Lippen begannen zu beben. »Oh, Bakha, bitte komm nach Hause«, sagte sie. »Wir alle vermissen dich. Mum vermisst dich. Sie weint so viel.«

Ich hielt meine Tränen zurück. »Es tut mir leid, Nazca. Ich vermisse euch auch, aber ich musste einfach gehen. Ich will meinen Cousin nicht heiraten. Wir müssen in diesem Land nicht nach den Regeln unserer Kultur leben. Ich habe es satt, geschlagen zu werden, obwohl ich nichts falsch gemacht habe. Ari sagte, ich wäre längst zu Asche verwandelt worden, wenn es nach ihm ginge.« Banaz und Payzee sahen sich mit einer Traurigkeit an, die mir fast das Herz zerriss.

»Geht es dir gut, Bakha?«, fragte Payzee, die gerade erst in die Bishopsford-Schule gekommen war.

Ich schenkte ihr ein kleines Lächeln und nickte. »Mir geht es gut. Es tut mir leid, dass ich euch verlassen habe.« Dann sah ich Kejal an. »Ist das wahr? Vermisst Mum mich wirklich?«

»Nun, Dad hat uns verboten, zu Hause deinen Namen auszusprechen«, sagte Kejal, »aber wenn er nicht da ist, weint Mum jedes Mal, wenn dein Name fällt.«

»Wirklich?« Das war das einzige Wort, das ich hervorbrachte. Ich wollte nicht in der Schulkantine weinen. *Mum weint um mich. Bedeutet das, dass sie mich liebt?*

Kejal hob eine Schulter. »Tja, ja. Du solltest nach Hause kommen, Bakha. Es war wirklich egoistisch von dir wegzulaufen. Du machst Mum krank und uns Mädchen das Leben schwer. Wir dürfen jetzt gar nichts mehr. Überhaupt nichts. Dad flippt völlig aus.«

»Es tut mir leid«, sagte ich erneut. »Ich muss jetzt gehen.«

Im Laufe der Woche kamen meine Schwestern mehrfach in der Schule auf mich zu und flehten mich an, wieder nach Hause zu kommen. Sie brachten mir Geschenke mit: irakischen Kaugummi, hergestellt aus dem Saft der Pistazienbäume in den Bergen Kurdistans (Gott, ich liebe dieses Zeug), und hausgemachte Churros.

Eines Tages lauerte mir Banaz auf, als ich die Kantine verließ. »Bakha, ich habe etwas für dich«, sagte sie und öffnete den Reißverschluss ihres überdimensionierten Rucksacks. Oh, ihre Stimme, so sanft und aufrichtig. Sie brach mir das Herz, jedes Mal. Der Geruch nach meiner Mutter, meinem Zuhause und meiner Kindheit schlug mir entgegen, als Banaz ihre Tasche öffnete: warm, würzig, süß und holzig. Der Duft von Nelken. »Hier, die sind von zu Hause«, sagte sie und reichte mir eine Plastiktüte. In der Tasche befanden sich ein sêva mêxekrêj, ein Apfel gespickt mit Nelken, und ein qenefil, eine traditionelle kurdische Halskette. Der Apfel, ein Symbol der Liebe und des Friedens, wird rundum mit den getrockneten Blütenknospen bestückt und dann als Raumduft verwendet. Er riecht göttlich – und kann hundert Jahre lang halten, wenn der Apfel getrocknet ist. Ich nahm die Kette, die aus eingeweichten Nelken und Perlen bestand, aus der Tasche und hielt sie mir an die Nase. »Sie ist wunderschön. Danke, Nazca«, sagte ich und umarmte sie. Ich wusste, wie sehr Banaz ihre Nelkenketten liebte.

»Bitte komm nach Hause. Mum weint ständig um dich. Es nimmt sie sehr mit. Wir alle vermissen dich, Bakha.«

»Ich kann nicht«, sagte ich, »aber ich vermisse dich auch, Nazca.«

Ich hasste mich dafür, Banaz' Wunsch nicht erfüllen zu können. Ich war verängstigt und verletzlich und sehnte mich danach, von meiner Mutter in die Arme genommen zu werden. Aber ich konnte nicht zurück in dieses Haus, zurück zu den Misshandlungen und dann zurück in den Irak, um meinen Cousin zu heiraten. Niemals.

Ich legte den Nelkenapfel auf die Kommode in meinem Zimmer im Frauenhaus und trug nachts die Kette. Der Geruch war beruhigend und kam einer Umarmung von meiner Mutter am nächsten.

Anfangs sprach ich nicht mit vielen anderen Mädchen im Frauenhaus, aber ich fragte mich, welche Umstände sie dorthin geführt hatten. Es war ein angenehmer Ort, mit einer Gemeinschaftsküche mit Tisch und Stühlen. Nicht lange nach meiner Ankunft lernte ich ein liebes Mädchen namens Chelsea kennen. Sie war gemischter Herkunft und hatte wunderschöne Korkenzieherlocken. Sie war mindestens 1,70 Meter groß und fast siebzehn. An einem Sonntagmorgen kamen wir in der Küche ins Gespräch, und ich wurde sofort mit ihr warm. Wie ich war auch Chelsea von zu Hause weggelaufen, obwohl ihre Umstände weniger kompliziert klangen als meine. »Ich musste einfach weg von dort, Mensch«, sagte sie, zog einen Stuhl heran und setzte sich rücklings darauf. Während sie sprach, nahm sie einen Tabakbeutel aus der Tasche ihrer Lederjacke und begann, sich eine Zigarette zu drehen. »Ohne Scheiß, meine Eltern sind total irre. Die machen mich wahnsinnig, Mann.«

»Ich weiß, was du meinst«, sagte ich. »Dieses Gefühl kenne ich. Darf ich fragen, was passiert ist?«

Chelsea leckte das Zigarettenpapier ab. »Klar, kein Problem.« Dann begann sie eine wütende Tirade über ihre Eltern. »Boah, sie streiten ständig«, sagte sie und wedelte mit ihrer noch nicht angezündeten Kippe. »Aber das sind richtige Schrei- und Fluchmarathons, sie dauern ewig, verstehst du? Neulich hat meine Mutter eine Vase nach meinem Vater geworfen – ich glaube, er hatte da was laufen, wenn du weißt, was ich meine.«

Ich machte zustimmende Geräusche. »Das ist ja furchtbar«, sagte ich und ich weiß, das klingt gemein, aber insgeheim dachte ich: *Ich wünschte, ich hätte Chelseas Probleme statt meinen.*

»Jedenfalls hatte ich die Nase voll von den Streitereien und bin gegangen. Was ist mir dir, darf ich fragen, warum du hier bist?«

»Oh, das hat hauptsächlich mit unserer Kultur zu tun«, sagte ich, »aber darüber möchte ich im Moment lieber nicht sprechen.« Was für eine Lüge. Ich wollte Chelsea von meinen Problemen erzählen, hatte aber Angst, dass sie nicht mehr meine Freundin sein wollte, wenn ich das tat. Meine Situation war so extrem und beängstigend im Vergleich zu ihrer.

»Kein Problem«, sagte Chelsea und stand auf. Meine Güte, war sie groß. »Hör zu, tut mir leid, ich muss los. Ich soll in etwa einer Stunde im West End sein.«

Ich spitzte die Ohren. »Ich komme mit«, sagte ich. Chelsea lachte. »Ja klar, okay.«

Ich hing an Chelsea wie ein Kind an einem neuen Spielzeug. Eine Freundin im Frauenhaus zu haben milderte das Grauen ein wenig ab. Ich fühlte mich weniger verletzlich. Chelsea und ich besuchten uns gegenseitig in unseren

Zimmern und unterhielten uns, wir gingen zusammen einkaufen, rauchten Gras und kochten füreinander – wenn wir nicht vergaßen, überhaupt etwas zu essen. Wann immer Chelsea sagte, sie würde außer Haus gehen, fragte ich: »Bitte, kann ich mitkommen?«, und sie sagte nie Nein, die Gute. Wir fuhren mit der U-Bahn in die Stadt und mischten uns unter die Touristen am Leicester Square oder spazierten die South Bank oder die Oxford Street entlang – Orte, an die ich mich allein nie getraut hätte. Chelsea gab mir ein beruhigendes Gefühl von Sicherheit.

Doch dann, ein paar Wochen später, an einem Freitagmorgen, klopfte sie an meine Tür. »Becky, ich bin's, ich muss mit dir reden.« Ich öffnete die Tür und erblickte Chelsea mit zwei Taschen zu ihren Füßen. Eine Tasche war narzissengelb, die andere leuchtend orange. *Ah, Nazcas Lieblingsfarben*, dachte ich.

»Hi, komm rein«, sagte ich, obwohl ich bereits spät dran war für die Schule. Aber Chelsea blieb im Korridor stehen. Sie machte ein betretenes Gesicht, lehnte ihre Schulter gegen den Türrahmen und kreuzte ihre Füße. Chelsea trug ihre klobigen Plateau-Turnschuhe, die sie noch größer aussehen ließen. Ich schob mit dem Fuß den Gummikeil unter die Tür.

»Es tut mir so leid, Becky«, sagte Chelsea und meine Kehle schnürte sich zu. Ich wusste, was als Nächstes kommen würde. »Ich habe mich mit Mum und Dad versöhnt. Ich gehe nach Hause. Meine Mutter holt mich ab, sie wird jeden Moment hier sein.«

Ich nickte kurz und sah dann zu Chelsea auf. »Ich bin froh, dass du das mit deinen Eltern geklärt hast«, sagte ich und wandte meinen Blick ab und hin zu dem groben blauen Teppich. Ich wollte nicht, dass Chelsea meine Tränen sah, wo ich mich doch eigentlich für sie freuen sollte.

»Ach, Becks, komm her.« Chelsea trat in mein Zimmer und ich fiel in ihre ausgestreckten Arme. »Ich melde mich bei dir, versprochen. Ich hab ja deine Nummer – wir können uns doch trotzdem treffen und so.«

»Oh, ich würde mich total freuen«, sagte ich und fühlte mich besser. »Lass uns auf jeden Fall in Kontakt bleiben.«

Wir umarmten uns noch ein paar Mal, dann nahm Chelsea ihre Taschen und ging.

»Grüß deine Eltern von mir, Chelsea«, rief ich durch den Korridor. »Ich rufe dich heute Abend an.« Wie sehr ich mir wünschte, Chelsea könnte mich mit nach Hause nehmen. Ich hörte oder sah nie wieder etwas von Chelsea, aber wo auch immer sie jetzt ist, ich hoffe, sie ist glücklich und in Sicherheit.

Am Samstag, nachdem Chelsea abgereist war, sollte ich eigentlich arbeiten, hatte aber einen Tag Urlaub genommen, um Dad nicht sehen zu müssen. Obwohl ihm verboten worden war, den Supermarkt zu betreten, versuchte er trotzdem hineinzukommen – oder wartete draußen in seinem Auto.

Da ich wusste, dass ich mich ohne Chelsea einsam fühlen würde, hatte ich mit Leyla ausgemacht, sie zu besuchen. Ihre Eltern würden den ganzen Tag unterwegs sein, was bedeutete, dass wir uns auf den Anbau setzen und Gras rauchen konnten. »Ich hab richtig gutes Zeug«, hatte Leyla mir am Abend zuvor am Telefon gesagt. Ich konnte es kaum erwarten, meine Freundin zu sehen, obwohl ich mir überlegen musste, welchen Weg ich nehmen würde. Vor ein paar Tagen hatte ich zwei kurdisch aussehende Männer in einem schwarzen Volvo bemerkt, die mich im Vorbeifahren beide durch das Fenster anstarrten. Das war, als ich nach der Schule zur Arbeit ging. Ich war inzwischen ein nervöses Wrack, rauchte wie ein Schlot und aß kaum noch etwas, aber ich war fest entschlossen, mir von Dads Stalking nicht den Tag vermiesen zu lassen. Ich stieg aus dem Bett, schnappte mir mein Handtuch, meinen Rasierer und mein Waschgel und ging ins Bad, um zu duschen. *Lebe dein Leben, Becky, lebe dein Leben.*

Als ich in mein Zimmer zurückkehrte, fand ich mehr als zwanzig verpasste Anrufe und eine Sprachnachricht auf meinem Telefon vor. Viele der Anrufe kamen von unterdrückten Nummern, vermutlich von Dad, aber es waren auch ein paar Londoner Vorwahlen darunter. Die letzte Nummer auf der Liste war die von Leylas Festnetztelefon, also nahm ich an, dass sie die Nachricht hinterlassen hatte. In ein Handtuch gehüllt, setzte ich mich auf mein Bett und drückte die Eins auf meinem Handy, um die Aufnahme abzuspielen. Vaters Stimme drang an mein Ohr – auf Kurdisch, laut, tödlich. »Bekhal, Miss, du verdammtes Huren-Kind, du *Gahba*. Komm nach Hause oder du bist tot.«

Mein Körper fühlte sich schlagartig hohl an. Ich spürte weder meine Arme oder meine Beine oder das Telefon in meiner zitternden Hand.

Mum wimmerte im Hintergrund und flehte mich an: »Bakha, mein Liebling, bitte höre auf deinen Vater. Komm nach Hause!«

»Ich meine es ernst, Bekhal. Gahba, Qehpik, ich habe Leute auf dich angesetzt, die dich beobachten. Ich habe sie bezahlt. Sie werden dich zu mir bringen, lebendig oder in einem Leichensack.«

»Bitte, Bakha, bitte. Er macht das wirklich. Dein Vater meint, was er da sagt. Komm nach Hause.«

»Sie werden dir den Kopf abschlagen. Komm nach Hause oder du bist tot. Zwing mich nicht, dich noch mal anzurufen, Miss. Sie werden dich zu mir bringen, und wenn es nur dein Kopf ist.«

»Bakha, mein Liebling, bitte.« Mum stieß einen letzten gequälten Schrei aus, der mittendrin abriss, als der Hörer in seine Halterung krachte.

Mein Atem ging stoßweise. Ich ließ das Telefon fallen und fasste mir an die Brust. *Ich kann nicht atmen, ich kann nicht atmen, ich kann nicht atmen.* Der blaue Teppich neigte sich, die Decke senkte sich und mein Kopf füllte sich mit Helium.

Mein Baba bezahlt dafür, mich töten zu lassen. Mein Baba lässt mich enthaupten. Ich kann nicht atmen.

Kapitel fünfzehn

Mein Zuhause, mein Gefängnis

Ich versuchte aufzustehen, aber meine Beine gehorchten mir nicht. Ich konnte buchstäblich keinen Fuß vor den anderen setzen und der Raum kippte von links nach rechts, von links nach rechts – wie eine bizarre Diashow, ein Spiegel meiner Verzweiflung. Schwer atmend ließ ich mich auf das Bett zurückfallen. *Atme, Bakha, atme.*

Eine Stunde verging. Oder waren es zwei? Ich war mir nicht sicher, es war mir auch egal. Mein Vater, der mir das Leben geschenkt hatte, der Mann, der mich bedingungslos lieben und beschützen sollte, sagte, er würde mich enthaupten lassen? Ich glaubte, der »Evil Punisher« würde es tun, er würde mich töten. Vielleicht nicht mit seinen eigenen Händen, aber er würde meine Verwandten anweisen, die Drecksarbeit für ihn zu erledigen. Die Enthauptung ist eine gängige Methode für Ehrenmorde, insbesondere im Irak, zusammen mit Steinigung, Strangulation oder Verbrennen. Daher auch Aris Bemerkung, er würde mich in Asche verwandeln. Für Vater und Ari und ihre Schar männlicher Untergebener hatte ich unsere Familie entehrt.

Meine angeblichen Verbrechen reichten von »Hurenverhalten«, wie einen Lockenstab für meine Haare zu verwenden und Leggings zu tragen, bis hin zum Weglaufen von zu Hause und meiner Weigerung, eine arrangierte Ehe mit meinem Cousin Akam einzugehen. Mit diesem Verhalten war ich das Ziel eines Ehrenmordes geworden. Meine Familie wollte meinen Tod. Das war die Realität.

Ich hörte die Nachricht noch einmal und spielte sie dann immer wieder ab, bis ich sie auswendig konnte. *Komm nach Hause oder du bist tot.* Ich hatte also zwei Möglichkeiten: zurück in die Morden Road 225 zu gehen und unter Dads brutaler Diktatur zu leben, was dazu führen würde, dass ich Akam oder einen anderen Cousin nach Wahl meiner Familie heiraten würde. Oder getötet zu werden. Eine mögliche dritte Option wäre, die Morddrohung meines Vaters der Polizei zu melden, aber ich hatte zu viel Angst, um das zu tun.

Ich habe Leute auf dich angesetzt, die dich beobachten. Ich habe sie bezahlt. Sie werden dich zu mir bringen, lebendig oder in einem Leichensack. Dad und Ari ließen mich beschatten. Wenn sie herausfinden würden, dass ich bei der Polizei war, würden sie mich umbringen. Diese Männer waren in der Lage, mich zu entführen und zu ermorden, während ich zu einer Polizeistation lief. Ich erinnerte mich an Aris schreckliche Worte: »Nicht einmal die Polizei kann mir etwas anhaben.«

Ich rief Leyla an und sagte ihr, ich hätte eine Magenverstimmung. »Es tut mir sehr leid, aber ich muss unser Treffen heute ausfallen lassen«, sagte ich. »Ich fühle mich furchtbar.«

Leyla bot an, stattdessen in das Frauenhaus zu kommen. »Du solltest dort nicht allein sein, wenn es dir nicht gut geht. Ich komme zu dir und kümmere mich um dich, Becky.«

»Nein, nein, danke dir, aber bitte mach das nicht«, sagte

ich durch meine vom Weinen verstopfte Nase. Ich hasste es, meine beste Freundin anzulügen. Ich wollte nichts lieber, als den Tag mit Leyla zu verbringen, aber ich konnte auf keinen Fall riskieren, sie in dieses patriarchalische Netz des Terrors hineinzuziehen. Das würde auch ihr Leben in Gefahr bringen. »Ich möchte nicht, dass du dich ansteckst, Leyla.«

»Okay, Becky, aber versprich mir, dass du anrufst, wenn du etwas brauchst.« Ich brachte ein heiseres »Danke« heraus und legte auf, bevor ich wieder in Tränen ausbrach.

Ich hatte niemanden, an den ich mich wenden konnte. An den Wochenenden war kein Personal im Frauenhaus, und jetzt, da Chelsea weg war, hatte ich dort auch keine engen Freunde mehr. Ich hatte zu viel Angst, um nach draußen zu gehen, daher verbrachte ich das gesamte Wochenende im Haus, rauchte aus dem Fenster meines Schlafzimmers und versteckte dabei mein Gesicht in einem Kapuzenpulli. Jedes Mal, wenn mein Telefon klingelte oder piepste, schlug mir das Herz bis zum Hals, aber es gab keine weiteren Anrufe vom »Evil Punisher« – nur Leyla, die sich erkundigte, ob es mir gut gehe. Dads Schweigen verlieh seiner Todesdrohung nur noch mehr Nachdruck. Er erwartete, dass ich ihn anrief und sagte: »Ich komme nach Hause, Baba.« *Zwing mich nicht, noch einmal anzurufen, Miss. Sie werden dich zu mir bringen – und wenn es nur dein Kopf ist.* Ich war wie gelähmt. Wussten die Leute, die Dad angeblich bezahlt hatte, wo ich war? Wer waren die Männer im Volvo, die bei der Schule an mir vorbeigefahren waren? Ich dachte an unsere früheren Familienpicknicks im Hyde Park, als Ari damit angegeben hatte, mehr

Männer unserer Familie aus dem Irak nach Großbritannien zu holen. Jetzt war mir klar, warum er das gemacht hatte. Die meisten dieser Männer waren Cousins und gehörten unserem Mirawaldy-Stamm an. Ari hatte eine ganze Truppe aufgebaut aus Männern, mit denen er uns Mädchen verheiraten konnte, und solchen, die uns töten würden, wenn wir den Namen Mahmod entehrten.

Am Montagmorgen, dem ersten Tag der Herbstferien im Oktober, wandte ich mich an Jill, eine Betreuerin des Heims. Ich musste mich jemandem anvertrauen – und sei es nur, damit sie mir bestätigte, dass ich mir Dads Worte nicht eingebildet hatte. Ich ging in Jills Büro und sie hörte sich die Nachricht an. »Tut mir leid, Becky, ich höre zwar das ›Komm nach Hause!‹, aber den Rest verstehe ich nicht.« Sie hatte recht. Das waren die einzigen englischen Worte, die Dad in seiner Botschaft verwendete. Seine eigentliche Todesdrohung war natürlich auf Kurdisch.

»Aber *ich* verstehe, was er sagt«, rief ich. »Man hört das Wort ›mirdû‹ heraus – das bedeutet ›tot‹.«

Jill bat ihre Kollegin Theresa, sich die Nachricht ebenfalls anzuhören. »Sorry, ich verstehe die Sprache nicht«, sagte diese anschließend.

»Okay, hör zu, Becky«, sagte Jill, »du bist hier an einem sicheren Ort. Warum änderst du nicht deine Nummer, zerstörst die SIM-Karte und besorgst dir eine neue?«

Ich nickte und dachte: *Wenn es nur so einfach wäre.* Dann ging ich zurück in mein Zimmer und packte meine Tasche. Ich hielt es für die beste Lösung für alle Beteiligten, nach Hause zu gehen. In die Morden Road 225 zurückzukehren war riskant, und ich wollte den Schritt nicht tun. *Was ist, wenn sie mich töten, sobald ich durch die Tür trete?* Aber ich vermutete, dass mein Vater mittlerweile wusste, wo ich mich aufhielt, und ich musste auch an die Sicherheit der anderen denken. Was, wenn Aris kurdischer Mob das Frauenhaus in Brand setzen würde? Oder einbräche und alle anderen Mädchen ermordete, bevor sie mich töteten. Ich weiß, das klingt dramatisierend, aber ich hätte sowohl Ari als auch meinem Vater all das zugetraut.

Auf dem Weg nach draußen steckte ich den Kopf in Jills Büro. »Ich habe beschlossen, nach Hause zu gehen und zu versuchen, die Dinge mit meinen Eltern zu klären«, sagte ich.

»Okay, aber wir sind für dich da, wenn du Unterstützung brauchst, Becky. Du kannst jederzeit zurückkommen, wenn nötig. Pass auf dich auf.«

Ich trat nach draußen ins herrliche goldene Licht des Herbstes, den Kopf unter der Kapuze gesenkt. Jeder Schritt, den ich tat, fühlte sich an, als käme ich meinem Tod ein Stück näher.

Mum öffnete die Haustür und holte scharf Luft. »Nein, Allah, Bakha, mein Liebling, mein Schatz.« Sie schlug die Hände vors Gesicht, griff dann nach meiner Hand, hob sie an ihre Lippen und küsste sie. Ein warmer Schwall nach Dolma riechender Luft traf mich. »Allah sei Dank, dass du nach Hause gekommen bist. Mashallah.« Mum sank auf die Knie und wollte meine Schuhe küssen. »Bakha, mein Schatz, mein Liebes.«

»Bitte lass das«, sagte ich und trat auf den Teppichschoner aus Plastik im Flur. Ich zog meine Schuhe aus und als ich aufblickte, stand Dad vor mir. Ohne den Blick von mir zu nehmen, fuhr er mit der Zunge über seine Lippen, strich sich über den Schnurrbart und bot mir seine Hand zum Kuss an. Er begrüßte mich auf Arabisch. »Mashallah (Allah hat es so gewollt), Subhan Allah (Ehre sei Allah), Mohammad Rasul Allah (der Gesandte, Prophet Gottes).« Im Grunde genommen sagte Dad: »Allah hat dich zu mir nach Hause gebracht.« Ich schwöre bei Gott, ich hätte lieber mein Erbrochenes gegessen, als die Hand dieses Mistkerls zu küssen.

Wenige Minuten später befand ich mich in Dads Schlafzimmer, saß neben seinen Füßen auf meinen Schienbeinen, die Tasche mit meinen Habseligkeiten zu meiner Linken auf dem Boden, während Mum rechts neben mir kniete. Mein Vater, der seltsam ruhig war, erwähnte seine Sprachnachricht nicht, in der er mich mit dem Tode bedroht hatte, damit ich nach Hause komme. »Also, wo bist du gewesen?«, begann er.

»Ich war in einem Frauenhaus«, sagte ich. Ich war mir sicher, dass er das ohnehin schon wusste.

»Wem hast du davon erzählt?«

»Meinen Freunden. Und meine Schule weiß Bescheid.«

»Warum bist du weggelaufen?«

Ernsthaft?

»Weil ich aufgebracht war.« (Ich musste aufpassen, was ich sagte. Ich wollte die Sache mit Akam nicht übermäßig betonen.) Die Befragung ging weiter, aber die Sprachnachricht wurde immer noch nicht erwähnt.

»Und warum bist du nach Hause gekommen?«

»Wegen der Drohnachricht, die du mir geschickt hast.« So, nun hatte ich es gesagt.

Da fing meine Mutter an zu lachen. »Oh, Bakha, was redest du denn da? Dein Vater würde so etwas nicht tun.«

Ich traute meinen Ohren nicht. Sie war bei ihm gewesen, als er die Nachricht aufgenommen hatte, und hatte mich unter Tränen angefleht, nach Hause zu kommen. Wie konnte sie nur so wahnhaft sein?

»Welche Sprachnachricht?«, fragte Dad und zog die Augenbrauen hoch. »Gib mir dein Handy. Ich möchte diese Nachricht hören.« Ich nickte, öffnete meine Tasche und marschierte geradewegs in Dads Falle. Ich reichte ihm mein Telefon und teilte ihm sogar meine PIN-Nummer mit, damit er es entsperren konnte. Dad hielt sich mein Handy ans Ohr und spielte die Nachricht noch einmal ab, wobei er beim Hören die Augen zusammenkniff. Ich konnte seine Stimme auf der Aufnahme hören, gefolgt von Mums gequältem Flehen und Schluchzen. Als die Nachricht zu Ende war, löschte Dad sie. Dann gab er mir das Telefon zurück. »Jetzt benimm dich, Bekhal«, sagte er. Er klang genau wie Ari.

Mum lächelte. »Mashallah, Subhan Allah, Mohammad Rasul Allah. Mein Liebling, mein Schatz, Allah hat dich nach Hause gebracht.«

Innerlich schalt ich mich selbst dafür, die Sprachnachricht erwähnt zu haben.

Es war seltsam, wieder zu Hause zu sein. Zunächst führten alle um mich herum einen Eiertanz auf. Wenn ich zum Beispiel den Abwasch machen wollte, hielt Kejal mich auf. »Nein, nein«, sagte sie in sarkastischem Ton. »Setz dich hin und ruh dich aus. *Ich* spüle ab.« Meine Mutter kochte noch mehr als sonst, töpfeweise machte sie meine Lieblingsdolma (mit Hühnerbrust und reichlich Granatapfelsirup und Sumak). Dads Laune seit meiner Rückkehr konnte man nur als selbstgefällig beschreiben. Unser Festnetztelefon hörte nicht auf zu klingeln – Gratulationsanrufe von Verwandten im Vereinigten Königreich und im Irak sowie von anderen Mitgliedern der kurdischen Gemeinschaft in London und darüber hinaus, die meine Rückkehr in den Mahmod-Haushalt priesen. »O ja, Bekhal ist wieder da«, verkündete er dann lautstark. »Ich habe sie nach Hause gebracht. Sie ist ein gutes Mädchen.«

Ich sah, wie er in den Hörer lächelte, stolz darauf, was er geschafft hatte, aber mir gingen Fragen durch den Kopf, die ein Teenager-Mädchen sich nicht stellen müssen sollte. Wusste jeder dieser Anrufer von Dads Plan, mich umbringen zu lassen? Wäre ich jetzt schon tot, wenn ich im Frauenhaus geblieben wäre? Wird Dad mich umbringen lassen, wenn ich mich weigere, Akam zu heiraten? (Wenn ich meinen Cousin heiratete, wäre ich auch gezwungen, mit Akam und seinen Eltern im Irak zu leben.) Würde ich jemals lebend aus diesem Haus entkommen und das Leben führen können, das ich wollte?

Kejal glaubte nicht, dass Vater mich töten lassen würde. Ich saß auf dem Boden unseres Schlafzimmers und zitterte sichtlich, als ich ihr von seiner Sprachnachricht erzählte. »Ich habe Angst. Ich habe wirklich eine Scheißangst, Kejal. Kurdische Männer haben mich verfolgt. Ich habe sie gesehen.«

Meine Schwester biss sich auf die Unterlippe, drehte langsam den Kopf hin und her und sah mich an, als wäre ich ein wahnsinniges Kind, das Aufmerksamkeit suchte.

»Wie kannst du nur so etwas über Dad sagen?«, fragte sie. »Warum erfindest du so bösartige Lügen über ihn? Weißt du nicht, wie belastend das alles für Mum und Dad ist? Und jetzt schleichen alle auf Zehenspitzen um dich herum und machen großes Aufhebens um dich. Es ist nicht fair.«

»Ich schwöre bei Gott, Kejal, Dad hat gedroht, mich enthaupten zu lassen, wenn ich nicht nach Hause komme. Das ist der einzige Grund, warum ich wieder hier bin. Ich habe Angst, Kejal, ich …«

»Ha, wenn du an Allah glauben würdest, wärst du gar nicht erst weggelaufen. Dad würde so etwas nie tun.« Kejal legte sich ins Bett und zog sich ein Kissen über ihren Kopf. Ich antwortete nicht. Es hatte keinen Sinn. Kejal glaubte mir nicht. *Wenn ich doch nur noch die Sprachnachricht als Beweis hätte.*

Meinen jüngeren Schwestern erzählte ich nichts von Vaters Drohung. Wie könnte ich? Es war der Stoff, aus dem Albträume gemacht waren – und Ashti war erst sieben. Aber ich machte mir Sorgen um Payzee und Banaz. Beide Mädchen taten zu Hause, was ihnen gesagt wurde, aber ich wusste, dass sie wie ich von einem freieren Leben träumten, ohne die Einschränkungen und die Frauenfeindlichkeit unserer Kultur. Banaz würde in weniger als zwei Monaten vierzehn Jahre alt werden und hatte sich mit dem Gedanken an eine arrangierte Ehe abgefunden.

Ein paar Tage nach meiner Rückkehr, während Kejal wie immer in der Küche schuftete, kamen Banaz und ich in meinem Zimmer ins Gespräch. Es war so schön, wieder etwas Zeit mit ihr allein zu verbringen, auch wenn sich unser Gespräch um das Heiraten drehte. Wir saßen nebeneinander auf dem blutroten Teppich, mit dem Rücken an Kejals Bett. »Ich frage mich, wen ich als Ehemann bekommen werde«, sagte Banaz.

Ich zupfte an dem Teppich herum, die Frustration brodelte in meiner Brust. »Aber was, wenn du dir *aussuchen könntest*, wie du dein Leben leben willst, was würdest du dann mit deiner Zukunft anfangen? Was willst du?«

Banaz drehte ihren Kopf zu mir und Grübchen bildeten sich auf ihrem Kinn, als sie lächelte. In ihren Augen schimmerte Hoffnung. *Wunderschöne Nazca.* »Xushawistyto (Liebe und Zuneigung). Ich möchte einen Mann heiraten, den ich liebe und der mich auch liebt. Xushawistyto.« Banaz kicherte und drückte ihre Knie an ihre Brust. »Die Art von Liebe, von der Ibrahim Tatlises singt.« Nun musste ich auch kichern. Ibrahim Tatlises ist ein türkischer Schauspieler und Folksänger kurdischer Abstammung, der für seine herzzerreißenden Liebeslieder bekannt ist. »Und ich möchte eine Dayik (Mutter) sein und viele Kinder haben. Oh, und ich möchte die ganze Zeit Make-up tragen.«

Ich hatte einen Kloß im Hals. Wirklich, in meinem ganzen Leben habe ich niemanden getroffen, der so freundlich, sanft und rein war wie Banaz. Nicht ein einziges Mal erwähnte sie Geld, ein großes Haus oder ein Auto. Alles, was Banaz wollte, war, geliebt zu werden, Liebe zu geben und neues Leben in diese Welt zu bringen.

»Oh, Nazca, du wirst eine wundervolle Mutter sein«, sagte ich. So sehr ich es hasste, wieder mit dem »Evil Punisher« unter einem Dach zu leben, so sehr genoss ich es, mit meinen jüngeren Schwestern zusammen zu sein.

Etwa zu dieser Zeit begann ich, auch mehr Zeit mit meinem Bruder zu verbringen. Ich bewunderte Bahman und sehnte mich nach der Freiheit, die er genoss. Manchmal wünschte ich mir, ich wäre als Junge geboren worden, damit ich meine eigenen Entscheidungen treffen könnte. Ich lief Bahman buchstäblich hinterher. Ich bügelte seine Hemden, putzte seine Schuhe, und im Gegenzug lud er mich zu einem kleinen Schwätzchen in sein Schlafzimmer ein. Bahmans geheimnisvolles Leben faszinierte mich. Er war immer unterwegs und sein Zimmer stank nach JOOP-Aftershave. Mit seinen mittlerweile zwanzig Jahren hatte Bahman sich einen dunklen Kinnbart wachsen lassen, trug sein Haar kurz geschnitten und wurde von seinen Freunden »Tony Montana« genannt, nach der Figur von Al Pacino im Gangsterfilm *Scarface*. Bahman, der einzige Mann, dem ich in unserem Haus vertrauen konnte, erzählte von seinen wilden Nächten in Nachtklubs und seinen Eskapaden mit seinen Freunden. Und er gab mir einen Rat. »Reiß dich zusammen und versuche, Dad nicht zu verärgern«, sagte er. »Und lass dich nicht beim Rauchen erwischen. Du musst wirklich aufpassen, Bakha.«

Hinter der verschlossenen Tür seines nach Zitrusfrüchten duftenden Zimmers erzählte ich Bahman von Dads Plan, mich zu verheiraten, und warum ich weggelaufen war. Mein Bruder wusste von den Prügeln, die mein Vater mir im Laufe der Jahre verpasst hatte, aber als ich versuchte, ihm von der Todesdrohung auf der Mailbox zu erzählen, glaubte auch er mir nicht. »Na ja, Bakha«, sagte er und reichte mir einen frischen Stapel Hemden zum Bügeln. »Ich weiß, Dad war ein Arschloch zu dir – und zu mir –, aber er würde niemals jemanden bezahlen, um dich zu töten. Das ist verrückter Hardcore-Scheiß, Mann.«

»Aber diese Scheiße *existiert* in unserer Kultur, Bahman«, sagte ich. »Ich weiß, was ich gehört habe – und Dad sagte, er würde mich umbringen lassen, weil ich Schande über die Familie gebracht hätte. Ich wurde nach der Schule von kurdischen Männern verfolgt.«

Bahman strich sich über seinen JOOP-getränkten Kinnbart. »Reg dich nicht auf, Bakha, hier bist du sicher.« Dann schnappte er sich seine Jacke von der Lehne seines Drehstuhls, bedankte sich dafür, dass ich seine Hemden bügelte, und machte sich auf zu einem besseren Ort in der Welt außerhalb des Hauses.

Warum glaubt mir keiner?

Nach ein paar Wochen begannen meine Eltern wieder davon zu sprechen, mich mit Akam zu verheiraten. Sie versuchten, es geheim zu halten, aber ich hatte Mum am Telefon mit Tante Sercan sprechen gehört. »Oh, Bekhal liebt es zu putzen. Niemand macht den Abwasch so gut wie Bekhal. Sie ist sehr gründlich.« Das Leben zu Hause verlief wieder so, wie es gewesen war, bevor ich weggelaufen war. Mein Vater verfolgte mich auf der Arbeit und in der Schule und fuhr in seinem roten Opel hinter mir her wie ein schmieriger Freier. Einmal sah er, wie ich neben einem Kollegen, Simon, herlief, und überfuhr den armen Kerl fast, als wir die Straße überquerten. Ich hatte Simon auf dem Weg zur Arbeit auf der Straße zum Supermarkt getroffen, aber für Dad bedeutete die Tatsache, dass ich mich mit diesem weißen Engländer unterhielt, dass ich ein Verhältnis mit ihm hatte.

Die Prügelattacken gingen weiter wie früher. Dad gab mir Ohrfeigen, zog mich an den Haaren, spuckte mir ins Gesicht und kniff mich in die Beine. Er gab mir dieselben schrecklichen Schimpfnamen, Gahba, Qehpik, begleitet von seinen Lieblingsphrasen »Du siehst aus, als gehörtest du in den Puff« und »Du siehst aus, als kämst du gerade aus deiner Mutter« – mit einer Geste zu meinen gegelten, gelockten Haaren. Nach dem Vorfall mit Simon auf der Straße verhörte mich mein Vater in seinem Schlafzimmer und schlug und zwickte mich am ganzen Körper. Die meisten Attacken waren jedoch eine Folge unserer Gespräche über arrangierte Ehen. »Aber ich bin noch nicht bereit zu heiraten«, protestierte ich.

Dads Todesdrohung hatte mich in Angst und Schrecken versetzt, aber im Laufe der Wochen kehrte meine trotzige, rebellische Ader zurück, die meine Angst bis zu einem gewissen Grad im Zaum hielt. Ich hatte genug von diesem ganzen Heiratsgerede. Die Pläne, einen blutsverwandten Ehemann für Kejal zu finden, schienen erst einmal auf Eis gelegt zu sein, doch waren meine Eltern fest entschlossen, mich in den nächsten Flieger in den Irak zu setzen. Es musste alles getan werden, um »die Unruhestifterin« loszuwerden und die »Ehre« der Familie einigermaßen wieder herzustellen.

Nie. Im. Leben.

Weil er überzeugt war, dass ich wieder weglaufen wollte, begann Dad, mich im Haus einzusperren wie eine Gefangene. Ich hatte noch nie erlebt, dass unsere Familie so ein hektisches Sozialleben führte. Mein Vater war mindestens viermal pro Woche mit meiner Mutter und meinen Geschwistern unterwegs – zum Markt, zu Grandma Zareens Haus, zu Veranstaltungen der kurdischen Gemeinde und zu Familienfeiern. Bevor sie abfuhren, verriegelte Dad alle großen Fenster und anschließend die Türen von außen. Gelegentlich musste Kejal zu Hause bleiben, um auf mich aufzupassen, falls ich versuchen sollte zu fliehen. Ich kletterte auf die Spüle in der Küche und quetschte mich durch das winzige Oberlicht, das Dad vergessen hatte zu verschließen. »Das sage ich Dad«, kreischte Kejal und trommelte gegen das Glas, während ich lachend und rauchend draußen an der Hauswand lehnte.

Ich hasste mein Leben, hasste es, eine Gefangene im eigenen Haus zu sein. Rückblickend war ich damals schwer depressiv. Als ob mein Körper nicht schon genug von meinen Eltern gequält worden wäre, fing ich an, mit spitzen Nähnadeln meine Beine zu ritzen. Ich zog die scharfe Spitze an meinen Oberschenkeln und Schienbeinen entlang, bis Blut floss. Es klingt verrückt, aber diese roten kreuz und quer verlaufenden Narben erfüllten mich mit einem Gefühl, etwas bewirken zu können und Kontrolle auszuüben. Manchmal ritzte ich blutige Buchstaben in meine Haut. Dies war *mein* Schmerz, von mir selbst verursacht und an einem Teil meines Körpers, den niemand sah. Mein Schmerz wurde zu meiner Zuflucht von dem emotionalen Trauma, das meine Welt beherrschte.

An einem Samstagmorgen Anfang des Jahres 2000, als der Rest meiner Familie sich für den Markt fertig machte, kam ich aus der Toilette und fand meinen Vater auf dem Treppenabsatz vor. »Geh in Bahmans Zimmer«, sagte er. »Ich muss mit dir reden, Bekhal.« Er wies auf Bahmans offene Tür und ließ mich zuerst eintreten. Bahman war wie immer nicht da und ich fragte mich, warum Dad dieses »Gespräch« im leeren Zimmer meines Bruders führen wollte. Nichtsdestotrotz marschierte ich dem JOOP-Geruch entgegen und hoffte, dass das, was Dad mir sagen oder antun wollte, schnell vorbei sein würde.

Tatsächlich war es extrem schnell vorüber.

Als ich in Bahmans Zimmer trat, schlug er hinter mir die Tür zu. Ich fuhr herum, als sich auch schon der Schlüssel im Schloss drehte, *klonk-klick-klack*. Mein Vater hatte mich im Schlafzimmer eingesperrt. Ich hörte, wie er auf Socken die Treppe hinuntertrampelte. Kurze, bedächtige, gemessene Schritte. Er schloss die Eingangstür, aber ich hörte nicht, wie sich der Schlüssel im Schloss drehte. Ich stolperte so schnell zum Fenster, dass ich Bahmans Drehstuhl rotieren ließ, zog die Gardine zur Seite und beobachtete meine Familie – Mum, Dad, Kejal, Payzee und Ashti, wie sie in den roten Opel kletterten. Bevor er ins Auto stieg, sah Dad zu Bahmans Fenster herauf. Schnell ließ ich die Gardine fallen, bevor er mein Gesicht sehen konnte, dann sank ich auf den Boden und weinte mir die Seele aus dem Leib.

Die Zeit verging langsam, und meine Tränen verwandelten sich in Wut. Ich zog eine Packung Nadeln aus meiner Hosentasche, hob den Stoff meiner Hose an und begann, mit raschen Bewegungen Linien auf meine Schienbeine zu zeichnen. Blut tropfte kreuz und quer über meine Haut, bis meine Schienbeine einem Jackson-Pollock-Gemälde glichen. Miss Evans hatte uns letzte Woche im Unterricht Bilder von den voll gekleckesten Leinwänden des amerikanischen Malers gezeigt. Sie hatte uns erklärt, Pollocks Werke würden als »abstrakter Expressionismus« bezeichnet, und ihn als einen »gequälten Menschen, der mit inneren Dämonen kämpfte« beschrieben. Ich wusste genau, wie er sich fühlte.

Während ich weiter meine Beine zerkratzte, kam mir plötzlich ein Gedanke. *Dad hat den Schlüssel in Bahmans Tür stecken lassen. Ich kann hier rauskommen.* Ich sprang auf, riss ein Blatt Papier aus einem DIN-A4-Block auf Bahmans Schreibtisch und schob das Blatt der Länge nach unter der Tür hindurch, sodass nur ein paar Zentimeter des Papiers in Bahmans Zimmer zurückblieben. Dann stach ich vorsichtig mit dem Öhr meiner blutigen Nadel in das Schloss und schob den Schlüssel hinaus. Mein Herz pochte wild in meinem Brustkorb, als der Schlüssel auf das Papier auf dem Treppenabsatz fiel. In Zeitlupe zog ich das Papier zu mir heran. Glücklicherweise gab es einen kleinen Spalt zwischen dem Teppich und der Unterkante der Tür – gerade Platz genug, dass der Schlüssel hindurchpasste. Oh, mein Gott, ich hob das Stück Metall an meine Lippen und küsste es. »Ich bin draußen«, rief ich und schloss die Tür auf. Dann rannte ich in mein Schlafzimmer und packte meine Reisetasche. *Diesmal gehe ich für immer,* dachte ich. Trotz meiner früheren Bedenken, die Polizei zu kontaktieren, wählte ich nun hastig den Notruf auf meinem Handy. Mit zitternder Stimme schüttete ich der Frau am anderen Ende der Leitung mein Herz aus. Die Worte sprudelten nur so aus mir heraus. »Mein Vater hat mich in ein Schlafzimmer gesperrt. Ich muss hier weg. Mein Vater schlägt mich. Er nennt mich eine Schlampe und eine Hure und zieht mich an den Haaren. Er ist ein streng gläubiger Muslim aus dem irakischen Kurdistan. Ich glaube, mein Leben ist in Gefahr. Bitte helfen Sie mir, bitte helfen Sie mir.«

Ich stand in Bahmans Zimmer und sah aus dem Fenster auf die Straße. Das Polizeiauto traf innerhalb von zehn Minuten nach meinem Anruf ein. In meiner Eile, aus dem Haus zu fliehen, fiel ich fast kopfüber die Treppe hinunter. Ich warf meine Reisetasche über die Schulter, öffnete die Haustür und rannte wie ein Hase aus der Falle zu dem gelb-blauen Polizeiauto. Genau in diesem Moment fuhr Dad in seinem roten Opel vor, die Bremsen quietschten, als er schräg vor dem Polizeiauto anhielt, um es am Fahren zu hindern. Ich hechtete zur Autotür, riss sie auf und warf mich auf den Rücksitz des Polizeiautos. »Verriegeln Sie die Türen, lassen Sie ihn mich nicht schnappen«, heulte ich und schon hämmerte Dads Faust gegen das Fahrerfenster. Er schrie etwas, aber seine Worte waren durch das Glas nicht zu verstehen.

»Bitte machen Sie die Musik an«, bat ich, »ich will ihn nicht hören.«

Dad versuchte mittlerweile, die Fahrertür zu öffnen, und ich sank tief in den Autositz, zog mir die Lederkapuze über den Kopf und vergrub mein Gesicht in meinen Händen. »Bitte fahren Sie los, fahren Sie.«

Der Fahrer trat das Gaspedal durch, sodass es mich rückwärts in den Sitz warf. Er kurvte um Dads Auto herum und fuhr rasch davon.

Ich hielt meinen Kopf gesenkt. Als wir auf dem Polizeirevier von Wimbledon ankamen, war ich zu verängstigt, um aus dem Auto zu steigen.

Kapitel sechzehn

Seht uns nur an, uns wunderbare Kinder

Einige Tage später lernte ich die beiden Menschen kennen, die meine Pflegeeltern werden sollten. Der Geruch von gebratenem Fisch schlug mir entgegen, als Valda und ihr Ehemann Peter mich in ihrem Zuhause begrüßten, einem Haus mit vier Schlafzimmern an einem Ort, den ich aus Sicherheitsgründen nicht preisgeben kann. Eine Sozialarbeiterin, Susan, begleitete mich zu Valda und Peter und blieb eine Weile, um sicherzustellen, dass ich zurechtkam.

Das Haus verbreitete eine ruhige, gemütliche Atmosphäre. Die Wände, Fenstersimse und sämtliche freien Oberflächen waren mit gerahmten Fotografien übersät. Die Bilder sahen aus wie Familienfotos. In einigen erkannte ich Valda und Peter, die lächelnd und lachend mit Kindern unterschiedlichen Alters posierten. Meine Eltern hatten zu Hause nie Familienfotos aufgestellt. Sie wollten sich nicht einmal unsere jährlichen Klassenfotos ansehen, geschweige denn eines kaufen. »Warum sollte ich ein Bild mit diesen Hurenkindern darauf in meinem Haus haben wollen?«, hatte Dad mich angeschnauzt, als ich mein Gruppenfoto aus der neunten Klasse mit nach Hause brachte.

Valda und Peter, beide Anfang fünfzig, strahlten Wärme und Freundlichkeit aus. Peter wirkte in seinem Pink-Floyd-Sweatshirt und seinen Jeans völlig entspannt, und wenn er lächelte, weiteten sich seine Augen und fingen an zu glänzen. Ich konnte mir nicht vorstellen, dass Peter jemals die Beherrschung verlor.

Valda trug eine goldene Halskette mit einem Kruzifix, mit der sie spielte, während sie sprach. Ihr Outfit bestand aus einem langen lila Pullover, den sie über schwarzen Leggings trug, und einem Paar dicker blauer Socken. »Willkommen in deinem neuen Zuhause, Becky«, sagte sie mit einer Stimme, die so beruhigend war wie der würzige Fischduft. Ihre hölzernen Armreifen stießen aneinander, als sie mir die Hand schüttelte. »Wir hoffen, du wirst hier sehr glücklich sein.«

Ich war erfreut, dass Valda meinen westlichen Spitznamen benutzte. Ihre freundliche Großzügigkeit ließ mir die Tränen in die Augen steigen, aber ich riss mich zusammen. Ich wollte nicht, dass meine Pflegeeltern dachten, sie hätten eine Heulsuse aufgenommen. »Vielen Dank, ich weiß diese Chance wirklich zu schätzen«, sagte ich und Valda schenkte mir ein mütterliches Lächeln.

»Ich hoffe, du magst gebratenen Fisch«, sagte Peter und streckte seine Hand aus.

»Oh, mein Gott, ich liebe gebratenen Fisch.«

Peters Augen strahlten. »Großartig, nun, dann gehe ich besser zurück in die Küche, bevor ich unser Abendessen anbrennen lasse. Valda wird dich herumführen.«

Ich sah Valda verwirrt an. »Keine Sorge«, sagte sie, »Peter kocht besser als ich. Komm mit, ich zeige dir dein Schlafzimmer.« Ich folgte Valda die mit pfirsichfarbenem Teppich ausgelegte Treppe hinauf. Ich war immer noch geschockt. *Ein Ehemann, der kocht? Wie genial ist das denn?*

War ich wirklich hier, in diesem Haus, bei diesen Menschen, die quasi meine neuen Eltern geworden waren? Es war noch keine Woche her, dass ich zum zweiten Mal aus der Morden Road 225 geflohen war. Aber es kam mir wie Jahre vor, dass ich die Fahrt im Polizeiauto gemacht hatte.

Als wir an der Polizeistation in Wimbledon anhielten, geriet ich in Panik. »Ich kann unmöglich aussteigen, zwingen Sie mich nicht auszusteigen, die werden mich töten«, rief ich voller Angst. Als ich endlich den Mut aufbrachte, aus dem Auto zu klettern, hielt ich meinen Mantel wie eine Decke über meinem Kopf. Ich sah wie ein Verbrecher aus. Die Beamten brachten mich in einen Befragungsraum, aber ich konnte zunächst gar nicht sprechen, so sehr weinte und zitterte ich, als ich dem männlichen Beamten und seiner weiblichen Kollegin an einem Tisch gegenübersaß. Dann sah ich plötzlich durch das braune Glasfenster meinen Vater, wie er schrie und versuchte, an zwei Polizisten vorbeizukommen, die ihm im Empfangsbereich den Weg versperrten. »Sie ist mein Kind. Lassen Sie meine Tochter gehen, sofort!«, brüllte er neben kurdischen Flüchen wie »Mizir ker, mizir ker (verdammte Esel)«.

»O Gott, lassen Sie ihn nicht rein, er darf mich nicht sehen«, wimmerte ich und beugte mich in meinem Stuhl nach vorn, sodass mein Kopf unter der Tischplatte verborgen war.

»Keine Angst«, sagte die Polizistin, »das ist ein Polizeispiegel. Das bedeutet, wir können aus dem Fenster nach draußen sehen, aber Ihr Vater kann nicht hereinschauen.«

»Aber Sie haben keine Ahnung, wie er ist, wozu er fähig ist.« Stille. Langsam setzte ich mich auf. Dad war nicht mehr durch das Fenster zu sehen.

»Wo ist er, was macht er?«, fragte ich.

»Die Kollegen haben Ihren Vater in ein anderes Zimmer gebracht, um mit ihm zu sprechen. Sie sind hier sicher, Becky. Also, meinen Sie, Sie können nun eine Aussage machen?«

Ich nickte. »Ich glaube schon.«

Unter noch mehr Tränen berichtete ich den Beamten von den Misshandlungen, die ich zu Hause erlitten hatte. Ich erzählte, wie meine Eltern mich in den Irak schicken wollten, um meinen Cousin ersten Grades zu heiraten, und schilderte die Regeln und Maßnahmen, mit denen in meiner Kultur Mädchen und Frauen unterdrückt wurden. Auch meine Genitalverstümmelung und die sogenannten »Ehrenmorde« von Jhara und Sahin im Iran ließ ich nicht aus. Das Einzige, was ich den Beamten nicht erzählte, war die Drohung meines Vaters, mich umbringen zu lassen. Nach den fassungslosen Gesichtern zu urteilen, als ich beschrieb, wie Jhara wegen Ungehorsams in ein Teerfass geworfen worden war, nahm ich an, dass sie mir ohnehin nicht glauben würden. *Sie werden mich für einen Spinner halten und mich wegschicken, weil ich ihre ganze Zeit vergeudet habe,* dachte ich.

Man muss den Beamten zugutehalten, dass sie schnell handelten. Ich musste nicht zurück in die Morden Road. Stattdessen wurde ich in einer Notunterkunft untergebracht, während die Behörden eine Betreuungsverfügung erwirkten und nach geeigneten Pflegeeltern suchten. Und so war ich schließlich hier gelandet, in einem neuen Zuhause mit zwei großherzigen Fremden, die sich um mich kümmern wollten.

Mein neues Schlafzimmer war riesig und wunderschön dekoriert mit einer Tapete mit Rosenknospenmuster und einem flauschigen grünen Teppich. Es gab einen Kleiderschrank aus weißem Holz und ein Regal voller Bücher, außerdem eine Stereoanlage und einen kleinen Fernseher auf einer Kommode. Aus dem großen Fenster sah man in den hinteren Garten. Ich fühlte mich, als stünde ich in einem Foto aus der Zeitschrift *Ideal Home*.

In der ersten Nacht schlief ich jedoch nicht gut. Ich konnte nicht aufhören, über meine Aussage bei der Polizei nachzudenken und darüber, welche Auswirkungen mein Handeln auf Vater, Ari und die kurdische Gemeinschaft haben würde. Hatte ich das Richtige getan? Würde jetzt (wieder) ein Preis auf meinen Kopf ausgesetzt werden?

Würde ich jemals irgendwo sicher sein? Außerdem war ich überwältigt von meiner neuen Umgebung. Dieses riesige Haus, Peter und Valda, der Fernseher in meinem Schlafzimmer! *Ein Fernseher in meinem Schlafzimmer?*

Am nächsten Morgen brach ich vor Valda zusammen. Wir saßen auf dem Sofa im Wohnzimmer und besprachen meinen neuen Schulweg, als ich plötzlich in Tränen ausbrach. (Ich hatte aufgrund der Umstände ein paar Tage Unterricht verpasst, aber der Sozialdienst hatte sich mit meinen Lehrern in Verbindung gesetzt.) Es war mir furchtbar unangenehm, eine solche Szene zu machen. »Tut mir leid«, schluchzte ich, da rutschte Valda auf dem Sofa zu mir heran und umarmte mich.

»Shh, du brauchst dich nicht zu entschuldigen, es ist völlig okay zu weinen, du hast viel durchgemacht, Becky.«

Ich schmolz in Valdas weiche Umarmung. Das war eine

ganz neue Erfahrung für mich. Meine Mutter hatte nicht oft mit mir gekuschelt. Tatsächlich konnte ich mich gar nicht erinnern, wann sie es das letzte Mal getan hatte, aber in Valdas Armen fühlte ich mich sicher und geliebt.

Mich an mein neues Leben anzupassen war einerseits befreiend, andererseits aber auch eine Herausforderung. Ich fand es toll, dass ich zu Hause Leggings tragen konnte, ohne verhauen oder gekniffen zu werden. In meinem Schlafzimmer fernsehen zu können war ebenfalls ein Luxus – auch wenn ich jedes Mal hochschrak und das Gerät leiser stellte, wenn ich Schritte auf dem Treppenabsatz hörte (alte Gewohnheiten lassen sich nur schwer ablegen). Valda erlaubte mir, Freunde einzuladen, und nach der Schule und an den Wochenenden durfte ich etwas mit anderen unternehmen, solange es im vernünftigen Rahmen blieb. Doch trotz meiner neu gewonnenen Freiheit konnte ich weder meinem Vater noch der strengen Überwachung durch die kurdische Gemeinschaft entkommen. Ich erinnere mich an einige Treffen mit Sozialarbeitern und meinen Eltern. Dad lächelte, war charmant und log bei diesen Treffen nach Strich und Faden. »Bekhal war glücklich zu Hause«, behauptete er. »Wir haben sie nie daran gehindert, Dinge zu unternehmen – sie konnte kommen und gehen, wie sie wollte – und darf dies auch weiterhin, wenn sie zurückkommt.«

Entschuldigung, aber das ist völliger Blödsinn.

Dann holte er ein paar alte Familienfotos aus seiner Tasche und schob sie mir über den Tisch hinweg zu. Auch den Sozialarbeitern zeigte er diese Bilder. Besorgniserregend war, dass eine der Sozialarbeiterinnen, eine Muslima namens Tisha, sich offenbar viel zu gut mit meinen Eltern verstand. Tisha besuchte mich einmal pro Woche in meiner Pflegefamilie, aber sie ging auch zu meinen Eltern nach Hause. Ich bemerkte, wie Tisha meinen Dad anlächelte, wenn er sprach. *Ich wette, Mum verwöhnt Tisha mit Dolma, wenn sie sie besucht.*

Im Mai 2000 hatte ich vor meinen Abschlussprüfungen frei, um mich auf das Lernen konzentrieren zu können, und obwohl ich gern bei meinen Pflegeeltern lebte, hatte ich Probleme mit meinen Schulaufgaben. Auf Englisch zu schreiben fühlte sich noch immer fremd für mich an und es gab so viele Wörter, die ich noch nicht verstand. Kunst war das einzige Fach, in dem ich gut war. Aber durch die Aufregung und den Stress war ich mit meinen Schularbeiten im Rückstand. Ich vermisste Bahman und meine Schwestern. Meine Güte, sogar meine Mum vermisste ich – und ihre unglaubliche Kochkunst. Obwohl ich Valda hatte, träumte ich davon, eine liebevolle Beziehung zu meiner leiblichen Mutter zu haben. Jede Tochter braucht schließlich ihre Mutter, oder?

Ich begann, von Telefonzellen aus mein Elternhaus anzurufen, vergeblich darum bemüht, den penetranten Uringestank darin zu ignorieren, und immer mit der Vorwahl 141, die meine Nummer unterdrückte. Meistens ging meine Mutter ans Telefon, aber ich sagte nie etwas. So verrückt das auch klingen mag, ich wollte einfach ihre Stimme hören. »Bakha, bist du das?«, sagte sie dann. »Bakha, wenn du das bist, sprich bitte mit mir.« Daraufhin legte ich auf und rannte weinend aus der Telefonzelle.

Einmal ging Banaz ans Telefon. »Hallo?«, sagte sie mit ihrer schüchternen Stimme. »Oh, Bakha, bist du es?« Es kostete mich all meine Kraft, nicht zu antworten, wollte ich doch nichts lieber, als mit Banaz zu sprechen. Sie war das Geschwisterkind, das ich am meisten vermisste. »Bitte, Bakha, wenn du es bist, bitte sprich mit mir. Es ist niemand in meiner Nähe, wenn du etwas sagen willst, ist jetzt eine gute Gelegenheit. Ich vermisse dich so sehr. Bitte komm nach Hause, Bakha.« Oh, ich wollte meine Nazca in den Arm nehmen, sie beschützen, aber ich konnte weder das eine noch das andere. Ich machte mir Sorgen, was sie und Payzee nun durchmachen mussten, seit ich nicht mehr zu Hause war. Jeden zweiten Tag rief ich zu Hause an – dann musste Dad meinen Trick durchschaut haben, denn als ich eines Tages anrief, hörte ich eine automatische Nachricht, dass der Festnetzanschluss keine Anrufe mehr von unterdrückten Nummern annehme. Kurz darauf erhielt ich einige Anrufe auf mein Handy, ebenfalls von unterdrückten Nummern.

Meine Angst, von Kurden aufgespürt und verfolgt zu werden, war nie weg. Solange ich in der Pflegefamilie blieb, brachte ich die Familienehre weiter in Misskredit. Es war klar, dass Dad hinter seiner lächelnden Anwesenheit bei den Treffen mit dem Sozialdienst Pläne schmiedete, mich nach Hause zu holen – oder noch Schlimmeres. Wer wusste schon, wie viele »Kriegsratssitzungen« in der Familie bereits stattgefunden hatten, bei denen Ari die Leitung innehatte und meine Ermordung bis ins kleinste Detail plante.

Diesmal kamen die Anrufe von meinen Cousins und anderen Kurden, deren Stimmen ich nicht kannte. Danas

Stimme kannte ich, da ich ihn bei einigen Familientreffen gesehen hatte, nachdem Ari ihn mit einem fragwürdigen Visum oder sonst irgendwie ins Vereinigte Königreich geschleust hatte. Dana hatte sich nicht sehr verändert. Er war lediglich zu einem noch größeren, schleimigeren, rotgesichtigeren Monster herangewachsen, als er es als Kind gewesen war. Er rief mich einige Male an. »Wo bist du? Bist du zufrieden mit dir? Du bringst Schande über diese Familie, du Hure.«

Auch Eylo rief an. »Warum bringst du diese verdammte Schande über die Familie?« Ich schwöre, ich konnte seine geifernde Spucke durch das Telefon spüren. An manchen Tagen erhielt ich mehrere dieser Anrufe, dann wieder eine Woche lang gar keinen. Zu diesem Zeitpunkt war ich eher wütend als verängstigt und legte einfach auf. Ich hatte auch schon überlegt, meine SIM-Karte wegzuwerfen, konnte mich aber nicht dazu durchringen. Meine Schwestern hatten nur diese eine Nummer von mir und es war mir wichtig, dass sie mich erreichen konnten. Auch Amber, eine Freundin der Familie, rief mich gelegentlich an und ich wollte auf keinen Fall den Kontakt zu ihr verlieren. Amber war meine Ansprechpartnerin für Familienangelegenheiten. Wenn ich meinen Schwestern eine Nachricht zukommen lassen wollte, kontaktierte ich sie. Aus diesem Grund kann ich keine näheren Angaben zu Amber (die in Wirklichkeit anders heißt) machen. Ich fürchte noch heute um mein Leben, und wenn die kurdische Gemeinschaft herausfände, dass Amber mir Informationen über meine Familie zugespielt hat, wäre auch ihr Leben in Gefahr.

Ich erzählte Valda und Peter nicht von den Anrufen, da ich sie nicht beunruhigen wollte. Jedoch war Valda mit mir zu Hause, als eines Freitagnachmittags Tisha mit einer Nachricht von meinen Eltern vorbeikam.

Tisha wehte lächelnd ins Wohnzimmer und machte Small Talk über das regnerische Wetter. »Ich kann nicht glauben, dass wir schon Mai haben. Ich wurde völlig durchnässt, als ich heute Morgen nur schnell zum Auto ging«, sagte sie. Ich saß mit Valda auf dem Sofa, während Tisha es sich im Sessel gegenüber gemütlich machte. »Wie auch immer, Becky«, fuhr sie fort und kramte in der Umhängetasche zu ihren Füßen. »Ich komme gerade von deinen Eltern, und sie haben mich gebeten, dir das hier zu geben.« Tisha zog eine gepolsterte Versandtasche hervor, die sie zwischen uns auf den Couchtisch legte.

»Was ist das? Warum sollten sie mir etwas schicken? Sie sollten eigentlich nicht einmal mit mir in Kontakt treten.« Neugierig geworden, beugte ich mich dennoch vor und hob den Umschlag auf.

»Es sind nur ein paar Fotos und eine Kassette – sie wollten dich nur wissen lassen, wie sehr sie dich vermissen, Becky.«

Ich schüttelte den Inhalt der Versandtasche in meinen Schoß. Zum Vorschein kamen zwei Familienfotos – eines von mir mit meinen Geschwistern im Iran und eine Schwarz-Weiß-Aufnahme von Mum und Dad, wie sie sich in den Bergen Kurdistans verliebt in die Augen schauen. Außerdem fiel noch eine unbeschriftete Kassette aus der Tasche.

Valda betrachtete die Kassette misstrauisch und rutschte

an den Rand des Sofas. »Entschuldige mal, Tisha, aber was ist das hier? Was ist auf dieser Kassette?« Ich hatte meine Pflegemutter noch nie wütend gesehen. Ihre ohnehin schon wilden blond-grauen Locken drohten, sich aus ihrer Haarspange zu lösen, mit der sie ihre Mähne zu bändigen versuchte.

Tisha zuckte mit den Schultern. »Ich weiß nicht, was darauf ist, aber es ist persönlich und vertraulich – eine Sache zwischen Beckys Eltern und ihr.«

»*Persönlich* und *vertraulich*? Das ist absolut lächerlich. Bekhal kam nicht ohne Grund in meine Obhut, nämlich wegen ihres schwierigen Lebens zu Hause bei ihrer Familie. Und jetzt wollen Sie ihr diese Kassette geben – und wir wissen nicht einmal, was da drauf ist? Das ist nicht zulässig, Tisha.«

»Manche Dinge müssen privat bleiben, Valda. Das hier geht nur Becky und ihre Eltern etwas an.«

Ich steckte die Bilder und die Kassette zurück in die Polstertasche, die ich dann zwischen meinem Oberschenkel und der Sofalehne einklemmte. »Schon gut«, sagte ich, »ich behalte die Kassette vorerst, werde sie aber vielleicht nicht gleich anhören.« Das war eine glatte Lüge – wie könnte ich sie mir nicht anhören? Ich rechnete nicht gerade mit einer Aufnahme von *Take Me Home, Country Roads* von John Denver. Im Gegenteil. Aber nach den düsteren Anrufen meiner Cousins musste ich wissen, was auf dieser Kassette war – und sei es nur, um sicherzustellen, dass Valda und Peter nicht in Gefahr waren.

Plötzlich kam draußen ein Sturm auf, und der Raum verdunkelte sich. Tisha blickte zum Fenster, einem beschlagenen grauen Rechteck, gegen das der Regen trommelte. »Gut, ich gehe jetzt besser mal«, sagte sie.

Valda riet mir, die Kassette nicht anzuhören. »Es ist deine Entscheidung, Becky, aber ich denke, du solltest es nicht tun. Du weißt nicht, was sich auf der Kassette befindet. Du hast so gute Fortschritte gemacht, es wäre schade, wenn der Inhalt dich zurückwerfen würde.«

Ich machte ein entschuldigendes Gesicht. »Ich werde versuchen, sie nicht anzuhören.« Dann sagte ich Valda, dass ich lernen müsse, und ging auf mein Zimmer. Dort warf ich mich auf mein Bett und betrachtete das Foto von mir und meinen Geschwistern. Auf diesem Bild, das vor der Geburt von Ashti aufgenommen wurde, befindet sich in der Mitte Bahman in seinen Jeans mit der hohen Taille – mit einem förmlichen Ausdruck im Gesicht. Ich stehe unter Bahmans rechtem Arm, während er den anderen um Kejal gelegt hat. Neben mir befindet sich Banaz, damals etwa vier Jahre alt und mit einem lustigen Haarschnitt im Beatles-Stil. Sie hat einen rosa Pullover an, der schon Kejal und mir gehört hat. Kejal ist das einzige von uns Mädchen, das einen Hidschab trägt, während Payzee mit ihren kurzen Haaren und ihrem fragenden Gesichtsausdruck neben ihrer ältesten Schwester wie ein süßer kleiner Kobold aussieht. Keiner von uns lächelt. Eine unendliche Schwere und Traurigkeit legen sich auf meine Brust und meinen Magen. »Seht uns nur an«, flüsterte ich. »Seht uns nur an, uns wunderbare Kinder. Wer würde diesen unschuldigen Kindern etwas antun wollen?« *Was müssen das nur für Eltern sein, die diesen kleinen Mädchen Schmerzen zufügen?* Ich steckte das Bild zurück in den Umschlag, legte die Kassette in das Deck der Stereoanlage ein und drückte auf »Play«.

Dann setzte ich mich auf den Boden neben die Stereoanlage und drehte die Lautstärke ein wenig herunter. Genau wie Dads Sprachnachricht war dies eine weitere Drohnachricht, noch unheimlicher als die letzte. »Bekhal, Miss, du bist eine Hure. Du hast Schande über diese Familie gebracht«, begann Dad mit langsamer, mörderischer Stimme. »Ich habe Leute beauftragt, nach dir zu suchen. Und sie werden dich finden.« Er hielt inne, als Mum im Hintergrund wieder zu jammern begann. »Bakha, gyân (Liebling), bitte komm nach Hause. Bakha, gyân, Bakha khoshawîst (Liebling, mein geliebter Schatz), Bakha gyân, tu uns das nicht an, komm nach Hause.« Dann sprach Dad wieder, diesmal lauter: »Bekhal, Miss. Ich werde jeden in diesem Haus töten. Ich werde alle deine Schwestern töten, dem Alter nach, von der jüngsten bis zur ältesten. Dann werde ich deinen Bruder und deine Mutter töten, und wenn sie alle tot sind, werde ich mich selbst töten. Und all diese Toten gehen auf *dein* Konto, Bekhal, Miss.« Die Aufnahme endete. Ich drückte auf Stopp, rollte mich auf dem Boden zusammen und weinte in meine Hände. *Wer würde diesen unschuldigen Kindern etwas antun wollen?*

Ich weinte die ganze Nacht und am nächsten Morgen, als meine Pflegeeltern einkaufen waren, rief ich Kejal an. »Können wir uns treffen?«, fragte ich. »Ich komme nach Hause.« Ich zweifelte nicht an Vaters Drohung. Nicht eine Sekunde lang.

Ich hinterließ Valda und Peter eine Nachricht. *Es tut mir leid,* schrieb ich, *ich muss nach Hause. Bitte macht euch keine Sorgen. In Liebe, Becky.*

Als ich wieder in der Morden Road 225 ankam, verlangte mein Vater, dass ich ihm die Kassette aushändigte. Dumm, wie ich war, gab ich sie ihm. Daran sieht man, welche Macht mein Vater damals über mich hatte. Als ich versuchte, meinen Geschwistern von Dads neuer Aufnahme zu erzählen, glaubten sie mir nicht. Zwei Nächte hielt ich es in dem Haus aus – dann floh ich erneut durch mein Schlafzimmerfenster. *Ich werde ohnehin den Rest meines Lebens in einem permanenten Zustand der Angst verbringen.*

Ich kehrte zu Valda und Peter zurück. Valda drehte durch, als ich ihr von Dads Drohung erzählte. »Wie kann ein Elternteil nur so etwas sagen?«, fragte sie fassungslos. »Wie könnten Eltern ihrem Kind so etwas antun? Was sind das denn nur für Eltern?« Valda schritt aufgebracht an der Frühstückstheke auf und ab und gestikulierte zu allen möglichen Gegenständen, als könnten diese ihre Fragen beantworten. Der Kühlschrank, der Wasserkocher, der George-Foreman-Grill. Dann stieß sie einen tiefen Seufzer aus. »Du bist hier in Sicherheit, Becky. Nimm auf keinen Fall Kontakt mit deinen Eltern auf. Und geh *nicht* ans Telefon, wenn sie anrufen.«

Vor langer Zeit, im Iran, träumte ich davon, Polizistin zu werden. *Dann werde ich all die armen Mädchen wie Avin von ihren schrecklichen Ehemännern befreien und Zwangsehen für immer ein Ende setzen.* Gott, wie ich mir wünschte, dieser Traum hätte sich erfüllt. Ich ging mit nur etwa vier GCSEs von der Bishopsford Highschool ab. Ich erinnere mich, dass ich in der Geografieprüfung so zugekifft war, dass ich das Papier mit Fragezeichen übersäte und dann rausging.

Mein Leben ging weiter, aber ich wusste, dass es immer in Gefahr sein würde. Die nächsten anderthalb Jahre lebte ich teils bei meinen Pflegeeltern, teils in Leylas Haus und einem Wohnheim, bevor ich 2002 zu meinem damaligen Freund Ata zog.

Ich lernte Ata kennen, als ich noch bei Valda und Peter wohnte. Ich fühlte mich sofort von ihm angezogen – er hatte eine sanfte, fürsorgliche Art und war unendlich großmütig. Er war zwei Jahre älter als ich und arbeitete als Kurier. Valda sagte, ich hätte großes Glück mit Ata.

Eines Freitagabends im März 2002 rief mich Bahman an. Das war nichts Ungewöhnliches, da wir in Kontakt geblieben waren, seit ich das letzte Mal von zu Hause weggegangen war. Aber dieses Mal hatte er gute Nachrichten. »Ich habe da einen Putzjob und könnte etwas Hilfe gebrauchen. Da könnten ein paar Tausender für dich drin sein. Hast du Lust?«

»Oh, mein Gott, total gern. Ja, auf jeden Fall, ich bin dabei«, sagte ich aufgeregt. Seit ich im Jahr 2000 meinen Job im Supermarkt aufgegeben hatte (weil mein Vater mich ständig stalkte), hatte ich Schwierigkeiten, Arbeit zu finden. Auch meinen Kurs an einer Kunsthochschule hatte ich abgebrochen. Bei den meisten Stellen, auf die ich mich beworben hatte, wurde ein Reisepass als Identitätsnachweis verlangt. Mein Reisepass befand sich im Haus meiner Eltern, und obwohl ich einmal mit Polizeibegleitung vor ihrer Tür gestanden hatte, hatten sie sich geweigert, mir das Dokument auszuhändigen. Als ich ein weiteres Mal versucht hatte, meinen Pass zu bekommen, hatte mir meine Mutter den abgelaufenen Pass gegeben, mit dem

Banaz und ich ins Vereinigte Königreich gereist waren. Die meisten Jobs, die ich angenommen hatte, waren also eher »Bar in die Hand«-Angelegenheiten. Ich hatte eine Teilzeitstelle in einer Bar und arbeitete manchmal im Friseursalon von Atas Schwester Cheryl, aber ich hatte kaum Geld. Zwei Riesen würden meine Miete für die nächsten sechs Monate decken.

»Cool«, sagte Bahman. »Es ist allerdings schon morgen Abend – passt das?«

»Ja, das geht.«

Bahman sagte mir, ich solle ihn um 20 Uhr auf dem Parkplatz des Pubs The Ravensbury in der Croydon Road bei Mitcham treffen.

»Oh, noch eine Sache, hast du einen Koffer?«, fragte er. »Wir brauchen etwas, womit wir danach den ganzen Müll abtransportieren können.«

»Ja, ich hab einen, ich bring ihn mit«, sagte ich.

»Cool, dann bis morgen, Bakha.«

Ich konnte meine Aufregung kaum zügeln. Zweitausend Pfund – für einen Putzjob? Noch dazu putzte ich wirklich gern. Ich saugte das Innere des Koffers aus und packte sogar einige Reinigungsmittel ein, bevor es losging.

Ata fuhr mich mit seinem Ford Fiesta zum Pub. Da er über meine Kultur und Vergangenheit Bescheid wusste, war er nervös, Bahman zu treffen. Ich wollte Ata zum Abschied umarmen, aber er wich zurück. »Bist du verrückt, Becky? Dein Bruder bringt dich um. Ich sollte gehen, bevor er hier ankommt. Schnell, hol den Koffer aus dem Kofferraum und sieh zu, dass dein Handy aufgeladen ist.«

In diesem Moment schoss ein Mann, von Kopf bis Fuß in Schwarz gekleidet, aus dem Gebüsch neben dem Auto hervor und schlug mit der Hand auf die Motorhaube. Bahmans Gesicht glänzte im Schein der Parkplatzbeleuchtung.

Ata griff sich an die Brust. »Fuck, das ist ja Tony Montana.«

Ich sah Ata an. »Ihr beiden kennt euch?«

Das kam mir seltsam vor. Ata und Bahman unterhielten sich eine Weile neben dem Auto, während ich auf dem Beifahrersitz blieb. Ich dachte, Bahman wäre wütend darüber, mich mit einem Mann zu sehen, aber er und Ata schienen sich gut zu verstehen. Aber was hatte es mit Bahmans Outfit auf sich? Er trug eine schwarze Baseballmütze, die er sich tief in die Stirn gezogen hatte, einen schwarzen Kapuzenpulli, schwarze Jeans und schwarze Lederhandschuhe. Er trug eine Nike-Tasche über der Schulter, die prall gefüllt war und sehr schwer aussah.

Nach etwa zehn Minuten holte Ata meinen Koffer aus dem Kofferraum und stieg wieder ins Auto. »Ruf mich an, wenn du mich brauchst«, sagte er.

Ich kletterte aus dem Wagen und zog den Griff des Rollkoffers heraus. »In welche Richtung gehen wir?«, fragte ich Bahman.

Mein Bruder wartete, bis Ata weggefahren war, dann drehte er sich zu mir um und sagte: »Okay, ich möchte, dass du den Koffer nimmst und vor mir herläufst, bis wir zu diesem Haus kommen.« Bahman beschrieb mir den Weg bis zu »einem großen Cottage mit schwarzen Toren. Lauf einfach immer weiter und dreh dich auf keinen Fall nach mir um – solange ich es dir nicht sage«.

»Verstanden«, sagte ich und setzte mich mit meinem Koffer in Bewegung.

Als ich das Grundstück erreichte, rief ich Bahman zu: »Wohin jetzt?«

»Nimm den Kiesweg auf der rechten Seite.«

Instinktiv warf ich einen Blick über meine Schulter.

»Nicht umdrehen. Ich habe dir verdammt noch mal gesagt, du sollst dich nicht umdrehen«, schrie Bahman.

Oh, mein Gott, warum ist er so aggressiv? Warum will er nicht, dass ich mich umdrehe?

Ich ging mit knirschenden Schritten weiter den Pfad entlang, der an dem Cottage vorbeiführte. Ich war diesen Weg schon einmal gelaufen – er führte in ein Waldstück und an den Fluss Wandle. »Wohin gehen wir? Warum sind wir …?«

Hinter mir hörte ich schnelle Schritte auf dem Kies.

Halb lachend, weil ich glaube, dass Bahman sich einen Scherz erlaubt, drehe ich mich um. Ich sehe einen schwarzen Schatten, einen erhobenen Arm, der eine Hantel hält, und ich schreie: »Bahman, nein«, und der Blockabsatz meines rechten Stiefels bricht ab, als ich versuche loszurennen. Meine Beine knicken ein, als mich das Gewicht seitlich am Kopf trifft. Mir wird schwarz vor Augen, dann, blitzartig, bin ich wieder da und Bahman liegt mit mir auf dem Boden, seinen Arm um meinen Hals gelegt. Mein Bruder versucht, mich zu erwürgen. Ich kann nicht atmen und meine Augen brennen und quellen hervor unter dem Druck. Irgendwie schaffe ich es, mein Kinn zu bewegen und meine Zähne durch den Stoff seines Kapuzenpullis in Bahmans Armbeuge zu versenken. Er schreit auf und löst seinen Griff, aber dann packt er mich erneut und zieht mich an den Füßen in den Wald. Ich trete verzweifelt mit den Beinen nach ihm. Blut strömt in mein rechtes Auge und ich spüre einen Luftzug in der klaffenden Wunde an meinem Kopf brennen. »Bahman, hör auf«, schreie ich, »du bringst mich um. Wie kannst du das nur tun? Ich bin deine Schwester, dein Fleisch und Blut.« Endlich trifft einer meiner Tritte Bahmans Knie, und er stolpert und lässt meine Füße los.

Auf dem Hintern sitzend versuche ich, mich mit meinen Füßen rückwärts wegzuschieben. Die Welt über mir, in ihrem tristen Dunkelblau, Grau und Schwarz, schwankt. Skeletthafte Bäume spießen sich in die Wolken.

Alles sieht irgendwie nicht richtig aus. So stumpf und tot.

Durch einen Schleier aus Blut und Tränen hindurch schaue ich Bahman an. Auch er weint nun. »Liebst du mich denn nicht?«, frage ich.

Bahman schniefte und schaute in den Himmel. »Es tut mir leid«, sagte er. »Ich muss das tun. Nach Dad bin ich der Mann in unserer Familie und ich muss dieser Schande ein Ende setzen.«

Ich begann zu hyperventilieren. »Ich bin deine Schwester, ich bin deine Schwester.«

»Es tut mir leid. Wollen wir uns da drüben hinsitzen und reden?« Bahman deutete auf eine Bank ein paar Meter von uns entfernt, ein brauner Fleck in der Dunkelheit. Ich versuchte aufzustehen, aber meine Beine wollten mich nicht tragen. »Ich komme nicht in deine Nähe. Du hast gerade versucht, mich zu töten.«

»Es tut mir leid, Bakha, natürlich liebe ich dich – und ich kann nicht ausführen, was Dad mir aufgetragen hat.

Ich schaffe es nicht, aber bitte, lass mich mit dir reden. Ich verspreche, dass ich dir nicht wehtun werde, Bakha.«

»Dad hat dir aufgetragen, mich zu töten?« Ich klang geschockt, obwohl ich ahnte, dass Dad diesen Anschlag angeordnet hatte. Schließlich hatte er mir schon früher gedroht, mich zu töten.

Bahman stand auf und ging ein paar Schritte zurück. »Es tut mir so leid. Ich werde nicht tun, was Dad mir aufgetragen hat. Bitte, Bakha, setze dich einen Moment zu mir. Lass uns reden.«

Ich hätte um Hilfe schreien sollen – oder mein Handy schnappen, das sich mit meinem Küchenreiniger im Koffer befand, und Ata oder die Polizei anrufen. Stattdessen kroch ich über den Kies zu Bahman, der mir auf die Bank half. Schwer atmend saß er neben mir, die Nike-Tasche zwischen uns. Ich öffnete sie und fasste hinein. »Verdammt noch mal, Bahman, du hast eine Decke mitgebracht«, sagte ich, als meine Finger den Wollstoff berührten. Mein Kopf drehte sich vor Schmerz und Schock. »Nachdem du mich bewusstlos geschlagen hättest, wolltest du mich tatsächlich erwürgen, in diese Decke wickeln und in den Fluss werfen. Wie konntest du nur? Wie konntest du das deiner achtzehnjährigen Schwester antun? Wie konntest du nur, wie konntest du nur?« Meine Stimme löste sich in Tränen auf. Ich konnte nicht begreifen, was vor sich ging.

»Es tut mir leid, Bakha. Dad hat mir zweieinhalbtausend Pfund gegeben, um dich ›fertigzumachen‹. Denk doch einmal daran, was du dieser Familie antust. Du solltest nach Hause kommen.« Mit dieser Ansage zog Bahman etwas aus seiner Tasche.

Jetzt konnte ich nur noch verschwommene Bewegungen wahrnehmen. So hatten die Zeichentrickfilme immer ausgesehen, wenn das Bild auf dem Schwarz-Weiß-Fernseher im Iran gestört war. Neben mir hörte ich Papier rascheln. Bahman war dabei, Geldscheine zu zählen. Mir fehlten die Worte. »Hier, nimm das!«, sagte er und reichte mir ein dünnes Bündel Geldscheine. »Das sind etwa 250 Pfund für dich.«

Ich nahm das Geld und zerknüllte es in meiner zitternden Hand. »Bitte«, sagte ich mit blutverschmiertem Gesicht, »kannst du Dad nicht einfach sagen, dass du mich umgebracht hast?«

»Glaub mir, Bakha, das würde ich gern tun«, stieß Bahman unter Schluchzen aus. »Aber ich kann Dad nicht anlügen – er würde es irgendwann herausfinden.« Er sah mich an, und seine Tränen glitzerten in der orangefarbenen Straßenlaterne. »Ruf ein Taxi und fahr direkt nach Hause. Ruf bloß nicht deinen Freund an, ruf nicht ...«

»Er ist nicht mein Freund«, sagte ich schnell.

»Ich bin doch nicht blöd, Bakha, ich weiß, dass Ata dein Freund ist ... Ruf nicht die Polizei. Erzähl niemandem, was hier passiert ist. Und geh *nicht* ins Krankenhaus.«

Ich fasste an meinen Kopf; er fühlte sich an wie ein Schwamm. Blut floss aus meiner Wunde.

»Ich habe ein Loch im Kopf«, sagte ich, »aber mach dir keine Sorgen, ich werde niemandem etwas sagen. Ich werde direkt nach Hause gehen, versprochen.«

»Gut. Dann lass uns gehen.« Bahman stand auf, packte seine Hantel ein, und wir gingen den Weg zurück, den wir gekommen waren. Ich konnte kaum noch etwas sehen und trotzdem zog ich diesen verdammten Koffer hinter mir her. Angekommen an der Croydon Road, blieb ich stehen.

»Ich rufe jetzt ein Taxi, du solltest besser gehen«, sagte ich zu Bahman. »Wegen der Wunde im Kopf. Der Fahrer wird wissen, dass du mich angegriffen hast, wenn er dich sieht.«

»Okay«, sagte Bahman und hob die Tasche mit der geplanten Mordwaffe auf seine Schulter. »Aber kein Wort zu niemandem, Bakha. Versprichst du mir das?«

»Kein Wort, ich verspreche es.«

Ich sah meinem Bruder nach, bis er in der Nacht verschwunden war, dann rief ich Ata an.

»Komm und hol mich, verdammt noch mal«, schluchzte ich. »Mein verdammter Bruder hat gerade versucht, mich umzubringen.«

Kapitel siebzehn

Was können sie für mich tun?

Atas Stimme klang wie eine wütende Lautsprecheransage in meinem Ohr. »Ich werde ihn umbringen. Den schnappe ich mir. Tony fucking Montana, ich schlage *ihm* den Schädel ein.«

»Nein, bitte tu das nicht. Er würde dich töten – und dann würde er es noch einmal bei mir versuchen. Ich blute ziemlich stark. Hol mich einfach ab und bring mich ins Krankenhaus. Ich bin direkt neben dem Pub. Bitte, Ata!« Ich lehnte mich gegen einen Zaun am Straßenrand neben dem Ravensbury, vor lauter Übelkeit drehte sich mir alles. Ein scharfer Schmerz stach in meine Augen und meinen Kopf, und mein blutgetränktes Haar klebte wie nasser Seetang an meinem Kopf. Vater hatte meinen Bruder dafür bezahlt, mich zu töten, so hatte Bahman es dargestellt. Zweihundertfünfzig Pfund von diesem Blutgeld steckten in der Tasche meiner Jeans. Ich wusste nicht, wie viel die Hantel wog, aber sie hatte sich angefühlt wie ein Felsbrocken, der auf meinen Kopf krachte. *Wie kommt es, dass ich nicht tot bin?*

»Ich bin auf dem Weg«, sagte Ata.

Ich weinte, als die Schwester im Krankenhaus meinen Kopf um die Wunde herum rasierte, die mit dreizehn Stichen genäht werden musste. »Sie behaupten also, Sie wären auf der Straße gestürzt?«, sagte sie und zog ihre Handschuhe an.

»Wird mein Haar wieder nachwachsen?«, fragte ich durch weitere Tränen zurück. Ich weinte und weinte, tagelang, wochen- und monatelang, ja jahrelang. Bei Gott, ich wollte so gern die Wahrheit sagen, aber ich war völlig verängstigt – und psychisch schwer geschädigt. Würde Bahman noch einmal versuchen, mich zu töten? Mein Bruder wusste sogar über meine Beziehung mit Ata Bescheid; wenn Dad und Ari und andere Anführer in der Community von uns wussten, waren sie bestimmt längst dabei, einen Plan zu schmieden, um Ata und mich zu töten. In ihren Augen beging ich die unehrenhafteste, unverzeihlichste Tat – ich hatte mich in einen Mann verliebt, den sie nicht für mich ausgesucht hatten. Einen Mann, der nicht einmal dem Mirawaldy-Stamm angehörte. Das ist eine Handlung, auf die in unserer Gemeinschaft die Todesstrafe steht.

Ich wollte mir gar nicht ausmalen, wie Dad reagieren würde, wenn Bahman ihm sagte, dass es ihm nicht gelungen war, mich zu töten. Oder würde Bahman lügen und Dad erzählen, dass er mich in die Decke eingewickelt und meinen toten Körper in den Fluss geworfen hatte? Ein Teil von mir wünschte sich, dass Bahman genau das täte – dann könnte ich wenigstens mein Leben leben, ohne täglich fürchten zu müssen, ermordet zu werden.

»Ja, Bekhal, machen Sie sich keine Sorgen, das wächst nach. Nun, sind Sie sicher, dass Sie das nicht der Polizei melden wollen?«

Ich zuckte zusammen, als das Rasiermesser über meine Kopfhaut fuhr. »Nein, alles in Ordnung.«

Ich sah aus wie eine Verbrecherin mit meinem teilrasierten Kopf und der starren Narbe, aber das emotionale Trauma infolge von Bahmans Angriff setzte mir schlimmer zu als meine körperlichen Verletzungen. Mein Bruder bombardierte mich mit Anrufen. Meistens ignorierte ich sie, aber einmal, als ich mit Ata zu Hause war, ging ich doch ans Telefon. »Nein, keine Sorge, ich bin nicht zur Polizei gegangen und werde es auch nicht tun. Aber wenn du dich mir jemals wieder näherst, bringe ich dich um.«

An dieser Stelle riss mir Ata das Telefon aus der Hand und schrie in den Hörer. »Hör mir mal zu. Wenn du ihr noch einmal zu nahe kommst, mache ich dich fertig … Tony fucking Montana.« Dann lachte er bitter über Bahmans lächerlichen Spitznamen.

Als ich Leyla von Bahmans Angriff und seinen Behauptungen erzählte, mein Vater habe ihn dafür bezahlt, mich zu töten, drängte sie mich, zur Polizei zu gehen. »Was, wenn er (Bahman) es noch einmal versucht?«, sagte sie und sprach damit meine größte Angst aus. »Wenn die Polizei Bescheid weiß, kann sie wenigstens ermitteln. Und vielleicht schreckt es deinen Vater und deinen Bruder ab. Die Polizei ist da, um dich zu beschützen, Becky.«

»Aber du kennst meine Familie nicht«, sagte ich und weinte wieder. »Sie werden mich töten. Das nächste Mal werden sie mich umbringen.« Wie konnte ich denn zur Polizei gehen? Wenn ich die Attacke melden würde und der Fall vor Gericht käme, müsste ich meinem Bruder erneut gegenübertreten. Und wer weiß, ob ich nicht vorher umgebracht werden würde?

Einige Monate nach dem Angriff brachte ich schließlich doch den Mut auf, in eine Polizeistation zu gehen und zu sagen: »Mein Vater hat meinem Bruder Geld gegeben, damit er mich umbringt. Mein Bruder hat mir mit einer Hantel den Kopf eingeschlagen. Ich glaube, mein Leben ist in Gefahr.«

Zwei Polizisten befragten mich, aber um ehrlich zu sein, schienen sie nicht besonders interessiert an meinem Bericht. Ich zeigte ihnen meine Wunde, die aussah wie die Schiene einer Modelleisenbahn, die durch stacheliges braunes Gras verlief. Die Polizisten befanden es nicht für nötig, die Verletzung zu fotografieren, und am Ende des Gesprächs sagten mir die beiden Beamten sinngemäß, dass hier meine Aussage gegen die von Bahman stehe. »Wenn wir in dieser Angelegenheit weiter tätig werden sollen, brauchen wir Beweise. Sie sollten sich ansehen, ob das Gebiet videoüberwacht ist. Wenn Sie entsprechende Aufzeichnungen finden, melden Sie sich auf jeden Fall bei uns, und wir prüfen das dann.«

Ich fand, das war eine merkwürdige Aussage. War es nicht die Aufgabe der Polizei, meiner Anzeige nachzugehen? Um ehrlich zu sein, habe ich ihren Vorschlag damals allerdings nicht infrage gestellt. Wie eine Idiotin ging ich zum Ravensbury und fragte den Pubbesitzer, ob ich die Überwachungsvideos von vor drei Monaten sehen konnte. »Tut mir leid«, sagte dieser, »wir löschen unsere Bänder nach einem Monat. Ich kann Ihnen leider nicht helfen.«

Ich fragte sogar beim Zentrum für Erwachsenenbildung nach, das sich in dem Cottage an dem Pfad befand, wo Bahman mich angegriffen hatte. Aber auch dieses besaß keine Aufzeichnungen. Ich hatte keine Beweise. Fertig. Wieder einmal hatte der »Evil Punisher« gewonnen.

Mein Leben war wie eine Partie Russisch Roulette. Im Ernst, an den meisten Tagen fragte ich mich: *Wird heute der Tag sein, an dem sie mich töten?* Ich konnte den Klauen der bösartigen Männer in meiner Familie und in der Community nicht entkommen. Noch immer erhielt ich Drohanrufe und -nachrichten. Manchmal sprach der Anrufer kein Wort. Einmal fing mich mein Cousin Dana ab, als ich den Friseursalon in Mitcham verließ. Ich wohnte damals nicht in Mitcham, aber das war der einzige Salon, den ich mir leisten konnte. Dana wartete vor dem Laden auf mich, ein schlaksiger Kerl in einer Hose mit hoher Taille und einer Jacke, deren Ärmel ihm zu kurz waren. Er stellte sich dicht vor mich hin, dann ging er rückwärts vor mir her. »Wo bist du gewesen? Deine Mutter und dein Vater haben nach dir gesucht. Geh nach Hause und beende diese Schande sofort, Qehpik.«

»Mein Leben geht dich nichts an«, gab ich zurück. »Du gehörst nicht zu meiner Familie.« Dann zog ich meine Kapuze über und rannte los. Dana – ich hasste diese männliche Hure. Und woher wusste er, dass ich beim Friseur sein würde? Ich wurde verfolgt, natürlich.

Mehr als drei Jahre, nachdem Bahman mich angegriffen hatte, blickte ich immer noch jedes Mal, wenn ich das Haus verließ, über meine Schulter. Ich hatte mich schon fast daran gewöhnt, in einem Albtraum gefangen zu sein.

Trotz der ständigen Angst musste ich irgendwie mein Leben leben, auch wenn das bedeutete, mich von meiner gesamten Familie zu entfremden, einschließlich meiner jüngeren Schwestern, die ich so sehr liebte. Es verging nicht ein Tag, an dem ich nicht an meine Schwestern dachte. Ich betete für sie. »Bitte, Gott, bitte lass nicht zu, dass meine Schwestern Opfer unserer brutalen Kultur werden. Bitte beschütze sie und lass sie ein glückliches Leben führen«, flehte ich.

Ich flüchtete mich in Tagträume von der Vergangenheit. So wurde ich wieder zu dem Baby, das auf dem Campus der Universität von Sulaimaniyya arabische Süßigkeiten isst, meine Eltern wie eine große, undeutliche Gestalt in der Sonne, die »Bakha, Bakha, hallo, meine Kleine« singt. Oder ich atmete den Geruch meines nelkenbestückten Apfels ein und stellte mir vor, ich säße auf Dads Knien in unserem Lehmhaus im Irak und spielte mit seinem Schnurrbart. In manchen Nächten kicherte ich im Bett vor mich hin, wenn mir eine Erinnerung in den Kopf kam, wie Banaz und ich mit Handschattenpuppen spielten. Ich dachte an Banaz, wie sie in meinem Schlafzimmer in der Morden Road auf dem Boden saß, ihr Gesicht leuchtend vor Hoffnung, als sie von ihrem Wunsch nach Xushawistyto (Liebe und Zuneigung) sprach. *Ich möchte einen Mann heiraten, den ich liebe und der mich auch liebt. Xushawistyto. Die Art von Liebe, von der Ibrahim Tatlises singt.* Diese Worte gingen mir immer wieder durch den Kopf, bis Amber mich im Mai 2005 anrief und mir die Nachricht von Banaz und Payzees arrangierten Ehen überbrachte.

Ich gebe zu, ich habe meine Freundin angeschnauzt, als sie mir das erste Mal von meinen Schwestern erzählte. Ich hatte im Laufe des letzten Jahres unzählige Male versucht sie anzurufen, aber sie hatten nie abgenommen oder zurückgerufen.

Amber zufolge hatte die Hochzeit von Banaz im März 2003 stattgefunden und Payzee hatte ihren Mann Tekan sechs Monate später geheiratet. »Warum zum Teufel hast du mir das nicht früher gesagt, Amber?«, rief ich. »Meine kleinen Schwestern wurden zu Kinderehen gezwungen – dachtest du nicht, ich würde das wissen wollen?« Ich tobte. Natürlich hatte ich lange gehofft, dass Banaz oder Payzee eines Tages auf meinem Handy anrufen würden. Jetzt wusste ich, warum sie es nicht getan hatten. Wenn ihre Ehemänner herausgefunden hätten, dass sie mit mir in Kontakt standen, hätten Banaz und Payzee ernsthafte Probleme bekommen; wir sprechen hier von »Schande« und »Unehre«.

»Es tut mir leid, Becky«, erklärte Amber, »aber ich wusste bis vor wenigen Tagen, als ich Banaz traf, nichts von den Ehen. Ich möchte am Telefon nicht zu viel sagen, aber Banaz berichtete, dass ihr Mann sie misshandele. Ich mache mir Sorgen um sie, Becky. Sie will dich sehen. Wenn du willst, kann ich das arrangieren, aber du musst vorsichtig sein.«

Tränen liefen über mein Gesicht. »Oh, mein Gott, ja bitte. Es tut mir leid. Ich muss sie sehen. Ich muss meine Nazca sehen. Das ist alles meine Schuld, Amber.«

An jenem strahlenden Mai-Nachmittag fuhr ich nach Lewisham und hatte nur ein Ziel vor Augen: Banaz von dort wegzuholen. Und als Banaz mir in ihren eigenen Worten erzählte, wie Binar sie schlug und sie »wie einen Handschuh oder Schuh« behandelte, den er »benutzen« konnte, »wann immer es ihm passt«, wollte ich nichts in der Welt mehr, als sie aus dieser Wohnung und ihrem tragischen Leben herauszuholen. Denn niemand hatte Xushawistyto mehr verdient als unsere zarte, fürsorgliche, sanftmütige Nazca.

Während unseres Gesprächs in ihrem Badezimmer erzählte mir Banaz, dass auch Kejal in einer arrangierten Ehe lebe und in Sheffield bei der Familie ihres Mannes wohne, wie es in unserer Kultur oft üblich ist. »Kejal scheint zufrieden zu sein mit ihrer Situation«, meinte Banaz.

»Und was ist mit dem Ehemann von Payzee, wie ist er?« Was war das nur für eine Frage? Payzee war gerade dreizehn geworden, als ich sie das letzte Mal gesehen hatte. Nun war sie noch nicht einmal achtzehn Jahre alt.

»Er ist ganz okay. Zumindest ist er ganz anders als mein Mann. Payzees Ehemann schlägt sie nicht. Aber ich kann nichts gegen Binar unternehmen. Wenn ich ihn abwehre, schlägt er mich. Oder er ruft Dad an und sagt ihm, ich sei respektlos und erfülle die Pflichten einer Ehefrau nicht. Dann sagt Dad, ich müsse mich mehr bemühen und eine bessere Ehefrau sein.«

Bevor Banaz und ich zum Laden gingen, gab sie mir ihre Handynummer. »Wenn ich nicht antworte, liegt es daran, dass Binar in der Nähe ist. Er lässt mich nicht mit meinen Freunden telefonieren, ich kann sie nur sehen, wenn er unterwegs oder bei der Arbeit ist. Ein paar Mal hat Binar mein Telefon zertrümmert, weil er dachte, ich hätte mit Freunden telefoniert.«

Ich speicherte Banaz' Nummer in meinem Telefon unter »Nazca«, hoffte aber insgeheim immer noch, ich könnte sie dazu bringen, ihren Ehemann zu verlassen. Leider hatte ich damit keinen Erfolg. Und als ich sah, wie Banaz zu ihrer Wohnung und zu dem barbarischen Leben, das sie mir geschildert hatte, zurücklief, zerriss es mich buchstäblich. Banaz musste zu Hause sein, bevor ihr Mann zurückkehrte, sonst würde er sie schlagen, hatte sie gesagt.

Glauben Sie mir, ich wollte Banaz an diesem Tag nicht gehen lassen. Als ich in den Bus stieg, fühlte ich mich, als hätte ich sie verraten. Ich saß auf dem Oberdeck, die Kapuze bedeckte meine tränenüberströmten Augen, und dachte: *Ich hätte mehr tun sollen. Ich hätte mehr tun* können, *um Banaz zu helfen. Warum habe ich sie nicht mit mir in den Bus gezerrt?* Wieder und wieder ging ich in Gedanken das Gespräch durch, das Banaz und ich hinter dem Buswartehäuschen geführt hatten, und erinnerte mich, wie ihre langen Wimpern im Sonnenlicht vor Tränen glitzerten.

Kann ich dich wiedersehen, Bakha?
Ich hoffe es, lass es uns versuchen.
Ich liebe dich, Bakha. Leb wohl, meine Liebste.

Meine Lebensumstände hatten sich in den letzten Jahren verändert. Ata und ich hatten uns 2003 getrennt, aber wir blieben Freunde und ich arbeitete weiterhin gelegentlich im Friseursalon seiner Schwester. Ich hatte einen neuen Partner, den ich Imran nennen werde, einen Marokkaner, und lebte in einem B&B in Südlondon. Die Stadtverwaltung hatte mich in dieser vorübergehenden Unterkunft untergebracht, bis sie eine richtige Wohnung für mich finden würde, was sich als langwieriger, frustrierender Prozess erwies.

Jeden Tag ging ich zum Wohnungsamt und bat verzweifelt um einen Umzug in eine andere Wohnung. Ich fühlte mich in dem B&B nicht sicher, denn ich hatte kurdische Männer davor herumlungern gesehen, die mich beobachteten. Wie schon gesagt: Jede wache Stunde in meinem Leben verbrachte ich damit, über meine Schulter zu schauen.

Ich konnte nicht aufhören, an Banaz – und Payzee – zu denken und daran, wie Dad sie gezwungen hatte, diese Männer zu heiraten, die, wie ich glaubte, Cousins zweiten Grades von uns Mädchen waren. Beide Ehemänner waren einige Jahre älter als meine Schwestern, aber bei arrangierten Ehen spielt das Alter der Männer keine Rolle. Ernsthaft, wenn ein Mädchen mit zwanzig noch nicht verheiratet ist, wird ihr Vater sie auch einem Mann zur Frau geben, der kurz davor ist, seinen letzten Atemzug zu tun. Ich habe so etwas schon erlebt.

Der zeremonielle Schwachsinn, der in meiner Kultur mit arrangierten Ehen verbunden ist, ist für Frauen entwürdigend. So muss die Braut in der Hochzeitsnacht ihrem Ehemann und ihren Schwiegereltern beweisen, dass sie noch Jungfrau ist. Braut und Bräutigam haben also Sex auf einem sauberen weißen Laken, während im Nebenzimmer die Eltern des Mannes auf das Ergebnis warten. Und wehe, es ist kein Blut auf dem Laken. Es ist widerwärtig.

Im Laufe des Sommers versuchte ich immer wieder, Banaz zu erreichen, aber ihr Handy war oft ausgeschaltet oder sie ging nicht dran. Auf ihrem Anrufbeantworter ertönte derselbe Klingelton eines weinenden Babys wie damals, als ihr Ehemann angerufen hatte. Süße Banaz, sie konnte es kaum erwarten, Mutter zu werden. Im Oktober erfuhr ich dann, dass ich mit Imrans Kind schwanger war. Ich freute mich sehr, denn wie Banaz wünschte auch ich mir viele Kinder.

Aber ich musste nun noch wachsamer sein. Sollte Dad von meiner Beziehung und meiner Schwangerschaft erfahren, würde er mich und mein ungeborenes Kind ohne Zögern oder Reue töten lassen.

Während ich die Neuigkeit meiner Schwangerschaft verarbeitete, ging Banaz, ohne dass ich etwas davon mitbekam, mutig zur Polizei und erstattete gegen ihren Ex-Mann Anzeige wegen Vergewaltigung und Missbrauch. Offenbar – und auch das sollte ich erst Monate später erfahren – hatte sich Banaz endlich von Binar scheiden lassen und war wieder in die Morden Road 225 eingezogen.

Später sah ich eine Aufzeichnung von Banaz' Vernehmung bei der Polizei, die am 5. Oktober 2005 um 14.15 Uhr stattfand. Darin berichtet Banaz, starr vor Angst, unter anderem davon, wie kurdische Männer sie verfolgt hatten. »Sie folgen mir auch jetzt noch, Leute von der väterlichen Seite meiner Familie. Deshalb bin ich hierher zur Polizei gekommen. Wenn mir etwas zustoßen sollte, dann waren es diese Menschen.«

Gegen Ende des Gesprächs fragt die Polizistin Banaz: »Gibt es noch etwas, das Sie mich fragen möchten?«

Und meine geliebte Schwester, ihr Notizbuch mit Beweisen in den Händen – ein Tagebuch, in dem sie alle Missbrauchsvorfälle, Autokennzeichen, Adressen und Telefonnummern festgehalten hatte, die der Polizei helfen könnten –, sah die Beamtin mit ihren großen, angstvollen Augen an und sagte: »Jetzt, wo ich diese Aussage gemacht habe, was können Sie für mich tun?«

Dies sollte nicht das einzige Mal sein, dass Banaz der Polizei ihre Befürchtungen meldete.

Ich weiß nun, dass Banaz und ich gleichzeitig von männlichen Mitgliedern unserer Familie verfolgt wurden. Hätte ich das nur damals schon geahnt. Der Oktober ging in den November über, dann in den Dezember, und ich rief weiterhin Banaz' Telefon an und hörte jedes Mal die eindringlichen Schreie eines nicht existierenden Babys. Auch Amber reagierte nicht auf meine Anrufe. Ich hoffte, dass dieses Schweigen bedeutete, dass es Banaz gut ging, denn ich war mir sicher, dass Amber mich kontaktiert hätte, wenn, Gott bewahre, meiner Schwester etwas zugestoßen wäre.

Eines frühen Abends, einige Tage vor Weihnachten, fand ich mich im Imbiss gegenüber der Wohnungsverwaltung wieder und schluchzte in eine Schüssel Salat. Wieder einmal war ich von 8.30 Uhr bis 17.00 Uhr in den Räumen der Stadtverwaltung gesessen, mit meiner Wartenummer, meinem Koffer und meiner Decke, in der Hoffnung, endlich mit einem Zuständigen über meine Wohnsituation sprechen zu können. Ich wartete und wartete, doch das Verwaltungsbüro schloss, bevor meine Nummer aufgerufen wurde. »Wir haben über die Feiertage geschlossen, Sie sollten im neuen Jahr wiederkommen«, hatte mir eine Mitarbeiterin geraten. Aus den Lautsprechern an der Wand über mir gurgelte *Fairytale of New York* von den Pogues, während ich mich über mein Essen beugte und meine Stirn mit den Händen abschirmte. Meine Tränen formten Pfützen auf dem Tisch und tropften in die Salatschüssel, wo sie den Berg von Krautsalat verdünnten, nach dem es mich den ganzen Tag gelüstet hatte. Jetzt, gebeutelt von Schwangerschaftshormonen und Verzweiflung, brachte ich keinen Bissen hinunter. Ein Radio-DJ begann über die

Abschlusstakte des Pogues-Song hinweg zu sprechen, seine Stimme voll erwartungsvoller Festtagsstimmung. Ich knetete meine Augen mit den Handballen. *Reiß dich zusammen, Becky.* Dann übertönte eine weitere Stimme die des DJs.

»Hey, Bekhal khan (Bekhal, Madam), ist alles in Ordnung?«

Mein Herz fing an zu rasen. Als ich aufblickte, sah ich einem kurdischen Mann ins Gesicht, den ich schon einmal gesehen hatte. Er hatte ein dünnes, öliges Gesicht, das von einer plastikartigen Tolle gekrönt wurde.

»Hey, Bekhal khan, nicht weinen, nicht traurig sein.« Er setzte sich mir gegenüber und lehnte sich über den Tisch.

Ich schob mich in meinem Stuhl zurück. »Wer sind Sie?«

»Ich bin Elend«, sagte er. »Und du bist Bekhal, Payzees Schwester.«

»Nein, das ist nicht mein Name. Ich weiß nicht, wovon Sie reden – ich muss los«, sagte ich und als ich mich auf meinem Stuhl umdrehte, um meinen Koffer zu packen, kam ein anderer Mann auf den Tisch zu und setzte sich neben Elend.

»Hallo, Bekhal khan«, sagte der zweite Mann, »ich bin Tekan, der Ehemann deiner Schwester Payzee.« Warmer Speichel füllte meinen Mund, als ich versuchte, den Anblick der beiden Kurden zu verarbeiten. Ich erkannte Elend; er war einer der Männer, die ich vor meinem B&B hatte herumlungern sehen. Tekan lächelte. Mit seiner Mönchsglatze sah er alt genug aus, um Payzees Vater zu sein. »Elend ist mein Neffe«, fuhr er fort. »Payzee hat uns von deinen Problemen erzählt und wir wollen dir helfen. Warum kommst du nicht in unsere Wohnung und wir unterhalten uns? Wir sind auch deine Familie – und Payzee würde sich freuen, dich zu sehen. Möchtest du deine Schwester nicht auch gern treffen?« O Gott, Tekans tiefe, sirupartige Stimme ließ das Blut in meinen Adern gefrieren. Mir war klar, das war eine Falle. Niemals würde Payzee ihren Ehemann schicken, um mich zu retten.

»Nicht weinen, Bekhal khan«, wiederholte Elend, »wir versuchen nur …«

»Ich heiße nicht Bekhal.« Ich setzte meinen besten Südlondoner Akzent auf und bemühte mich, gelassen zu wirken, als ich aufstand, meinen Koffer nahm und zur Tür ging. Draußen angekommen, rutschte und stolperte ich mit meinem Koffer über vereiste Bürgersteige, bis ich das nahe gelegene Stadtzentrum erreichte, wo ich ein Taxi zur Wohnung einer Freundin nahm, die in einer anderen Gegend lebte. Ich konnte es nicht riskieren, heute Abend ins B&B zurückzukehren.

Im neuen Jahr bot mir die Stadtverwaltung schließlich eine Wohnung in einem anderen Stadtteil von London an. Am 24. Januar 2006 zog ich in meine neue Zwei-Zimmer-Bleibe im sechsten Stock, ohne zu ahnen, welche dramatische Bedeutung dieses Datum künftig haben würde. Obwohl ich mich über mein neues Zuhause freute, fühlte sich irgendetwas dort nicht ganz richtig an. Ich konnte nicht genau sagen, was es war. Vielleicht lag es an meiner Paranoia oder an den Schwangerschaftssymptomen, aber immer wieder einmal wurde es in der Wohnung bitterkalt und ich zitterte ein paar Sekunden lang am ganzen Körper. Es fühlte sich irgendwie gespenstisch an.

Drei Tage später, gegen 8 Uhr morgens, weckte ein lautes Klopfen an der Tür mich und meinen neuen Freund Marcus. (Imran hatte mich verlassen, kurz nachdem wir erfahren hatten, dass ich schwanger war.) Ich warf meinen Morgenmantel über, während das Klopfen noch eindringlicher wurde. Ich rief vom Flur aus: »Wer ist da?«

»Polizei«, antwortete eine Männerstimme. »Bitte machen Sie die Tür auf.« Durch den Türspion konnte ich einen Mann im Anzug und zwei Frauen erkennen. Ich löste die Sperrkette, öffnete die Tür, und die drei betraten meine Wohnung, nachdem sie ihre Ausweise vorgezeigt hatten.

»Ich bin DS Andy Craig«, sagte der Mann. »Sind Sie Bekhal Mahmod?«

»Ja, warum? Was ist los, warum sind Sie hier?«, fragte ich und verschränkte meine Arme über meinem kleinen Babybauch.

Eine der Frauen, die sich als »Sarah Raymond, Opferbetreuungsbeauftragte« vorstellte, tauschte mit ihren Kollegen besorgte Blicke aus. »Ihre Schwester, Banaz Mahmod, ist als vermisst gemeldet worden. Es tut mir leid, aber wir müssen Ihre Wohnung durchsuchen.«

»Vermisst?« Nadelstiche kribbelten in meinem Gesicht. Ich wusste nicht, was ich als Nächstes sagen sollte.

»Becky, was zum Teufel ist hier los?«, erklang Marcus' Stimme.

»Wer ist da drin?«, fragte der Polizist und nickte in Richtung des Schlafzimmers. »Gibt es in der Wohnung irgendwelche Waffen? Versteckt sich Banaz hier?«

»Mein Freund schläft da drin«, sagte ich. »Warum sollte ich Waffen haben? Wo ist Banaz? Wer hat sie als vermisst gemeldet?« Weitere Fragen sprudelten aus mir heraus, während die Beamten eilig meine kleine Wohnung durchsuchten und Schränke und Schubladen durchwühlten. Sie schauten unter mein Bett, durchsuchten das Badezimmer und sahen sogar auf den kleinen Balkon neben dem Wohnzimmer. Nachdem sie sich davon überzeugt hatten, dass Banaz sich nicht in meiner Wohnung versteckte, berichteten Andy, Sarah und die zweite Frau, Keilly Jones, was sie über Banaz' Verschwinden wussten.

Ich muss sagen, nach der anfänglichen Aufregung hätten die drei Beamten freundlicher nicht sein können. Vor allem Sarah hatte eine mütterliche Ausstrahlung, die mich sofort beruhigte. Sie sagte, seit dem 23. Januar habe niemand Banaz gesehen oder von ihr gehört. Banaz habe weder Kleidung zum Wechseln noch ihren Pass mitgenommen und seit ihrem Verschwinden keinen Cent von ihrem Bankkonto abgehoben, erklärte Sarah. Als ich fragte, ob meine Eltern Banaz als vermisst gemeldet hätten, schüttelte Sarah den Kopf.

»Wer hat es dann gemeldet? Ihr Ehemann? Meine Schwestern?«

»Wir können zum jetzigen Zeitpunkt nicht mehr sagen«, warf Andy ein. »Unsere Ermittlungen sind noch am Anfang, aber wir werden Sie auf dem Laufenden halten. Wann haben Sie denn Banaz das letzte Mal gesehen oder mit ihr gesprochen, Bekhal?«

Ich blickte an die Decke und fing wieder an zu weinen. »Ich habe sie zuletzt im Mai in ihrer Wohnung gesehen. Sie wusch die Kleider ihres Mannes in der Badewanne«, begann ich. Marcus kam ein paar Mal ins Zimmer und schaute mich an, als wollte er sagen: »Was soll das ganze Drama?«

Ich erzählte den Beamten von der kurdischen Kultur und erklärte, wie ich von zu Hause weggelaufen war, um den schrecklichen Schlägen meines Vaters und einer arrangierten Ehe mit meinem Cousin zu entkommen. »Mein Vater schlug mich und nannte mich eine Hure, weil ich Leggings trug oder mir die Augenbrauen zupfte.« Keilly und Sarah sahen ungläubig von ihren Notizbüchern auf. »Die Männer können in unserer Kultur machen, was sie wollen, aber wenn eine Frau auch nur ihre Meinung äußert oder den Familiennamen ›entehrt‹, wird sie bestraft.« Erneut stellte ich den Polizisten Fragen: »Wurde schon jemand verhaftet?« – »Haben Sie mit meinen Eltern oder Geschwistern gesprochen?« – »Haben Sie den Ehemann von Banaz verhört?«

»Wie ich schon sagte, wir verfolgen verschiedene Spuren, aber ich versichere Ihnen, Bekhal, wir werden alles tun, was wir können«, sagte Andy.

Ich nickte in meinen Schoß und dachte: *Sie verheimlichen mir etwas.*

»Ich verstehe das nicht«, sagte ich. »Banaz ist nicht wie ich. Ich bin in unserer Familie als Unruhestifterin bekannt, aber Banaz ist der sanfteste und freundlichste Mensch, den ich kenne. Wir nennen sie Nazca, was auf Kurdisch »zart« und »schön« bedeutet. Sie würde niemals weglaufen. Das ist einfach nicht ihre Art. Banaz würde nicht wollen, dass sich jemand Sorgen macht. So ist sie nicht. O Gott, wo kann sie nur sein?« Ich wischte mir mit dem Ärmel meines Morgenmantels über die Augen. »Bitte finden Sie meine Schwester, bitte finden Sie sie«, weinte ich.

Sarah legte mir eine Hand auf die Schulter. »Ich verspreche Ihnen, dass wir Banaz finden werden.«

Als die Beamten weg waren, sah ich auf mein Handy und bemerkte drei verpasste Anrufe von Amber. Ich rief sie zurück, und dieses Mal ging sie ran. »Was passiert hier, Amber? Ich habe monatelang versucht, dich anzurufen, und du hast dich nicht zurückgemeldet. Die Polizei war hier. Sie sagten, Banaz sei verschwunden. Weißt du etwas darüber? Sag mir, was du weißt.« Inzwischen sah ich Banaz vor meinem inneren Auge irgendwo in einem Graben oder am Straßenrand liegen. *Vielleicht ist sie von einem Lastwagen angefahren worden und hat sich das Genick oder den Rücken gebrochen – aber in dem Fall würde sie wenigstens wieder gesund werden. Alles wäre okay, solange sie nur nicht tot ist.*

Amber weinte ins Telefon. »Es tut mir leid, Bekhal, ich hatte zu viel Angst, um anzurufen … Es ist so viel Schreckliches passiert … mit Banaz …«

»Sag mir bitte einfach, was los ist, Amber. Ist es ihr Ehemann? Hat er ihr etwas angetan?«

»Okay, aber sag niemandem, dass ich es dir erzählt habe. Bitte, Bekhal, niemand darf wissen, dass du es von mir erfahren hast.«

Die Angst in Ambers Stimme war fast mit Händen zu greifen. »Ich verspreche es«, sagte ich und wiegte mich vor und zurück, in der einen Hand das Telefon, die andere auf meinem schwangeren Bauch, während eine Welle des Grauens über mich kam.

»Banaz hat sich von ihrem Ehemann scheiden lassen, Bekhal. Sie zog zurück zu deinen Eltern. Dann verliebte sie sich in einen anderen Mann, der einer anderen Familie angehörte. Ein netter Iraner namens Rahmat Suleimani. Oh, mein Gott, Bekhal, Banaz und Rahmat sind so verliebt, aber deine Eltern sind gegen ihre Beziehung. Das ist alles, was ich weiß; ich schwöre. Und jetzt ist Banaz verschwunden.«

Ich konnte nicht sprechen.

»Es tut mir leid, Bekhal, wenn ich etwas höre, rufe ich dich an.«

»Bitte tu das«, sagte ich und legte auf.

In dieser Nacht wählte ich mindestens dreißig Mal Banaz' Nummer. Jedes Mal hörte ich nur das weinende Baby des Anrufbeantworters. Ich hinterließ eine Nachricht: »Bitte, Nazca, bitte, geh ran. Bitte lass mich wissen, dass es dir gut geht. Ich liebe dich, Nazca.«

Kapitel achtzehn

Wie konnten sie dir das antun, Nazca?

Während die Polizei Banaz' Verschwinden weiterhin als Vermisstenfall behandelte, glaubte ich, dass meine Schwester noch am Leben war. In meinem Kopf ging ich alle möglichen Szenarien durch. *Vielleicht brauchte sie einfach eine Auszeit? Sie ist im Lake District und beim Wandern in einer abgelegenen Gegend gestürzt? Vielleicht hat sie sich ein Bein gebrochen – oder beide Beine. Und ihr Telefon ist auch kaputt. Vielleicht ist sie mit Rahmat Suleimani aus dem Land geflohen? Banaz hat Xushawistyto gefunden und wird an einem geheimen Ort, weit weg von der kurdischen Gemeinschaft, glücklich sein bis ans Ende ihres Lebens?*

Hoffnung ist ein kraftvolles Gefühl, nicht wahr? Rückblickend wird mir klar, dass ich mich mit meinen Hypothesen an Strohhalme klammerte. Banaz hätte es nicht gewagt, in den Lake District zu fliehen, schon gar nicht, solange sie mit dem »Evil Punisher« unter einem Dach lebte. Sie war gerade in ihr Elternhaus zurückgekehrt, nachdem sie ihren Mann verlassen hatte. Ich wollte mir gar nicht vorstellen, wie Dad und Ari und Banaz' Exmann darauf reagiert hatten, dass sie ihre arrangierte Ehe beendet und sich dann auch noch in einen iranischen Mann verliebt hatte. Wer war dieser Rahmat Suleimani?

In der Nacht, nachdem die Polizei mich über Banaz' Verschwinden informiert hatte, machte ich kein Auge zu.

Ich saß in der Küche und wählte Banaz' Nummer, während der Himmel draußen von Schwarz zu Blau zu Zuckermandelrosa wechselte, dann rief ich Amber an.

Die wollte verständlicherweise zunächst nicht mehr sagen, gab mir dann aber doch ein paar weitere Informationen zu Rahmat. »Ich bin mir ziemlich sicher, dass Banaz ihn bei einer Familienfeier kennengelernt hat«, sagte sie. »Aber ich weiß, dass sie versucht haben, ihre Beziehung geheim zu halten, weil dein Vater nichts von Rahmat hält. Und jetzt … Oh, ich weiß nicht, ob ich das überhaupt sagen soll.«

»Bitte, sag es mir«, drängte ich.

»Nun, ich weiß nicht, ob es stimmt, aber ich habe gehört, dass jemand aus der Community Banaz und Rahmat gefolgt ist und sie fotografiert hat, als sie sich vor der U-Bahn-Station in Morden geküsst haben.«

Oh, Nazca, was haben sie mit dir gemacht? Schnell schob ich den Gedanken wieder weg. Dann überkam mich plötzlich eine Welle von Morgenübelkeit. »Ich muss auflegen«, stotterte ich. Ich schaffte es bis zur Toilette, dann erbrach ich mich heftig.

Später an diesem Tag stand die Polizei wieder vor meiner Tür. Dieses Mal wurden Sarah und Andy – oder Craigy, wie er von seinen Kollegen genannt wurde – von DCI Caroline Goode begleitet, die die Ermittlungen im Auftrag des Dezernats für Mord und andere Schwerverbrechen der Metropolitan Police leitete. Carolines Engagement und ihre Entschlossenheit wurden deutlich, als sie mir versicherte, dass ihr Team alles in seiner Macht Stehende tun würde, um Banaz zu finden. »Wir *werden* sie finden«, sagte sie mehrmals und wiederholte damit Sarahs Versprechen vom Vortag. Sie sagte, die Beamten hätten bereits verschiedene Adressen in London, Birmingham und Sheffield durchsucht, wo Banaz' Exmann Binar mittlerweile lebte. Mehrere Männer seien verhaftet worden, erklärte sie, ohne aber weiter darauf einzugehen.

»Haben Sie meinen Vater oder meinen Onkel Ari verhaftet?«, fragte ich.

»Im Moment können wir nicht sagen, wer verhaftet wurde, aber wir sind dabei, Familienangehörige zu befragen.« Das bestätigte mir, dass die Polizei meinen Vater und Ari tatsächlich verhaftet hatte.

Sarah saß neben mir auf meinem IKEA-Sofa, während Caroline und Craigy von ihren harten Küchenstühlen aus Fragen über Banaz und meine Familie stellten (in meinem kleinen Wohnzimmer hatte nur ein kleines Sofa Platz).

»Ich liebe meine Schwester«, sagte ich, »aber kann sie nicht einmal treffen, weil ich sie damit in Gefahr bringen würde. Wir sind ein echtes Risiko eingegangen, als wir uns im Mai trafen. Banaz war in großer Sorge, dass ihr Mann uns zusammen erwischen würde. Ich habe sie angefleht, mit mir zu kommen und ihren Mann zu verlassen, aber sie hatte zu viel Angst.«

Caroline bestätigte die Beziehung zwischen Banaz und Rahmat Suleimani und erwähnte auch das Foto, auf dem sie sich küssten. Offenbar hatte Rahmat meine Schwester am Morgen des 24. Januar bei der Polizei als vermisst gemeldet, weil sie ihm nicht »wie üblich« eine »liebevolle SMS« geschickt hatte. An diesem Tag hatte Banaz einen Termin auf dem Polizeirevier von Wimbledon wegen einer früheren Anzeige gehabt. Doch Banaz erschien nicht. Als meine Eltern befragt wurden, sagten sie der Polizei, dass Banaz am Morgen des 24. Januar nicht zu Hause gewesen sei, so erfuhr ich später. »Banaz verschwindet öfter einmal«, habe Dad den Ermittlern gesagt. »Sie kann kommen und gehen, wie sie möchte.«

Tränen tropften von meinem Kinn. Was für eine Anzeige hatte Banaz bei der Polizei erstattet? Gott, ich fühlte mich so hilflos. Sarah reichte mir ein Taschentuch. »Lassen Sie sich Zeit, Bekhal. Wir wissen, wie schwierig das sein muss – aber wir sind für Sie da.«

»Ich habe keinen Kontakt zu meiner Familie. Aber nicht, weil ich es nicht möchte. Ich *möchte* meine Schwestern sehen. Ist Ihnen mein Name nicht in Ihren Akten untergekommen? Ich wurde mit einem Polizeiauto aus dem Haus meiner Familie geholt und dann in eine Pflegefamilie gebracht. Der Grund dafür war, dass mein Vater mich schlug und drohte, mich in den Irak zu schicken, um meinen Cousin zu heiraten – da war ich *fünfzehn*. 2002 ging ich erneut zur Polizei, als mein Bruder mir mit einer Hantel fast den Kopf zerschmetterte. Er sagte, mein Vater habe ihn dafür bezahlt, mich zu töten.« Als ich erst einmal angefangen hatte zu reden, konnte ich nicht mehr aufhören. Ich erzählte Caroline von den kurdischen Männern, die mir gefolgt waren, und von der Todesdrohung, die mein Vater auf die Mailbox und die Kassette gesprochen hatte. »Ich lebe jeden Tag in Angst«, sagte ich, »aber ich werde alles tun, um Ihnen bei der Suche nach Banaz zu helfen.«

»Wir werden sie finden«, sagte Caroline erneut.

Es vergingen Tage, aber von Banaz immer noch keine Spur. Sarah besuchte mich jeden Tag oder rief an. Sie war mir ein großer Trost. Sie hörte mir voller Mitgefühl zu, als ich die grässlichen Details meiner Genitalverstümmelung im Iran und die qualvollen Strafen beschrieb, die ich erdulden musste, weil ich die Zwänge meiner Kultur nicht akzeptieren wollte. Jedes Mal, wenn ich mit Sarah sprach, erinnerte ich mich an einen neuen Vorfall – einen weiteren Anruf, Tekan und Elend, die mich im Imbiss zur Rede gestellt hatten, und Aris Drohung, mich in Asche zu verwandeln. Obwohl ich es damals nicht wahrhaben wollte, hatte ich den Verdacht, dass Ari und Dad eine entscheidende Rolle bei Banaz' Verschwinden gespielt hatten.

Tag und Nacht wählte ich Banaz' Nummer und weinte ins Telefon. »Banaz, wenn du da draußen bist und Angst hast, ruf mich einfach an. Lass mich wissen, dass du okay bist.« Sie hat nie geantwortet. Und je mehr Zeit verging, desto unwahrscheinlicher wurden meine Theorien, dass Banaz sich die Beine oder das Genick gebrochen habe oder an einen geheimen Ort geflogen sei. Ich fragte mich, was meine Mutter der Polizei erzählt hatte. Und Kejal. (Meine ältere Schwester hatte damals in der Morden Road 225 gewohnt und war am Morgen von Banaz' Verschwinden vor Ort gewesen.) Was würde wohl Grandma Zareen von Banaz' Verschwinden halten? Könnte es sein, dass Banaz am Leben war und irgendwo gegen ihren Willen festgehalten wurde? Caroline sagte, dass ihr Team diese Theorie in Betracht gezogen habe, was erklären würde, warum Banaz auf Anrufe und Textnachrichten nicht reagierte. Zu diesem Zeitpunkt klammerte ich mich an jeden noch so kleinen Hoffnungsschimmer, dass Banaz noch am Leben war, so düster die Umstände auch waren.

Doch im Februar erhielt ich die erschütternde Nachricht, dass ein 29-jähriger Kurde, Mohamad Marid Hama, des Mordes an Banaz angeklagt worden sei. Presseberichten zufolge behandelte die Polizei den Tod meiner Schwester als »möglichen Ehrenmord«. Die Polizei hatte acht weitere Männer verhaftet, mein Vater und Ari waren jedoch auf Kaution freigekommen. Solange Banaz' Leiche nicht gefunden wurde, weigerte ich mich jedoch zu glauben, dass sie tot war.

Wenn ich auf die darauf folgenden Wochen zurückblicke, weiß ich nicht, wie ich diese Zeit überstanden habe. Unablässig gingen weitere Drohanrufe auf meinem Handy ein. Es waren kurdische Männer – Stimmen, die ich von früheren einschüchternden Anrufen kannte. Einmal hörte ich Aris Stimme: »Bakha, wie geht es dir, meine Liebe?«, sagte er böse kichernd und versuchte, mir Angst einzujagen. Manche Anrufer atmeten nur schwer in den Hörer, sagten aber nichts. Der schrecklichste Anruf kam an einem späten Abend im März, als ich allein in der Wohnung war. »Bekhal, wir verfolgen dich. Du bist die Nächste, die getötet wird. Du wirst dasselbe abbekommen wie Banaz.« Mein ganzer Körper verkrampfte sich. Ich wollte auflegen, aber meine Hände zitterten so sehr, dass ich auf sämtliche Tasten drückte, außer auf die zum Beenden des Gesprächs. Seine Stimme krächzte durch das Mikrofon: »Du bist die Nächste, Bekhal.« Dann ertönten drei Pieptöne. Er hatte aufgelegt. Ich wiegte meinen Babybauch und heulte auf diese hysterische Weise, bei der es sich anhörte, als würde man lachen. Jeder zittrige Atemzug war erfüllt von Trauer und Schock und unermesslicher Angst.

Was haben sie mit dir gemacht, Nazca?

Meine Tage standen völlig kopf und waren doch alle gleich. Diese Männer hatten meine Telefonnummer. Kannten sie auch meine Adresse? Wenn ja, könnten sie nachts einbrechen und mich im Schlaf ermorden. Da ich es nicht wagte, nachts zu schlafen, legte ich mich nur tagsüber hin, jedoch lediglich für kurze ein- oder zweistündige Nickerchen, die von Albträumen durchzogen waren.

Weitere Morddrohungen folgten. Die Anrufe kamen üblicherweise von unterdrückten Nummern, aber gelegentlich erhielt ich auch Anrufe mit den Vorwahlen von Manchester oder Birmingham. Als ich Sarah von den Anrufen erzählte, brachte das Ermittlungsteam ein Überwachungssystem und eine Alarmanlage in meiner Wohnung an und gab mir ein neues Mobiltelefon, mit dem ich sie anrufen konnte. Doch trotz der neuen Maßnahmen und der Polizeipräsenz fühlte ich mich nicht sicher.

Kurz nachdem ich die Drohung »Du bist die Nächste« erhalten hatte, rief mich Tekan, damals Payzees Ehemann, an. »Bekhal khan«, sagte er, »hier ist Tekan, dein Schwager. Ich finde, wir sollten uns wirklich einmal treffen. Payzee will dich auch sehen. Warum kommst du nicht zu uns in die Wohnung?«

Ich rief: »Nein, lass mich in Ruhe.« Aber ich machte mir Sorgen, dass auch Payzee – und Ashti – in Gefahr sein könnten. Später erfuhr ich, dass die damals dreizehnjährige Ashti auf dem Weg zur und von der Schule von kurdischen Männern verfolgt wurde.

Ende April war mein Babybauch riesig geworden. Sobald ich die Wohnung verließ, versuchte ich, ihn unter einem übergroßen Herrenmantel zu verbergen, aber das wurde immer schwieriger, je mehr mein Baby wuchs. Eines Morgens erhielt ich einen weiteren Anruf, dieses Mal von einer Frau. Ich merkte, dass sie versuchte, ihren kurdischen Akzent zu verbergen. »Hi, Bekhal, hast du dein Baby schon bekommen? Ich wollte nur …« Ich legte hastig auf. Verdammt noch mal, selbst mein ungeborenes Baby wurde von diesen Mistkerlen beobachtet. Mittlerweile war die Zeit gekommen, in der ich längst damit beschäftigt sein sollte, Wimpel aufzuhängen, Babykleidung zu kaufen und mich darauf zu freuen, Mutter zu werden. Stattdessen plagten mich Gedanken wie *Jemand könnte mich töten, bevor ich dieses neue Leben auf die Welt bringen kann.* Caroline und ihr Team suchten in der Zwischenzeit Grundstücke im ganzen Land nach Banaz ab.

Dann, am Sonntagnachmittag des 30. Aprils, kam der Anruf, von dem ich gehofft hatte, ihn nie zu erleben, und damit die Nachricht, die mich emotional mehr erschüttern würde, als es sämtliche Todesdrohungen je gekonnt hätten.

Der Anruf kam von Sarah. Ich war auf meinem kleinen Balkon und schickte gerade eine weitere SMS an Banaz, als Sarahs Name und Nummer auf dem Bildschirm aufleuchteten. Schnell tippte ich auf »Anruf annehmen«.

»Sarah, was gibt's? Haben Sie Neuigkeiten?« Es folgten einige Sekunden der Stille. »Sarah, was ist los?« Ich spürte die Angst in mir aufsteigen, und mein Körper fühlte sich plötzlich an, als sei er aus Federn, Nadeln und Klaviersaiten zusammengesetzt.

»Ich muss Sie sehen, Bekhal.« Sarahs Stimme war noch sanfter als sonst. Ich kannte diesen Tonfall von den Krankenhausärzten aus Fernsehserien, wenn sie vor die Familie des Opfers traten und sagten: »Es tut uns so leid, wir haben alles getan, was wir konnten, aber …«

»Sie haben Banaz gefunden, stimmt's? Sie haben Nazca gefunden.«

»Ich komme jetzt zu Ihnen, Bekhal. Sind Sie zu Hause? Gibt es eine Freundin, die Sie anrufen können? Ich denke, es wäre gut, wenn Sie jemanden an der Seite hätten.«

»Ja, bitte beeilen Sie sich. Könnten Sie mir nicht sagen, worum es geht? Ist Banaz am Leben?«

»Bekhal, lassen Sie mich einfach zu Ihnen kommen. Ich bin in fünf Minuten da.«

Ich rief Savanna an, die in der gleichen Siedlung wohnte. Ich kannte sie zwar erst seit Januar, aber wir waren enge Freundinnen geworden. »Kannst du zu mir kommen, bitte?«, schluchzte ich. »Ich glaube, sie haben meine Schwester gefunden.«

»Ich bin sofort da.«

Ich ließ mein Handy fallen, schob meine Finger durch die sechseckigen Löcher im Maschendrahtzaun über der Balkonbrüstung und schrie meinen Schmerz über ganz London hinweg: »Nein, nein, nein, nein!« Ich rüttelte an dem Zaun, so fest ich konnte, und versuchte, ihn von der Wand zu reißen. »Lasst mich gehen, lasst mich springen, ich will sterben«, schrie ich. »Lasst mich, ich will hier weg.«

In diesen Sekunden wollte ich wirklich springen. Ich war bereit zu sterben. Glücklicherweise hat mich mein Baby gerettet. Instinktiv ließ ich den Zaun los, fasste an meinen Babybauch und wusste plötzlich, dass ich mein Kind auf keinen Fall töten konnte. Ich trat von der Wand zurück und ging ins Wohnzimmer, die Hände auf den Bauch gepresst und schwer atmend. Ich zuckte zusammen, als die Gegensprechanlage summte.

Sarah brauchte kein einziges Wort zu sagen. Ihre feuchten Augen und ihr geneigter Kopf sagten alles. Ich fiel in ihre offenen Arme und schluchzte haltlos an ihrer Schulter. Möglicherweise hatte Sarah an diesem Tag Begleitung von Keilly und einem weiteren Ermittler, aber ich kann es nicht mit Sicherheit sagen. Doch ich erinnere mich, wie ich auf dem schwarz-weiß gepunkteten IKEA-Sofa saß, einen lila Hüpfball umarmte (Savannas Sohn hatte ihn vor einiger Zeit bei mir vergessen) und meine Gebärmutter sich in Vorwehen verkrampfte. Sarah und Savanna saßen neben mir. »Es tut mir unendlich leid, Bekhal«, sagte Sarah, »aber wir haben die Leiche von Banaz gefunden.«

Obwohl ich diesen Satz erwartet hatte, war ich nicht auf ihn gefasst. Ich gab ein Geräusch von mir, das irgendwo zwischen einem Schrei und einem Knurren lag. Meine Kehle zog sich zusammen und schwoll an, als hätte ich einen ganzen Apfel in der Luftröhre stecken. Ich drückte die Hörner des Hüpfballs mit aller Kraft zusammen und presste mein Gesicht fest in das aufgeblasene Ding. Ich wollte all meinen Schmerz, meine Wut und meinen Verlust in dieses elastische Spielzeug entleeren. Ich weinte etwa eine Minute lang in den Hüpfball hinein, den starken, gummiartigen Geruch in meiner Schwangerennase, dann wandte ich mich an Sarah. »Was haben diese Monster mit Nazca gemacht?«, fragte ich.

Sarah wusste nicht, wie Banaz gestorben war, aber sie erzählte mir, wo sie meine geliebte Schwester, die nur anhand von Zahnarztunterlagen identifiziert werden konnte, gefunden hatten. Galle brannte in meiner Kehle, als ich hörte, wie der liebenswürdigste und zarteste Mensch, den ich je gekannt hatte, in Embryonalhaltung in einem Koffer gefunden worden war, der in knapp zwei Metern Tiefe in einem Garten in Birmingham vergraben war. Ein ausgedienter Kühlschrank hatte das Behelfsgrab hinter der Alexandra Road 86 in Handsworth bedeckt.

»Kann ich sie sehen?«, fragte ich. »Ich muss das mit eigenen Augen sehen.«

»Wir haben ein paar Fotos, aber Sie müssen sie nicht ansehen. Das ist ganz Ihnen überlassen«, erklärte Sarah, »aber ich warne Sie, sie sind sehr drastisch und erschütternd.«

»Ich will sie sehen«, sagte ich. »Wenn Sie mir nicht alles erzählen und zeigen, wie soll ich dann trauern?«

Ich weiß, es klingt makaber, aber ich musste mit eigenen Augen sehen, dass diese schreckliche Tragödie geschehen war. Ich musste es wissen, und sei es nur, um es akzeptieren zu können: *Sie wird nicht wiederkommen.* Ich dachte, die Bilder würden mir helfen, mit der Realität umzugehen. Aber sie halfen mir nicht, mich besser zu fühlen. In meinen Ohren dröhnte es wie ein Horrorfilm-Soundtrack, als ich die Seiten des A4-Buches mit Farbfotos umblätterte. Die Polizei schätzte, dass Banaz drei Monate lang in der Erde gelegen hatte. »Sind Sie sicher, dass Sie das nächste Bild sehen wollen?«, fragte Sarah bei jeder Seite.

»Ja. Sie sind die Polizei, aber ich bin die Schwester. Ich bin diejenige, die hofft, dass sie noch lebt oder mit einem gebrochenen Bein oder Rücken gefunden wird, aber … nicht … das … nicht … *so* …« Ich deutete auf das Bild des Koffers in meinem Schoß und brach zusammen. »Lassen Sie mich Nazca sehen«, sagte ich. »Lassen Sie mich sie ein letztes Mal sehen.«

Savanna, Sarah und Keilly kamen mit mir nach Birmingham. Noch als wir mit dem Polizeiauto an der Leichenhalle ankamen, versuchten sie, mich davon abzubringen, mir Banaz' Leiche anzusehen. »Sind Sie sicher, dass Sie das tun wollen?«, fragte Sarah.

»Denk daran, dass du schwanger bist, Bekhal. Das hier bedeutet für dich und das Baby eine Menge Stress«, ergänzte Savanna.

»Bitte«, sagte ich, »lassen Sie mich von meiner Schwester Abschied nehmen.«

Nach drei Stunden Wartezeit, in der die Polizei, die Anwälte und das Personal der Leichenhalle weiter versuchten, mich davon abzubringen, ließ man mich endlich zu Banaz.

Savanna stützte mich am Arm, als wir den kalten Raum betraten. Ich erinnere mich, wie ich mir den Bauch hielt und jemand sagte: »Sie ist gleich da drüben.« Als ich mich umdrehte und Banaz auf dem Tisch sah, hörte ich einige Sekunden lang auf zu atmen. Sie einfach nur zu sehen – ihr Körper, den Gott ihr gegeben hatte, zerstört. *Sie haben sie vernichtet, haben ruiniert, wie sie ausgesehen hat*, dachte ich. Aber ich konnte trotzdem Nazca erkennen. Ich sah ihre hohen Wangenknochen, das Grübchen in ihrem Kinn, ihr Haar. Ich wollte einen Schritt näher herangehen, aber meine Beine gaben nach. Savanna schaffte es, mich zu stabilisieren, und legte ihre Arme um meine bebenden Schultern. »Nazca, mein Baby, meine wunderbare kleine Schwester. Wie konnten sie dir das nur antun, Nazca?«

Ich schloss die Augen und stellte mir Nazcas Gesicht vor, wie ich es gekannt hatte. Ich erinnerte mich an unsere heimlichen Schminkversuche zu Hause und hörte ihre Stimme in meinem Kopf. »Kannst du konturieren? Und ich will diese großen roten Lippen. Oh, jwana, jwana.«

Ich öffnete meine Augen. »Leb wohl, Nazca. Leb wohl, meine Liebste.« Als ich den Raum verließ, spürte ich zum ersten Mal die Tritte meines Babys.

Drei Tage nachdem Banaz' Leiche gefunden worden war, wurde Ari Mahmod des Mordes an ihr angeklagt. Dad wurde am selben Tag verhaftet. »Ihr Vater ist in der Polizeistation Lewisham in Gewahrsam«, sagte Sarah, als wir auf meinem IKEA-Sofa saßen, und reichte mir wieder einmal ein Taschentuch. Mir war übel. Ich wusste die ganze Zeit, dass Dad und Ari in diese Sache verwickelt waren. Meine wunderbare Schwester, die ermordet wurde, weil sie sich verliebt hatte, würde nie die Familie haben, die sie sich so sehr gewünscht hatte. Diese Hurenschweine – darunter auch unser Vater (der zu diesem Zeitpunkt noch nicht angeklagt war) – hatten Banaz' Leben ausgelöscht und ihr abscheuliches Verbrechen als »ehrenhaft« bezeichnet. Wie zum Teufel hatten sie so eine abscheuliche Tat überhaupt in Erwägung ziehen können?

Ich sah Sarah an. »Wissen Sie, Ari, mein Vater, all diese Männer in der Community werden den Mord an Banaz feiern. In diesem Moment feiern Männer auf den Straßen des Irak und klopfen sich gegenseitig auf die Schulter. Das ist kein Scherz. Da sehen Sie, wie krank und kaputt diese Kultur ist.«

»Es tut mir so leid, Bekhal. Ich kann Banaz nicht zurückbringen, aber wir werden weiter kämpfen und Ihrer Schwester Gerechtigkeit widerfahren lassen.«

»Ich weiß«, sagte ich und putzte meine Nase. Eine plötzliche Kälte im Raum, das gleiche eisige Gefühl, das ich beim Einzug in die Wohnung gespürt hatte, ließ mich frösteln. »Ich möchte eine Mutter sein und viele Kinder haben. Oh, und ich will mich immer schminken«, sagte ich laut auf Kurdisch. Ich hatte seit Jahren nicht mehr in meiner Muttersprache gesprochen.

Sarah sah überrascht aus angesichts meines plötzlichen Ausbruchs. »Was heißt das?«

»Ach, nichts«, sagte ich. »Ich habe gerade an Nazca gedacht. Sie wäre eine großartige Mutter gewesen, wissen Sie.«

Mein Vater wurde gegen Kaution freigelassen – und arrangierte anschließend Banaz' Beerdigung, zu der ich nicht gehen konnte. Dieser Mistkerl sagte der Polizei, Banaz würde an der London Central Mosque beigesetzt, und so machten sich Caroline und Sarah auf zum Regent's Park. Auf dem Weg dorthin rief sie der Bestatter an und teilte ihnen mit, dass die Beerdigung nun in der Moschee in Tooting stattfinden würde. Aber stellen Sie sich vor: Der »Evil Punisher« hatte mit der Moschee, die gar keine Leichen annahm, nichts vereinbart. Also ließ Mahmod den Leichenwagen seiner ermordeten Tochter in einer Seitenstraße stehen, während er und die Familie in die Moschee gingen, um zu beten. Das überraschte mich zwar nicht, aber es hat mir dennoch das Herz gebrochen. Schließlich wurde Banaz im muslimischen Viertel auf dem Friedhof in Morden in einem Grab beigesetzt, das nur mit einer Parzellennummer gekennzeichnet war. *Wie konnten sie dir das antun, Nazca?*

Obwohl ich an den meisten Tagen mit den Ermittlern sprach, konnten sie mir keine genauen Informationen über ihre Fortschritte geben. Sie wollten nicht preisgeben, was andere Mitglieder meiner Familie in Interviews gesagt hatten. Ich fragte: »Wie kam sie denn nach Birmingham?« Aber auch das konnten sie mir nicht sagen. Alles, was ich bisher über den Fall wusste, war, dass Banaz ihren Ehemann verlassen hatte, von dem sie (mir) berichtet hatte, er habe sie vergewaltigt und geschlagen, und dass sie sich in Rahmat Suleimani, einen iranischen Kurden, verliebt hatte. Ich wusste auch, dass sie wegen einer früheren Anzeige einen Termin bei der Polizeiwache gehabt hatte. Zu diesem Zeitpunkt hatte ich aber noch nicht geahnt, worum es in der Anzeige ging. Mein Vater hatte die Beziehung von Banaz und Rahmat missbilligt – und nun war Banaz tot. Die Mörder meiner Schwester hatten sie in einem Koffer verrotten lassen, den sie im Garten eines verlassenen Hauses vergraben hatten. Banaz war gerade zwanzig geworden. Sie hatte ihr ganzes Leben noch vor sich gehabt.

Ich wollte Gerechtigkeit, natürlich wollte ich die – und ich würde diesen Kampf bis zum bitteren Ende führen, aber keine noch so große Gerechtigkeit würde Nazca jemals zurückbringen.

Die Ermittler versuchten, in der eng verwobenen, verschwiegenen kurdischen Gemeinschaft Antworten zu finden. Frauen, die viel zu verängstigt waren, um etwas zu sagen, behaupteten, nie von Banaz gehört zu haben. Männer logen und legten den Ermittlern Steine in den Weg. Sie lieferten falsche Alibis, stellten sich hinter die Verdächtigen und bekannten sich zum widerwärtigen Konzept der »Ehre«, deren Wiederherstellung Banaz' Tod in der Gemeinschaft darstellte. Laut Caroline Goode hatten fünfzig Männer mit dem Mord an meiner Schwester zu tun.

Während der gesamten Ermittlungen gingen Caroline, Craigy und DS Stuart Reeves die Namen der Verdächtigen mit mir durch. Kannte ich Mohammed Saleh Ali? »Der Name sagt mir nichts«, erwiderte ich, »aber vielleicht erkenne ich sein Gesicht.« (Wie sich herausstellte, ist Mohammed Saleh Ali mein Cousin.) Omar Hussain? Ja, ich hatte diesen Namen in der Vergangenheit schon einmal gehört, aber auch hier konnte ich dem Namen kein Gesicht zuordnen. Aber als ich gefragt wurde: »Sagt Ihnen der Name Dana Amin etwas?«, begann mein Blut zu kochen. »O ja. Dana ist mein Cousin, bedauerlicherweise. Er sah höhnisch lachend zu, wie ich im Irak fast in einem Fluss ertrank, als ich sechs Jahre alt war. Er weigerte sich, mir zu helfen. Dana ist einer der Kurden, die mich verfolgt und mit Anrufen bedroht haben.« Später stellte sich heraus, dass Dana bei der Beseitigung von Banaz' Leiche geholfen hatte. Mohammed Saleh Ali und Omar Hussain waren in den Irak geflohen.

Hinter den Kulissen schmiedeten Aris Lakaien weiterhin Pläne, mich zu töten. Ich erhielt weitere Anrufe, einige blieben stumm, andere warnten erneut: »Du bist die Nächste.« Ich war wie gelähmt vor Angst, dabei musste ich nun zwei Leben beschützen. Als mein Geburtstermin näher rückte, erlitt ich eine Panikattacke nach der anderen und war überzeugt davon, dass einer – oder mehrere – dieser Anrufer mich umbringen würden, bevor ich es ins Krankenhaus schaffte. Dann, zwei Wochen bevor die Wehen einsetzten, trat eine gute Fee in mein Leben. Man kann es nicht anders sagen.

Dr. Hannana Siddiqui, ein langjähriges Mitglied der *Southall Black Sisters* (SBS), war von der Metropolitan Police hinzugezogen worden, um mich zu unterstützen. Hannana kam eines Morgens mit Sarah zu mir in die Wohnung, und sie war mir auf Anhieb sympathisch. Die kleine, mütterliche Frau mit der beruhigenden Stimme war – und ist – für ihre Kampagnen gegen Gewalt im Namen der Ehre hoch angesehen. Kennen Sie das, wenn ein Mensch genau zum richtigen Zeitpunkt in Ihr Leben tritt? So war es mit Hannana. Und ich weiß, das klingt kindisch, aber ich schwöre, ich sah einen goldenen Heiligenschein über ihrem weichen schwarzen Haar.

Als wir uns zusammensetzten, erinnerte ich mich daran, wie ich SBS kontaktiert hatte, als ich das erste Mal aus der Morden Road 225 geflohen war, und so begann ich meine Geschichte an dieser Stelle zu erzählen. »Als ich fünfzehn war, lief ich von zu Hause weg, weil mein Vater mich schlug und versuchte, mich in eine arrangierte Ehe zu zwingen«, begann ich. Ich redete und weinte viel, aber

Hannana hatte, wie auch Sarah, Taschentücher dabei (diese beiden wunderbaren Frauen hielten immer Taschentücher für mich parat). Hannana verstand es, meine Ängste mit ihrer ruhigen und besonnenen Art zu lindern. Sie war für mich wie eine liebe Tante, die ich mein ganzes Leben lang gekannt hatte. Am liebsten hätte ich Hannana gefragt, ob ich bei ihr wohnen könnte, aber ich wusste, das war nicht erlaubt.

Ich erinnere mich, dass Hannana mich nur wenige Tage nach der Geburt meiner kleinen Tochter anrief, um mir zu gratulieren. »Was für wunderbare Neuigkeiten, du kannst so stolz sein«, sagte sie, und das bedeutete mir extrem viel.

Leider kann ich nicht viel über meine Tochter sagen, außer dass sie unter höchsten Sicherheitsvorkehrungen geboren wurde. Ich nahm einen neuen Namen an und entband in einem abgeschirmten Raum, der von Polizeibeamten bewacht wurde. Sarah kam im Krankenhaus an, als ich in den letzten Presswehen lag. »Ich habe Sie schreien hören, als ich im Aufzug war«, sagte sie.

Als meine Tochter ein paar Minuten alt war, flüsterte ich ihr ins Ohr: »Ich liebe dich von ganzem Herzen und ich möchte, dass du glücklich bist, egal was passiert. Ich möchte, dass du deine eigenen Entscheidungen im Leben triffst, die Welt bereist und mit demjenigen zusammen bist, der dich glücklich macht. Genieße deine Freiheit.« Dann küsste ich ihren Kopf und sprach ein stilles Gebet für ihre Tante Banaz.

Ein Wirrwarr an Gefühlen durchströmte mich, während ich meine Schöpfung umarmte und gleichzeitig um Banaz trauerte. Ich konnte noch immer nicht glauben oder akzeptieren, was mit meiner Schwester geschehen war. Ständig erwartete ich, dass Banaz mit ihrem hübschen Lächeln durch die Tür kommen würde. Doch die Realität ließ sich nicht mehr ignorieren, als im August 2006 unser Vater, der »Evil Punisher«, des Mordes an Banaz angeklagt wurde. Caroline fragte mich, ob ich bereit sei, als Zeugin der Anklage aufzutreten, was bedeutete, gegen meine Familie und die kurdische Gemeinschaft auszusagen. Die Risiken, die damit einhergingen, waren unvorstellbar. Inzwischen hatte die Polizei mich und meine Tochter aufgrund weiterer Morddrohungen an einen neuen, geheimen Ort gebracht. Der Gedanke, meinem Vater und Ari vor Gericht gegenüberzustehen, ängstigte mich zu Tode, aber Gerechtigkeit für Banaz zu erlangen war wichtiger als alles andere.

»Ja, ich werde es für Banaz tun«, sagte ich zu Caroline. »Aber es muss gewährleistet sein, dass mein Gesicht vor Gericht nicht zu sehen ist.«

Kapitel neunzehn

Nichts als die Wahrheit

St. George's Hospital, Tooting, London, Silvester 2005. Banaz liegt auf einer Krankentrage, ihr Kopf rollt hin und her, sie leckt sich die trockenen Lippen, während sich in ihrem Kopf noch einmal der Moment abspielt, als der »Evil Punisher« ihr in Grandma Zareens Haus Brandy einflößte, sie zwang, den Film *101 Dalmatiner* anzusehen, und versuchte, sie zu töten.

Sie hebt einen blutverschmierten Arm an ihre Stirn. Ihr schönes Haar ist zerzaust und ihre Augen, schwarz umrandet von verschmierter Mascara, bewegen sich schläfrig und verdrehen sich immer wieder. »Ich hatte solche Angst«, sagt sie.

Meine Schwester, die keinen Alkohol trinkt, ist betrunken, aber in ihrer lallenden Stimme schwingt das blanke Entsetzen mit. Sie blickt zu ihrem Freund Rahmat Suleimani auf, der dieses unfassbare Gespräch mit seinem Handy filmt. Banaz spricht Kurdisch, in das immer wieder einzelne englische Wörter einfließen. »Baba brachte mich zu Grandmas Haus. Er nahm mir alles weg. Er verlangte mein Telefon und alles, was ich bei mir hatte, dann gab er mir einen Koffer und sagte, ich solle ihn ›mit der rechten Hand‹ vom Auto zum Haus tragen. Er (mein Vater) befahl mir, ins Wohnzimmer zu gehen. Ich hielt ihn (den Koffer) in meiner rechten Hand und ging hinein. Baba redete mehr als sonst, aber ich habe nicht viel geredet. Er sagte: ›Onkel Ari kommt.‹ Die Vorhänge waren zugezogen, es war dunkel und Baba sagte: ›Setz dich und dreh dich mit dem Rücken zu mir‹, aber ich wandte mich immer wieder um, weil ich ihm nicht vertraute. Baba verließ den Raum und kam dann zurück. Er trug Reebok-Turnschuhe und Gummihandschuhe. Die Handschuhe hatten unterschiedliche Farben, einer gelb, der andere blau, und er hielt eine schwarze Tasche mit einer kurdischen Flagge darauf. Dann fragte er: ›Hast du schon einmal Alkohol getrunken?‹, und ich sagte: ›Nein, ich trinke keinen Alkohol, wegen meines Glaubens.‹ Er stellte *101 Dalmatiner* im Fernsehen an und sagte mir, ich solle mich zu ihm auf den Boden setzen, dann raschelte er – hafhafa, hafhafa – mit der Tasche. Er gab mir die Flasche. ›Steh nicht auf‹, sagte er, ›trink‹ trink, schön langsam'.«

Hier, an dieser Stelle, fragt Rahmat Banaz: »Wie kann er dich nur zwingen, Alkohol zu trinken? Liebt er dich nicht? Sorgt er sich nicht um dich? Er ist ein religiöser Mensch, er betet.«

Banaz' Kopf rollt nach links. »Ich weiß es nicht – das fragst du mich, mein Liebster? Ich sagte zu Baba: ›Ich habe noch nie Alkohol getrunken‹, und er sagte: ›Lüg mich nicht an. Sei kein Esel.‹ Ich hörte –hafhafa, hafhafa – die Tasche, dann zwang er mich zu trinken. Brandy, acht Gläschen. Er sagte, zwischen 15.30 und 16 Uhr müsste ich die halbe Flasche trinken. Er fragte: ›Ist dir heiß?‹ Ich sagte: ›Ja, ich möchte Wasser.‹ Der Raum begann sich zu drehen. Er sagte: ›Möchtest du jetzt schlafen?‹ Dann ging er hinaus und ließ den Schlüssel an der Hintertür stecken.«

Rahmat fragt: »Wo war dein Vater?«

»Im Zimmer nebenan. Ich stand auf, öffnete die Tür zum Garten und lief nach draußen. Dort rannte ich zum Zaun, kletterte darüber und fiel im Garten des Nachbarn zu Boden. Mir war schwindelig, der Alkohol ließ mich stolpern. Ich schlug die Scheibe am Nachbarhaus ein und schrie um Hilfe. Niemand antwortete. Also rannte ich zum Gartentor des Nachbarn, öffnete es und rannte auf die Straße. Autos kamen von rechts und von links.«

An der Stelle fragt Rahmat: »Warum tut dir dein Vater das an? Was bringt ihn dazu?«

Wieder sieht man die Schnitte an Banaz' Arm, während sie sich erschöpft und verängstigt mit der Hand durch die Haare fährt. »Weil ich ihm nicht gehorcht habe«, antwortet sie.

Wenn ich heute diese erschütternden Aufnahmen sehe, möchte ich durch den Bildschirm greifen und Banaz in meine Arme schließen. Wenn ich das nur könnte. Ich wünschte, ich könnte Nazcas Gesicht küssen, ihr Haar berühren und ihr blumiges Kenzo-Parfüm einatmen. Ich halte das Video an und weine, während ich meine Fingerspitzen küsse und Banaz' Lippen auf dem Bildschirm berühre. Näher als so kann ich meiner Schwester nie wieder kommen. Ich zeichne die Konturen ihres Gesichts nach und schluchze: »Es tut mir so leid, Nazca. Ich hätte mehr tun sollen. Ich hätte dich retten müssen.«

Der obige Dialog ist meine Interpretation der schrecklichen Vorgänge, von denen Banaz in der Silvesternacht 2005 aus dem St. George's Hospital erzählte. In der Aufzeichnung berichtet sie, was sich an jenem Tag in der Dorset Road 11 in Wimbledon, im ehemaligen Wohnzimmer von Grandpa Babakir, zugetragen hat. Der »Evil Punisher« wollte also seine Tochter im Haus seiner Eltern töten, in dem Zimmer, in dem sein Vater seine letzten Tage verbracht hatte. Wusste Grandma Zareen davon? War sie zu Hause, als es passierte? Ich kenne die Antworten auf diese Fragen nicht, und Zareen ist schon vor einigen Jahren gestorben. Aber mein Bauchgefühl sagt mir, dass sie von dem Plan wusste, Banaz zu töten.

Ich weiß noch, wie Bahman uns am Tag unserer Ankunft aus dem Iran das Haus in der Dorset Road 11 zeigte. Mir war aufgefallen, dass es kaum Ausgänge gab, und ich dachte: *Es wäre schwierig, hier herauszukommen, falls man eingesperrt werden würde*. Ich konnte nicht ahnen, dass Banaz sich fast acht Jahre später in genau dieser Situation wiederfinden würde. Dad hatte sie unter dem Vorwand, er habe ein Treffen mit ihrem entfremdeten Ehemann arrangiert, um über eine Scheidung zu sprechen, in die Dorset Road 11 gelockt. Zu Beginn der Aufnahmen aus dem Krankenhaus erzählt Banaz ihrem Freund Rahmat, wie Dad sie zuvor in der Morden Road 225 zur Eile angehalten hatte. »Er (Dad) sagte mir, ich solle gehen und mich ›angemessen anziehen‹, denn ›wir treffen uns mit Binar und deinem Onkel, um die talaq (islamische Scheidung) zu besprechen‹.« So, wie ich in der Nacht, in der er mich angriff, auf Bahmans falsche Freundlichkeit hereingefallen war, war auch Banaz in die mörderische Falle unseres Vaters gelaufen. Ich glaube, er hatte vor, sie mit seinen Gummihandschuhen zu erdrosseln, möglicherweise mit Aris Hilfe, sobald dieser im Haus angekommen wäre. Das einzige Glück in dieser Situation war die Tür, die in den Garten führte. Banaz konnte entkommen. Sie kletterte über den Gartenzaun und schlug dann mit bloßen Händen das Fenster eines Nachbarn ein, wobei sie sich beide Arme an dem scharfkantigen Glas zerschnitt. Als niemand antwortete, rannte die arme Nazca um Hilfe rufend barfuß und blutend die Straße entlang und brach schließlich vor einem Café zusammen, wo die Mitarbeiter einen Krankenwagen riefen.

So, wie ich zu verängstigt gewesen war, aus dem Polizeiauto auszusteigen, als ich aus der Morden Road geflohen war, so ging es auch Banaz, die die Sanitäter angefleht hatte: »Bitte lassen Sie mich hierbleiben. Mein Vater und mein Onkel versuchen, mich umzubringen.« Banaz hatte sich geweigert, den Krankenwagen zu verlassen, bis ein Sicherheitsbeamter dazukam.

Aber was mich krank macht, ist die Reaktion der Polizei auf Banaz' Aussagen in der Silvesternacht 2005.

Eine Polizeibeamtin kam ins Krankenhaus, um Banaz zu befragen. Diese Frau tat Banaz' Anschuldigungen einfach ab und beschuldigte meine Schwester, »manipulativ und melodramatisch« zu sein. Dann wollte sie Banaz eine Anzeige wegen Sachbeschädigung anhängen, weil sie das Fenster des Nachbarn eingeschlagen hatte. Ich könnte ausflippen, wenn ich darüber nachdenke. Wie ich mir wünsche, die Polizei hätte damals ihre Datenbanken überprüft und die Verbindung zwischen Banaz Mahmod, Bekhal Mahmod und Morden Road 225 hergestellt. Der familiäre Zusammenhang war doch klar zu erkennen: Bekhal Mahmod, fünfzehn Jahre alt, lief von zu Hause weg, um ihrem übergriffigen Vater zu entkommen, der sie in Zimmer einsperrte, schlug und als Hure bezeichnete. Daraufhin wurde Bekhal Mahmod aufgrund der Gewalt, die sie im Haus der Familie – Morden Road 225, dieselbe Adresse, wo Banaz im Dezember 2005 wohnte – erlitten hatte, in einer Pflegefamilie untergebracht. Später berichtete die achtzehnjährige Bekhal Mahmod der Polizei, dass ihr Bruder versucht habe, sie zu töten – auf Geheiß ihres Vaters. Deutlicher ging es doch gar nicht, verdammt noch mal. Hätte mir die Polizei damals dieses Video von Banaz gezeigt, hätte ich ihnen gesagt: »Sie müssen sofort handeln, ansonsten ist meine Schwester in wenigen Wochen tot. Dafür werden mein Vater und mein Onkel sorgen.«

Ich bin überzeugt, Banaz wäre heute noch am Leben, wenn die Polizei ihren Aussagen von Anfang an geglaubt hätte. Aber nein. Die Behörden haben meine Schwester im Stich gelassen. Die Polizei hat Banaz in den letzten Monaten ihres kurzen Lebens *keinerlei* Gehör geschenkt. Und das werde ich diesen Beamten niemals verzeihen.

Die erschütternden Aufnahmen aus dem Krankenhaus wurden den Geschworenen zu Beginn von Banaz' Mordprozess vorgespielt, der am 5. März 2007 im Strafgerichtshof Old Bailey begann. Da ich Zeugin der Anklage war, durfte ich die Verhandlung nicht verfolgen, bevor ich ausgesagt hatte.

Als meine Opferbetreuungsbeauftragte stand Sarah mir während des gesamten Prozesses zur Seite, konnte aber keine Einzelheiten über die polizeilichen Ermittlungen oder den Mord an Banaz preisgeben. »Es darf nicht der

Eindruck entstehen, dass wir Sie in irgendeiner Weise beeinflussen«, erklärte sie. »Es werden Berichte in den Medien erscheinen, sobald der Prozess beginnt, aber bitte lesen Sie sie nicht.«

»Nein, das werde ich nicht tun«, sagte ich. »Ich will das hier auf keinen Fall versauen.«

Obwohl ich zu Beginn der Verhandlung nicht im Gerichtssaal anwesend sein durfte, kann ich Ihnen jetzt aufgrund meiner Kenntnisse des Falles und der gerichtlichen Protokolle wiedergeben, was die Geschworenen in meiner Abwesenheit im Gerichtssaal 10 des Old Bailey zu hören bekamen.

Auf der Anklagebank saßen, verächtlich grinsend, Mahmod Babakir Mahmod, der »Evil Punisher«, und diese männliche Hure, der selbstgefällige Ari Mahmod. Beide hatten, was Banaz' Ermordung anging, auf nicht schuldig plädiert. Ari bestritt auch, sich mit anderen zum Zwecke der Justizbehinderung verschworen zu haben. Ein dritter Mann, Darbaz Rasul, gesellte sich zu meinem Vater und Ari auf die Anklagebank. Auch er plädierte auf »nicht schuldig« im Sinne einer Verschwörung zur Justizbehinderung.

Mohamad Hama hatte sich des Mordes an Banaz und der Verschwörung zur Behinderung der Justiz schuldig bekannt. Die beiden anderen Verdächtigen, meine Cousins Mohammed Saleh Ali und Omar Hussain, befanden sich noch auf freiem Fuß im Irak.

Das Gericht erfuhr, dass meine wunderbare Schwester Banaz am 24. Januar 2006 im Wohnzimmer der Morden Road 225 in einem sogenannten Ehrenmord erwürgt worden war. Der Mord selbst war von Mohamad Hama ausgeführt worden, der als »enger Freund der Familie« beschrieben wurde. Banaz' Leiche wurde dann in einen Koffer gestopft und im Garten der Alexandra Road 86 in Birmingham vergraben.

Der Staatsanwalt Victor Temple beschrieb den Mord an Banaz als »kaltblütige und grausame Hinrichtung«, die von meinem Vater und Ari arrangiert worden sei. Meine Eltern hätten das Haus verlassen, sodass die Mörder ihr Verbrechen begehen konnten, so der Kronanwalt. Als die Polizei Banaz gefunden hatte, war noch immer ein Schnürsenkel um ihren Hals geschlungen, erfuhren die Geschworenen.

Kronanwalt Victor Temple erläuterte die Dynamik in der eng verbundenen kurdischen Gemeinschaft im Süden Londons: Wenn ein Familienname in Verruf gerät, »muss Vergeltung erfolgen, oft auf gnadenlose Weise, besonders wenn das betreffende Familienmitglied eine Frau ist«. Er sagte: »Frauen werden nicht als Gleichberechtigte behandelt. Banaz wurde aus dem einzigen Grund getötet, dass sie nach einer unglücklichen Ehe einen anderen Mann kennengelernt und sich in ihn verliebt hatte. Ihr Vater war gleichgültig gegenüber dem Schicksal seiner Tochter und zeigte von Anfang bis Ende keine Reue, da er den Verlust seines Rufes für wichtiger erachtete als das Leben seiner Tochter.«

Als Nächstes sahen die Geschworenen Rahmats Aufzeichnung aus dem St. George's Hospital. Banaz' Schilderung »wies alle Merkmale eines frühen Mordversuchs auf«, so Victor Temple. Ich habe gehört, dass mein Vater und

Ari während der gesamten sechs Minuten, in denen der tragische Film gezeigt wurde, hämisch lachten. Diese bösartigen, verdammten Mistkerle. Ich bin froh, dass ich nicht im Gerichtssaal war und dieses verabscheuungswürdige Benehmen miterleben musste.

Rahmat brach im Zeugenstand zusammen, als er das schreckliche Video dieses Silvesterabends sah. Als er seine Liebe zu meiner Schwester beschrieb, sagte er den Geschworenen: »Ich glaube nicht, dass ich jemals jemanden so sehr geliebt habe wie Banaz. Sie war meine erste Liebe. Sie bedeutete mir mehr als alles auf der Welt.«

Auch Banaz war offensichtlich sehr verliebt in Rahmat gewesen. In ihren SMS hatte sie ihn »meinen Prinzen, meinen Helden« genannt. Das Gericht erfuhr, wie Banaz schließlich den Mut gefunden hatte, den Ehemann zu verlassen, der sie geschlagen und vergewaltigt hatte. In Rahmat hatte sie jedoch einen freundlichen, liebevollen und »aufgeschlossenen« Partner gefunden, den sie zu heiraten hoffte.

Es brach mir das Herz, als ich hörte, wie Banaz und Rahmat gezwungen worden waren, ihre Beziehung geheim zu halten – und das alles nur, weil Rahmat kein irakischer Kurde oder strenger Muslim vom edlen »Mirawaldy-Stamm« war. Über diese Heuchlerei muss ich immer wieder staunen. Grandma Zareen war mehr Iranerin als Irakerin, verdammt noch mal.

Doch Anfang Dezember 2005 waren Banaz und Rahmat zusammen gesehen worden. Ein Auto voller kurdischer Männer – Aris Gefolgsleute – waren dem Paar bis zur U-Bahn-Station Morden gefolgt. Einer der Kurden hatte sein Handy gezückt und fotografiert, wie Banaz und Rahmat sich küssten. Als Ari von dem Bild erfahren hatte, hatte er beschlossen, dass Banaz für ihre »schändliche« Freiheit mit ihrem Leben bezahlen sollte.

Ich hatte ja bereits Schande über den Namen Mahmod gebracht, als ich mich weigerte, mich dem kranken Regime der Familie zu beugen. Und nun hatte Banaz den Stamm noch mehr in Verruf gebracht, indem sie es wagte, sich in einen »unpassenden« Mann zu verlieben. Am 2. Dezember hatte Ari ein Familientreffen einberufen. Der Beschluss, der bei dieser »Kriegsratssitzung« gefasst worden war, lautete, Banaz und Rahmat zu töten.

Das Gericht erfuhr, dass Ari dann meine Mutter angerufen und ihr erzählt hatte, wie er und weitere Familienmitglieder planten, ihre Tochter und Rahmat zu töten. Man muss es meiner Mutter zugutehalten, dass sie Banaz und Rahmat vor Aris Doppelmordplan warnte; zwei Tage später war Banaz zur Polizeiwache in Mitcham gegangen und hatte von Aris Drohung berichtet.

In den sieben Wochen vor ihrem Tod war Banaz viermal zur Polizei gegangen. Die Geschworenen hatten jedoch nichts von dem Brief erfahren, den Banaz den Beamten übergeben hatte und in dem sie die Personen genannte hatte, von denen sie befürchtete, dass sie sie töten würden, darunter Hama, Mohammed Saleh Ali und Omar Hussain.

In seiner Aussage beschrieb Rahmat auch, wie am 22. Januar 2006, nur zwei Tage vor Banaz' Ermordung, eine Gruppe kurdischer Männer versucht habe, ihn von einer Straße in Hounslow zu entführen. Einer der Männer habe zu Rahmat gesagt: »Wir werden dich und Banaz töten, weil wir Muslime und Kurden sind. Wir sind nicht wie die Engländer, wo Mann und Frau einfach ein Paar sein können. Wir gehen jetzt, aber wir kommen wieder.«

Nun wusste ich, worum es bei Banaz' »Anzeige« vom 23. Januar gegangen war. Während Rahmat den Entführungsversuch auf dem Polizeirevier Kennington gemeldet hatte, war Banaz zum Polizeirevier Mitcham zurückgegangen, um weitere Drohungen gegen ihr Leben zur Anzeige zu bringen.

Tatsächlich war es so, dass Banaz, als die Polizei ihr anbot, sie in einem Frauenhaus unterzubringen, dies abgelehnt hatte mit der Begründung, sie fühle sich »zu Hause sicherer«. Die Verteidigung stürzte sich später natürlich auf diese Aussage, aber ich wusste, was Banaz damit gemeint hatte. Es geschah genau so, wie Banaz es einer der Krankenschwestern geschildert hatte, als sie am nächsten Tag aus dem St. George's Hospital entlassen wurde: »Wenn ich weglaufe, bin ich tot; wenn ich nach Hause gehe, bin ich tot.« Außerdem hatte sie gegenüber der Polizei betont, dass sie nur nach Hause gehe, weil ihre Mutter dort sei. Meiner Meinung nach hätte die Polizei Banaz (und Rahmat) sofort an einem sicheren Ort unterbringen müssen. Banaz' Erscheinen auf der Polizeiwache am 23. Januar war das letzte Mal gewesen, dass sie lebend gesehen wurde.

Anruflisten belegten, dass mein Vater mit Ari gesprochen hatte, nachdem er mit meiner Mutter und Ashti am Morgen des 24. Januar das Haus verlassen hatte. Weitere Anrufe – die von Keilly ausgewertet worden waren – zeigten, dass Ari und mein Vater Hama, Mohammed Saleh Ali und Omar Hussain informiert hatten, als es sicher gewesen war, in die Morden Road 225 zu gehen. Kejal war zu dieser Zeit zu Hause im Obergeschoss gewesen, erfuhren die Geschworenen.

Meine Eltern hatten keine Regung gezeigt, als die Polizei sie über Banaz' Verschwinden informiert hatte. Wieder einmal hatte mein Vater gelächelt und seine übliche Lüge erzählt: »Sie kann kommen und zu gehen, wie sie will.«

Selbst als der Prozess schon begonnen hatte, bekam ich noch diese stummen Anrufe, sodass mich die Polizei erneut in einen anderen Teil Londons verbrachte und die Sicherheitsvorkehrungen erhöhte. Als mein Auftritt im Zeugenstand näher rückte, versicherte mir Sarah, dass alle Maßnahmen getroffen wurden, um mich vor Gericht zu schützen. Ich würde zusammen mit Sarah und weiteren Mitgliedern ihres Teams in einem Polizeiauto zum Old Bailey und wieder zurück fahren. »Sie werden das Gericht durch einen separaten Eingang betreten, abseits der Öffentlichkeit«, sagte sie, »und die Sicherheitsvorkehrungen innerhalb und außerhalb des Gerichtsgebäudes sind verstärkt worden. Ihre Sicherheit ist unsere Priorität, Bekhal.« Sarah hatte auch dafür gesorgt, dass ich das Gericht vorher sehen konnte. Um den Zeugenstand herum würde ein Sichtschutz errichtet werden, der mich von der Zuschauertribüne und der Anklagebank abschirme, so sagte sie, aber ich müsse trotzdem durch den Gerichtssaal gehen, um zum Zeugenstand zu gelangen. Ich konnte auf keinen Fall riskieren, dass Vater oder Ari oder ein anderer kurdischer Mann in diesem Gericht mein Gesicht sah.

»Ich habe keine Wahl«, sagte ich zu Sarah. »Ich muss die komplette traditionelle Kleidung tragen – Hidschab, Niqab und Abaya.« Ein Niqab ist der traditionelle muslimische Gesichtsschleier, während die Abaya ein Stück Stoff ist, das von den Schultern bis zu den Füßen reicht.

Sarah stimmte zu. »Tragen Sie, womit Sie sich am meisten wohlfühlen, Bekhal. Ich werde das für Sie regeln.«

Oh, mein Gott, Sarah ging wirklich für mich zur Green Street in East London und kaufte mir einen schwarzen Gesichtsschleier, einen Hidschab und eine Abaya. Ich erinnere mich, dass Hannana Sarah in meine Wohnung begleitete, als ich die Sachen anprobierte. Hannana schaute entsetzt und amüsiert zugleich. Ich war von Kopf bis Fuß in schwarzes Tuch gehüllt, und das Einzige, was man von mir sah, waren meine Augen, die durch das rechteckige Loch im Gesichtsschleier schauten. Ich stand schwitzend im Wohnzimmer und spähte durch meinen Spionagekasten von Hannana zu Sarah und wieder zu Hannana. Dann brachen sie beide in Gelächter aus. »Was?«, fragte ich und breitete meine Arme unter dem unförmigen Stoff aus. Im Ernst, zehn von mir hätten in dieses Zelt gepasst.

»Oh, Bekhal, es ist alles in Ordnung. Ich finde, du siehst gut aus. Und es wird an diesem Tag seinen Zweck erfüllen«, sagte Hannana. »Es ist nur ein *bisschen* ironisch, denn der Hidschab und der Schleier und all das widerspricht dem, wofür wir uns einsetzen: die Freiheit der Frauen.«

Auch ich begann zu lachen, als mir klar wurde, was Hannana da sagte. »O nein, hör auf, Hannana.« Ich glaube, es hat uns allen gutgetan, mal wieder ein paar Minuten zu lachen.

Am 29. März bereitete ich mich in einem abgeschirmten Zeugenzimmer im Old Bailey darauf vor, gegen den »Evil Punisher« und Ari auszusagen. Dabei steigerte ich mich in die größte Panikattacke hinein, die ich je erlebt hatte. Ich lief Bahnen in den harten blauen Teppich in diesem Raum und zog in meiner Abaya und meiner Kopfbedeckung nervös Kreise um Sarah, wobei ich immer wieder ausstieß: »Oh, mein Gott, sie werden mich töten, sie werden mich töten, sie werden mich töten. Sie *werden* mich töten.« In meinem Kopf drehten sich Gedanken, die so schwarz wie mein Hidschab, Niqab und meine Abaya waren. *Was, wenn Dad und Ari davonkommen? Was, wenn einer von ihnen von der Anklagebank springt, während ich meine Aussage mache? Was, wenn auf der Besuchergalerie ein kurdischer Mann sitzt, mit einem Messer in der Hand, und nur darauf wartet, zur Zeugenbank zu stürmen und mir die Kehle durchzuschneiden? Werden die Geschworenen mir glauben?*

»Beruhigen Sie sich, Bekhal«, sagte Sarah, »wir lassen nicht zu, dass Ihnen jemand etwas antut.« Ich unterbrach mein Auf-und-ab-Laufen und sah Sarah an, während sich der Stoff des Niqab beim Atmen auf meinen Mund legte. Ich erstickte buchstäblich in diesem Ding. »Es wird alles gut gehen, Bekhal. Denken Sie daran, dass Sie das für Banaz tun. Sie sind eine mutige Frau, Sie schaffen das!«

Ich nickte. Ja.

Tränen durchnässten meinen Schleier, und ich fiel in Sarahs offene Arme. »Ich tue das für meine Schwester«, sagte ich. »Ich glaube, ich bin jetzt so weit.« Sarah ging mit mir und den Sicherheitsbeamten durch die Gänge des Old Bailey zum Gerichtssaal. Ich umarmte Sarah ein letztes Mal und ging dann auf Beinen, die sich so hohl wie leere Blechdosen anfühlten, in Begleitung zweier Sicherheitsbeamter in den Gerichtssaal 10.

Die ersten Menschen, die ich wahrnahm, waren mein Vater und Ari, beide in grauen Anzügen, die wie immer jeden meiner Schritte beobachteten. Ari lächelte selbstgefällig und legte den Kopf schief, sodass seine ekelhaften haarigen Nasenlöcher zu sehen waren. Diesen Blick werde ich nie vergessen. Er sagte so viel wie: *Ich werde diesen Prozess gewinnen – und dann töte ich dich, Bekhal khan.* Der »Evil Punisher« zog die Brauen zusammen und sah mich drohend an, sein Hass auf mich war fast spürbar. Schnell wandte ich meinen Blick ab und sah zu dem blauen Sichtschutz um den Zeugenstand. Ich spürte, dass alle Augen in dem überfüllten Gerichtssaal auf mich gerichtet waren. *Atme, Becky, atme. Du tust das für Banaz.* Geräusche hallten im Raum wider: das Rascheln von Papier, gedämpftes Husten, meine Füße, die die Stufen zum Zeugenstand hinaufgingen. Ich fühlte mich, als sei ich diejenige, die vor Gericht steht. *Sie werden mich umbringen, sie werden mich umbringen, sie werden mich umbringen.* Als ich hinter dem Sichtschutz im Zeugenstand stand, hörte ich von irgendwoher eine Stimme sagen: »Bekhal Mahmod, würden Sie bitte Ihren Schleier abnehmen, damit die Geschworenen Ihr Gesicht sehen können?«

Mit zitternden Händen lüftete ich meinen Niqab und der Beamte reichte mir ein Buch. Ich kann mich beim besten Willen nicht mehr daran erinnern, ob es die Heilige Bibel oder der Koran war, aber um welches von beiden Büchern es sich auch handelte, ich meinte jedes Wort, das aus meinem Mund kam. Ich schluckte schwer, schaute die Geschworenen an und sagte: »Ich schwöre, die Wahrheit zu sagen, die ganze Wahrheit und nichts als die Wahrheit.«

Kapitel zwanzig

Schlaf gut, liebste Nazca

Mein Herz starb. Ich hörte meine Stimme, konnte aber nicht spüren, wie sich meine Lippen bewegten. Ich sollte zu den Geschworenen sprechen, doch sah ich meistens den Richter an, Brian Barker, Common Serjeant of London (zweithöchster Richter am Strafgerichtshof, Anm. d. Übs.). »Mein Vater hat mich immer verprügelt. Er schlug mich regelmäßig mit den Händen, seinen Schuhen, einem Gürtel oder einem Stock. Er boxte, trat und zwickte mich«, sagte ich auf Victor Temples Frage, wie Mahmod Mahmod als Vater gewesen sei. »Er zog mich an den Haaren, spuckte mir ins Gesicht und nannte mich Hure und Schlampe – nur weil ich westliche Kleidung tragen wollte. Mein Vater schlug mich, wenn ich keinen Hidschab trug. Ich wollte gar keinen Freund haben oder etwas tun, das meine Eltern verärgern würde. Ich wollte einfach nur mein Leben leben, Freunde treffen und meine Meinung sagen – ganz kleine Dinge, die für britische Mädchen selbstverständlich sind.«

In den angespannten Pausen zwischen Victor Temples Fragen stellte ich mir meinen Vater und Ari auf der anderen Seite des Sichtschutzes vor. In meinem Kopf lief das immer gleiche Mantra ab: *Sie werden mich umbringen, sie werden mich umbringen, sie werden mich umbringen.* Ehrlich gesagt wartete ich in jeder der langsam verstreichenden Sekunden darauf, dass mein Vater oder Ari über die

Anklagebank springen, den Sichtschutz niederreißen und mich erwürgen würde. *Tragen sie Handschellen? Ich weiß es nicht.* In meinem Kopf hatten die beiden Macht. Ich hatte ihre Macht gespürt, als ich den Gerichtssaal betrat. Aris arrogante Haltung, einen Arm lässig über die Lehne der Bank hängend, so, wie er zu Hause auf seinem angeberischen Ledersofa zu sitzen pflegte. *Wenn es nach mir ginge, wärst du schon längst zu Asche verwandelt worden.* Und die zusammengezogenen Augenbrauen des »Evil Punishers«, deren Anblick mich an die jahrelangen Misshandlungen erinnert hatte. *Gahba, Qehpik, sie werden dich zu mir bringen. Und wenn es nur dein Kopf ist.* Für mich gab es keinen Zweifel: Wäre ich nicht geflohen und hätte mich von dieser Familie ferngehalten, wäre ich jetzt tot. Mein Vater und Ari wollten mich immer noch umbringen. Mit Sicherheit befanden sich noch weitere kurdische Männer in diesem Raum, die diese Aufgabe gern übernehmen würden. *Ich wende mich gegen sie alle. Ich liefere belastende Beweise über die Leute, die mich töten wollen.* Diese Gedanken gingen mir durch den Kopf, während ich versuchte, mich auf die nächste Frage von Victor Temple zu konzentrieren. Es ging um die Situation, als Bahman mir eine Hantel auf den Kopf schmetterte.

Meine Stimme zitterte und brach, aber ich redete weiter. *Ich habe sowieso mein ganzes Leben mit dieser Angst gelebt. Ich tue es für Banaz.* Diesmal sah ich die Geschworenen direkt an und erzählte ihnen, wie Bahman mich mit der Lüge vom Putzjob zu sich gelockt hatte. »Er (Bahman) sagte mir, ich solle einen leeren Koffer mitbringen«, berichtete ich. »Er wies mich an, den Koffer zu ziehen, während er hinter mir herlief. Bahman sagte: ›Lauf einfach immer weiter und dreh dich unter keinen Umständen um, es sei denn, ich sage es dir.‹« Dann schilderte ich, wie ich kurzzeitig ohnmächtig geworden war, nachdem Bahman mich mit der Hantel getroffen hatte. »Er (Bahman) zerrte mich an den Füßen den Weg entlang. Ich trat mit meinen Beinen nach ihm, und schließlich brach er zusammen. Er weinte wie ein Baby. Dann gestand er mir: ›Dad hat mir aufgetragen, das zu tun. Er hat mich dafür bezahlt.‹« Ich sagte dem Gericht, dass mein Vater meinem Bruder Geld dafür gegeben hatte, mich »fertigzumachen«.

Als Nächstes stellte der Staatsanwalt Fragen über Ari und ich berichtete gemäß meiner Aussage von dem Zusammentreffen in meinem Schlafzimmer in der Morden Road 225, als Ari gedroht hatte, mich zu Asche zu verwandeln. »Er (Ari) sagte: ›Wenn ich dein Vater wäre, wärst du längst zu Asche verwandelt worden. Er (mein Vater) hat Angst, aber ich nicht. Frag die Polizei. Selbst die Polizei kann mir nichts anhaben. Dein Vater ist dein Vater. Ich hätte es schon längst getan. Ich hätte dich schon längst umgebracht, wäre dich losgeworden.‹«

Eine weitere Pause, dann fragte mich Victor Temple: »Glaubten Sie, was da gesagt wurde?«

»Ja«, antwortete ich. Zu diesem Zeitpunkt wusste ich noch nichts von Aris Drohungen gegen Banaz und Rahmat oder von Vaters Versuch, Banaz in der Silvesternacht 2005 zu töten.

Der Staatsanwalt fragte nun, ob ich noch weitere Drohungen von meiner Familie erhalten hätte. Tränen traten in meine Augen, als ich von den schrecklichen Sprachnachrichten erzählte, die Dad auf meinem Handy hinterlassen hatte, nachdem ich von zu Hause weggegangen war, und wie er gedroht hatte, mich enthaupten zu lassen. »Als ich in meiner Pflegefamilie war, schickte mir mein Vater eine Aufnahme«, fuhr ich fort. »Er gab die Kassette meiner Sozialarbeiterin. Sie überreichte sie mir, als sie zu mir ins Haus meiner Pflegeeltern kam. In der Aufnahme sagte Dad: ›Ich werde jeden in diesem Haus töten. Ich werde alle deine Schwestern töten, in der Reihenfolge ihres Alters, von der jüngsten bis zur ältesten. Dann werde ich deinen Bruder und deine Mutter töten, und wenn sie alle tot sind, werde ich mich selbst töten. Und all diese Morde gehen auf *dich*, Bekhal.‹« Ich sah wieder den Richter an, aber er war damit beschäftigt, sich Notizen zu machen. *Was schreibt er da? Glaubt er mir? Glauben die Geschworenen mir?*

Victor Temple nickte mir höflich zu. »Danke, Miss Mahmod«, sagte er und wandte sich dann an den Richter. »Ich habe keine weiteren Fragen, Euer Ehren.«

Dann kam der Teil, vor dem ich mich am meisten gefürchtet hatte – mein Kreuzverhör durch Vaters und Aris Verteidiger. Und gerade als ich im Zeugenstand ein wenig Mut gefasst hatte, verlor ich die Fassung. Es lag an Aris Anwalt, David Lederman, der mich mit seiner Eingangsfrage zum Straucheln brachte: »Sie haben ein Baby, richtig?« Meine Knie gaben nach. Ich brach im Zeugenstand regelrecht zusammen. Mein Schluchzen tönte durch den Gerichtssaal, die verdammte Abaya zog mich zu Boden wie ein bleierner Mantel, auf grausame Weise ein Sinnbild für die Fesseln meiner kranken Kultur, gegen die ich mein ganzes Leben lang gekämpft hatte. Wie konnte er nur meine Tochter erwähnen? *Wie konnte er nur?* Zwei Sicherheitsbeamte halfen mir aus dem Zeugenstand und begleiteten mich aus dem Gerichtssaal. Ich hielt meinen verschleierten Kopf gesenkt, bis ich das Zeugenzimmer erreichte, wo ich auf das Sofa fiel, zitterte und unkontrolliert weinte, während Sarah versuchte, mich zu beruhigen. »Ich habe es vermasselt. Es tut mir so leid, ich habe es vermasselt«, sagte ich schluchzend. »Woher wissen sie von meiner Tochter? Lassen Sie nicht zu, dass sie meiner Tochter etwas antun. Sie dürfen meiner Tochter nichts antun.« Die Polizei hatte eine Kinderbetreuung für mein Baby während der Verhandlung organisiert, doch jetzt fürchtete ich um ihre Sicherheit.

»Ihrer Tochter kann nichts passieren, Bekhal. Wir sind hier, um Sie beide zu beschützen. Und Sie haben nichts vermasselt.« Sarah saß neben mir, rieb mir den Rücken und reichte mir Taschentücher, während ich ihr von David Ledermans Frage erzählte. »Ihre Reaktion ist völlig nachvollziehbar, Bekhal. Sie haben nichts falsch gemacht.«

Schließlich kehrte ich in den Zeugenstand zurück, nachdem man mir versichert hatte, dass der Richter den Verteidigern untersagt habe, weitere Fragen zu meinem Privatleben zu stellen. *Ich tue das für Banaz*, schärfte ich mir erneut ein.

Ich schaffte es, mich zu beherrschen, als die Verteidigung erneut ihr Bestes gab, meine Aussagen und meinen Ruf zu diskreditieren. Lederman und Vaters Anwalt, Henry Grunwald, QC (Kronanwalt, Anm. d. Übs.), zogen alle Register und behaupteten, ich sei eine Lügnerin,

Diebin und Drogenabhängige. Sie behaupteten sogar, Sarah habe mich mit »Handys und Wohnungen« bestochen, damit ich gegen meine Familie aussagte. Ihre Theorien waren haltlos, lahme Versuche des »Evil Punishers« und von Ari, mich über ihre Anwälte einzuschüchtern. Und in gewisser Weise halfen mir ihre Anschuldigungen. Mein jugendlicher Trotz kehrte zurück. »Als die Polizei das erste Mal zu mir kam, hatte ich Angst, etwas zu sagen, weil ich Banaz nicht in Gefahr bringen wollte«, begann ich. »Ich wollte, dass meine Schwester nach Hause kommt. Damals glaubte ich, dass sie noch am Leben sei.« Die Anwälte bedrängten mich weiter und wollten mich dazu bringen zu bestätigen, dass mein Vater nichts anderes als ein »loyaler, liebevoller Dad« gewesen sei. *Ernsthaft?* Ich wollte sie fragen: *Finden Sie wirklich, dass man jemanden als »liebevollen Vater« bezeichnen sollte, der seine Tochter schlägt, auf ihrem Gesicht sitzt, bis sie keine Luft mehr bekommt, sie an den Haaren zieht, eine Hure nennt und droht, sie zu töten?* Stattdessen erzählte ich der Verteidigung davon, wie mich ein Polizeibeamter zum Haus meiner Eltern begleitet hatte – nur damit ich um meinen Pass bitten konnte. »Ich hatte panische Angst vor meinem Vater«, sagte ich. »In der kurdischen Gemeinschaft dürfen Frauen gar nichts. Sie werden von den Männern beherrscht – und diese können tun, was sie wollen.«

Schließlich gingen den Verteidigern die Fragen aus. Brian Barker, QC, dankte mir und sagte, meine Aussage sei nun beendet. Aber ich hatte das Gefühl, nicht genug getan oder gesagt zu haben, also fragte ich den Richter: »Bitte, Euer Ehren, darf ich noch etwas zu den Geschworenen sagen, bevor ich gehe?« Zu meiner Überraschung sagte der Richter Ja. Ich wendete mich an die zwölf Personen, die über das Schicksal meines Vaters und Aris entscheiden würden. »Sie fragen sich wahrscheinlich, warum ich das trage«, sagte ich und deutete auf meinen Hidschab. »Ich kleide mich normalerweise nicht so, aber ich muss für den Rest meines Lebens über meine Schulter schauen.«

Als ich mit Sarah und den Sicherheitsleuten zurück zum Zeugenraum ging, hatte ich immer noch das Gefühl, nicht genug getan zu haben, um Gerechtigkeit für Banaz zu erreichen. »Ich hätte mehr sagen sollen«, rief ich. »Was, wenn die Geschworenen mich für eine Verrückte halten?« Wieder einmal wusste Sarah mich zu beruhigen. Kurz bevor wir den Zeugenraum erreichten, nahm sie mich beiseite.

»Was Sie getan haben, war wirklich mutig, Bekhal. Ich bin sehr stolz auf Sie.« Oh, mein Gott, ich fing direkt wieder an, in meinen Schleier zu weinen. *Würde ich jemals aufhören zu weinen?*

Ich zog mir den Niqab vom Kopf. »Was passiert jetzt?«

»Nun, es ist Ihre Entscheidung«, sagte Sarah vorsichtig. »Sie können den Rest der Verhandlung über Video verfolgen, auf dem Fernseher im Zeugenraum oder, wenn Ihnen das zu viel ist, brauchen Sie von nun an nicht mehr vor Gericht zu erscheinen.«

»Nein, nein, ich *will* es sehen. Ich *muss* es sehen.«

»Das ist absolut in Ordnung«, sagte Sarah. Dann nahm sie meine Hand und fügte hinzu: »Da drinnen wartet jemand auf Sie.« Sie neigte ihren Kopf in Richtung der Tür zum Zeugenzimmer. »Möchten Sie Rahmat kennenlernen?«

Ich drückte Sarahs Hand. »Ja, ich möchte ihn kennenlernen.«

Rahmat erhob sich vom Sofa, als ich den Zeugenraum betrat. Ich konnte sofort sehen, dass er und Banaz das perfekte Paar gewesen waren. Mit seinem sanften Auftreten und seiner weichen Mimik brauchte er keine Worte, um seine Liebe und seinen Schmerz für meine kleine Schwester zu zeigen. Oh, sein Gesicht sagte alles. Seine dunklen Augen waren blutunterlaufen und voller Tränen, Schmerz und Verlust. Die Art und Weise, wie er sich hielt, als er auf mich zukam, als würde er verletzt und verwirrt von den Trümmern eines schweren Unfalls wegtaumeln. Seine Arme flatterten in seiner marineblauen Jacke, als er sie ausstreckte. Er musterte mich nicht von oben bis unten, wie es andere Männer aus meiner Kultur tun würden, sondern sah mir direkt in die Augen. »Ich habe mich danach gesehnt, dich zu treffen, Bekhal«, sagte er und einen Moment lang war es mir, als wäre Banaz im Zimmer und sagte: *Kümmere dich um meinen Prinzen, Bakha, sag Rahmat, dass ich ihn liebe.* Ich trat in Rahmats Umarmung und wir weinten beide.

»Ich weiß, wie sehr du und Banaz euch geliebt habt«, flüsterte ich mit erstickter Stimme. Bis jetzt hatte ich meine Trauer um Banaz mit niemandem teilen können, der sie gekannt hatte. Ich sprach nicht mehr mit meiner Familie und ich hatte auch nichts mehr von Amber gehört, seit sie mir von Banaz' und Rahmats Beziehung erzählt hatte. (Es wäre zu gefährlich für Amber und mich gewesen, jetzt noch Kontakt zueinander zu haben; bald darauf brach Amber jedoch ohnehin den Kontakt zu mir und der Familie ab, nachdem sie jemanden außerhalb der Community geheiratet hatte und weggezogen war.) Die Begegnung mit Rahmat war erschütternd und tröstlich zugleich. Er sah völlig gebrochen aus. Rahmat tat mir furchtbar leid, aber irgendwie brachte mir die Verbindung, die wir hatten, Banaz wieder ein bisschen zurück. Nach der Ermordung von Banaz hatte Rahmat im Rahmen des Zeugenschutzprogramms eine neue Identität bekommen. Selbst seine Eltern, die im Iran lebten, hatten Todesdrohungen erhalten.

»Banaz und ich haben uns ineinander verliebt. Wir haben kein Verbrechen begangen. Wie konnten sie ihr das nur antun?«, fragte er, als wir uns an diesem Tag im Zeugenraum unterhielten.

Rahmat sprach von seinem und Banaz' Wunsch zu heiraten und Kinder zu bekommen. Sie hatten sogar schon gemeinsam Babynamen ausgesucht. »Banaz wollte unbedingt eine Tochter«, sagte Rahmat und lächelte durch seine Tränen, »also einigten wir uns auf Rose für ein kleines Mädchen.« O Gott, ich konnte nicht mehr sprechen. Weitere Tränen flossen, als ich mich erinnerte, wie sehr Banaz Blumen gemocht hatte. Ich habe Banaz von ganzem Herzen geliebt. Ich hätte mehr tun müssen, um sie zu schützen.

Ich sah Rahmat an. »Es ist nicht deine Schuld. Du hast Banaz glücklich gemacht. Sie würde nicht wollen, dass du dich schuldig fühlst. Du hast Banaz nicht getötet.«

Rahmat lehnte sich nach vorn und bedeckte sein Gesicht mit den Händen. »Mein Leben hat keinen Sinn mehr ohne Banaz.«

Über die nächsten drei Monate wurde der Zeugenraum im Old Bailey zu meinem zweiten Zuhause. Jeden Morgen rannte ich in meiner Abaya, meinem Hidschab und meinem Niqab aus der Wohnung und sprang erschöpft, aber gleichzeitig angespannt in das wartende Zivilfahrzeug der Polizei. An manchen Tagen hatte ich die ganze Nacht zuvor nicht geschlafen. Wenn ich schlief, weckte mich ein wiederkehrender Albtraum. In diesem Traum jagten mich Löwen durch die Gänge des Old Bailey und in den Gerichtssaal 10, wo Dad und Ari auftauchten – grinsend und sich die Hände reibend. Dieser Albtraum verfolgt mich noch heute.

Ich vermisste Hannana. Aus Sicherheitsgründen durften wir während des Prozesses keinen Kontakt zueinander aufnehmen. Aber ich wusste, dass sie da war und von irgendwo auf der Besuchertribüne aus zusah, während ich mit Rahmat das Geschehen über die Videoaufzeichnung verfolgte.

Auch wenn ich der Polizei ihre anfänglichen Versäumnisse niemals verzeihen werde, so muss ich doch die Ermittlungsarbeit der Beamten loben, die sich unermüdlich bemüht hatten, Banaz zu finden. Am Bildschirm sah ich zu, wie Keilly McIntyre die Telefonate, die sie so akribisch analysiert hatte, als Beweismittel vorlegte. Der Mörder von Banaz hatte ihre Leiche in einem Mietwagen transportiert, ohne zu wissen, dass dieser mit einem Satellitenortungsgerät ausgestattet worden war. Keilly hatte die Daten dieses Geräts untersucht, die bewiesen, dass das Auto am Tag von Banaz' Verschwinden in der Morden Road 225 und später in der Alexandra Road 86 in Birmingham gewesen war, wo ihre Leiche gefunden wurde.

Die Aussagen mehrerer Polizeibeamten zeigten, dass mein Vater abweichende Angaben zu dem Zeitpunkt machte, als er Banaz das letzte Mal gesehen habe. Einem Beamten erzählte er, er habe Banaz am Morgen des 24. Januars in Jeans und T-Shirt gekleidet angetroffen. »Du verdammter Lügner«, schrie ich dem Bildschirm entgegen, als ich das hörte. Seit wann erlaubte der »Evil Punisher« seinen Töchtern, T-Shirts zu tragen? Einem anderen Polizisten berichtete er: »Ich habe sie (Banaz) an diesem Morgen nicht gesehen.«

Als er an der Reihe war, vor Gericht auszusagen, erzählte er – über einen Dolmetscher – weiter haufenweise Lügen. Als ob er einen Dolmetscher gebraucht hätte! Trotz seines »In diesem Haus darf nur Kurdisch gesprochen werden«-Blödsinns sprach mein Vater besser Englisch als alle Mahmods zusammen. Ich saß auf der Kante des Sofas, meine Augen nur Zentimeter vom Bildschirm entfernt, und sah zu, wie dieser Widerling eine Unwahrheit nach der anderen von sich gab. »Ich bin wie ein Freund für meine Töchter. Ich würde meinen Kindern nie etwas antun«, sagte er und lächelte und gluckste unter seinem grauen Schnurrbart hervor. Bei dieser Bemerkung hätte ich mir am liebsten die Haare ausgerissen. Doch es kam noch schlimmer. In einem verzweifelten Versuch, die Geschworenen für sich einzunehmen, legte mein Vater Fotos von mir vor, die vor Jahren im Haus der Familie aufgenommen worden waren. »Auf diesen Bildern«, betonte er, »trägt Bekhal keinen Hidschab.« Auf diesen Bildern waren auch keine Männer zu sehen. Außerdem durften wir unsere Hidschabs im Haus vor unseren engsten Familienangehörigen ablegen. Wenn ich mein Kopftuch außerhalb des Hauses nicht getragen hatte, hatte mein Vater mich geschlagen. Und so gingen die Lügen weiter: »Ich habe mich gefreut, dass Banaz Rahmat heiraten wollte.« – »Banaz hat oft die Nacht bei Rahmat verbracht.« – »Meine Kinder können kommen und gehen, wie sie wollen.«

Doch als Victor Temple anfing, meinem Vater kritische Fragen zu stellen, bekamen die Geschworenen eine Ahnung von seinem aufbrausenden Temperament. »Ihre Fragen sind lächerlich«, schrie er auf Kurdisch. »Sie haben überhaupt keine Beweise … Sie beschuldigen mich, weil Sie den echten Täter nicht finden.«

Meine Eingeweide verknoteten sich, als Kejal für die Verteidigung aussagte und unseren Vater als den perfekten, »liebevollen Dad« darstellte. Sie erzählte dem Gericht, dass sie am Morgen des 24. Januar zu Hause gewesen sei: »Ich war oben, habe mein Baby gefüttert und ein Bad genommen.« Aus den Telefonaufzeichnungen geht hervor, dass Kejal an diesem Morgen mehrfach von meiner Mutter und meinem Vater (von ihren jeweiligen Handys aus) angerufen worden war. Keiner von ihnen hatte jedoch versucht, Banaz zu erreichen.

Mein Onkel hat natürlich versucht, aus dem Gerichtsverfahren die übliche verdammte Ari-Show zu machen. Auch er nutzte einen Dolmetscher. Arrogant wie immer zuckte er mit den Schultern, lachte halb und machte Bemerkungen wie »dieser Mist geht mir am Arsch vorbei«, als Victor Temple ihn verhörte. Ich deutete auf Ari, eine winzige, unbedeutende Person auf dem Bildschirm, und sagte zu Rahmat: »Sieh dir diesen mörderischen, ekelhaften Parasiten an. Wie kann er es verdammt noch mal nur wagen? Dieser böse, lügnerische, manipulative, herzlose Mistkerl.«

Ari stritt alle Anschuldigungen der Staatsanwaltschaft ab und stellte sich, wie mein Vater auch, als perfekten, liberalen Dad dar. Auf die Frage nach dem Treffen, bei dem er gedroht hatte, mich in Asche zu verwandeln, erwiderte er: »Hat sie (ich) es aufgezeichnet?« Er leugnete seinen Anruf bei meiner Mutter, in dem er angekündigt hatte, dass Banaz und Rahmat getötet werden sollten. »Banaz hat keine Anschuldigungen gegen mich erhoben«, sagte er.

Kann man es denn fassen? Als die Geschworenen jedoch die Anzeige vorgetragen bekamen, die Banaz am 23. Januar bei der Polizei gemacht hatte und in der Einzelheiten über Aris Morddrohungen und die Ereignisse in der Silvesternacht 2005 ans Licht kamen, geriet seine Selbstsicherheit ins Wanken. In ihrer Aussage erklärte Banaz, dass Ari »meine Familie einer Gehirnwäsche unterzogen« habe. »Er (Ari) scheint über jede Entscheidung, die mein Vater trifft, die Kontrolle zu haben«, hatte sie der Polizei berichtet.

Ich glaube, ich hatte irgendwie angenommen, dass der Prozess ewig dauern würde, und ein Teil von mir wollte nicht, dass er endete. Dadurch, dass ich jeden Tag zum Gericht ging und Rahmat sah, blieb Banaz auf gewisse Weise für mich lebendig. Ich hatte von den Aktivisten vor dem

Gericht gehört, die Transparente schwenkten und »Gerechtigkeit für Banaz« skandierten, was zeigte, wie sehr Banaz' tragische Geschichte die Herzen der Menschen berührte. Doch am Freitag, dem 8. Juni 2007, war es so weit und der Richter schickte die Geschworenen zur Urteilsfindung in einen anderen, nicht öffentlichen Raum des Gerichtsgebäudes.

Oh, mein Gott, ich war ein Wrack, schwitzte, zitterte, weinte und ging alle paar Minuten auf die Toilette. »Was, wenn sie davonkommen?«, fragte ich Sarah unablässig. »Ich habe mich gegen meine Familie gestellt. Wenn sie freikommen, werden sie mich töten. Sie *werden* mich töten.« Die Jury kam an diesem Tag zu keiner Entscheidung. Es folgte ein langes, quälendes Wochenende. Dann, am Nachmittag des 11. Juni, einem Montag, verkündeten die zwölf Personen, die in einem abgeschiedenen Raum die Beweise von fast vier Monaten Verhandlung diskutiert hatten, ihr Urteil.

Rahmat und ich durften in den Gerichtssaal, um die Entscheidung der Geschworenen zu hören. Abgeschirmt von Sicherheitsbeamten saßen wir zusammen mit Sarah unterhalb des Balkons der Besuchertribüne. Durch das Rechteck meines Schleiers hindurch starrte ich Dad und Ari an, die beide zurückstierten. Aris Gesichtsausdruck war wie immer von purer Arroganz geprägt. Ich wollte zur Anklagebank rennen, ihm meine Hand in den Hals rammen und sein Herz herausreißen.

Als die Geschworenen den Saal betraten, schoss mir die Hitze aus dem Herzen ins Gesicht. Ich fühlte mich schwach, als würde ich gleich ohnmächtig, und meine schweißnassen Hände glitschten und zitterten in meinem Schoß. Ich hörte den Richter sprechen.

»Die Angeklagten mögen sich bitte erheben.« Der »Evil Punisher« und Ari zeigten keine Regung, als sie aufstanden. Sie sahen aus wie zwei gelangweilte Männer, die an einer Bushaltestelle warteten. Dann erhob sich der Sprecher der Geschworenen, und mein Herz klopfte wild in meinen Ohren, als der Richter erneut sprach. »Befinden Sie den Angeklagten Mahmod Babakir Mahmod in der Anklage wegen Mordes für schuldig oder nicht schuldig?«

Ich kniff meine Augen zusammen. *O Gott, bitte lass sie nicht davonkommen.* Stille, nur ein leises Flüstern von den Besucherrängen über uns …

»Schuldig.«

»Ja!«, schrie ich durch meinen Niqab. Ich ergriff Sarahs Hand, während Rahmat die Faust in die Luft reckte.

»In der Anklage wegen Mordes«, fuhr Brian Barker fort, »befinden Sie den Angeklagten Ari Mahmod für schuldig oder nicht schuldig?«

»Schuldig.«

Ich brach in Tränen aus, als die Geschworenen Ari auch noch der Verschwörung zum Zwecke der Justizbehinderung für schuldig erklärten. *Wir haben es geschafft*, dachte ich, *aber was passiert jetzt?* Über mir ertönten Rufe und Proteste auf Kurdisch. Ich stellte mir meine Mutter vor, wie sie ihre Augen mit ihrem Hidschab bedeckte, während sie weinte. Sie war im Gerichtssaal, aber ich war froh, dass ich sie nicht sehen konnte.

Der Richter ließ den Hammer auf den Tisch knallen. »Bringt sie weg.«

Ein Wirrwarr an Gefühlen überkam mich. Zuerst fühlte ich Erleichterung, die schnell von Angst und Schmerz überschattet wurde. Ich dachte: *Verdammt, wir haben das hier geschafft, aber jetzt sind wir diejenigen, die es abkriegen. Sie werden mich umbringen, sie werden mich umbringen, sie werden mich umbringen.* Dann folgte eine tiefe, herzzerreißende Traurigkeit, als der »Evil Punisher« mir einen letzten verächtlichen Blick zuwarf. Ich schaute weg. Ich konnte nicht einmal ansatzweise begreifen, was er Banaz angetan hatte. Wie hatte er zusehen können, wie seine Tochter, der er das Leben geschenkt hatte, zu einer schönen jungen Frau herangewachsen war, und ihr dann jegliches Glück verweigern und ihr schließlich sogar das Leben nehmen? Alle Gerechtigkeit der Welt konnte Nazca nicht zurückbringen.

Über einen Monat später saß ich mit Rahmat im selben Gerichtssaal. Ich hatte zuvor erfahren, wie meine geliebte Nazca in den letzten zweieinhalb Stunden ihres kostbaren Lebens gefoltert und vergewaltigt worden war. Diesmal saß ein anderer Mann neben meinem Vater und Ari auf der Anklagebank: Mohamad Hama, der zuvor den Mord an Banaz gestanden hatte. Alle drei Mörder sollten an diesem Freitag, dem 20. Juli 2007, verurteilt werden. Bei der Anhörung vor der Urteilsverkündung am Vortag wurden Hamas unsägliche Taten dargelegt. Auf dem blutroten Teppich in der Morden Road 225, dem Haus, in dem sich meine Schwester sicher und von ihrer Familie geliebt hätte fühlen sollen, trat Hama auf Banaz' Hals ein, bevor er sie vergewaltigte und zu Tode würgte, um »ihre Seele herauszuholen«. Hama, damals 31 Jahre alt, gab in Telefongesprächen aus dem Gefängnis lachend mit seiner Tat an. Er wusste nicht, dass die Gespräche aufgezeichnet wurden. Als er von dem Schnürsenkel sprach, mit dem er Banaz erdrosselt hatte, sagt er: »Die Schnur war dick und die Seele wollte nicht einfach so aufgeben. Wir konnten sie nicht herausbekommen. Insgesamt hat es fünf Minuten gedauert, sie zu erwürgen. Ich musste auf ihren Hals treten und stampfen, um die Seele herauszubekommen.«

Ich möchte keine weiteren Worte über das schreckliche Verbrechen dieses gefühllosen Bastards verlieren.

Bevor Richter Barker die Mörder verurteilte, verlas ich meine persönliche Erklärung. Zitternd stand ich in meinem Hidschab, Niqab und der Abaya hinter dem Sichtschutz und schilderte dem Gericht den Moment, als ich Nazca 2005 zum letzten Mal gesehen hatte:

Es fällt mir wirklich schwer zu beschreiben, wie sehr mir Banaz' Tod zugesetzt hat. Worte sagen nicht genug … Ich bin mit fünfzehn von zu Hause weggegangen, aber ich bin mit [meiner Schwester] Banaz in Kontakt geblieben. Ich wusste, was mit ihr geschah und wie unglücklich sie in ihrer Ehe war. Das letzte Mal, dass ich Banaz lebend gesehen habe, war im Jahr 2005. Sie war in einem schlechten Zustand … Mir bleibt nichts von Banaz außer zwei Fotos, und es fällt mir sehr schwer, um sie zu trauern. Da ich von meiner Familie getrennt bin, habe ich niemanden, mit dem ich meine Erinnerungen oder meinen Kummer teilen kann.

Ich wünsche mir von ganzem Herzen, ich hätte sie 2005 mitgenommen, dann wäre sie noch am Leben. Banaz war eine kluge, lustige und attraktive Frau. Sie war sehr fürsorg-

lich und kam mit allen Menschen gut aus. Was sie vor allem wollte, war, glücklich zu sein und einen liebevollen Ehemann und Kinder zu haben. Seit ihrem Verschwinden gab es keine einzige Nacht, in der ich nicht von Albträumen darüber heimgesucht wurde, was mit ihr geschehen ist. Banaz selbst tritt nicht in meine Träume oder Albträume und das macht mich traurig; ich würde sie gern wiedersehen. Aufgrund der Umstände von Banaz' Tod weiß ich, dass ich nie wieder sicher sein werde und ständig über meine Schulter schauen muss.

Ich weine und bin untröstlich, wenn ich daran denke, was mit ihr passiert ist. Mein Leben wird nie wieder dasselbe sein. Wenn ich mir eine Sache wünschen könnte, dann wäre es, Banaz zurückzubekommen. Ich vermisse sie und liebe sie. Banaz stand mir sehr nahe und war eine besondere Schwester und Freundin. Die Welt war nicht gut genug für Banaz; wenigstens kann sie jetzt als Engel ruhen.

Nachdem ich mein Statement verlesen hatte, begleiteten mich zwei Sicherheitsbeamte zurück zu meinem Platz im Gerichtssaal. Ich erinnere mich daran, dass ich Nein schrie, als der Richter den »Evil Punisher« zu lebenslänglicher Haft verurteilte, mit einer Mindeststrafe von zwanzig Jahren Gefängnis. Ari, der den »Ehrenmord« an Banaz befohlen und geplant hatte, wurde zu einer Mindeststrafe von dreiundzwanzig Jahren verurteilt, während das abscheuliche Schwein, das meine kleine Schwester vergewaltigt und erwürgt hatte, nur zu erbärmlichen siebzehn Jahren verurteilt wurde. Ich konnte das nicht verstehen. Ich dachte, eine lebenslange Haftstrafe bedeutet genau das: ein Leben im Gefängnis – man stirbt hinter Gittern. Auch jetzt zeigten mein Vater und Ari keine Emotionen, als Richter Brian Barker zu ihnen sprach: »Sie sind beide harte und unbeirrbare Männer, denen die scheinbare Ehre in der Gemeinschaft wichtiger ist als das Glück Ihres eigenen Fleisch und Blutes und für die das Töten im Namen der Ehre Vorrang hat vor Werten wie Toleranz und Verständnis.«

»Verrottet in der Hölle, ihr verdammten Schweine«, sagte ich leise, als der »Evil Punisher« und Ari abgeführt wurden, um ihre lebenslange Haftstrafe anzutreten. *Ich hoffe, dass sie euch im Gefängnis das Leben zur Hölle machen.*

Einige Wochen nach der Urteilsverkündung besuchten Rahmat und ich zum ersten Mal Nazcas Grab. Die Polizei fuhr uns in separaten Zivilfahrzeugen zum Friedhof in Morden. Sie verschlossen sogar die Tore, während mehrere Beamte in Zivil den Friedhof bewachten.

Ich traf Rahmat und wir gingen gemeinsam zu Banaz' Grab. Ich hatte die Arme voller Blumen – zwei Liliensträuße (Banaz' Lieblingsblumen), einer gelb, der andere rosa, und einen Strauß orangefarbener Rosen. Die Öffnung einer grünen Vase ragte oben aus meiner Umhängetasche heraus, die Rahmat mir zu tragen anbot. Als wir über den Friedhof gingen, hinter uns die Polizisten, sprach Rahmat erneut über seine Trauer um Banaz. Wir blieben einen Moment im strömenden Regen stehen, nur wenige Schritte von dem Erdhügel entfernt, der Nazcas Ruhestätte markierte, und ich blickte zu Rahmat auf. Gott, er sah aus, als hätte er seit Wochen nicht mehr geschlafen. Seine Augen, die von purpurnen Schatten umgeben waren, waren vom Weinen geschwollen. »Oh, Rahmat, ich weiß, wie sehr du Banaz vermisst«, sagte ich. »Mir fehlt sie auch, und ich weiß, dass ich sie nicht zurückzaubern kann, aber ich bin für dich da, wenn du jemanden zum Reden brauchst.«

Tränen kullerten über Rahmats Wangen. »Bekhal, kann ich dich etwas fragen?«

»Natürlich.«

»Würdest du mit mir zusammenleben? Ich meine nicht als Paar, nur als Freunde. Wir könnten uns gegenseitig unterstützen und Banaz bei uns haben.«

Oh, was konnte ich sagen? Ich fühlte mich so hilflos. So sehr ich Rahmat auch helfen wollte, ich konnte nicht mit ihm leben. Meine Augen füllten sich mit Tränen, während ich in meinem Kopf nach den richtigen Worten suchte. »Es tut mir so leid«, sagte ich schließlich. »Das ist ein unglaublich liebes Angebot, aber ich kann nicht. Ich habe jetzt eine Tochter und ich muss an ihre Sicherheit denken. Aber ich bin trotzdem für dich da.«

Rahmat nickte. »Ich verstehe«, sagte er, dann hielt er mir meine Tasche hin und fügte hinzu, »bitte, du solltest etwas Zeit mit deiner Schwester verbringen. Ich lasse dich allein, damit du dich verabschieden kannst.«

Ich dankte Rahmat und dachte, *wie typisch für Banaz, dass sie sich einen so höflichen, rücksichtsvollen Mann ausgesucht hat.* Ich trat einen Schritt vor und kniete mich dann in das feuchte Gras. Es gab keinen Grabstein, nur eine kleine Tafel mit einer Grabnummer, also stellte ich meine Vase an die Stelle des Grabsteins und begann, Nazcas Blumen zu arrangieren. Dabei erinnerte ich mich daran, wie Banaz die Narzissen vor unserem Haus in der Morden

Road bewundert hatte. »Ich liebe Blumen, Bakha. Gelb und Orange sind meine Lieblingsfarben. Jwana, jwana.« Und ich schluchzte, als ich daran dachte, wie ihre zarten Finger die Blütenblätter berührt hatten. Ich füllte die Vase mit den gelben Lilien und den orangefarbenen Rosen, dann lehnte ich mich zurück und flüsterte meine Abschiedsworte: »Oh, Nazca, wenn du noch hier wärst, wäre die ganze Welt orange und gelb. Ich liebe dich, herzallerliebste Schwester. Schlaf gut, mein Engel.«

Epilog

Vor vielen Jahren, als wir im Iran lebten, kletterte Banaz im Schlaf eine sechs Meter hohe Leiter hinauf. Ich sah sie von unserem Schlafzimmerfenster aus, eine schwankende Gestalt in Aladinhosen, die sich an den oberen Teil der Leiter klammerte, die auf das Dach unseres Hauses führte.

Voller Panik rannte ich in das Zimmer meiner Eltern. »Schnell, ihr müsst kommen, Banaz steckt fest. Sie ist auf der Leiter.« Ich hatte furchtbar Angst, dass Banaz fallen und mit dem Kopf auf dem Beton aufschlagen würde. Sie war damals etwa acht Jahre alt und es war nicht das erste Mal, dass sie schlafwandelte. Dad sprang aus dem Bett und lief nach draußen. Ich folgte ihm und sah durch meine Finger hindurch zu, wie er die Leiter hinaufkletterte und meine kleine Schwester rettete. Banaz schlief noch immer, aber Dad konnte sie dazu bewegen, Schritt für Schritt die Leiter hinabzusteigen, während er die ganze Zeit hinter ihr stand.

Was ich damit sagen will, ist Folgendes: Banaz hätte in dieser Nacht sterben können, aber unser Vater hat sie gerettet. Was ist mit diesem Mann geschehen? Wie kann es sein, dass er Banaz damals beschützte und zwölf Jahre später ihre Ermordung in die Wege leitete? Diese Frage stelle ich mir jeden Tag.

Leider setzt Vaters Verurteilung und Gefängnisstrafe dem Trauma, das er und Ari Banaz und mir – und meinen jüngeren Schwestern Payzee und Ashti – zugefügt haben, kein Ende. Kein Tag vergeht, an dem ich nicht an Banaz denke. An jedem Jahrestag – ihrem Geburtstag, dem Tag ihres Verschwindens und dem Tag, an dem sie gefunden wurde – zünde ich eine Kerze an und trauere um sie und um die Zukunft mit ihrem »Prinzen« Rahmat, die ihr nicht vergönnt war.

Im Jahr 2012 gab ich ein Interview für einen Dokumentarfilm über Banaz' sogenannten »Ehrenmord«. *Banaz: A Love Story*, produziert und inszeniert von Deeyah Khan, zeigt Aufzeichnungen von den fünf Besuchen, die Banaz bei der Polizei machte, um Hilfe zu erbitten. Diese Videos waren bei Banaz' Prozess nicht gezeigt worden und als ich sie zum ersten Mal sah, brach es mir das Herz. In einem der Filme wirft Banaz ihren Ex-Ehemann Vergewaltigung und Missbrauch vor. »Wenn er mich vergewaltigte, behandelte er mich, als wäre ich sein Schuh, den er anziehen konnte, wann immer er wollte«, berichtete sie. »Ich wusste nicht, ob das normal war für meine Kultur oder dieses Land. Ich war damals gerade einmal siebzehn.« So ist Banaz zu hören, über ihren Tod hinaus. Als Banaz mir 2005 von ihrem Ehemann erzählte, hatte sie seine Angriffe mit fast identischen Worten beschrieben: »Es ist, als wäre ich sein Handschuh oder sein Schuh … den er anziehen kann, wann immer er will.« Warum wurden Banaz' Aussagen von der Polizei nicht ernst genommen? Ich kann mir diese Videos nicht ansehen, ohne zu weinen oder den Bildschirm anzuschreien oder zu denken: *Was wäre wenn?*

Im Jahr 2008 stellte die damalige unabhängige britische Untersuchungskommission für polizeiliches Fehlverhalten (IPCC) schwerwiegende Versäumnisse bei der Bearbeitung von Banaz' Fall fest. Die IPCC kritisierte insbesondere zwei Beamte der Metropolitan Police, an die sich Banaz in der Silvesternacht 2005 gewandt hatte. Die Polizeibeamtin und ihr Vorgesetzter, ein Kommissar, erhielten von der Disziplinarkommission der Polizei jedoch lediglich »Empfehlungen«. Ich war fassungslos vor Wut. Banaz ist tot. Sie starb vierundzwanzig Tage nachdem sie den Beamten anvertraut hatte, dass ihr Vater versucht habe, sie umzubringen – und diejenigen, die Banaz' Anschuldigungen als »melodramatisch« abgetan hatten, kommen mit einem Klaps auf die Handgelenke davon? Was die Ungerechtigkeit noch schlimmer macht: Die Polizistin wurde anschließend sogar noch befördert. Ich meine, das kann doch nicht wahr sein?

Nach dem Urteil des IPCC halfen mir Dr. Hannana Siddiqui und Anwälte dabei, gegen die Metropolitan Police eine Zivilklage wegen polizeilicher Versäumnisse einzureichen. Ich kann keine Einzelheiten zu diesem Vorgang nennen, aber ich kann bestätigen, dass die Met einer außergerichtlichen Einigung zugestimmt hat. Es soll hier jedoch betont werden, dass sich meine Kritik nicht auf das Dezernat für Mord und andere Schwerverbrechen der Metropolitan Police erstreckt, dessen Mitarbeiter alles getan haben, um Banaz zu finden und ihre Mörder vor Gericht zu stellen. Tatsächlich hat DCI Caroline Goode Rechtsgeschichte geschrieben, als sie die Auslieferung meiner Cousins Mohammed Saleh Ali und Omar Hussain aus dem irakischen Kurdistan sicherstellte. In einem zweiten Prozess im November 2010 wurden beide des Mordes für schuldig befunden und zu mindestens einundzwanzig Jahren Haft verurteilt. Ali war leichter zu finden gewesen, denn er war im Irak verhaftet worden, nachdem er einen sechzehnjährigen Jungen bei einem Motorradunfall mit Fahrerflucht getötet hatte.

Mein anderer Cousin, Dana Amin – derjenige, der mich verfolgt, mir Drohungen geschickt und gelacht hatte, als ich als Kind fast ertrank –, hatte geholfen, Banaz' Leiche zu beseitigen. Er wurde 2013 zu acht Jahren Haft verurteilt und ist inzwischen wieder freigelassen worden.

Wie ich schon in meiner Stellungnahme vor Gericht gesagt habe, ich werde mich niemals sicher fühlen. Ich werde immer über meine Schulter schauen. Einige Tage nach dem Ende des Prozesses erhielt ich einen Anruf von Cheryl, der Friseurin und Schwester meines Ex-Freundes Ata. Sie hatte in der Presse über den Fall gelesen und Aris Gesicht erkannt. Im Dezember 2005 war dieser widerwärtige Mann in ihren Salon gekommen, in dem ich arbeitete, hatte sich seinen Schnurrbart stutzen, die Haare schneiden lassen und Fragen gestellt. »Ich erkenne deinen Onkel, Ari Mahmod, wieder. Er kam in den Salon – kurz vor Weihnachten 2005«, sagte Cheryl. »Er fragte immer wieder nach den Frauen, die hier arbeiteten, und er wollte Namen wissen, was ich seltsam fand. Er war wirklich unheimlich. Es handelte sich definitiv um denselben Mann.« O ja, das war Ari gewesen, ganz sicher. Er hatte also etwa zur selben Zeit nach mir gesucht, als er den Mord an Banaz plante. Aber das überrascht mich nicht – ich war schon immer auf Aris Todesliste gestanden.

Gegen Ende des Jahres 2007 wurde ich in das Zeugenschutzprogramm aufgenommen. Ich hatte das zwar nicht gewollt, aber hätte ich mich geweigert, wäre meine Tochter sehr wahrscheinlich zu ihrer Sicherheit in Obhut genommen worden. Mein Leben ist schwierig. Es ist ein einsames Leben. Ich wollte nie die Verbindung zu meiner Familie abbrechen, aber die Umstände zwangen mich dazu. Gott, was würde ich nicht dafür geben, meine jüngeren Schwestern zu sehen. Ich leide unter Panikattacken und Albträumen und, um ehrlich zu sein, ich werde nie wieder wirklich glücklich sein.

Im Mai 2016 erhielt ich die schockierende Nachricht, dass Rahmat Selbstmord begangen hatte. Presseberichten zufolge hatte er zuvor schon zweimal versucht, sich das Leben zu nehmen. Armer Rahmat, ich glaube wirklich, dass er ohne Banaz einfach nicht leben konnte.

Für meinen Vater, den »Evil Punisher«, hege ich keinerlei liebevolle Gefühle, vielmehr lebe ich in Angst vor dem Tag, an dem er und Ari aus dem Gefängnis entlassen werden. Aber ich hoffe, sie kommen nie raus. Ich wünsche mir, dass der »Evil Punisher« einen langsamen, qualvollen Tod im Gefängnis erleidet. Wie Richter Brian Barker bei der Verurteilung meines Vaters und Aris sagte: »Was hat es mit Ehre zu tun, wenn einem Vater sein Stand in der Gemeinschaft wichtiger ist als das Leben seines eigenen Fleisch und Blutes?«

Heute setze ich mich gemeinsam mit meiner lieben Freundin Hannana für Aufklärung über Gewalt im Namen der Ehre ein. Wir kämpfen für »Banaz's Law«, ein Gesetz, das »Ehre« als strafverschärfenden und nicht als mildernden Faktor bei Verbrechen aus kulturellen Beweggründen deklariert.

Banaz war eine schöne junge Frau, die ihr ganzes Leben noch vor sich hatte, doch ihre Hoffnungen wurden von den Menschen zunichte gemacht, die sie eigentlich lieben sollten. Meine Schwester hat keinerlei Verbrechen begangen. Wie ich bereits mehrfach in diesem Buch erwähnt habe, war Banaz der sanfteste und freundlichste Mensch, den man sich nur vorstellen konnte. Sie wäre eine wunderbare Mutter gewesen, und wenn mein Vater, mein Onkel und meine männlichen Cousins sie ihr Leben hätten leben lassen, hätte Banaz es auf ihre ehrliche Art voll ausgekostet.

Jeden Abend, bevor ich schlafen gehe, küsse ich eines meiner wenigen Fotos von Banaz, das innen an der Tür meines Kleiderschranks hängt. An Geburtstagen und Jahrestagen trage ich ihr ein Gedicht vor, das meine Gefühle für sie auf den Punkt bringt. Es ist ein Gedicht von Roisin Loughran mit dem Titel *Don't Cry for Me – Weine nicht um mich*. Diese beiden letzten Verse bringen mich immer zum Weinen:

So wein doch nicht um mich,
ich bin dir stets ganz nah,
du dachtest, ich sei fort,
doch war ich immer da.

Du wirst es bald erkennen,
der Tag ist nicht mehr weit:
die deine Hand gehalten,
war stets ich, all die Zeit.

Nachwort

Bekhal wurde von Kindheit an als »Unruhestifterin« bezeichnet. Ihr trotziger Geist brachte sie immer wieder in Schwierigkeiten, weshalb sie in der Zeit, als ihre Familie im Irak und im Iran lebte, nicht nur verbale, sondern auch körperliche Strafen in Form von brutalen Schlägen erleiden musste. In ihrer Jugendzeit in Großbritannien war ihr Vater zwar weiterhin gewalttätig, doch trug vor allem ihr Onkel Ari zu der Mischung aus Kontrolle und Bedrohung bei. Er kündigte an, sie in »Asche« zu verwandeln, und Bekhals Bruder, der vom Vater emotional erpresst, mit Geld bestochen und aufgefordert worden war, der »Mann in der Familie« zu sein, versuchte, sie zu töten.

Bekhals Verhalten Männern gegenüber stand seit ihrem sechsten Lebensjahr unter Überwachung und Kontrolle, als sie zum ersten Mal geschlagen wurde, weil sie unschuldig die seltsam aussehenden Fingernägel eines erwachsenen Cousins berührte. Damals hatte sie keine Ahnung, warum dies »falsch« war oder warum ihre liebevollen Eltern sich manchmal in nicht wiederzuerkennende Monster verwandelten. Erklärungen wurden nie abgegeben, weshalb es für sie schwierig war, weiterer Prügel aus dem Weg zu gehen. So war Bekhal gezwungen, in Angst und Ungewissheit zu leben, während sie immer wieder testete, wie weit sie gehen konnte. Doch selbst sie hatte nicht damit gerechnet, dass sie und ihre Schwestern und Cousinen ohne Vorwarnung in einer dilettantischen Prozedur der weiblichen Genitalverstümmelung unterzogen werden würden. Diese Erfahrung, als Bekhal fast starb, nachdem ihre halb blinde, feindselige Großmutter einen Nerv durchtrennt hatte, ließ sie erkennen, dass sie für ihre Rechte als Frau kämpfen musste, um zu überleben. Es sollte der Wendepunkt werden, an dem sie beschloss, dass dieses traditionelle Leben nichts für sie war.

Später in England entdeckte sie die Girl-Power-Bewegung und fand Auswege, dem Missbrauch zu entkommen, indem sie sich an Hilfsorganisationen für Frauen wandte. Sie nahm sogar einmal Kontakt mit den *Southall Black Sisters* auf. Obwohl der Rat in der Regel lautet, an einen anderen Ort zu ziehen, die Schule oder den Arbeitgeber zu wechseln, ist dies von den Opfern nicht immer gewünscht oder für sie nicht möglich. Bekhal wurde an einen Sozialdienst der Stadtverwaltung verwiesen und in einem Schutzhaus untergebracht, da sie die Gegend nicht verlassen wollte.

Banaz hingegen blieb wirklich unschuldig und »zart«, wie ihr Name impliziert, und fiel in der Folge einem Ehrenmord zum Opfer. Doch wie die meisten Menschen konnte auch sie sich vermutlich kaum vorstellen, dass diejenigen, denen man vertraute, einen Mord verüben würden. Banaz kehrte nach Hause zurück, nachdem sie ihren Mann verlassen hatte. Anfänglich wurde ihr vorgeworfen, sie sei keine »gute Ehefrau« für den »David Beckham unter den Ehemännern«, obgleich Banaz laut Aufzeichnung in der polizeilichen Vernehmung 2005 aussagte, dass er sie wie seinen »Schuh« behandelt habe. Sie berichtete auch, dass er ihrer Familie erzählt habe, er würde sie nur vergewaltigen, wenn sie Nein sage. Eine Scheidung käme jedoch einer Schmach gleich, denn, wie Banaz selbst in dem Interview sagte, »alle Schuld liegt bei der Frau«. In jedem Fall war es so gut wie unmöglich, einen Cousin bzw. eine einmal geschlossene Ehe zu verlassen. Also ging sie zurück zu ihrem Ehemann. Später hoffte Banaz, dass ihre Eltern sie unterstützen würden, und zog erneut nach Hause. In der Folgezeit ging sie eine Beziehung mit Rahmat ein. Ihr Ehemann sprach eine islamische *talaq* (Scheidung) aus und beschuldigte sie des Ehebruchs. Banaz wollte erneut heiraten, und zwar Rahmat, aber das Paar war gezwungen, so zu tun, als ob ihre Beziehung beendet sei, da Rahmat von der Familie als »ungeeignet« eingestuft worden war. Dennoch blieben die Sippe und die kurdische Gemeinschaft misstrauisch und verfolgten und kontrollierten Banaz. Ihr Schicksal war besiegelt, als das Paar beim Küssen vor einer U-Bahn-Station fotografiert wurde. Das war nach einer Nacht, in der Banaz nicht nach Hause zurückgekehrt war. Sie hatte am Tag zuvor Geburtstag gehabt, und das Paar hatte zum ersten Mal die Nacht miteinander verbracht. Ihr Onkel Ari drohte damit, sie zu töten. Ein Familien- bzw. »Kriegsrat« wurde einberufen, bei dem ein Mordkomplott beschlossen und beraten wurde.

Trotz ihrer Unschuld entschloss sich Banaz zu kämpfen, als sie in höchste Gefahr geriet. Sie habe sich an das Leben geklammert, so lange sie konnte, beschreiben die Mörder in im Gefängnis heimlich aufgenommenen Aufzeichnungen, ihre Seele habe einfach nicht »den Körper verlassen« wollen. Vor ihrem Tod wusste Banaz, dass sie weder zu Hause noch außerhalb sicher war, und fasste dennoch den

Mut, Hilfe bei der Polizei zu suchen – *fünf Mal.* Sie schrieb sogar die Namen von fünf Verdächtigen auf, die sie später tatsächlich ermorden sollten. »Wenn mir etwas zustößt, sind sie es gewesen«, prophezeite Banaz in dem Polizeivideo, während sie sich an ihre Notizen klammerte.

Banaz kehrte nach Hause zurück, nachdem ihr eigener Vater in der Silvesternacht 2005 versucht hatte, sie zu töten. Obwohl sie die Handyaufnahme von Rahmat vorweisen konnte, in der sie in Angst und Verzweiflung die Einzelheiten des Mordversuchs beschreibt, hatten die Zweifel der Polizei wohl ihr Vertrauen in die Behörden erschüttert. Banaz war als »manipulativ und melodramatisch« abgestempelt worden und sollte sogar noch wegen Sachbeschädigung angeklagt werden. Auch in dem früheren Polizeivideo aus dem Jahr 2005 spricht Banaz zu uns, doch selbst als sie eine Zeit lang allein gelassen wird, wirkt sie in ihrem Schweigen verängstigt, aber hoffnungsvoll, dass ihr geholfen werden würde. Das erinnerte mich an einen späteren Zeitpunkt, als Banaz in einer gefährlichen Situation allein zu Hause gelassen wurde, während die Polizei nach dem Mordversuch weiteren Todesdrohungen gegen sie nachging. Auch damals hatte sie sicher auf Schutz gehofft. Sie starb an dem Tag, an dem sie eine weitere Aussage machen wollte. Dies stellte ein Versagen der grundlegenden Polizeiarbeit dar, das kolossale Auswirkungen haben sollte.

Banaz wurde von einigen Mitgliedern ihrer Familie und Community verraten. Doch der ausbleibende Schutz durch die Polizei bedeutete, dass Banaz ein weiteres Mal im Stich gelassen wurde, diesmal vom Staat. Die Polizisten, die ihr Flehen womöglich im Bemühen um kulturelle bzw. religiöse Sensibilität ignorierten, verhielten sich ironischerweise gerade dadurch rassistisch. Ich würde sogar behaupten, dass der Fall einen ebenso starken institutionellen Rassismus in der Polizei zeigt, wie er nach dem rassistischen Mord an Stephen Lawrence im Jahr 1993 an den Tag gelegt wurde. In Lawrences Fall hatte die Polizei es versäumt, eine ordentliche Untersuchung durchzuführen. Die Folge war zunächst, dass alle Verdächtigen ihrer Strafe entkamen. Es gab eine öffentliche Untersuchung sowie eine öffentliche Entschuldigung des Präsidenten der Metropolitan Police. In Banaz' Fall vermischte sich Rassendiskriminierung mit Sexismus, was zu einer Mehrfachdiskriminierung führte, wie sie schwarze Frauen und Frauen aus ethnischen Minderheiten häufig erleben. Obwohl Bekhal nach ihrer erfolgreichen Zivilklage eine private Entschuldigung von einem rangniedrigeren Beamten erhielt, bin ich der Meinung, dass eine öffentliche Entschuldigung des Polizeipräsidenten längst überfällig ist ebenso wie eine breite Behandlung des Themas Gewalt gegen Frauen und Mädchen in schwarzen und ethnischen Minderheitengemeinschaften.

Es ist eine Ironie des Schicksals, dass Bekhal einst Polizistin werden wollte, um die Gewalt gegen Frauen und Mädchen zu stoppen. Ich konnte auch nicht umhin, die Ironie meiner Empfehlung in der ITV-Chat-Show *This Morning* zu bemerken, die lautete, dass die Opfer sich trotz allem an die Polizei wenden sollten. Anschließend fragte mich Yvonne Rhoden, warum ich angesichts der Erfahrungen von Banaz zu diesem Schritt geraten hätte. Ich fragte dagegen: »An wen sollen sich Opfer denn sonst wenden, gerade in einer Notsituation?« Trotz ihrer Wut auf die Polizei ist auch Bekhal der Meinung, dass die Behörden künftig besser auf solche Situationen reagieren müssen. Daher begannen wir nach dem Prozess zusammen, die Polizei in Sachen »Gewalt im Namen der Ehre« zu schulen. Doch obwohl wir diese Schulungen kostenlos anboten, ging die Polizei später zu einem In-house-Training über und ließ die Überlebenden und Experten außen vor. So kam es unweigerlich zu vielen weiteren Versäumnissen der Polizei. Und sie sind nicht die Einzigen, die versagten. Bekhal wurde vom Sozialdienst unter Druck gesetzt, sie solle »auf ihre Eltern hören«. Die Sozialarbeiterin vermittelte zwischen ihr und ihren Eltern und überreichte ihr dabei eine Kassette ihres Vaters, auf der er drohte, die ganze Familie zu töten, wenn sie nicht nach Hause zurückkehrte.

Die Mörder wurden in ihrer Community im Vereinigten Königreich und im Irak als »Helden« gefeiert, weil sie Banaz vergewaltigt und getötet und die Familienehre wiederhergestellt hatten. Ihre Prahlerei wurde ihnen jedoch zum Verhängnis, denn dadurch, dass diese Aussagen im Gefängnis heimlich aufgezeichnet worden waren, kamen sie schließlich einem Schuldeingeständnis gleich. Doch unabhängig vom Ausgang des Prozesses empfanden die Mörder keine Reue. Stattdessen scherzten sie und fanden es legitim, dass sie Banaz gedemütigt hatten, indem sie sie über zwei Stunden lang gefoltert und vergewaltigt hatten, sie gegen den Hals getreten und gekickt hatten, als ihre Seele sich weigerte, den Körper zu verlassen. Sie hatten sie mit einem Schnürsenkel erdrosselt, sie in einen Koffer gesteckt und hinter einem verlassenen Haus unter einem ausrangierten Kühlschrank vergraben. Ari, ein einflussreicher Mann in der Community, sagte: »Ich bin wegen nichts hier, dessen ich mich schäme. Ich habe für Gerechtigkeit gesorgt.« Die Grausamkeit dessen, was sie Banaz angetan hatten, schien diesen Männern nicht im Geringsten bewusst zu sein.

Diese kaltherzige Haltung ist auch in vielen anderen Ländern des Nahen Ostens und Asiens zu finden. Brutale Morde im Namen der Ehre werden vom Staat geduldet, und die Mörder genießen Immunität. Selbst dort, wo diese Handlungen für illegal erklärt wurden, drückt das Strafrecht ein Auge zu. Das war der Grund, warum zwei der Verdächtigen im Fall Banaz in den Irak geflohen waren. Es ist auch der Grund, warum einige Ehrenmorde grenzüberschreitende Elemente aufweisen, bei denen das Opfer im Ausland getötet wird oder die Täter das Vereinigte Königreich verlassen, um sich der Justiz zu entziehen. Auch wenn wir im Fall von Banaz Verurteilungen erreicht haben, trifft dies nicht auf alle Ehrenmorde zu. Obwohl es (im Vereinigten Königreich, Anm. d. Übs.) schätzungsweise zwölf Ehrenmorde pro Jahr gibt, wissen wir nicht, wie viele in diesem Land lebende Frauen im Ausland getötet wurden. Sogar im Vereinigten Königreich entgehen einige Täter der Justiz, wenn Morde als Selbstmord oder Unfälle getarnt werden. Ehrenmorde und Zwangsehen wurden in den britischen Mainstream-Medien bis zum Tod von Rukhsana Naz im Jahr 1998 und Heshu Yonis im Jahr 2002 nicht thematisiert, und auch die Regierung hatte die Themen nicht auf der Agenda. Der Fall von Rukhsana lenkte den Blick vor allem auf den Skandal der Zwangsheirat, nachdem sie im Alter von neunzehn Jahren von ihrem Bruder erwürgt worden war, während ihre Mutter ihre Füße festhielt. Wie Banaz hatte sie sich geweigert, in einer Zwangsehe mit einem Cousin zu bleiben. Stattdessen wurde sie von ihrem Liebhaber schwanger und widersetzte sich einer Spätabtreibung. Der Fall Heshu hingegen war der erste, der von der Presse, der Polizei und den Gerichten gemeinhin als »Ehrenmord« bezeichnet wurde. Heshu war wie Banaz eine irakische Kurdin, die im zarten Alter von sechzehn Jahren von ihrem Vater erstochen wurde, weil sie einen »unpassenden« Freund hatte. Genau wie Bekhal hatte sie sich geweigert, ihren Cousin zu heiraten, und war von ihrem Vater über lange Zeit kontrolliert und geschlagen worden. Laut einer Nachrichtensendung der BBC schrieb Heshu ihrem Vater vor ihrem Tod, als sie bereits plante, ihr Zuhause zu verlassen, einen Brief: *Leb wohl, Dad, es tut mir leid, dass ich so viel Ärger gemacht habe. Ich und du werden uns wahrscheinlich nie gegenseitig verstehen, aber es tut mir leid, dass ich nicht das war, was du wolltest – es gibt Dinge, die man einfach nicht ändern kann … Also, für einen älteren Mann kannst du ganz schön stark zuschlagen und treten. Ich hoffe, du hast es genossen, deine Kraft an mir zu testen, es hat Spaß gemacht, das Opfer zu sein. Gut gemacht.*

In einem anderen Fall wurde Surjit Kaur Athwal 1998 im Alter von siebenundzwanzig Jahren in einem Ehrenmord getötet, für den ihr Ehemann und ihre Schwiegermutter sie nach Indien gelockt hatten. Dieser Fall warf erstmals ein Licht auf einen Mord, der über Grenzen hinweg organisiert worden war. Surjit hatte wegen häuslicher Gewalt durch ihren Ehemann die Scheidung gefordert. Dies und die Tatsache, dass sie möglicherweise eine Affäre hatte, wurde als zu schändlich angesehen, sodass wie in Banaz' Fall ein »Kriegsrat« einberufen und ihr Tod beschlossen wurde. Surjits Bruder, Jagdeesh Singh, hat mit Unterstützung der *Southall Black Sisters* über ein Jahrzehnt lang für Gerechtigkeit gekämpft. Die Schuldigen wurden erst 2007 verurteilt (sodass ich den Fall gleichzeitig mit Banaz' Prozess zu unterstützen versuchte), als Sarbjit Kaur Athwal, eine mit dem Bruder des Ehemanns verheiratete Frau, mutig neue Beweise lieferte. Unterstützt wurde dieser Prozess durch die Polizeiarbeit eines beharrlichen »Cold-Case«-Beamten, DCI Clive Driscoll, der 2012 auch erfolgreich Beweise für die Strafverfolgung von zwei Verdächtigen im Fall Stephen Lawrence aufdeckte. Surjits Leiche wurde nie gefunden, und die Verantwortlichen in Indien sind nicht strafrechtlich verfolgt worden. Jagdeesh setzt sich weiterhin für Gerechtigkeit ein und fordert eine öffentliche Untersuchung von »ausgelagerten«, grenzüberschreitenden Ehrenmorden.

Diese Fälle zeigen die Kontinuität der Gewalt, die Frauen aus Minderheitengemeinschaften schon in jungen Jahren von ihren eigenen Familien und später in der Ehe von ihrem Ehemann und ihren Schwiegereltern erfahren. Bei Ehrenmorden findet oft eine Verschwörung zum Töten oder zum nachträglichen Vertuschen statt, wie im Fall des Mordes an Banaz. Ehrenmorde und andere Missbrauchshandlungen wie Vergewaltigung und Gewalt zielen darauf ab, die Ehre zu bewahren oder wiederherzustellen, aber sie dienen auch als Warnung für andere Frauen und Mädchen, die aus der Reihe tanzen könnten. Das Blut von Samaira Nazir wurde auf ihre beiden kleinen Nichten gespritzt, als ihr Bruder und ihr junger Cousin sie 2005 zu Hause in Southall erstachen.

Es gab einen Plan, Bekhal zu töten, um ihre Schwestern einzuschüchtern, aber als dies nicht möglich war, wurden Banaz und Payzee als Kinderbräute verheiratet, um die Schande zu kompensieren.

Obwohl Männer, wie Bekhal sagt, »grenzenlose Freiheit« genießen, können auch sie Opfer von Ehrenmorden werden, wenn angenommen wird, dass sie eine Frau »verdorben« haben. Rahmat hatte Glück, dass er einer Entführung und Ermordung entging. Im Großen und Ganzen sind die Täter Männer, von denen einige jedoch gegen ihren Willen involviert sind. Vor allem minderjährige Männer werden aufgefordert oder gezwungen, die Tötung auszuführen, da sie eine geringere Haftstrafe zu erwarten haben. Der jüngere Bruder von Bekhal wurde möglicherweise für den Mordversuch an ihr benutzt, um aufgrund seiner Jugend mildernde Umstände geltend zu machen. Sein Widerwille wurde jedoch offensichtlich, als er zu schluchzen begann und den Versuch abbrach, als Bekhal sich wehrte. Er war außerdem der einzige Mann, der an Banaz' Beerdigung weinte.

Frauen können zwar beteiligt sein, die Gründe dafür sind jedoch oft unterschiedlich. Surjits Schwiegermutter wurde als die Matriarchin hinter der Ermordung dargestellt, was jedoch die Tatsache außer Acht lässt, dass Ehrenkodizes durch männliche Macht definiert und aufrechterhalten werden. Der Ehemann, der mehr Macht hatte, hätte den Mord verhindern können, wenn er es gewollt hätte. Auch Frauen können ein starkes konservatives Wertesystem haben, wie Rukhsanas Mutter, die glaubte, dass der Tod ihrer Tochter ihr »kismet« (Schicksal) sei und dass Frauen der Unterdrückung oder dem Missbrauch nicht entkommen könnten. Obwohl Banaz' Mutter sie und Rahmat gewarnt hatte, sind ihre Beweggründe fragwürdig, da sie den Vater nach dem Mord unterstützte. Manche Frauen sind jedoch selbst Opfer und als solche nicht in der Lage, ihre Kinder zu schützen.

Nur eine Mutter, Hanim Goren, fasste den außerordentlichen Mut, in einem Ehrenmord gegen ihren eigenen Ehemann auszusagen, was 2009 zu seiner Verurteilung wegen des Mordes an ihrer fünfzehnjährigen Tochter Tulay führte.

Bislang haben nur zwei Töchter jemals vor Gericht gegen ein oder beide Elternteile ausgesagt: Alesha, die Schwester von Shafilea Ahmed, die 2003 ermordet wurde, deren Fall aber erst 2012 vor Gericht kam, und Bekhal. Die Aussage von Bekhal war also in der Tat außergewöhnlich und ihr Handeln äußerst mutig.

Das Problem der Ehrenmorde und anderer geschlechtsspezifischer Gewalt wurde von den selbst ernannten Ältesten oder religiösen Führern der Communitys, die in der Regel männlich und konservativ sind, noch nie angegangen. Im Gegenteil, diese Art von Missbrauch wird sogar gefördert, damit sie ihre Machtbasis durch die Unterwerfung der Frauen erhalten können. Sie raten Frauen oft, in Missbrauchssituationen zurückzukehren, anstatt eine Trennung oder Scheidung zu unterstützen oder sich um staatlichen Schutz für die Opfer und Sanktionen für die

Täter zu bemühen. Tatsächlich agieren diese Anführer als »Torwächter« zwischen der Community und der allgemeinen Gesellschaft und plädieren unter dem Deckmantel des Multikulturalismus für die Nichteinmischung der Regierung oder staatlicher Stellen wie der Polizei und der Sozialdienste. Die Community, so argumentieren sie, könne sich selbst helfen und polizeiliche Angelegenheiten eigenständig regeln. Eine Einmischung wäre intolerant, ja sogar rassistisch, sagen sie. Umgekehrt haben sich die staatlichen Behörden in der Vergangenheit darauf geeinigt, sich nicht einzumischen, wenn es um den Schutz von Frauen geht, um kulturelle Sensibilität an den Tag zu legen und die Beziehungen zur Community oder der ethnischen Gruppe nicht zu gefährden. Die Eltern von Shafilea Ahmed wurden fast ein Jahrzehnt lang nicht juristisch belangt, was teilweise daran lag, dass sie die polizeilichen Ermittlungen als »rassistisch« bezeichneten. Die britische Polizei versäumte es zu ermitteln, als der Fall von Surjit Kaur Athwal zum ersten Mal bekannt wurde. Und ungeachtet unserer Treffen mit Verantwortlichen und dem Außenminister hat das Außenministerium die indische Regierung nicht nachdrücklich zum Handeln aufgefordert. Dieses Verhalten war das Ergebnis »kultureller Sensibilität« und des Versuchs, den Vorwurf des Imperialismus sowie schlechte internationale Beziehungen zu vermeiden – oder einfach nur Rassismus. Derartige Versäumnisse treten weniger häufig auf, wenn weiße Staatsangehörige im Ausland ermordet werden oder in Schwierigkeiten geraten. In Surjits Fall wurden die Ermittlungen verzögert bzw. beinahe gar keine Art von Gerechtigkeit geübt.

Obwohl rassistische und religiöse Stereotypen natürlich vermieden und Antirassismus gestärkt werden müssen, ist es notwendig, dass diese Art von Multikulturalismus die Ungleichheit zwischen den Geschlechtern und die Machtgefälle innerhalb der Communitys erkennt und anerkennt. Bekhal übt heftige Kritik an ihrer »verkorksten« Kultur und Religion, aber dieses Urteil muss im Kontext ihres Lebens und ihrer Erfahrungen verstanden werden. So war sie einer besonders konservativen Auslegung des Wertesystems und der traditionellen Praktiken ausgesetzt, die von Männern und Ältesten in einer männlich dominierten Gemeinschaft interpretiert und auferlegt worden war.

Andere Aspekte ihrer Kultur wie Essen, Musik und manche traditionelle Kleidungsstücke schätzt Bekhal dagegen sehr. Sie glaubt auch an Gott. Sie ist also nicht ohne religiöses oder kulturelles Empfinden, aber sie hinterfragt zu Recht die Art und Weise, wie ihre Kultur und Religion benutzt wird, um sie und andere Frauen in ihrer Familie und Gemeinschaft zu erniedrigen und zu diskriminieren. Unter großen persönlichen Opfern hat sie sich für grundlegende Menschlichkeit und die Achtung der Rechte der Frauen eingesetzt – ein Lackmustest, den nicht viele bestehen. Für sie und viele andere in ihrer Position ist das die wahre Bedeutung von Ehre.

Im Jahr 1998 wurde Multikulturalismus von Mike O'Brien, parlamentarischer Staatssekretär im Innenministerium, kurzzeitig als »reifer Multikulturalismus« neu gedacht. Seine denkwürdigen Worte waren: »Multikulturelle Sensibilität ist keine Entschuldigung für moralische Blindheit.« O'Brien war in dieser neuen Sichtweise von den *Southall Black Sisters* beeinflusst worden.

Ich hatte eine öffentliche Untersuchung gefordert und wurde eingeladen, Mitglied der ersten Arbeitsgruppe des Innenministeriums zum Thema Zwangsheirat zu sein, die O'Brien nach dem Tod von Rukhsana Naz eingerichtet hatte. Die Arbeitsgruppe lieferte im Jahr 2000 ihren Bericht ab, und zum ersten Mal in der britischen Geschichte wurde die Zwangsheirat als Menschenrechtsverletzung anerkannt. Obwohl die meisten meiner Empfehlungen in der Arbeitsgruppe in den Bericht aufgenommen wurden, trat ich dennoch kurz vor der Veröffentlichung zurück, da die Co-Vorsitzenden Mediation und Versöhnung als legitime Option im Umgang mit Zwangsheirat befürworteten. Dagegen erhob ich Einspruch, da diese Praxis die Opfer unter Druck setzt, in die missbräuchliche Situation zu Hause zurückzukehren. Später konnte ich Einfluss auf die Leitlinien für Fachleute zum Thema Zwangsheirat und Gewalt im Namen der Ehre nehmen, die sich gegen Mediation und Versöhnung aussprachen, und half bei der Einführung des Gesetzes über Zwangsheirat von 2007. Trotz dieser Reformen wurde das Problem der Gewalt im Namen der Ehre jedoch nicht ausreichend angegangen. Selbst nach jahrelangen Schulungen und Anleitungen zu diesem Thema besagt ein Bericht der Aufsichtsbehörde für das Polizeiwesen aus dem Jahr 2015, dass die Reaktion der Polizei auf dieses Problem nach wie vor unzureichend und uneinheitlich sei und nur drei von dreiundvierzig Polizeidienststellen ausreichend geschult seien.

Es hat den Anschein, dass die Behörden nun auch zögern einzugreifen, wenn für missbräuchliche Handlungen Glaubensgründe angegeben werden, aus Angst, als religiös unsensibel oder islamfeindlich zu gelten. Vor dem Hintergrund des zunehmenden religiösen Fundamentalismus (in allen Religionen), der unzureichenden Reaktion des Staates und der Kürzungen bei Hilfsdiensten und in der Rechtshilfe verstärken die männlichen und die religiösen Anführer ihren massiven Einfluss innerhalb der Communitys insbesondere auf junge Frauen, die sie durch »Verwestlichung« und das Erstarken des schwarzen Feminismus zu verlieren fürchten. Diese Frauen werden mithilfe von »Kopfgeldjägern« und eines Netzes von Männern, Ladenbesitzern und Taxifahrern kontrolliert, die auf Abwegen befindliche Frauen aufspüren sollen. Alternativ dazu werden Frauen durch religiöse Schiedsgerichte oder Scharia-Gerichte vom straf- und zivilgerichtlichen System weg hin zu Lösungsansätzen innerhalb der Community gelenkt. Selbst wenn sich eine Frau über Zwangsheirat und häusliche Gewalt beschwert oder einfach nur eine islamische Scheidung will, sagen diese Stellen, sie solle zurückgehen und sich stärker bemühen, ihre Eltern oder ihren Ehemann zufriedenzustellen. Auch hier wird wieder einmal versucht, mit Mediation und Versöhnung zu arbeiten, doch der Missbrauch wird nicht beendet, und menschliches Leben ist weiterhin in Gefahr. Diese gefährlichen Praktiken können durch Behörden verstärkt werden, die in die Vorgänge verwickelt werden oder die Augen vor der Gefahr verschließen, wie es in Bekhals Fall mit den Sozialdiensten geschah.

In einem unfassbaren Vorfall im Jahr 1991 wurde Vandana Patel während einer von der Polizei organisierten Mediationssitzung von ihrem Ehemann erstochen. Solche Praktiken und die diskriminierenden Auswirkungen religiöser Gesetze auf Frauen werden nun vom Staat aufgrund seiner multireligiösen Politik, die religiöse Unterschiede auf Kosten der Rechte der Frauen achtet, ignoriert oder sogar gefördert.

Während also die Anführer in den Communitys an Macht gewinnen, ohne Verantwortung den Frauen gegenüber, hat auch der Staat seine Verantwortlichkeit gegenüber Frauen in Minderheitengemeinschaften außer Kraft gesetzt. Infolgedessen werden diese Frauen, insbesondere junge Frauen/Mädchen und Migrantinnen, die einen unsicheren Einwanderungsstatus oder keinen Zugang zu öffentlichen Hilfen haben, gleich doppelt im Stich gelassen. Ihre doppelte Bedrohung wird durch die Mehrfachdiskriminierung an mehreren Fronten aufgrund von Rassen- und Geschlechterungleichheit und oft auch Armut noch verschärft. Es ist daher nicht verwunderlich, dass asiatische Frauen dreimal so häufig Selbstmord begehen und sich häufiger selbst verletzen als Frauen im Allgemeinen. Frauen, die einer Minderheit angehören, und Migrantinnen sind auch überdurchschnittlich häufig von häuslichen Tötungsdelikten betroffen. Dies liegt daran, dass es für sie schwerer ist, Missbrauch zu entkommen, und dass sie länger in diesen Situationen gefangen sind als Frauen im Allgemeinen. Eine Sache, die wir den Fachleuten in unserer Schulung immer wieder erklären, ist die »Regel der einmaligen Chance« – sie haben vielleicht nur eine einzige Chance, ein Opfer als solches zu erkennen und ihm zu helfen, und müssen daher alles unternehmen, um es zu unterstützen. Warum wurde Banaz fünf Mal von der Polizei abgewiesen? Bekhal wurde ebenfalls von den Sozialdiensten im Stich gelassen, die, so sagt Payzee, auch die Geschwister nicht geschützt hätten. Ihr Eingreifen hätte ihre und Banaz' »Kinderheirat« verhindern können, als ihr Vater eine Gesetzeslücke ausnutzte, die es den Eltern erlaubt, in die Heirat von Sechzehn- bis Achtzehnjährigen »einzuwilligen«.

Wie ist es möglich, dass die Regierung behauptet, sie wolle Frauen vor Gewalt im Namen der Ehre schützen, und dass wir dennoch weniger Mittel zur Verfügung haben und die Behörden unzureichend reagieren? Dies gilt insbesondere für die durch die Corona-Pandemie ausgelöste Rezession nach zehn Jahren staatlicher Sparmaßnahmen. Spezialisierte Organisationen, die wie die *Southall Black Sisters* direkt in den Minderheiten-Communitys arbeiten und seit jeher unterfinanziert sind, wurden am härtesten getroffen. Sie waren gezwungen, ihre Dienste einzustellen oder zu reduzieren.

Wie können wir den durchaus zu verhindernden Todesfällen im Rahmen von Ehrenmord vorbeugen? Wie können wir unser Versprechen einlösen, die Menschenrechte von Frauen zu schützen und zu respektieren, wie es in den Menschenrechtskonventionen, die Großbritannien unterzeichnet hat, festgelegt ist, und wie können wir wirksam auf das reagieren, was Banaz in dem Polizeivideo eindringlich fordert: »Was können Sie für mich tun?«

Es muss mehr Aufklärung betrieben werden, um die Opfer über ihre Rechte zu informieren und ihre Einstellung zu ändern. Leitlinien für bewährte Praktiken und gesetzliche Vorgaben sollten auch durch strengere Überprüfungen und Disziplinarmaßnahmen durchgesetzt werden, um eine Verantwortlichkeit sowohl des Systems als auch des Einzelnen zu gewährleisten, sodass Beamte bei schwerwiegenden Versäumnissen nicht nur »Empfehlungen« erhalten, wie es bei Banaz' Tod der Fall war. Die Hilfseinrichtungen müssen zweifellos besser finanziert werden, und Verbesserungen in den Bereichen Wohnen, Sozialleistungen, Rechtsbeistand, Gesundheit (einschließlich psychische Gesundheit) und Sozialfürsorge sind erforderlich, insbesondere für junge Frauen und Migrantinnen. Vor allem säkulare Organisationen zur Durchsetzung der Menschenrechte von Frauen aus Minderheiten benötigen uneingeschränkte finanzielle und politische Unterstützung durch den Staat. Gegenwärtig wird zwar eine gewisse Unterstützung geboten, doch kommt es auch zu Feindseligkeiten oder Lippenbekenntnissen der Communitys und der Regierung gegenüber diesen Gruppen. Darüber hinaus fehlt der Wille, Versprechen einzulösen.

Zum Gedenken an Banaz haben Bekhal und ich im Jahr 2021 »Banaz's Law« auf den Weg gebracht, ein Gesetz, das das Vorbringen frauenfeindlicher kultureller Gründe als Rechtfertigung für die Ermordung von Frauen verhindern soll. Bekhals Vater erhielt eine Mindeststrafe von zwanzig Jahren, ihr Onkel, der Anstifter des Mordes, erhielt dreiundzwanzig Jahre. Normalerweise würde dieses Strafmaß für Mord als lang angesehen werden, aber Bekhal hält es für nicht lang genug. Hinzu kommt, dass die Männer, obwohl sie verurteilt und inhaftiert worden waren, als »Helden« behandelt wurden, die »Gerechtigkeit geübt« hatten. Sie rechtfertigten die Tötung explizit in der Community und implizit im britischen Rechtssystem. In einigen Fällen wurden kulturelle Rechtfertigungsgründe bei Ehrenmorden ausdrücklich und sogar erfolgreich zur Strafmilderung herangezogen, um Mord auf das mildere Delikt des Totschlags zu reduzieren oder das Strafmaß zu senken. Im Fall von Rukhsana Naz beispielsweise scheute sich der Bruder nicht, auf Provokation zu plädieren, um die Mordanklage auf Totschlag zu reduzieren. Und obwohl er damit keinen Erfolg hatte, wurde dieser Verteidigungsansatz 1998 von der Staatsanwaltschaft im Fall von Tasleem Begum akzeptiert, die 1995 von ihrem Cousin getötet worden war. Wie die Zeitung *Bradford Telegraph and Argus* berichtete, sagte der Richter im letztgenannten Fall bei der Verhängung einer milden Strafe von sechseinhalb Jahren: »Es ist klar, dass sie eine unerlaubte Beziehung zu Herrn X hatte, und das musste für jemanden mit Ihrem Hintergrund und Ihren religiösen Überzeugungen zutiefst beleidigend sein.« Im Jahr 2003 berücksichtigte der Richter im Fall von Heshu Yonis »kulturelle Unterschiede« als mildernde Umstände, als er das Mindeststrafmaß für ihren Mörder auf vierzehn Jahre festlegte.

»Banaz's Law« soll diese Argumente strafverschärfend anstatt strafmindernd wirken lassen und so zu längeren Haftstrafen führen, nicht nur bei Tötungsdelikten. Es soll auch bei allen Formen geschlechtsspezifischer Gewalt gelten, einschließlich Selbstmord und durch Missbrauch verursachte Selbstbeschädigung, die als Straftaten behandelt werden sollten. Sowohl Bekhal als auch Banaz hatten Selbstmordgedanken gehabt oder versucht, sich das Leben zu nehmen, und beide hatten sich selbst verletzt. Selbst an Rahmats Selbstmord waren Banaz' Mörder mitschuldig.

»Banaz's Law« wird sich auch auf das Familienrecht erstrecken und Einfluss auf die Empfehlungen zur Vorgehensweise haben, sodass kulturelle oder religiöse Sensibilität nicht vorgeschoben werden kann, um Opfern keinen Schutz zu gewähren. Vor Familiengerichten haben gewalttätige Väter ihr Recht eingefordert, den Aufenthaltsort des Kindes zu bestimmen, um »traditionelle Ehen« für ihre Töchter arrangieren zu können, weil dies die Familienehre aufrechterhalte. Im Bemühen, die kulturellen und religiösen Rechte von Minderheiten zu respektieren, spielen die Polizei und die Sozialdienste den Tätern in die Hände, die den Lebensstil und die Freiheit von Frauen und Mädchen übermäßig einschränken oder sie offensichtlich misshandeln.

Payzee, die sich inzwischen mutig und öffentlich gegen Kinderheirat einsetzt, berichtet, dass keine der an ihrer Hochzeit beteiligten offiziellen Stellen hinterfragte, warum eine Sechzehnjährige einen doppelt so alten Mann heiratete. Die Anzeichen für einen Missbrauch wurden übersehen und die »Regel der einmaligen Chance« ignoriert, da man davon ausging, dass die Verheiratung einer so jungen Frau kulturell akzeptabel sei. Als Ergebnis der Kampagne führt die Regierung nun jedoch eine Gesetzesreform ein, die das Alter der Ehemündigkeit auf achtzehn Jahre anhebt und die derzeitige Bestimmung abschafft, nach der die Eltern die Erlaubnis für über Sechzehnjährige geben können. Obwohl »Zwangsheirat« bereits illegal ist, liegt die Beweislast für diese Nötigung beim Opfer. Das neue Gesetz würde den Druck auf die jungen Opfer verringern – die im Sinne des Schutzauftrags noch als Kinder gelten –, das Gericht davon überzeugen zu müssen, dass sie zur Ehe gezwungen wurden. Diese Reform wird auch dazu beitragen, die Einstellung innerhalb der Minderheiten-Communitys zum Thema Zwangsheirat und Kindesmissbrauch zu verändern.

Auch »Banaz's Law« wird eine wichtige Botschaft an die Communitys senden, indem es die Menschenrechte und das Empowerment der Frauen stärkt. Es kann selbst für Angehörige anderer sozialer Gruppen von Nutzen sein, da es alle Formen kultureller Rechtfertigung infrage stellt, die auf Frauenhass beruhen, wie etwa die Praxis, Frauen als »Eigentum« der Männer zu betrachten. Es sollte in ein neues Gesetz aufgenommen werden, das Frauenfeindlichkeit als Hassverbrechen behandelt, damit diese genauso als ein strafverschärfender Faktor angesehen wird, wie es bei Rassenhass bereits der Fall ist. Diese beiden Arten von Hassverbrechen als Straftatbestand anzusehen, würde eine Lücke schließen für Frauen aus Minderheiten, die aufgrund ihrer Ethnie *und* ihres Geschlechts mehrfach diskriminiert werden. Das Gesetz muss jedoch durch entsprechende Ressourcen und Durchsetzungsmechanismen untermauert werden, um wirksam zu sein.

So wie die Ermordung von Sarah Everard im Jahr 2021 einen Wendepunkt in puncto Gewalt gegen Frauen und Mädchen im Allgemeinen darstellte, waren die ersten Fälle, darunter der von Banaz, Wendepunkte, was Ehrenmorde in Minderheiten-Communitys anging. Sie lösten erstmals eine landesweite Debatte über den Gebrauch und Missbrauch des Ehrbegriffs und das Versagen sowohl der Gemeinschaft als auch des Staates beim Schutz von Frauen aus Minderheiten aus. Diese Debatte wird anlässlich der jüngsten Fälle von Ehrenmorden, wie die von Samia Shahid, Seeta Kaur und Mayra Zulfiqar, fortgesetzt. Meiner Meinung nach muss »Multikulturalismus« neu gedacht und auf den weiter entwickelten Begriff der »Multireligiosität« ausgedehnt werden, um die Mehrfachdiskriminierung aufgrund von Ethnie, Religion und Geschlecht zu bekämpfen. Damit würden die Menschenrechte von Frauen, die schwarzen und Minderheitengemeinschaften angehören, gewahrt.

Was Bekhal am meisten bereut, ist, dass sie Banaz nicht mit sich nach Hause genommen hat, als sie sie 2005 das letzte Mal gesehen hat. Und was empfindet sie als größte Schuld? Dass ihre Schwestern Banaz und Payzee zu Kinderehen gezwungen wurden, um die »Ehre« der Familie zu retten, nachdem sie selbst angeblich »Schande« über diese gebracht hatte. Aber ich sage dir, Bekhal: Du musst nichts bedauern und dich nicht schuldig fühlen – du warst selbst Opfer, nicht Täter. Du, deine Schwestern Banaz und Payzee und andere Opfer, die überlebt haben – ihr seid die wahren Helden unserer Zeit im Kampf gegen Verbrechen der »Unehre«.

Dr. Hannana Siddiqui, 14. Juli 2021

Danksagungen

Bekhal Mahmod

Dieses Buch zu schreiben war für mich eine höchst emotionale, belastende Erfahrung, aber auch eine erweiterte Form der Therapie. Da ich unter Zeugenschutz stehe, kann ich mit kaum jemandem über meine Kindheit und Familie oder die schrecklichen Taten meines Vaters, meines Onkels und meiner Cousins sprechen. Ich kann neuen Freunden nicht von meiner wunderbaren, liebevollen kleinen Schwester erzählen. Genauso wenig kann ich vor ihnen an Banaz' Geburts- oder Todestag um sie weinen. Daher bin ich sehr dankbar für die Möglichkeit, diese so schmerzhafte, aber wichtige Geschichte teilen zu können. Dies wäre ohne die Hilfe zahlreicher lieber Menschen nicht möglich gewesen.

Ein Riesen-Dankeschön geht an Dr. Hannana Siddiqui, meine »Adoptivtante« und mein rettender Engel – sie hat mich von Anfang an unterstützt. Hannana, ich glaube, ohne dich hätte ich es nicht geschafft. Ich werde dir für immer dankbar sein für deinen Trost und deine fortwährende, unermüdliche Unterstützung während des gesamten Prozesses und darüber hinaus. Sei versichert, dass ich nie vergessen werde, was du für mich getan hast und immer noch tust. Wirklich, ich kann dir nicht genug danken.

Mein Dank gilt auch allen Menschen bei den *Southall*

Black Sisters. Ihre Freundlichkeit und ihr Engagement für Banaz' Fall bedeuten mir unendlich viel.

Dank geht auch an Sarah Raymond. Sarah, ich werde Sie immer in meinem Herzen tragen, weil Sie mich während und nach dem Prozess so großartig unterstützt haben. Der Fall Banaz hat Sie sehr berührt, und ich weiß, wie wichtig es Ihnen war, meiner Schwester Gerechtigkeit widerfahren zu lassen. Ich hätte Sie gebeten, mich zu adoptieren, wenn Ihre berufliche Situation es erlaubt hätte.

Danke, Nicola Stow, die meine Geschichte zum Leben erweckt hat. Nicola, es sollte so sein. Ohne dich wäre dieses Buch nicht zustande gekommen. Die Erfahrung, mit dir an meiner Geschichte zu arbeiten, war sehr einprägsam. Es ist unglaublich, wie viel Mühe und Arbeit du in dieses Buch gesteckt hast. Du hast alles genau so erfasst, wie ich es dir erzählt habe, und noch mehr. Ich danke dir.

Ein besonderer Dank geht an Amber für ihre Unterstützung und Ermutigung. Du hast deine eigene Sicherheit aufs Spiel gesetzt, als du mir 2005 ein Treffen mit Banaz ermöglicht hast. Ohne deine Hilfe hätte ich meiner kleinen Schwester nicht ein letztes Mal sagen können, dass ich sie liebe. Amber, ich stehe für immer in deiner Schuld.

Auch Ata möchte ich danken – du warst mein Schutzengel, als du mich nach dem Angriff meines Bruders ins Krankenhaus gebracht hast. Ich werde dich immer in Erinnerung behalten.

Diese Danksagung wäre nicht vollständig, ohne meine Pflegemutter Valda zu erwähnen. Danke, dass du mich aufgenommen und mit so viel Liebe und Güte behandelt hast – und dass meine Sicherheit für dich immer an erster

Stelle stand. Gott segne dich für die Liebe, die du all den Kindern entgegengebracht hast, die du im Laufe der Jahre betreut hast. Du bist eine der unabhängigsten und inspirierendsten Frauen, die ich je kennengelernt habe.

Ein Dankeschön geht an Leyla, weil sie eine echte Freundin war und dank ihr meine Teenagerjahre trotz der Probleme zu Hause ein Vergnügen waren. Danke, dass du mich wie eine Schwester behandelt und sogar dein Schlafzimmer mit mir geteilt hast, als du und deine Familie mich vor Jahren aufgenommen haben.

Und an Neats für die Unterstützung in dunklen Zeiten und schlaflosen Nächten. Dafür, dass du immer emotional für mich da warst und mir in diesen schwierigen Zeiten bis spät in die Nacht am Telefon dein Ohr geschenkt hast. Freunde sind die Familie, die man sich aussucht.

Danke auch an Nehir für deine Freundschaft und dafür, dass du das Mobbing in der Schule abgestellt hast, und an Chelsea, durch die ich mich in der Zeit im Frauenhaus ein wenig sicherer gefühlt habe, indem ich mich ihr anschließen durfte. Das hat mich selbstständiger werden lassen.

Außerdem danke ich meinen alten Freunden Shell, Shan, Jo, Raa, Em, Son, Kel, Chelles und Max. In meinen dunkelsten Tagen wart ihr mein Fels in der Brandung und habt mir über zahlreiche Zusammenbrüche hinweggeholfen.

All die Freunde, die ich nicht namentlich erwähnt habe, ihr wisst, wer gemeint ist. Ich werde eure Freundschaft und großzügige Unterstützung in dieser schweren Zeit nie vergessen. Ich danke euch allen von Herzen.

Ein besonderer Dank geht an die Ermittler der Mordkommission der Metropolitan Police. Sie haben hervorragende Arbeit geleistet. Jeder und jede Einzelne in diesem Team hat sich voll und ganz dafür eingesetzt, Gerechtigkeit für Banaz zu erzielen. Ich danke Ihnen aus tiefstem Herzen.

Dank gebührt außerdem allen Hilfsorganisationen, die sich so unermüdlich für Frauen und Männer in Not einsetzen. Ohne ihre Arbeit würden noch viel mehr wunderbare Menschen ihr Leben verlieren.

Mein herzlicher Dank gilt dem talentierten Team von Ad Lib Publishers. Ich danke Ihnen, John Blake, für Ihren unermüdlichen Enthusiasmus und Ihre einfühlsame Herangehensweise während des gesamten Buchprojekts. Vielen Dank auch an Jon Rippon, Duncan Proudfoot, Rob Nichols, Martin Palmer, Kaz Harrison and Mel Sambells. Ohne Ihre Leidenschaft und Vision für meine Geschichte würde es dieses Buch nicht geben.

Danke, Raju Bhatt und Carolynn Gallwey von der Anwaltskanzlei Bhatt Murphy Solicitors. Ich danke Ihnen für Ihre harte Arbeit und Ihr Engagement während meines Zivilprozesses.

Ein großes Dankeschön geht an meine Therapeutin, die mich über ein Jahrzehnt hinweg engagiert unterstützt hat und immer da war, wenn ich sie brauchte. Ich bin Ihnen dankbar für alles, was Sie für mich getan haben.

Und zu guter Letzt möchte ich mich bei meiner liebsten Banaz, meinem Engel, bedanken. Dich zu verlieren war das Schwerste, was ich im Leben ertragen musste. Kein Schmerz ist vergleichbar mit der Leere, die ohne dich in meinem Herzen herrscht. Kein Tag vergeht, an dem ich dich nicht vermisse oder an dich denke. Du solltest hier bei mir sein, aber der Teufel hatte andere Pläne. Ich lebe weiter, aber freue ich mich auf den Tag, an dem ich dein schönes Gesicht sehen, deine sanfte Stimme wieder hören und eine längst überfällige Umarmung bekommen werde. Bis dahin danke ich dir für die Zeit, die ich mit dir verbringen durfte, für deine Güte, die keine Grenzen kannte, und für alles, was du mich gelehrt hast. Ich werde dich immer lieben, meine herzallerliebste Nazca.

Dr. Hannana Siddiqui

Zusammen mit Bekhal dieses Buch zu schreiben war ein großes Privileg für mich. Bekhal und ich haben jahrelang davon geträumt, ihre unfassbare Geschichte niederzuschreiben – und es gibt viele Menschen, denen ich dafür danken muss, dass *No Safe Place* endlich Realität geworden ist.

Zunächst möchte ich dir, Bekhal, meine tiefe Dankbarkeit für deine unerschütterliche Zuneigung und Freundschaft ausdrücken. Es war mir eine große Ehre, zusammen mit dir dieses Buch zu erschaffen, das deine schmerzhafte und inspirierende Lebensgeschichte erzählt. Ich bin mir sicher, dass es entscheidend dazu beitragen wird, vielen anderen zu helfen, einer Missbrauchssituation zu entkommen, und den Opfern und Hinterbliebenen von Ehrenmorden und anderen Formen der geschlechtsspezifischen Gewalt zu ihrem Recht zu verhelfen.

Der großartigen, talentierten Nicola Stow danke ich für ihre Freundschaft und ihre unermüdliche Unterstützung beim Schreiben – und dafür, dass sie die Geschichte von Bekhal mit tief empfundener Empörung und Mitgefühl erzählt. Vielen Dank auch für die wertvollen redaktionellen Hinweise zu meinen Buchabschnitten.

Ich danke dem unbeirrbaren Team der Metropolitan Police, das den Mordfall untersucht und alle Hebel in Bewegung gesetzt hat, um Gerechtigkeit für Banaz zu erreichen. Ein besonderer Dank geht an die Opferbetreuungsbeauftragte Sarah Raymond, die es Bekhal durch ihre kontinuierliche, behutsame Unterstützung ermöglicht hat, vor Gericht auszusagen. Auch in der Zeit danach war ihre Hilfe unschätzbar wertvoll.

Ich danke den *Southall Black Sisters* und meinen Arbeitskollegen, insbesondere Meena Patel, dafür, dass sie es mir ermöglicht haben, Bekhal dabei zu unterstützen, vor Gericht auszusagen, um Gerechtigkeit für Banaz zu erlangen, sowie bei der anschließenden Zivilklage und den Beschwerden gegen die Polizei und die Sozialdienste, die Banaz und Bekhal im Stich gelassen hatten. Die Unterstützung der *Southall Black Sisters* hat auch dazu beigetragen, Kampagnen für Banaz und für rechtliche und soziale Reformen durchführen zu können.

Vielen Dank an Raju Bhatt und Carolynn Gallwey von der Anwaltskanzlei Bhatt Murphy Solicitors für ihr Engagement, ihr Einfühlungsvermögen und ihre hervorragende Unterstützung für Bekhal bei der Einreichung von Beschwerden gegen die Polizei und die Sozialdienste sowie bei anderen rechtlichen Angelegenheiten, und dafür, dass sie den Zivilprozess gegen die Polizei gewonnen und diejenigen, die Banaz im Stich gelassen hatten, zur Rechenschaft gezogen haben.

Mein Dank gilt auch allen Mitarbeitern des Ad Lib Verlags für die Veröffentlichung und Bekanntmachung dieses Buches. Wäre John Blake nicht auf mich zugekommen, wäre dieses Buch nicht möglich gewesen. Darüber hinaus möchte ich den vielen Journalisten und Medienvertretern danken, die im Laufe der Jahre über die Geschichte von Bekhal, Banaz und Payzee berichtet und damit in Großbritannien das Bewusstsein für Gewalt im Namen der Ehre geschärft sowie Druck aufgebaut haben, diese zu beenden.

Schließlich möchte ich unseren Partnern, Familien, Freunden, den Überlebenden, Hinterbliebenen und unterstützenden Familien und Freunden von Opfern, den Frauengruppen, Fachleuten, Verbündeten und Aktivisten danken, die uns auf dem langen Weg zur Erlangung von Gerechtigkeit, bei der Ausarbeitung von *No Safe Place* und bei der laufenden Kampagne für »Banaz's Law« und für weitergehende Veränderungen unterstützt haben, damit *alle* Frauen und Mädchen einen sicheren Ort finden, an dem sie geschlechtsspezifischer Gewalt entkommen können.

Southall Black Sisters

Southall Black Sisters ist eine 1979 gegründete Organisation für schwarze und Minderheiten angehörenden Frauen, die Gewalt gegen Frauen und Mädchen in schwarzen und Minderheiten-Communitys bekämpft. Sie bietet unmittelbare Unterstützung für die Opfer und führt Kampagnen und politische Aufklärungsarbeit durch, um weitreichenden Wandel zu bewirken. Das Zentrum kann im Bedarfsfall direkt kontaktiert werden – Kontaktdaten und weitere Informationen sind auf der Internetseite zu finden: www.southallblacksisters.org.uk.
Spenden sind willkommen.